JN272660

新訳 初期マルクス

ユダヤ人問題に寄せて／ヘーゲル法哲学批判-序説

Zur Judenfrage／Zur Kritik der Hegel'schen Rechts-philosphie-Einleitung

カール・マルクス　的場昭弘［訳・著］

作品社

新訳 初期マルクス——「ユダヤ人問題に寄せて」「ヘーゲル法哲学批判－序説」

カール・マルクス著

Zur Judenfrage

Zur Kritik der Hegel'schen Rechts-Philosophie-Einleitung

的場昭弘 訳・著

第四編　研究編

はじめに——なぜ、マルクスは『資本論』を書かねばならなかったのか？

なぜ、マルクスは『資本論』を書かねばならなかったのか。

言い換えれば、なぜマルクスは経済学を批判しなければならなくなったのか。その謎はすべて、一八四四年『独仏年誌』に掲載された本書の二つの論文「ユダヤ人問題に寄せて」と「ヘーゲル法哲学批判——序説」にあるといってもよいだろう。この論文の対象は何か。それは市民社会（市民の領域）と国家（君主、僧侶、貴族の領域）との対立であり、マルクスの問題意識は、この対立が私的領域（市民社会）と公的領域（国家）との対立になっていくことへの懸念の中にあった。市民社会と君主制との対立が、どうして私的領域と公的領域との分裂を引き起こすか、それをいかに解消するかという問題こそ二つの論文の主要課題であったのである。

産業の発展によって、市民社会はどんどん力を増していく。それとともに国家は力を失っていく。フランスやイギリスでは市民社会がやがて国家権力を君主、貴族、僧侶から収奪していく。資本主義はこうして生まれた。ドイツでは、市民社会はそれほど発展せず、国家権力も、君主、僧侶、貴族に牛耳られたままであった。

そうしたときドイツで起こった問題が、宗教問題である。宗教問題は宗教が私的領域ではなく、公的領域の問題として議論されるがゆえに起こった問題である。一九世紀において、すでにフランスやイギリスでは、宗教は私的領域、すなわち市民社会の領域にあった。だから宗教は個人の意志に委ねられていた。

信仰の自由がそれである。しかしドイツではヨーロッパの当時の多くの地域同様、公的、国家の領域の問題であった。だから信仰は国家の判断にかかっていた。ドイツ国家が神聖ローマの直系の子孫であるがゆえに、国家は（カトリックとプロテスタントの違いはあれ）キリスト教的でなければならない。だから国家にしたがう臣民であるためには、ユダヤ人が臣民を望む限り、ユダヤ教を捨てねばならない。

この論理をヘーゲルの『法哲学』を使ってもっと進めたのがバウアーであった。バウアーは、キリスト教国家を通り越し、国家には国教すら必要ない、必要なのは公的精神であると主張する。公的精神があれば、宗教は必要ない。したがってキリスト教徒もユダヤ教徒もともに宗教を捨てるべきであると主張する。もちろんその公的精神は、キリスト教的精神の延長にすぎない。なぜなら、近代的公共精神をつくりだしたのは、キリスト教だからである。

しかし、マルクスはその論理をこう批判する。ここでの問題は宗教が私的なことがらか公的なことがらであるかどうかということだけにすぎないと。宗教が公的なことがらならば、国家はある宗教を国家宗教にするか、ある宗教に肩入れしなければならない。しかし、宗教は私的なことがらである。だからどんな宗教を選ぼうとそれは自由である。ただしバウアーはキリスト教的精神も公的精神を支えられないと述べる。バウアーは、ドイツはキリスト教的社会であったからこそ、公的な精神、道徳精神が発展したというのである。その精神を徹底させないと、ユダヤ的精神、すなわち市民社会の金儲け主義的精神がはびこることになる。その意味で、バウアーはユダヤ教を許すわけにはいかないというのである。マルクスはこの金儲け主義的な公共精神の堕落は、実はユダヤ教精神の問題ではなく、市民社会そのものの問題だと考える。キリスト教徒であろうとなかろうと、もはやすべての市民は金儲け主義に走らざるを得なくなっている。キリスト教徒もすべからく金儲け主義なのである。

では金儲け主義をどうすればいいか、その解決はもはや宗教の問題に求められない。市民社会の問題の中に求められるべきである。なぜなら市民社会は金儲け主義にならざるをえないからである。そこにすべての謎が隠されている。市民社会の領域が拡大することは、金儲け主義が拡大することである。それはユダヤ教の本質の中ではなく、資本主義の本質の中にある。

だからバウアーの懸念は畢竟国家がいかに資本主義を規制することができるかという問題である。しかしドイツの国家は君主と僧侶に支配されている。彼らはむしろ資本主義の進展を、自らの権力への脅威と恐れるだけで、その進歩をむしろ拒否している。だから歴史の進歩を見失っている。バウアーもヘーゲルもその限りで資本主義の進歩を抑えればいいと考える点で、たんに復古主義者にすぎない。この問題を解くには、むしろいったん市民社会をとことんまで発展させねばならない。その見本となる国がフランスとイギリスである。

フランスとイギリスを見ると、市民社会の問題はたんに金儲け主義が引き起こす道徳的退廃の問題ではないことに気づく。むしろ資本主義社会がもつ固有の問題、資本が引き起こす新しい市民社会の亀裂の問題だということに気づく。すなわち市民社会の中の階級分裂の問題にその原因がある。マルクスは「ヘーゲル法哲学批判―序説」で、はじめてこの問題を資本主義の問題として、市民社会の分裂の問題として設定する。そしてブルジョワ階級とプロレタリア階級との対立、そしてプロレタリア階級の使命について語るのである。

市民社会の亀裂は、ブルジョワでは解決できない。それはブルジョワが利益を獲得するために、ますます公的領域を侵犯し、私的領域を拡大するからである。プロレタリアはそこから排除されているがゆえに、つまり私的領域の拡大から損を得ているがゆえに、私的領域の拡大を批判できる立場にある。彼らは排除された全体として、市民社会を批判する新しい公的領域をつくることができる。この新しい公的領域こそ、バウアーが理解できなかった問題である。バウアーは、公的領域は既存の君主や僧侶が残してくれた、気高い精神であり、それをもってすればこの問題を改善できると考えるが、マルクスはそれを批判する。

　こうしてマルクスは、市民社会を分析する解剖学を探さねばならなくなる。当時のマルクスはおぼろげにしか市民社会の階級対立について理解していない。市民社会の理解には経済学の研究が必須だからである。やはり『独仏年誌』に掲載されたエンゲルスの「経済学批判大綱」を読んで、そのことを理解したマルクスは、一八四四年に論文が公表されるやいなや、スミス、リカードといった経済学者のノートを取り始める。こうして最初に書いた未公表論文が『経済学・哲学草稿』である。しかし経済学の分析はまだ十分ではなかった。さらなるきっかけを与えたのが、エンゲルスとの共著『ドイツ・イデオロギー』（未公表）（一八四五―四六）であるが、経済学の問題を最初に真正面から取り扱ったのがプルードンの『貧困の哲学――経済的矛盾の体系』を批判した『哲学の貧困』であった。この書物はマルクスの一八四〇年代における経済学研究のひとつの到達点をなしている。

　今回の翻訳は、マルクスの『資本論』へいたる最初の道を築いた二つの論文が対象である。その意味では、二つの論文はマルクスのスタートラインを記す論文といってもよい。

凡例

1. 翻訳のテキストは初版 *Deutsch-Französische Jahrbücher*, hrsg. Arnold Ruge und Karl Marx, 1ste und 2te Lieferung,Paris,1844 を使用した。この版にはリプリント版が二つある。一九六五年アムステルダム、一九七三年ライプチヒで刊行されたものである。「ユダヤ人問題に寄せて」はその後一八八一年六月三〇日から七月七日に『ゾツィアル・デモクラーテン』に一部掲載された。その一〇年後全文が一八九〇年一〇月一〇日から一九日の『ベルリナー・フォルクスブラート』に掲載された。同じく「ヘーゲル法哲学批判――序説」も一八九〇年一二月二日から一〇日に同誌に掲載された。翻訳にあたって新MEGA版Iの2、マクシミリアン・リュベルの『マルクス全集』「哲学編」などを参照した。

2. 初版にはかなり引用ミスがある。そこで引用された原典の頁にあたり、第二編解説編で是正した。なおマルクスが書評したブルーノ・バウアーの「今日のユダヤ人とキリスト教徒が自由になる可能性」については全文第三編資料編で翻訳されている。

3. 『独仏年誌』に掲載された論文のいくつは第三編資料編で翻訳されている。『独仏年誌』の表紙と裏表紙、アーノルト・ルーゲ「『独仏年誌』の計画」、モーゼス・ヘス「パリからの手紙」、マルクス、ルーゲ、フォイエルバッハ、バクーニン「一八四三年の往復書簡」がそれである。

4. 第三編資料編には、『独仏年誌』の書評パスカル・デュプラ「パリのヘーゲル学派―アーノルト・ルーゲとカール・マルクスの編集による『独仏年誌』」とマルクスの父ハインリヒ・マルクスの論文「我が国とプロイセン王国との幸いなる併合の際の一八〇八年三月一七日のナポレオン令に関するいくつかの注意書き」が翻訳されている。なおデュプラの書評にはルーゲの企画案からの引用があるが、デュプラの理解したニュアンスを伝えるために訳は同じにしていない。

5. 第四編研究編には、私がこれまで研究してきた『独仏年誌』に関する論文（二編はすでに『パリの中のマルクス』御茶の水書房、一九九五年に所収）と、書き下ろしの論文が二編掲載されている。

6. 翻訳に際してはイタリック体やゴチック体などになっているところ、すなわち強調してあるところは傍点をふってある。もっともドイツ語以外の文字の場合もイタリックになっているが、それらは原語を示すことで傍点をふることはしなかった。明らかに間違いであるところは、翻訳の際にすでに変えてある。原典と対照していただきたい。

DEUTSCH-FRANZOSISCHE

JAHRBÜCHER

herausgegeben

von

Arnold Ruge und Karl Marx.

1ste und 2te Lieferung.

PARIS,

IM BUREAU DER JAHRBÜCHER. } RUE VANNEAU, 22.
AU BUREAU DES ANNALES. }

—

1844

ZUR JUDENFRAGE.

1) *Bruno Bauer : Die Judenfrage. Braunschweig* 1843. — 2) *Bruno Bauer : Die Fähigkeit der heutigen Juden und Christen frei zu werden. Ein und zwanzig Bogen aus der Schweiz. Herausgegeben von Georg Herwegh. Zürich und Winterthur.* 1843. *S.* 56—71. —

Von

KARL MARX.

I.

Bruno Bauer : Die Judenfrage. Braunschweig 1843.

Die deutschen Juden begehren die Emancipation. Welche Emancipation begehren sie? Die staatsbürgerliche, die politische Emancipation.

Bruno Bauer antwortet ihnen : Niemand in Deutschland ist politisch-emancipirt. Wir selbst sind unfrei. Wie sollen wir euch befreien? Ihr Juden seid Egoisten, wenn ihr eine besondere Emancipation für euch als Juden verlangt. Ihr müsstet als Deutsche an der politischen Emancipation Deutschlands, als Menschen an der menschlichen Emancipation arbeiten und die besondere Art eures Drucks und eurer Schmach nicht als Ausnahme von der Regel, sondern vielmehr als Bestätigung der Regel empfinden.

Oder verlangen die Juden Gleichstellung mit den christlichen Unterthanen? So erkennen sie den christlichen Staat als berechtigt an, so erkennen sie das Regiment der allgemeinen Unterjochung an. Warum missfällt ihnen ihr specielles Joch, wenn ihnen das allgemeine Joch gefällt! Warum soll der Deutsche sich für die Befreiung des Juden interessiren, wenn der Jude sich nicht für die Befreiung des Deutschen interessirt?

Der christliche Staat kennt nur Privilegien. Der Jude besitzt in ihm das Privilegium, Jude zu sein. Er hat als Jude Rechte, welche die Christen nicht haben. Warum begehrt er Rechte, welche er nicht hat und welche die Christen geniessen!

Wenn der Jude vom christlichen Staat emancipirt sein will, so verlangt er, dass der christliche Staat sein religioses Vorurtheil aufgebe. Giebt er, der Jude, sein religiöses Vorurtheil auf? Hat er also das Recht, von einem andern diese Abdankung der Religion zu verlangen?

Der christliche Staat kann seinem Wesen nach den Juden nicht emancipiren; aber, setzt Bauer hinzu, der Jude kann seinem Wesen nach nicht emancipirt werden. So lange der Staat christlich und der Jude jüdisch ist, sind Beide eben so wenig fähig, die Emancipation zu verleihen, als zu empfangen.

Der christliche Staat kann sich nur in der Weise des christlichen Staats zu dem Juden verhalten, das heisst auf privilegirende Weise, indem er die Absonderung des Juden von den übrigen Unterthanen gestattet, ihn aber den Druck der andern abgesonderten Sphären empfinden und um so nachdrücklicher empfinden lässt, als der Jude im religiösen Gegensatz zu der herrschenden Religion steht. Aber auch der Jude kann sich nur jüdisch zum Staat verhalten, das heisst zu dem Staat als einem Fremdling, indem er der wirklichen Nationalität seine chimärische Nationalität, indem er dem wirklichen Gesetz sein illusorisches Gesetz gegenüberstellt, indem er zur Absonderung von der Menschheit sich berechtigt wähnt indem er principiell keinen Antheil an der geschichtlichen Bewegung nimmt, indem er einer Zukunft harrt, welche mit der allgemeinen Zukunft des Menschen nichts gemein hat, indem er sich für ein Glied des jüdischen Volkes und das jüdische Volk für das auserwählte Volk hält.

Auf welchen Titel hin begehrt ihr Juden also die Emancipation? Eurer Religion wegen? Sie ist die Todtfeindin der Staatsreligion. Als Staatsbürger? Es gibt in Deutschland keine Staatsbürger. Als Menschen? Ihr seid keine Menschen, so wenig als die, an welche ihr appellirt.

Bauer hat die Frage der Juden-Emancipation neu gestellt, nachdem er eine Kritik der bisherigen Stellungen und Lösungen der Frage gegeben. Wie, fragt er, sind sie beschaffen, der Jude, der emancipirt werden, der christliche Staat, der emancipiren soll? Er antwortet durch eine Kritik der jüdischen Religion, er analysirt den religiösen Gegensatz zwischen Judenthum und Christenthum, er verstandigt über das Wesen des christlichen Staates. alles dies mit

Kühnheit, Schärfe, Geist, Gründlichkeit in einer eben so präcisen, als kernigen und energievollen Schreibweise.

Wie also löst Bauer die Judenfrage? Welches das Resultat? Die Formulirung einer Frage ist ihre Lösung. Die Kritik der Judenfrage ist die Antwort auf die Judenfrage. Das Resumé also Folgendes :

Wir müssen uns selbst emancipiren, ehe wir andere emancipiren können.

Die starrste Form des Gegensatzes zwischen dem Juden und dem Christen ist der religiöse Gegensatz. Wie löst man einen Gegensatz? Dadurch dass man ihn unmöglich macht. Wie macht man einen religiösen Gegensatz unmöglich? Dadurch dass man die Religion aufhebt. Sobald Jude und Christ ihre gegenseitigen Religionen nur mehr als verschiedene Entwickelungsstufen des menschlichen Geistes, als verschiedene von der Geschichte abgelegte Schlangenhäute und den Menschen als die Schlange erkennen, die sich in ihnen gehäutet, stehn sie nicht mehr in einem religiösen, sondern nur noch in einem kritischen, wissenschaftlichen, in einem menschlichen Verhältnisse. Die Wissenschaft ist dann ihre Einheit. Gegensätze in der Wissenschaft lösen sich aber durch die Wissenschaft selbst.

Dem deutschen Juden namentlich stellt sich der Mangel der politischen Emancipation überhaupt und die prononcirte Chrislichkeit des Staats gegenüber. In Bauers Sinn hat jedoch die Judenfrage eine allgemeine von den specifisch-deutschen Verhältnissen unabhängige Bedeutung. Sie ist die Frage von dem Verhältniss der Religion zum Staat, von dem Widerspruch der religiösen Befangenheit und der politischen Emancipation. Die Emancipation von der Religion wird als Bedingung gestellt, sowohl an den Juden, der politisch emancipirt sein will, als an den Staat, der emancipiren und selbst emancipirt sein soll.

«Gut, sagt man, und der Jude sagt es selbst, der Jude soll auch nicht als Jude, nicht weil er Jude ist, nicht weil er ein so treffliches allgemein menschliches Prinzip der Sittlichkeit hat, emancipirt werden, der Jude wird vielmehr selbst hinter dem Staatsbürger zurücktreten und Staatsbürger sein trotz dem, dass er Jude ist und Jude bleiben soll: d. h. er ist und bleibt Jude, trotz dem, dass er Staatsbürger ist und in allgemeinen menschlichen Verhältnissen lebt: sein jüdisches und beschränktes Wesen trägt immer und zuletzt über seine menschlichen und politischen Verpflichtungen den Sieg davon. Das Vorurtheil bleibt trotz dem, dass es von allgemeinen Grundsätzen überflügelt ist. Wenn es aber bleibt, so überflügelt es vielmehr alles Andere.» «Nur sophistisch, dem Scheine nach würde der Jude im Staatsleben Jude bleiben können; der blose Schein würde also, wenn er Jude bleiben wollte, das Wesentliche sein und den Sieg davon tragen, d. h. sein Leben im Staat würde nur Schein oder nur momentane Ausnahme gegen das Wesen und die Regel sein.» (Die Fähigkeit der heutigen Juden und Christen, frei zu werden, Ein und zwanzig Bogen, p. 57).

Hören wir andrerseits, wie Bauer die Aufgabe des Staats stellt:

«Frankreich» heisst es «hat uns neuerlich (Verhandlungen der Deputirtenkammer vom 26. Dezember 1840) in Bezug auf die Judenfrage. — so wie in allen andern politischen Fragen beständig — den Anblick eines Lebens gegeben, welches frei ist, aber seine Freiheit im Gesetz revocirt, also auch für einen Schein erklärt und auf der andern Seite sein freies Gesetz durch die That widerlegt.» «Judenfrage» p. 64.

«Die allgemeine Freiheit ist in Frankreich noch nicht Gesetz, die Judenfrage auch noch nicht gelöst, weil die gesetzliche Freiheit — dass alle Bürger gleich sind — im Leben, welches von den religiösen Privilegien noch beherrscht und zertheilt ist, beschränkt wird und diese Unfreiheit des Lebens auf das Gesetz zurückwirkt und dieses zwingt, die Unterscheidung des an sich freien Bürgers in Unterdrückte und Unterdrücker zu sanktioniren. p. 65.

Wann also wäre die Judenfrage für Frankreich gelöst?

«Der Jude z. B. müsste aufgehört haben, Jude zu sein, wenn er sich durch sein Gesetz nicht verhindern lässt, seine Pflichten gegen den Staat und seine Mitbürger zu erfüllen, also z. B. am Sabbath in die Deputirten-Kammer geht und an den öffentlichen Sitzungen Theil nimmt. Jedes religiöse Privilegium überhaupt, also auch das Monopol einer bevorrechteten Kirche müsste aufgehoben und wenn Einige oder Mehrere oder auch die überwiegende Mehrzahl noch religiöse Pflichten glaubten erfüllen zu müssen, so müsste diese Erfüllung als reine Privatsache ihnen selbst überlassen sein. «p. 65.» Es giebt keine Religion mehr, wenn es keine privilegirte Religion mehr gibt. Nehmt der Religion ihre ausschliessende Kraft und sie existirt nicht mehr. «p. 66.» «So gut, wie Herr Martin du Nord in dem Vorschlag, die Erwähnung des Sonntags im Gesetze zu unterlassen, den Antrag auf die Erklärung sah, dass das Christenthum aufgehört habe, zu existiren, mit demselben Rechte (und dies Recht ist vollkommen begründet,) würde die

Erklärung, dass das Sabbathgesetz für den Juden keine Verbindlichkeit mehr habe, die Proklamation der Auflösung des Judenthums sein.» P. 71.

Bauer verlangt also einerseits, dass der Jude das Judenthum, überhaupt der Mensch die Religion aufgebe, um staatsbürgerlich emancipirt zu werden. Andrerseits gilt ihm konsequenter Weise die politische Aufhebung der Religion für die Aufhebung der Religion schlechthin. Der Staat, welcher die Religion voraussetzt, ist noch kein wahrer, kein wirklicher Staat. «Allerdings gibt die religiöse Vorstellung dem Staat Garantien. Aber welchem Staat? Welcher Art des Staates?» (S. 97.)

An diesem Punkt tritt die einseitige Fassung der Judenfrage hervor.

Es genügte keineswegs zu untersuchen: Wer soll emancipiren? Wer soll emancipirt werden? Die Kritik hatte ein Drittes zu thun. Sie musste fragen: Von welcher Art der Emancipation handelt es sich? Welche Bedingungen sind im Wesen der verlangten Emanzipation begründet? Die Kritik der politischen Emancipation selbst war erst die schliessliche Kritik der Judenfrage und ihre wahre Auflösung, in die «allgemeine Frage der Zeit.»

Weil Bauer die Frage nicht auf diese Höhe erhebt, verfällt er in Widersprüche. Er stellt Bedingungen, die nicht im Wesen der politischen Emancipation selbst begründet sind. Er wirft Fragen auf, welche seine Aufgabe nicht enthält, und er löst Aufgaben, welche seine Frage unerledigt lassen. Wenn Bauer von den Gegnern der Judenemancipation sagt: «Ihr Fehler war nur der, dass sie den christlichen Staat als den einzig wahren voraussetzten und nicht derselben Kritik unterwarfen, mit der sie das Judenthum betrachteten» (S. 3), so finden wir Bauer's Fehler darin, dass er nur den «christlichen Staat,« nicht den «Staat schlechthin» der Kritik unterwirft, dass er das Verhältniss der politischen Emancipation zur menschlichen Emancipation nicht untersucht, und daher Bedingungen stellt, welche nur aus einer unkritischen Verwechslung der politischen Emancipation mit der allgemein menschlichen erklärlich sind. Wenn Bauer die Juden fragt: Habt ihr von eurem Standpunkt aus das Recht, die politische Emancipation zu begehren? so fragen wir umgekehrt: Hat der Standpunkt der politischen Emancipation das Recht, vom Juden die Aufhebung des Judenthums, vom Menschen überhaupt die Aufhebung der Religion zu verlangen?

Die Judenfrage erhält eine veränderte Fassung, je nach dem Staate, in welchem der Jude sich befindet. In Deutschland, wo kein politischer Staat, kein Staat als Staat existirt, ist die Judenfrage eine rein theologische Frage. Der Jude befindet sich im religiösen Gegensatz zum Staat, der das Christenthum als seine Grundlage bekennt. Dieser Staat ist Theologe *ex professo.* Die Kritik ist hier Kritik der Theologie, zweischneidige Kritik, Kritik der christichen, Kritik der jüdischen Theologie. Aber so bewegen wir uns immer noch in der Theologie, so sehr wir uns auch kritisch in ihr bewegen mögen.

In Frankreich, in dem konstitutionellen Staat, ist die Judenfrage die Frage des Konstitutionalismus, die Frage von der Halbheit der politischen Emancipation. Da hier der Schein einer Staatsreligion, wenn auch in einer nichtssagenden und sich selbst widersprechenden Formel, in der Formel einer Religion der Mehrheit beibehalten ist, so behält das Verhältniss der Juden zum Staat den Schein eines religiösen, theologischen Gegensatzes.

Erst in den nordamerikanischen Freistaaten — wenigstens in einem Theil derselben — verliert die Judenfrage ihre theologische Bedeutung und wird zu einer wirklich weltlichen Frage. Nur wo der politische Staat in seiner vollständigen Ausbildung existirt, kann das Verhältniss des Juden, überhaupt des religiösen Menschen, zum politischen Staat, also das Verhältniss der Religion zum Staat in seiner Eigenthümlichkeit, in seiner Reinheit heraustreten Die Kritik dieses Verhältnisses hört auf theologische Kritik zu sein, so bald der Staat aufhört auf theologische Weise sich zur Religion zu verhalten, so bald er sich als Staat, d. h. politisch zur Religion verhält. Die Kritik wird dann zur Kritik des politischen Staats. An diesem Punkt, wo die Frage aufhört, theologisch zu sein, hört Bauer's Kritik auf, kritisch zu sein. «*Il n'existe aux Etats-unis ni religion de l'état, ni religion déclarée celle de la majorité ni prééminence d'un culte sur un autre. L'état est étranger à tous les cultes.*» *(Marie ou l'esclavage aux états-unis etc., par G. de Beaumont, Paris* 1835, *p.* 214.*)* Ja es gibt einige nordamerikanische Staaten, wo «*la constitution n'impose pas les croyances religieuses et la pratique d'un culte comme condition des privilèges politiques* (*l. c. p.* 225.) Dennoch «*on ne croit pas aux Etats-unis qu'un homme sans* *religion puisse être un honnête homme* (*l. m. p.* 224). Dennoch ist Nordamerika vorzugsweise das Land der Religiosität, wie Beaumont, Tocqueville und der Engländer Hamilton aus einem Munde versichern. Die nordamerikanischen Staaten gelten uns indess nur als Beispiel. Die Frage ist: Wie verhält sich die vollendete politische Emancipation zur Religion? Finden wir selbst im Lande der vollendeten politischen Emancipation nicht nur die Existenz, sondern die lebensfrische, die lebenskräftige Existenz der Religion, so ist der Beweis geführt, dass das Dasein der Religion der Vollendung des Staats nicht widerspricht. Da aber das Dasein der Religion das Dasein eines Mangels ist, so kann die Quelle dieses Mangels nur noch im Wesen des Staats selbst gesucht werden. Die Religion gilt uns nicht mehr als der Grund, sondern nur noch als das Phänomen der weltlichen Beschränktheit. Wir erklären daher die religiöse Befangenheit der freien Staatsbürger aus ihrer weltlichen Befangenheit. Wir behaupten nicht, dass sie ihre religiöse Beschränktheit aufheben müssen, um ihre weltlichen Schranken aufzuheben. Wir behaupten, dass sie ihre religiöse Beschränktheit aufheben, sobald sie ihre weltliche Schranke aufheben. Wir verwandeln nicht die weltlichen Fragen in theologische. Wir verwandeln die theologischen Fragen in weltliche. Nachdem die Geschichte lange genug in Aberglauben aufgelöst worden ist, lösen wir den Aberglauben in Geschichte auf. Die Frage von dem Verhältnisse der politischen Emancipation zur Religion wird für uns die Frage von dem Verhältniss der politischen Emancipation zur menschlichen Emancipation. Wir kritisiren die religiöse Schwäche des politischen Staats, indem wir den politischen Staat, abgesehen von den religiösen Schwächen, in seiner weltlichen Konstruktion kritisiren. Den Widerspruch des Staats mit einer bestimmten Religion, etwa dem Judenthum, vermenschlichen wir in den Widerspruch des Staats mit bestimmten weltlichen Elementen, den Widerspruch des Staats mit der Religion überhaupt, in den Widerspruch des Staats mit seinen Voraussetzungen überhaupt.

Die politische Emancipation des Juden, des Christen, überhaupt des religiösen Menschen, ist die Emancipation des Staats vom Judenthum, vom Christenthum, überhaupt von der Religion. In seiner Form, in der seinem Wesen eigenthümlichen Weise, als Staat emancipirt sich der Staat von der Religion, indem er sich von der Staatsreligion emancipirt, d. h. indem der Staat als Staat keine Religion bekennt, indem der Staat sich vielmehr als Staat bekennt. Die politische Emancipation von der Religion ist nicht die durchgeführte, die widerspruchslose Emancipation von der Religion, weil die politische Emancipation nicht die durchgeführte, die widerspruchslose Weise der menschlichen Emancipation ist.

Die Gränze der politischen Emancipation erscheint sogleich darin, dass der Staat sich von einer Schranke befreien kann, ohne dass der Mensch wirklich von ihr frei wäre, dass der Staat ein Freistaat sein kann, ohne dass der Mensch ein freier Mensch wäre. Bauer selbst gibt dies stillschweigend zu, wenn er folgende Bedingung der politischen Emancipation setzt: « Jedes religiöse Privilegium überhaupt, also auch das Monopol einer bevorrechteten Kirche müsste aufgehoben, und wenn Einige oder Mehrere oder auch die überwiegende Mehrzahl noch religiöse Pflichten glaubten erfüllen zu müssen, so müsste diese Erfüllung als eine reine Privatsache ihnen selbst überlassen sein.» Der Staat kann sich also von der Religion emancipirt haben, sogar wenn die überwiegende Mehrzahl noch religiös ist. Und die überwiegende Mehrzahl hört dadurch nicht auf, religiös zu sein, dass sie *privatim* religiös ist.

Aber das Verhalten des Staats zur Religion, namentlich des Freistaats, ist doch nur das Verhalten der Menschen, die den Staat bilden, zur Religion. Es folgt hieraus, dass der Mensch durch das Medium des Staats, dass er politisch von einer Schranke sich befreit, indem er sich im Widerspruch mit sich selbst, indem er sich auf eine abstrakte und beschränkte, auf partielle Weise über diese Schranke erhebt. Es folgt ferner, dass der Mensch auf einem Umweg, durch ein Medium, wenn auch durch ein nothwendiges Medium sich befreit, indem er sich politisch befreit. Es folgt endlich, dass der Mensch, selbst wenn er durch die Vermittlung des Staats sich als Atheisten proklamirt, d. h. wenn er den Saat zum Atheisten proklamirt, immer noch religiös befangen bleibt, eben weil er sich nur auf einem Umweg, weil er nur durch ein Medium sich selbst anerkennt. Die Religion ist eben die Anerkennung des Menschen auf einem Umweg. Durch einen Mittler. Der Staat ist der Mittler zwischen dem Menschen und der Freiheit des Menschen. Wie Christus der Mittler ist, dem der Mensch seine ganze Göttlichkeit, seine ganze religiöse Befangenheit aufbürdet, so ist der Staat der Mittler, in den er seine ganze Ungöttlichkeit, seine ganze menschliche Unbefangenheit verlegt.

Die politische Erhebung des Menschen über die Religion theilt alle Mängel und alle Vorzüge der politischen Erhebung überhaupt. Der Staat als Staat anullirt z. B. das Privateigenthum, der Mensch erklärt auf politische Weise das Privateigenthum für aufgehoben, sobald er den Census für aktive und passive Wählbarkeit aufhebt, wie dies in vielen nordamerikanischen Staaten geschehen ist. Hamilton interpretirt dies Faktum von politischem Standpunkte ganz richtig dahin: «Der grosse Haufen hat den Sieg über die Eigenthümer und den Geldreichthum davongetragen.» Ist das Privateigenthum nicht ideell aufgehoben, wenn der Nichtbesitzende zum Gesetzgeber des Besitzenden geworden ist? Der Census ist die letzte politische Form, das Privateigenthum anzuerkennen.

Dennoch ist mit der politischen Anullation des Privateigenthums das Privateigenthum nicht nur nicht aufgehoben, sondern sogar vorausgesetzt. Der Staat hebt den Unterschied der Geburt, des Standes, der Bildung, der Beschäftigung in seiner Weise auf, wenn er Geburt, Stand, Bildung, Beschäftigung für unpolitische Unterschiede erklärt, wenn er ohne Rücksicht auf diese Unterschiede jedes Glied des Volkes zum gleichmässigen Theilnehmer der Volkssouverainetät ausruft, wenn er alle Elemente des wirklichen Volkslebens von dem Staatsgesichtspunkt aus behandelt. Nichts desto weniger lässt der Staat das Privateigenthum, die Bildung, die Beschäftigung auf ihre Weise, d. h. als Privateigenthum, als Bildung, als Beschäftigung wirken und ihr besondres Wesen geltend machen. Weit entfernt, diese faktischen Unterschiede aufzuheben, existirt er vielmehr nur unter ihrer Voraussetzung, empfindet er sich als politischer Staat und macht er seine Allgemeinheit geltend nur im Gegensatz zu diesen seinen Elementen. Hegel bestimmt das Verhältniss des politischen Staats zur Religion daher ganz richtig, wenn er sagt: «Damit der Staat als die sich wissende sittliche Wirklichkeit des Geistes zum Dasein komme, ist seine Unterscheidung von der Form der Autorität und des Glaubens nothwendig; diese Unterscheidung tritt aber nur hervor, insofern die kirchliche Seite in sich selbst zur Trennung kommt: nur so über die besondern Kirchen hat der Staat die Allgemeinheit des Gedankens, das Prinzip seiner Form gewonnen und bringt sie zur Existenz (Hegels Rechtsphil., 2te Ausg., p. 346). Allerdings! Nur so über den besondern Elementen konstituirt sich der Staat als Allgemeinheit.

Der vollendete politische Staat ist seinem Wesen nach das Gattungsleben des Menschen im Gegensatz zu seinem materiellen Leben. Alle Voraussetzungen dieses egoistischen Lebens bleiben ausserhalb der Staatssphäre in der bürgerlichen Gesellschaft bestehen, aber als Eigenschaften der bürgerlichen Gesellschaft. Wo der politische Staat seine wahre Ausbildung erreicht hat, führt der Mensch nicht nur im Gedanken, im Bewusstsein, sondern in der Wirklichkeit, im Leben ein doppeltes, ein himmlisches und ein irdisches Leben, das Leben im politischen Gemeinwesen, worin er sich als Gemeinwesen gilt, und das Leben in der bürgerlichen Gesellschaft, worin er als Privatmensch thätig ist, die andern Menschen als Mittel betrachtet, sich selbst zum Mittel herabwürdigt und zum Spielball fremder Mächte wird. Der politische Staat verhält sich eben so spiritualistisch zur bürgerlichen Gesellschaft, wie der Himmel zur Erde. Er steht in demselben Gegensatz zu ihr, er überwindet sie in derselben Weise, wie die Religion die Beschränktheit der profanen Welt, d. h. indem er sie ebenfalls wieder anerkennen, herstellen, sich selbst von ihr beherrschen lassen muss. Der Mensch in seiner nächsten Wirklichkeit, in der bürgerlichen Gesellschaft, ist ein profanes Wesen. Hier, wo er als wirkliches Individuum sich selbst und andern gilt, ist er eine unwahre Erscheinung. In dem Staat dagegen, wo der Mensch als Gattungswesen gilt, ist er das imaginäre Glied einer eingebildeten Souverainetät, ist er seines wirklichen individuellen Lebens beraubt und mit einer unwirklichen Allgemeinheit erfüllt.

Der Konflikt, in welchem sich der Mensch als Bekenner einer besondern Religion mit seinem Staatsbürgerthum, mit den andern Menschen, als Gliedern des Gemeinwesens befindet, reducirt sich auff die weltliche Spaltung zwischen dem politischen Staat und der bürgerlichen Gesellschaft. Für den Menschen als *bourgeois* ist das « Leben im Staat nur Schein oder eine momentane Ausnahme gegen das Wesen und die Regel. » Allerdings bleibt der *bourgeois*, wie der Jude, nur sophistisch im Staatsleben, wie der *citoyen* nur sophistisch Jude oder *bourgeois* bleibt; aber diese Sophistik ist nicht persönlich. Sie ist die Sophistik des politischen Staates selbst. Die Differenz zwischen dem religiösen Menschen und dem Staatsbürger ist die Differenz zwischen dem

Kaufmann und dem Staatsbürger, zwischen dem Taglöhner und dem Staatsbürger, zwischen dem Grundbesitzer und dem Staatsbürger, zwischen dem lebendigen Individuum und dem Staatsbürger. Der Widerspruch, in dem sich der religiöse Mensch mit dem politischen Menschen befindet, ist derselbe Widerspruch, in welchem sich der *bourgeois* mit dem *citoyen*, in welchem sich das Mitglied der bürgerlichen Gesellschaft mit seiner politischen Löwenhaut befindet.

Diesen weltlichen Widerstreit, auf welchen sich die Judenfrage schliesslich reducirt, das Verhältniss des politischen Staates zu seinen Voraussetzungen, mögen dies nun materielle Elemente sein, wie das Privateigenthum etc., oder geistige, wie Bildung, Religion, den Widerstreit zwischen dem allgemeinen Interesse und dem Privatinteresse, die Spaltung zwischen dem politischen Staat und der bürgerlichen Gesellschaft, diese weltlichen Gegensätze lässt Bauer bestehen, während er gegen ihren religiösen Ausdruck polemisirt. «Grade ihre Grundlagen, das Bedürfniss, welches der bürgerlichen Gesellschaft ihr Bestehen sichert und ihre Nothwendigkeit garantirt, setzt ihr Bestehen beständigen Gefahren aus, unterhält in ihr ein unsicheres Element und bringt jene in beständigem Wechsel begriffene Mischung von Armuth und Reichthum, Noth und Gedeihen, überhaupt den Wechsel hervor.» (p. 8).

Man vergleiche den ganzen Abschnitt: «Die bürgerliche Gesellschaft» (p. 8—9), der nach den Grundzügen der hegelschen Rechtsphilosophie entworfen ist. Die bürgerliche Gesellschaft in ihrem Gegensatz zum politischen Staat wird als nothwendig anerkannt, weil der politische Staat als nothwendig anerkannt wird.

Die politische Emancipation ist allerdings ein grosser Fortschritt, sie ist zwar nicht die letzte Form der menschlichen Emancipation überhaupt, aber sie ist die letzte Form der menschlichen Emancipation innerhalb der bisherigen Weltordnung. Es versteht sich: wir sprechen hier von wirklicher, von praktischer Emancipation.

Der Mensch emancipirt sich politisch von der Religion, indem er sie aus dem öffentlichen Recht in das Privatrecht verbannt. Sie ist nicht mehr der Geist des Staats, wo der Mensch — wenn auch in beschränkter Weise, unter besonderer Form und in einer besondern Sphäre — sich als Gattungswesen verhält, in Gemeinschaft mit andern Menschen, sie ist zum Geist der bürgerlichen Gesellschft geworden, der Sphäre des Egoismus, des *bellum omnium contra omnes*. Sie ist nicht mehr das Wesen der Gemeinschaft, sondern das Wesen des Unterschieds. Sie ist zum Ausdruck der Trennung des Menschen von seinem Gemeinwesen, von sich und den andern Menschen geworden — was sie ursprünglich war. Sie ist nur noch das abstrakte Bekenntniss der besondern Verkehrtheit, der Privatschrulle, der Willkür. Die unendliche Zersplitterung der Religion in Nordamerika z. B. gibt ihr schon äusserlich die Form einer rein individuellen Angelegenheit. Sie ist unter die Zahl der Privatinteressen hinabgestossen und aus dem Gemeinwesen als Gemeinwesen exilirt. Aber man täusche sich nicht über die Grenze der politischen Emancipation. Die Spaltung des Menschen in den öffentlichen und in den Privatmenschen, die Dislokation der Religion aus dem Staate in die bürgerliche Gesellschaft, sie ist nicht eine Stufe, sie ist die Vollendung der politischen Emancipation, die also die wirkliche Religiosität des Menschen eben so wenig aufhebt, als aufzuheben strebt.

Die Zersetzung des Menschen in den Juden und in den Staatsbürger, in den Protestanten und in den Staatsbürger, in den religiösen Menschen und in den Staatsbürger, diese Zersetzung ist keine Lüge gegen das Staatsbürgerthum, sie ist keine Umgehung der politischen Emancipation, sie ist die politische Emancipation selbst, sie ist die politische Weise, sich von der Religion zu emancipiren. Allerdings: In Zeiten, wo der politische Staat als politischer Staat gewaltsam aus der bürgerlichen Gesellschaft heraus geboren wird, wo die menschliche Selbstbefreiung unter der Form der politischen Selbstbefreiung sich zu vollziehen strebt, kann und muss der Staat bis zur Aufhebung der Religion, bis zur Vernichtung der Religion fortgehen, aber nur so, wie er zur Aufhebung des Privateigenthums, zum Maximum, zur Konfiskation, zur progressiven Steuer, wie er zur Aufhebung des Lebens, zur Guillotine fortgeht. In den Momenten seines besondern Selbstgefühls sucht das politische Leben seine Voraussetzung, die bürgerliche Gesellschaft und ihre Elemente zu erdrücken und sich als das wirkliche, widerspruchslose Gattungsleben des Menschen zu konstituiren. Es vermag dies indess nur durch gewaltsamen Widerspruch gegen seine eigenen Lebensbedingungen, nur indem es die Revolution für permanent erklärt, und das politische Drama endet daher eben so nothwendig mit der Wiederherstellung der Religion, des Privateigenthums, aller Elemente der bürgerlichen Gesellschaft, wie der Krieg mit dem Frieden endet.

Ja, nicht der sogenannte christliche Staat, der das Christenthum als seine Grundlage, als Staatsreligion bekennt, und sich daher ausschliessend zu andern Religionen verhält, ist der vollendete christliche Staat, sondern vielmehr der atheistische Staat, der demokratische Staat, der Staat, der die Religion unter die übrigen Elemente der bürgerlichen Gesellschaft verweist. Dem Staat der noch Theologe ist, der noch das Glaubensbekenntniss des Christenthums auf offizielle Weise ablegt, der sich noch nicht als Staat zu proklamiren wagt, ihm ist es noch nicht gelungen, in weltlicher, menschlicher Form, in seiner Wirklichkeit als Staat die menschliche Grundlage auszudrücken, deren überschwänglicher Ausdruck das Christenthum ist. Der sogenannte christliche Staat ist nur einfach der Nichtstaat, weil nicht das Christenthum als Religion, sondern nur der menschliche Hintergrund der christlichen Religion in wirklich menschlichen Schöpfungen sich ausführen kann

Der sogenannte christliche Staat ist die christliche Verneinung des Staats, aber keineswegs die staatliche Verwirklichung des Christenthums. Der Staat, der das Christenthum noch in der Form der Religion bekennt, bekennt es noch nicht in der Form des Staats, denn er verhält sich noch relgiös zu der Religion, d. h. er ist nicht die wirkliche Ausführung des menschlichen Grundes der Religion, weil er noch auf die Unwirklichkeit, auf die imaginaire Gestalt dieses menschlichen Kernes provocirt. Der sogenannte christliche Staat ist der unvollkommene Staat und die christliche Religion gilt ihm als Ergänzung und als Heiligung seiner Unvollkommenheit. Die Religion wird ihm daher nothwendig zum Mittel und er ist der Staat der Heuchelei. Es ist ein grosser Unterschied, ob der vollendete Staat wegen des Mangels, der im allgemeinen Wesen des Staats liegt, die Religion unter seine Voraussetzungen zählt, oder ob der unvollendete Staat wegen des Mangels, der in seiner besondern Existenz liegt, als mangelhafter Staat, die Religion für seine Grundlage erklärt. Im letztern Fall wird die Religion zur unvollkommenen Politik. Im ersten Fall zeigt sich die Unvollkommenheit selbst der vollendeten Politik in der Religion. Der sogenannte christliche Staat bedarf der christlichen Religion, um sich als Staat zu vervollständigen. Der demokratische Staat, der wirkliche Staat bedarf nicht der Religion zu seiner politischen Vervollständigung. Er kann vielmehr von der Religion abstrahiren, weil in ihm die menschliche Grundlage der Religion auf weltliche Weise ausgeführt ist. Der sogenannte christliche Staat verhält sich dagegen politisch zur Religion und religiös zur Politik. Wenn er die Staatsformen zum Schein herabsetzt, so setzt er eben so sehr die Religion zum Schein herab.

Um diesen Gegensatz zu verdeutlichen, betrachten wir Bauers Konstruktion des christlichen Staats, eine Konstruktion, welche aus der Anschauung des christlich-germanischen Staats hervorgegangen ist.

« Man hat neuerlich, » sagt Bauer, « um die Unmöglichkeit oder Nichtexistenz eines christlichen Staates zu beweisen, öfter auf diejenigen Aussprüche in dem Evangelium hingewiesen, die der Staat nicht nur nicht befolgt, sondern auch nicht einmal befolgen kann, wenn er sich nicht vollständig auflösen will. » « So leicht aber ist die Sache nicht abgemacht. Was verlangen denn jene evangelischen Sprüche? Die übernatürliche Selbstverläugnung, die Unterwerfung unter die Autorität der Offenbarung, die Abwendung vom Staat, die Aufhebung der weltlichen Verhältnisse. Nun alles das verlangt und leistet der christliche Staat. Er hat den Geist des Evangeliums sich angeeignet und wenn er ihn nicht mit denselben Buchstaben wiedergibt, mit denen ihn das Evangelium ausdrückt, so kommt das nur daher, weil er diesen Geist in Staatsformen, d. h. in Formen ausdrückt, die zwar dem Staatswesen in dieser Welt entlehnt sind, aber in der religiösen Wiedergeburt, die sie erfahren müssen, zum Schein herabgesetzt worden. Es ist die Abwendung vom Staat, die sich zu ihrer Ausführung der Staatsformen bedient. » P. 55.

Bauer entwickelt nun weiter, wie das Volk des christlichen Staats nur ein Nichtvolk ist, keinen eignen Willen mehr hat, sein wahres Dasein aber in dem Haupte besitzt, dem es unterthan, welches ihm jedoch ursprünglich und seiner Natur nach fremd, d. h. von Gott gegeben und ohne sein eignes Zuthun zu ihm gekommen ist, wie die Gesetze dieses Volkes nicht sein Werk, sondern positive Offenbarungen sind, wie sein Oberhaupt privilegirter Vermittler mit dem eigentlichen Volke, mit der Masse bedarf, wie diese Masse selbst in eine Menge besondrer Kreise zerfällt, welche der Zufall bildet und bestimmt, die sich durch ihre Interessen, besonderen Leidenschaften und Vorurtheile unterscheiden und als Privilegium die Erlaubniss bekommen, sich gegenseitig von einander abzuschliessen, etc. P. 56.

Allein Bauer sagt selbst: «Die Politik, wenn sie nichts als Religion sein soll, darf nicht Politik sein, so wenig, wie das Reinigen der Kochtöpfe, wenn es als Religionsangelegenheit gelten soll, als eine Wirthschaftsache betrachtet werden darf.» P. 108. Im christlich germanischen Staat ist aber die Religion eine «Wirthschaftssache,» wie die «Wirthschaftssache» Religion ist. Im christlich germanischen Staat ist die Herrschaft der Religion die Religion der Herrschaft.

Die Trennung des «Geistes des Evangeliums» von den «Buchstaben des Evangeliums» ist ein irreligiöser Akt. Der Staat, der das Evangelium in den Buchstaben der Politik sprechen lässt, in andern Buchstaben, als den Buchstaben des heiligen Geistes, begeht ein Sakrilegium, wenn nicht vor menschlichen Augen, so doch vor seinen eigenen religiösen Augen. Dem Staat, der das Christenthum als seine höchste Norm, der die Bibel als seine Charte bekennt, muss man die Worte der heiligen Schrift entgegenstellen, denn die Schrift ist heilig bis auf das Wort. Dieser Staat sowohl, als das Menschenkehricht, worauf er basirt, geräth in einen schmerzlichen, vom Standpunkt des religiösen Bewusstseins aus unüberwindlichen Widerspruch, wenn man ihn auf diejenigen Aussprüche des Evangeliums verweist, die er «nicht nur nicht befolgt, sondern auch nicht einmal befolgen kann, wenn er sich nicht als Staat vollständig auflösen will.» Und warum will er sich nicht vollständig auflösen? Er selbst kann darauf weder sich, noch andern antworten. Vor seinem eignen Bewusstsein ist der officielle christliche Staat ein Sollen, dessen Verwirklichung unerreichbar ist, der die Wirklichkeit seiner Existenz nur durch Lügen vor sich selbst zu konstatiren weiss und sich selbst daher stets ein Gegenstand des Zweifels, ein unzuverlässiger, problematischer Gegenstand bleibt. Die Kritik befindet sich also in vollem Rechte, wenn sie den Staat, der auf die Bibel provocirt, zur Verrücktheit des Bewusstseins zwingt, wo er selbst nicht mehr weiss, ob er eine Einbildung oder eine Realität ist, wo die Infamie seiner weltlichen Zwecke, denen die Religion zum Deckmantel dient, mit der Ehrlichkeit seines religiösen Bewusstseins, dem die Religion als Zweck der Welt erscheint, in unauflöslichen Conflict geräth. Dieser Staat kann sich nur aus seiner innern Qual erlösen, wenn er zum Schergen der katholischen Kirche wird. Ihr gegenüber, welche die weltliche Macht für ihren dienenden

Körper erklärt, ist der Staat ohnmächtig, ohnmächtig die *weltliche* Macht, welche die Herrschaft des religiösen Geistes zu sein behauptet.

In dem sogenannten christlichen Staat gilt zwar die *Entfremdung*, aber nicht der *Mensch*. Der einzige Mensch, der gilt, der *König*, ist ein von den andern Menschen spezifisch unterschiedenes, dabei selbst noch religiöses, mit dem Himmel, mit Gott direkt zusammenhängendes Wesen. Die Beziehungen, die hier herrschen, sind noch *gläubige* Beziehungen. Der religiöse Geist ist also noch nicht wirklich verweltlicht.

Aber der religiöse Geist kann auch nicht *wirklich* verweltlicht werden, denn was ist er selbst, als die *unweltliche* Form einer Entwicklungsstufe des menschlichen Geistes? Der religiöse Geist kann nur verwirklicht werden, insofern die Entwicklungsstufe des menschlichen Geistes, deren religiöser Ausdruck er ist, in ihrer *weltlichen* Form heraustritt und sich konstituirt. Dies geschieht im *demokratischen* Staat. Nicht das Christenthum, sondern der *menschliche Grund* des Christenthums ist der Grund dieses Staates. Die Religion bleibt das ideale, unweltliche Bewusstsein seiner Glieder, weil sie die ideale Form der *menschlichen Entwicklungsstufe* ist, die in ihm durchgeführt wird.

Religiös sind die Glieder des politischen Staats durch den Dualismus zwischen dem individuellen und dem Gattungsleben, zwischen dem Leben der bürgerlichen Gesellschaft und dem politischen Leben, religiös, indem der Mensch sich zu dem seiner wirklichen Individualität jenseitigen Staatsleben als seinem wahren Leben verhält, religiös, insofern die Religion hier der Geist der bürgerlichen Gesellschaft, der Ausdruck der Trennung und der Entfernung des Menschen vom Menschen ist. Christlich ist die politische Demokratie, indem in ihr der Mensch, nicht nur ein Mensch, sondern jeder Mensch, als *souveränes*, als höchstes Wesen gilt, aber der Mensch in seiner unkultivirten, unsocialen Erscheinung, der Mensch in seiner zufälligen Existenz, der Mensch, wie er geht und steht, der Mensch, wie er durch die ganze Organisation unserer Gesellschaft verdorben, sich selbst verloren, veräussert, unter die Herrschaft unmenschlicher Verhältnisse und Elemente gegeben ist, mit einem Wort, der Mensch, der noch kein *wirkliches* Gattungswesen ist. Das Phantasiegebild, der Traum, das Postulat des Christenthums, die Souveränetät des Menschen, aber als eines fremden, von dem wirklichen Menschen unterschiedenen Wesens, ist in der Demokratie sinnliche Wirklichkeit, Gegenwart, weltliche Maxime.

Das religiöse und theologische Bewusstsein selbst gilt sich in der vollendeten Demokratie um so religiöser, um so theologischer, als es scheinbar ohne politische Bedeutung, ohne irdische Zwecke, Angelegenheit des weltscheuen Gemüthes, Ausdruck der Verstandes-Bornirtheit, Produkt der Willkür und der Phantasie, als es ein wirklich jenseitiges Leben ist. Das Christenthum erreicht hier den praktischen Ausdruck seiner universalreligiösen Bedeutung, indem die verschiedenartigste Weltanschauung in der Form des Christenthums sich neben einander gruppirt, noch mehr dadurch, dass es an andere nicht einmal die Forderung des Christenthums, sondern nur noch der Religion überhaupt, irgend einer Religion stellt (vergl. die angeführte Schrift von Beaumont). Das religiöse Bewusstsein schwelgt in dem Reichthum des religiösen Gegensatzes und der religiösen Mannigfaltigkeit.

Wir haben also gezeigt : Die politische Emancipation von der Religion lässt die Religion bestehn, wenn auch keine privilegirte Religion. Der Widerspruch, in welchem sich der Anhänger einer besondern Religion mit seinem Staatsbürgerthum befindet, ist nur ein Theil des allgemeinen weltlichen Widerspruchs zwischen dem politischen Staat und der bürgerlichen Gesellschaft. Die Vollendung des christlichen Staats ist der Staat, der sich als Staat bekennt und von der Religion seiner Glieder abstrahirt. Die Emancipation des Staats von der Religion ist nicht die Emancipation des wirklichen Menschen von der Religion.

Wir sagen also nicht mit Bauer den Juden : Ihr könnt nicht politisch emancipirt werden, ohne euch radikal vom Judenthum zu emancipiren. Wir sagen ihnen vielmehr : Weil ihr politisch emancipirt werden könnt, ohne euch vollständig und widerspruchlos vom Judenthum loszusagen, darum ist die politische Emancipation selbst nicht die menschliche Emancipation. Wenn ihr Juden politisch emancipirt werden wollt, ohne euch selbst menschlich zu emancipiren, so liegt die Halbheit und der Widerspruch nicht nur in euch, sie liegt in dem Wesen und der Kategorie der politischen Emancipation. Wenn ihr in dieser Kategorie befangen seid, so theilt ihr eine allgemeine Befangenheit. Wie der Staat evangelisirt, wenn er, obschon Staat, sich christlich zu dem Juden verhält, so politisirt der Jude, wenn er, obschon Jude Staatsbürgerrechte verlangt.

Aber wenn der Mensch, obgleich Jude, politisch emancipirt werden, Staatsbürgerrechte empfangen kann, kann er die sogenannten **Menschenrechte** in Anspruch nehmen und empfangen? Bauer **läugnet es**. « Die Frage ist, ob der Jude als solcher, d. h. der Jude, der selber eingesteht, dass er durch sein wahres Wesen gezwungen ist, in ewiger Absonderung von Andren zu leben, fähig sei, die **allgemeinen Menschenrechte** zu empfangen und Andern zuzugestehn. »

« Der Gedanke der Menschenrechte ist für die christliche Welt erst im vorigen Jahrhundert entdeckt worden. Er ist dem Menschen nicht angeboren, er wird vielmehr nur erobert im Kampfe gegen die geschichtlichen Traditionen, in denen der Mensch bisher erzogen wurde. So sind die Menschenrechte nicht ein Geschenk der Natur, keine Mitgift der bisherigen Geschichte, sondern der Preis des Kampfes gegen den Zufall der Geburt und gegen die Privilegien, welche die Geschichte von Generation auf Generation bis jetzt vererbt hat. Sie sind die Resultate der Bildung und derjenige kann sie nur besitzen, der sie sich erworben und verdient hat. »

« Kann sie nun der Jude wirklich in Besitz nehmen? So lange er Jude ist, muss über das menschliche Wesen, welches ihn als Menschen mit Menschen verbinden sollte, das beschränkte Wesen, das ihn zum Juden macht, den Sieg davontragen und ihn von den Nichtjuden absondern. Er erklärt durch diese Absonderung, dass das besondere Wesen, das ihn zum Juden macht, sein wahres höchstes Wesen ist, vor welchem das Wesen des Menschen zurücktreten muss. »

« In derselben Weise kann der Christ als Christ keine Menschenrechte gewähren » p. 19, 20.

Der Mensch muss nach Bauer das « **Privilegium des Glaubens** » aufopfern, um die allgemeinen Menschenrechte empfangen zu können. Betrachten wir einen Augenblick die sogenannten Menschenrechte und zwar die Menschenrechte unter ihrer authentischen Gestalt, unter der Gestalt, welche sie bei ihren **Entdeckern**, den Nordamerikanern und Franzosen besitzen! Zum Theil sind diese Menschenrechte **politische** Rechte, Rechte, die nur in der Gemeinschaft mit andern ausgeübt werden. Die **Theilnahme** am **Gemeinwesen** und zwar am **politischen** Gemeinwesen, am **Staatswesen**, bildet ihren Inhalt. Sie fallen unter die Kategorie der **politischen Freiheit**, unter die Kategorie der **Staatsbürgerrechte**, welche keineswegs, wie wir gesehn, die widerspruchslose und positive Aufhebung der Religion, also etwa auch des Judenthums, voraussetzen. Es bleibt der andere Theil der Menschenrechte zu betrachten, die *droits de l'homme,* insofern sie unterschieden sind von den *droits du citoyen.*

In ihrer Reihe findet sich die Gewissensfreiheit, das Recht einen beliebigen Kultus auszuüben. Das Privilegium des Glaubens wird ausdrücklich anerkannt, entweder als ein Menschenrecht, oder als Konsequenz eines Menschenrechtes, der Freiheit.

Déclaration des droits de l'homme et du citoyen, 1791, art. 10 : « Nul ne doit être inquiété pour ses opinions même religieuses. » Im Titre I der Const. von 1791 wird als Menschenrecht garantirt : « La liberté à tout homme d'exercer le *culte religieux* auquel il est attaché. »

Déclaration des droits de l'homme, etc. 1793 zählt unter die Menschenrechte, art. 7 : « Le libre exercice des cultes. » Ja, in Bezug auf das Recht, seine Gedanken und Meinungen zu veröffentlichen, sich zu versammeln, seinen Kultus auszuüben, heisst es sogar : « La nécessité d'énoncer ces *droits* suppose ou la présence ou le souvenir récent du despotisme. » Man vergleiche die Const. von 1795, titre XII. art. 354.

Constitution de Pensylvanie, art. 9. § 3 : « Tous les hommes ont reçu de la nature le *droit* imprescriptible d'adorer le Tout-Puissant selon les inspirations de leur conscience, et nul ne peut légalement être contraint de suivre, instituer ou soutenir contre son gré aucun culte ou ministère religieux. Nulle autorité humaine ne peut, dans aucun cas, intervenir dans les questions de conscience et contrôler les pouvoirs de l'ame. »

Constitution de New-Hampshire, art. 5 et 6 : « Au nombre des droits naturels, quelques-uns sont inaliénables de leur nature, parce que rien n'en peut être l'équivalent. De ce nombre sont les *droits* de conscience. » (Beaumont l. c., p. 213, 214.)

Die Unvereinbarkeit der Religion mit den Menschenrechten liegt so wenig im Begriff der Menschenrechte, dass das Recht, religiös zu sein, auf beliebige Weise religiös zu sein, den Kultus seiner besonderen Religion auszuüben, vielmehr ausdrücklich unter die Menschenrechte gezählt wird. Das Privilegium des Glaubens ist ein allgemeines Menschenrecht.

Die *droits de l'homme*, die Menschenrechte werden als solche unterschieden von den *droits du citoyen*, von den Staatsbürgerrechten. Wer ist der vom *citoyen* unterschiedene *homme*? Niemand anders, als das Mitglied der bürgerlichen Gesellschaft. Warum wird das Mitglied der bürgerlichen Gesellschaft «Mensch,» Mensch schlechthin, warum werden seine Rechte Menschenrechte genannt? Woraus erklären wir dies Faktum? Aus dem Verhältniss des politischen Staats zur bürgerlichen Gesellschaft, aus dem Wesen der politischen Emancipation.

Vor allem konstatiren wir die Thatsache, dass die sogenannten Menschenrechte, die *droits de l'homme* im Unterschied von den *droits du citoyen* nichts anderes sind, als die Rechte des Mitglieds der bürgerlichen Gesellschaft, d. h. des egoistischen Menschen, des vom Menschen und vom Gemeinwesen getrennten Menschen. Die radikalste Konstitution, die Konstitution von 1793, mag sprechen:

Déclar. des droits de l'homme et du citoyen.

Art. 2. Ces droits etc. (les droits naturels et imprescriptibles) sont: l'*égalité*, la *liberté*, la *sûreté*, la *propriété*.

Worin besteht die *liberté*?

Art. 6. «La liberté est le pouvoir qui appartient à l'homme de faire tout ce qui ne nuit pas aux droits d'autrui,» oder nach der Deklaration der Menschenrechte von 1791: «la liberté consiste à pouvoir faire tout ce qui ne nuit pas à d'autrui.»

Die Freiheit ist also das Recht, alles zu thun und zu treiben, was keinem andern schadet. Die Grenze, in welcher sich jeder dem andern unschädlich bewegen kann, ist durch das Gesetz bestimmt, wie die Grenze zweier Felder durch den Zaunpfahl bestimmt ist. Es handelt sich um die Freiheit des Menschen als isolirter auf sich zurückgezogener Monade. Warum ist der Jude nach Bauer unfähig, die Menschenrechte zu empfangen. «So lange er Jude ist, muss über das menschliche Wesen, welches ihn als Menschen mit Menschen verbinden sollte, das beschränkte Wesen, das ihn zum Juden macht, den Sieg davon tragen und ihn von den Nichtjuden absondern.» Aber das Menschenrecht der Freiheit basirt nicht auf der Verbindung des Menschen mit dem Menschen, sondern vielmehr auf der Absonderung des Menschen von dem Menschen. Es ist das Recht dieser Absonderung, das Recht des beschränkten auf sich beschränkten Individuums.

Die praktische Nutzanwendung des Menschenrechtes der Freiheit ist das Menschenrecht des Privateigenthums.

Worin besteht das Menschenrecht des Privateigenthums?

Art. 16. (Const. v. 1793.) «Le droit de *propriété* est celui qui appartient à tout citoyen de jouir et de disposer *à son gré* de ses biens, de ses revenus, du fruit de son travail et de son industrie.»

Das Menschenrecht des Privateigenthums ist also das Recht, willkürlich (à son gré), ohne Beziehung auf andre Menscnen, unabhängig von der Gesellschaft, sein Vermögen zu geniessen und über dasselbe zu disponiren, das Recht des Eigennutzes. Jene individuelle Freiheit, wie diese Nutzanwendung derselben, bilden die Grundlage der bürgerlichen Gesellschaft. Sie lässt jeden Menschen im andern Menschen nicht die Verwirklichung, sondern vielmehr die Schranke seiner Freiheit finden. Sie proklamirt vor allem aber das Menschenrecht «de jouir et de disposer *à son gré* de ses biens, de ses revenus, du fruit de son travail et de son industrie.»

Es bleiben noch die andern Menschenrechte, die égalité und die sûreté.

Die égalité hier in ihrer nichtpolitischen Bedeutung, ist nichts als die Gleichheit der oben beschriebenen *liberté*, nämlich: dass jeder Mensch gleichmässig als solche auf sich ruhende Monade betrachtet wird. Die Const. von 1795 bestimmt den Begriff dieser Gleichheit, ihrer Bedeutung angemessen, dahin:

Art. 5. (Const. de 1795.) « l'égalité consiste en ce que la loi est la même pour tous, soit qu'elle protège, soit qu'elle punisse.

Und die sûreté?

Art. 8 (Const. de 1793) la sûreté consiste dans la protection accordée par la société à chacun de ses membres pour la conservation de sa personne, de ses droits et des ses propriétés.

Die Sicherheit ist der höchste sociale Begriff der bürgerlichen Gesellschaft, der Begriff der Polizei, dass die ganze Gesellschaft nur da ist, um jedem ihre Glieder die Erhaltung seiner Person, seiner Rechte und seines Eigenthums zu garantiren. Hegel nennt in diesem Sinn die bürgerliche Gesellschaft «den Noth- und Verstandesstaat.»

Durch den Begriff der Sicherheit erhebt sich die bürgerliche Gesellschaft nicht über ihren Egoismus. Die Sicherheit ist vielmehr die Versicherung ihres Egoismus.

Keines der sogenannten Menschenrechte geht also über den egoistischen Menschen hinaus, über den Menschen, wie er Mitglied der bürgerlichen Gesellschaft, nämlich auf sich, auf sein Privatinteresse und seine Privatwillkür zurückgezogenes und vom Gemeinwesen abgesondertes Individuum ist. Weit entfernt, dass der Mensch in ihnen als Gattungswesen aufgefasst wurde, erscheint vielmehr das Gattungsleben selbst, die Gesellschaft, als ein den Individuen äusserlicher Rahmen, als Beschränkung ihrer ursprünglichen Selbstständigkeit. Das einzige Band, das sie zusammenhält, ist die Natur-Nothwendigkeit, das Bedürfniss und das Privatinteresse, die Conservation ihres Eigenthums und ihrer egoistischen Person.

Es ist schon räthselhaft, dass ein Volk, welches eben beginnt sich zu befreien, alle Barrièren zwischen den verschiedenen Volksgliedern niederzureissen, ein politisches Gemeinwesen zu gründen, dass ein solches Volk die Berechtigung des egoistischen, vom Mitmenschen und vom Gemeinwesen abgesonderten Menschen feierlich proklamirt (decl. de 1791), ja diese Proklamation in einem Augenblicke wiederholt, wo die heroischste Hingebung allein die Nation retten kann und daher gebieterisch verlangt wird, in einem Augenblicke, wo die Aufopferung aller Interressen der bürgerlichen Gesellschaft zur Tagesordnung erhoben und der Egoismus als ein Verbrechen bestraft werden muss. (Decl. des droits de l'homme etc. de 1793.) Noch räthselhafter wird diese Thatsache, wenn wir sehen, dass das Staatsbürgerthum, das politische Gemeinwesen von den politischen Emancipatoren sogar zum blosen Mittel für die Erhaltung dieser sogenannten Menschenrechte herabgesetzt, dass also der citoyen zum Diener des egoistischen homme erklärt, die Sphäre, in welcher der Mensch sich als Gemeinwesen verhält, unter die Sphäre, in welcher er sich als Theilwesen verhält, degradirt, endlich nicht der Mensch als citoyen, sondern der Mensch als bourgeois für den eigentlichen und wahren Menschen genommen wird.

«Le *but* de toute *association politique* est la *conservation* des droits naturelles et imperscriptibles de l'homme.» (Decl. des droits etc. de 1791 Art. 2. «Le *gouvernement* est institué pour garantir à l'homme la jouissance de ses droits naturels et imprescriptibles.» (Decl. etc. de 1793 art. 1.) Also selbst in den Momenten seines noch jugendfrischen und durch den Drang der Umstände auf die Spitze getriebenen Enthusiasmus, erklärt sich das politische Leben für ein blosses Mittel, dessen Zweck das Leben der bürgerlichen Gesellschaft ist. Zwar steht seine revolutionaire Praxis in flagrantem Widerspruch mit seiner Theorie. Während z. B. die Sicherheit als ein Menschenrecht erklärt wird, wird die Verletzung des Briefgeheimnisses öffentlich auf die Tagesordnung gesetzt. Während die «liberté *indéfinie* de la presse» (Const. de 1793 art. 122) als Consequenz des Menschenrechts, der individuellen Freiheit, garantirt wird, wird die Pressfreiheit vollständig vernichtet, denn «la liberté de la presse ne doit pas être permise lorsqu'elle compromet la liberté publique. (Robespierre jeune, hist. parlem. de la rev. franç. par Buchez et Roux, T. 28 p. 135), d, h. also: das Menschenrecht der Freiheit hört auf ein Recht zu sein, sobald es mit dem politischen Leben in Konflikt tritt, während der Theorie nach das politische Leben nur die Garantie der Menschenrechte, der Rechte des individuellen Menschen ist, also aufgegeben werden muss, sobald es seinem Zwecke, diesen Menschenrechten widerspricht. Aber die Praxis ist nur die Ausnahme und die Theorie ist die Regel. Will man aber selbst die revolutionäre Praxis als die richtige Stellung des Verhältnisses betrachten, so bleibt immer noch das Räthsel zu lösen, warum im Bewusstsein der politischen Emancipatoren das Verhältniss auf den Kopf gestellt ist und der Zweck als Mittel, das Mittel als Zweck erscheint. Diese optische Täuschung ihres Bewusstseins wäre immer noch dasselbe Räthsel, obgleich dann ein psychologisches, ein theoretisches Räthsel.

Das Räthsel löst sich einfach.

Die politische Emancipation ist zugleich die Auflösung der alten Gesellschaft, auf welcher das dem Volk entfremdete Staatswesen, die Herrschermacht, ruht. Die politische Revolution ist die Revolution der bürgerlichen Gesellschaft. Welches war der Charakter der alten Gesellschaft? Ein Wort charakterisirt sie. Die Feudalität. Die alte bürgerliche Gesellschaft hatte unmittelbar einen politischen Charakter, d. h. die Elemente des bürgerlichen Lebens, wie z. B. der Besitz oder die Familie, oder die Art und Weise der Arbeit, waren in der Form der Grundherrlichkeit, des Standes und der Corporation zu Elementen des Staatslebens erhoben. Sie bestimmten in dieser Form das Verhältniss des einzelnen Individuums zum Staatsganzen, d. h. sein politisches Verhältniss, d. h. sein Verhältniss der Trennung und Ausschliessung von den andern Bestandtheilen der Gesellschaft. Denn jene Organisation des Volkslebens erhob den Besitz oder die Arbeit nicht zu socialen Elementen, sondern vollendete vielmehr ihre Trennung von dem Staatsganzen, und constituirte sie zu besondern Gesellschaften in der Gesellschaft. So waren indess immer noch die Lebensfunktionen und Lebensbedingungen der bürgerlichen Gesellschaft politisch, wenn auch politisch im Sinne der Feudalität, d. h. sie schlossen das Individuum vom Staatsganzen ab, sie verwandelten das besondere Verhältniss seiner Corporation zum Staatsganzen in sein eignes allgemeines Verhältniss zum Volksleben, wie seine bestimmte bürgerliche Thätigkeit und Situation in seine allgemeine Thätigkeit und Situation. Als Konsequenz dieser Organisation erscheint nothwendig die Staatseinheit, wie das Bewusstsein, der Wille und die Thätigkeit der Staatseinheit, die allgemeine Staatsmacht, ebenfalls als besondere Angelegenheit eines von dem Volk abgeschiedenen Herrschers und seiner Diener.

Die politische Revolution, welche diese Herrschermacht stürzte und die Staatsangelegenheiten zu Volksangelegenheiten erhob, welche den politischen Staat als allgemeine Angelegenheit, d. h. als wirklichen Staat constituirte, zerschlug nothwendig alle Stände, Corporationen, Innungen, Privilegien, die eben so viele Ausdrücke der Trennung des Volkes von seinem Gemeinwesen waren. Die politische Revolution hob damit den politischen Charakter der bürgerlichen Gesellschaft auf. Sie zerschlug die bürgerliche Gesellschaft in ihre einfachen Bestandtheile, einerseits in die Individuen, andrerseits in die materiellen und geistigen Elemente, welche den Lebensinhalt, die bürgerliche Situation dieser Individuen bilden. Sie entfesselte den politischen Geist, der gleichsam in die verschiedenen Sackgassen der feudalen Gesellschaft zertheilt, zerlegt, zerlaufen war; sie sammelte ihn aus dieser Zerstreuung, sie befreite ihn von seiner Vermischung mit dem bürgerlichen Leben, und constituirte ihn als die Sphäre des Gemeinwesens, der allgemeinen Volksangelegenheit in idealer Unabhängigkeit von jenen besondern Elementen des bürgerlichen Lebens. Die bestimmte Lebensthätigkeit und die bestimmte Lebenssituation sanken zu einer nur individuellen Bedeutung herab. Sie bildeten nicht mehr das allgemeine Verhältniss des Individuums zum Staatsganzen. Die öffentliche Angelegenheit als solche ward vielmehr zur allgemeinen Angelegenheit jedes Individuums und die politische Function zu seiner allgemeinen Function.

Allein die Vollendung des Idealismus des Staats war zugleich die Vollendung des Materialismus der bürgerlichen Gesellschaft. Die Abschüttlung des politischen Jochs war zugleich die Abschüttlung der Bande, welche den egoistischen Geist der bürgerlichen Gesellschaft gefesselt hielten. Die politische Emancipation war zugleich die Emancipation der bürgerlichen Gesellschaft von der Politik, von dem Schein selbst eines allgemeinen Inhalts.

Die feudale Gesellschaft war aufgelöst in ihren Grund, in den Menschen. Aber in den Menschen, wie er wirklich ihr Grund war, in den egoistischen Menschen.

Dieser Mensch, das Mitglied der bürgerlichen Gesellschaft, ist nun die Basis, die Voraussetzung des politischen Staats. Er ist von ihm als solche anerkannt in den Menschenrechten.

Die Freiheit des egoistischen Menschen und die Anerkennung dieser Freiheit ist aber vielmehr die Anerkennung der zügellosen Bewegung der geistigen und materiellen Elemente, welche seinen Lebensinhalt bilden.

Der Mensch wurde daher nicht von der Religion befreit, er erhielt die Religionsfreiheit. Er wurde nicht vom Eigenthum befreit. Er erhielt die Freiheit des Eigenthums. Er wurde nicht von dem Egoismus des Gewerbes befreit, er erhielt die Gewerbfreiheit.

Die Constitution des politischen Staats und die Auflösung der bürgerlichen Gesellschaft in die unabhängigen Individuen — deren Verhältniss das Recht ist, wie das Verhältniss der Standes- und Innungsmenschen das Privilegium war — vollzieht sich in einem und demselben Akte. Der Mensch, wie er Mitglied der bürgerlichen Gesellschaft ist, der unpolitische Mensch erscheint aber nothwendig als der natürliche Mensch. Die *droits de l'homme* erscheinen als *droits naturels*, denn die selbstbewusste Thätigkeit concentrirt sich auf den politischen Akt. Der egoistische Mensch ist das passive, nur vorgefundne Resultat der aufgelösten Gesellschaft, Gegenstand der unmittelbaren Gewissheit, also natürlicher Gegenstand. Die politische Revolution löst das bürgerliche Leben in seine Bestandtheile auf, ohne diese Bestandtheile selbst zu revolutioniren und der Kritik zu unterwerfen. Sie verhält sich zur bürgerlichen Gesellschaft, zur Welt der Bedürfnisse, der Arbeit, der Privatinteressen, des Privatrechts als zur Grundlage ihres Bestehns, als zu einer nicht weiter begründeten Voraussetzung, daher als zu ihrer Naturbasis. Endlich gilt der Mensch, wie er Mitglied der bürgerlichen Gesellschaft ist, für den eigentlichen Menschen, für den *homme* im Unterschied von dem *citoyen*, weil er der Mensch in seiner sinnlichen individuellen nächsten Existenz ist, während der politische Mensch nur der abstrahirte, künstliche Mensch ist, der Mensch als eine allegorische, moralische Person. Der wirkliche Mensch ist erst in der Gestalt des egoistischen Individuums, der wahre Mensch erst in der Gestalt des abstrakten *citoyen* anerkannt.

Die Abstraction des politischen Menschen schildert Rousseau ichtig also:

«Celui qui ose entreprendre d'instituer un peuple doit se sentir en état de *changer*, pour ainsi dire la *nature humaine*, de *transformer* chaque individu, qui par lui-même est un tout parfait et solitaire en *partie* d'un plus grand tout, dont cet individu reçoive en quelque sorte sa vie et son être, de substituer une *existence partielle* et *morale* à l'existence physique et indépendante. Il faut qu'il ôte à *l'homme ses forces propres* pour lui en donner qui lui soient étrangères et dont il ne puisse faire usage sans le secours d'autrui. (Cont. Soc. liv. II, Londr. 1757, p. 67.)

Alle Emancipation ist Zurückführung der menschlichen Welt, der Verhältnisse, auf den Menschen selbst.

Die politische Emancipation ist die Reduktion des Menschen, einerseits auf das Mitglied der bürgerlichen Gesellschaft, auf das egoistische unabhängige Individuum, andrerseits auf den Staatsbürger, auf die moralische Person.

Erst wenn der wirkliche individuelle Mensch den abstrakten Staatsbürger in sich zurücknimmt und als individueller Mensch in seinem empirischen Leben, in seiner individuellen Arbeit, in seinen individuellen Verhältnissen, Gattungswesen geworden ist, erst, wenn der Mensch seine «forces propres» als gesellschaftliche Kräfte erkannt und organisirt hat und daher die gesellschaftliche Kraft nicht mehr in der Gestalt der politischen Kraft von sich trennt, erst dann ist die menschliche Emancipation vollbracht.

II.

Die Fæhigkeit der heutigen Juden und Christen frei zu werden. Von Bruno Bauer. (Ein und zwanzig Bogen pag. 56—71).

Unter dieser Form behandelt Bauer das Verhältniss der jüdischen und christlichen Religion, wie das Verhältniss derselben zur Kritik. Ihr Verhältniss zur Kritik ist ihr Verhältniss « zur Fähigkeit frei zu werden. »

Es ergibt sich: « Der Christ hat nur eine Stufe, nämlich seine Religion zu übersteigen, um die Religion überhaupt aufzuheben, » also frei zu werden, « der Jude dagegen hat nicht nur mit seinem jüdischen Wesen, sondern auch der Entwicklung der Vollendung seiner Religion zu brechen, mit einer Entwicklung, die ihm fremd geblieben ist. » *Pag.* 71.

Bauer verwandelt also hier die Frage von der Judenemancipation in eine rein religiöse Frage. Der theologische Scrupel, wer eher Aussicht hat, selig zu werden, Jude oder Christ, wiederholt sich in der aufgeklärten Form, wer von beiden ist emancipationsfähiger? Es fragt sich zwar nicht mehr: macht Judenthum oder Christenthum frei? sondern vielmehr umgekehrt, was macht freier, die Negation des Judenthums oder die Negation des Christenthums?

« Wenn sie frei werden wollen, so dürfen sich die Juden nicht zum Christenthum bekennen, sondern zum aufgelösten Christenthum, zur aufgelösten Religion überhaupt, d. h. zur Aufklärung, Kritik und ihrem Resultate, der freien Menschlichkeit. » P. 70.

Es handelt sich immer noch um ein Bekenntniss für den Juden, aber nicht mehr um das Bekenntniss zum Christenthum, sondern zum aufgelösten Christenthum.

Bauer stellt an den Juden die Forderung, mit dem Wesen der christlichen Religion zu brechen, eine Forderung, welche, wie er selbst sagt, nicht aus der Entwicklung des jüdischen Wesens hervorgeht.

Nachdem Bauer am Schluss der Judenfrage das Judenthum nur als die rohe religiöse Kritik des Christenthums begriffen, ihm also eine « nur » religiöse Bedeutung abgewonnen hatte, war vorherzusehen, dass auch die Emancipation der Juden in einen philosophisch-theologischen Akt sich verwandeln werde.

Bauer fasst das ideale abstrakte Wesen des Juden, seine Religion als sein ganzes Wesen. Er schliesst daher mit Recht: « Der Jude gibt der Menschheit nichts, wenn er sein beschränktes Gesetz für sich missachtet, wenn er sein ganzes Judenthum aufhebt. P. 65.

Das Verhältniss der Juden und Christen wird demnach Folgendes: das einzige Interesse des Christen an der Emancipation des Juden ist ein allgemein menschliches, ein theoretisches Interesse. Das Judenthum ist eine beleidigende Thatsache für das religiöse Auge des Christen. Sobald sein Auge aufhört religiös zu sein, hört diese Thatsache auf beleidigend zu sein. Die Emancipation des Juden ist an und für sich keine Arbeit für den Christen.

Der Jude dagegen um sich zu befreien, hat nicht nur seine eigne Arbeit, sondern zugleich die Arbeit des Christen, die Kritik der Synoptiker und das Leben Jesu etc. durchzumachen.

« Sie mögen selber zusehen: sie werden sich selber ihr Geschick bestimmen; die Geschichte aber lässt mit sich nicht spotten. » P. 71.

Wir versuchen die theologische Fassung der Frage zu brechen. Die

Frage nach der Emancipationsfähigkeit des Juden verwandelt sich uns in die Frage, welches besondre gesellschaftliche Element zu überwinden sei, um das Judenthum aufzuheben? Denn die Emancipationsfähigkeit des heutigen Juden ist das Verhältniss des Judenthums zur Emancipation der heutigen Welt. Dies Verhältniss ergiebt sich nothwendig aus der besondern Stellung des Judenthums in der heutigen geknechteten Welt.

Betrachten wir den wirklichen weltlichen Juden, nicht den Sabbaths Juden, wie Bauer es thut, sondern den Alltagsjuden.

Suchen wir das Geheimniss des Juden nicht in seiner Religion, sondern suchen wir das Geheimniss der Religion im wirklichen Juden.

Welches ist der weltliche Grund des Judenthums? Das praktische Bedürfniss, der Eigennutz.

Welches ist der weltliche Kultus des Juden? Der Schacher. Welches ist sein weltlicher Gott? Das Geld.

Nun wohl! Die Emancipation vom Schacher und vom Geld, also vom praktischen, realen Judenthum wäre die Selbstemancipation unsrer Zeit.

Eine Organisation der Gesellschaft, welche die Voraussetzungen des Schachers, also die Möglichkeit des Schachers aufhöbe, hätte den Juden unmöglich gemacht. Sein religiöses Bewusstsein würde wie ein fader Dunst in der wirklichen Lebensluft der Gesellschaft sich auflösen. Andrerseits: wenn der Jude dies sein praktisches Wesen als nichtig erkennt und an seiner Aufhebung arbeitet, arbeitet er aus seiner bisherigen Entwicklung heraus, an der menschlichen Emancipation schlechthin und kehrt sich gegen den höchsten praktischen Ausdruck der menschlichen Selbstentfremdung.

Wir erkennen also im Judenthum ein allgemeines gegenwärtiges antisociales Element, welches durch die geschichtliche Entwicklung, an welcher die Juden in dieser schlechten Beziehung eifrig mitgearbeitet, auf seine jetzige Höhe getrieben wurde, auf eine Höhe, auf welcher es sich nothwendig auflösen muss.

Die Judenemancipation in ihrer letzten Bedeutung ist die Emancipation der Menschheit vom Judenthum.

Der Jude hat sich bereits auf jüdische Weise emancipirt. « Der Jude, der in Wien z. B. nur tolerirt ist, bestimmt durch seine Geldmacht das Geschick des ganzen Reichs. Der Jude der in dem kleinsten deutschen Staate rechtlos sein kann, entscheidet über das Schicksal Europa's.

Während die Korporationen und Zünfte dem Juden sich verschliessen, oder ihm noch nicht geneigt sind, spottet die Kühnheit der Industrie des Eigensinns der mittelalterlichen Institute.» (B. Bauer, Judenfrage, p. 14.)

Es ist dies kein vereinzeltes Faktum. Der Jude hat sich auf jüdische Weise emancipirt, nicht nur, indem er sich die Geldmacht angeeignet, sondern indem durch ihn und ohne ihn, **das Geld** zur Weltmacht und der praktische Judengeist zum praktischen Geist der christlichen Völker geworden ist. Die Juden haben sich in so weit emancipirt, als die Christen zu Juden geworden sind.

« Der fromme und politisch freie Bewohner von Neuengland, berichtet z. B. Oberst Hamilton, ist eine Art von **Laokoon**, der auch nicht die geringste Anstrengung macht, um sich von den Schlangen zu befreien, die ihn zusammenschnüren. **Mammon** ist ihr Götze, sie beten ihn nicht nur allein mit den Lippen, sondern mit allen Kräften ihres Körpers und Gemüths an. Die Erde ist in ihren Augen nichts andres, als eine Börse, und sie sind überzeugt, dass sie hienieden keine andere Bestimmung haben, als reicher zu werden, denn ihre Nachbarn. Der Schacher hat sich aller ihrer Gedanken bemächtigt, die Abwechslung in den Gegenständen bildet ihre einzige Erhebung. Wenn sie reisen, tragen sie, so zu sagen, ihren Kram oder Komptoir auf dem Rücken mit sich herum und sprechen von nichts als Zinsen und Gewinn, und wenn sie einen Augenblick ihre Geschäfte aus den Augen verlieren, so geschieht dies bloss um jene von Andern zu beschnüffeln.»

Ja, die praktische Herrschaft des Judenthums über die christliche Welt, hat in Nordamerika den unzweideutigen, normalen Ausdruck erreich, dass die **Verkündigung des Evangeliums** selbst, dass das christliche Lehramt zu einem Handelsartikel geworden ist, und der bankerutte Kaufmann im Evangelium macht, wie der reichgewordene Evangelist in Geschäftchen. *« Tel que vous le voyez à la tête d'une congrégation respectable a commencé par être marchand; son commerce étant tombé, il s'est fait ministre; cet autre a debuté par le sacerdoce, mais dès qu'il a eu quelque somme d'argent à la disposition, il a laissé la chaire pour le négoce. Aux yeux d'un grand nombre, le ministère religieux est une veritable carrière industrielle.»* (*Beaumont, l. c. p.* 185, 86.)

Nach Bauer ist es ein lügenhafter Zustand, wenn in der Theorie dem Juden die politischen Rechte vorenthalten werden, während er in der Praxis eine ungeheure Gewalt besitzt, und seinen politischen Einfluss, wenn er ihm im *détail* verkürzt wird, *en gros* ausübt.» (Judenfrage, p. 14.)

Der Widerspruch, in welchem die praktische politische Macht des Juden zu seinen politischen Rechten steht, ist der Widerspruch der Politik und Geldmacht überhaupt. Während die erste ideal über der zweiten steht, ist sie in der That zu ihrem Leibeignen geworden.

Das Judenthum hat sich neben dem Christenthum gehalten, nicht nur als religiöse Kritik des Christenthums, nicht nur als inkorporirter Zweifel an der religiösen Abkunft des Christenthums, sondern eben so sehr, weil der praktisch-jüdische Geist, weil das Judenthum in der christlichen Gesellschaft selbst sich gehalten, und sogar seine höchste Ausbildung erhalten hat. Der Jude, der als ein besonderes Glied in der bürgerlichen Gesellschaft steht, ist nur die besondere Erscheinung von dem Judenthum der bürgerlichen Gesellschaft.

Das Judenthum hat sich nicht trotz der Geschichte, sondern durch die Geschichte erhalten.

Aus ihren eignen Eingeweiden erzeugt die bürgerliche Gesellschaft fortwährend den Juden.

Welches war an und für sich die Grundlage der jüdischen Religion? Das praktische Bedürfniss, der Egoismus.

Der Monotheismus des Juden ist daher in der Wirklichkeit der Polytheismus der vielen Bedürfnisse, ein Polytheismus, der auch den Abtritt zu einem Gegenstand des göttlichen Gesetzes macht. Das *praktische Bedürfniss, der Egoismus* ist das Prinzip der bürgerlichen Gesellschaft und tritt rein als solches hervor, sobald die bürgerliche Gesellschaft den politischen Staat vollständig aus sich herausgeboren. Der Gott des praktischen Bedürfnisses und Eigennutzes ist das Geld.

Das Geld ist der eifrige Gott Israels, vor welchem kein andrer Gott bestehen darf. Das Geld erniedrigt alle Götter des Menschen, — und verwandelt sie in eine Waare. Das Geld ist der allgemeine, für sich selbst constituirte Werth aller Dinge. Es hat daher die ganze Welt, die Menschenwelt, wie die Natur, ihres eigenthümlichen Werthes beraubt. Das Geld ist das dem Menschen entfremdete Wesen seiner Arbeit und seines Daseins und dies fremde Wesen beherrscht ihn, und er betet es an.

Der Gott der Juden hat sich verweltlicht, er ist zum Weltgott geworden. Der Wechsel ist der wirkliche Gott des Juden. Sein Gott ist nur der illusorische Wechsel.

Die Anschauung, welche unter der Herrschaft des Privateigenthums und des Geldes von der Natur gewonnen wird, ist die wirkliche Verachtung, die praktische Herabwürdigung der Natur, welche in der jüdischen Religion zwar existirt, aber nur in der Einbildung existirt.

In diesem Sinn erklärt es Thomas Münzer für unerträglich, « dass alle Kreatur zum Eigenthum gemacht worden sei, die Fische im Wasser, die Vögel in der Luft, das Gewächs auf Erden — auch die Kreatur müsse frei werden. »

Was in der jüdischen Religion abstrakt liegt, die Verachtung der Theorie, der Kunst, der Geschichte, des Menschen als Selbstzweck, das ist der wirkliche bewusste Standpunkt, die Tugend des Geldmenschen. Das Gattungsverhältniss selbst, dass Verhältniss von Mann und Weib etc. wird zu einem Handelsgegenstand! Das Weib wird verschachert.

Die chimärische Nationalität des Juden ist die Nationalität des Kaufmanns, überhaupt des Geldmenschen.

Das grund- und bodenlose Gesetz des Juden ist nur die religiöse Karrikatur der grund- und bodenlosen Moralität und des Rechts überhaupt, der nur formellen Riten, mit welchen sich die Welt des Eigennutzes umgibt.

Auch hier ist das höchste Verhältniss des Menschen das gesetzliche Verhältniss, das Verhältniss zu Gesetzen die ihm nicht gelten, weil sie die Gesetze seines eigenen Willens und Wesens sind, sondern weil sie herrschen und weil der Abfall von ihnen gerächt wird.

Der jüdische Jesuitismus, derselbe praktische Jesuitismus, den Bauer im Talmud nachweist, ist das Verhältniss der Welt des Eigennutzes zu den sie beherrschenden Gesetzen, deren schlaue Umgehung die Hauptkunst dieser Welt bildet.

Ja die Bewegung dieser Welt innerhalb ihrer Gesetze ist nothwendig eine stete Aufhebung des Gesetzes.

Das Judenthum konnte sich als Religion, es konnte sich theoretisch nicht weiter entwickeln, weil die Weltanschauung des praktischen Bedürfnisses ihrer Natur nach bornirt und in wenigen Zügen erschöpft ist.

Die Religion des praktischen Bedürfnisses konnte ihrem Wesen nach die Vollendung nicht in der Theorie, sondern nur in der Praxis finden, eben weil ihre Wahrheit die Praxis ist.

Das Judenthum konnte keine neue Welt schaffen; es konnte nur die neuen Weltschöpfungen und Weltverhältnisse in den Bereich seiner Betriebsamkeit ziehn, weil das praktische Bedürfniss, dessen Verstand der Eigennutz ist, sich passiv verhält, und sich nicht beliebig erweitert, sondern sich erweitert findet mit der Fortentwicklung der gesellschaftlichen Zustände.

Das Judenthum erreicht seinen Höhepunkt mit der Vollendung der bürgerlichen Gesellschaft; aber die bürgerliche Gesellschaft vollendet sich erst in der christlichen Welt. Nur unter der Herrschaft des Christenthums, welches alle nationalen, natürlichen, sittlichen, theoretischen Verhältnisse dem Menschen äusserlich macht, konnte die bürgerliche Gesellschaft sich vollständig vom Staatsleben trennen, alle Gattungsbande des Menschen zerreissen, den Egoismus, das eigennützige Bedürfniss an die Stelle dieser Gattungsbande setzen, die Menschenwelt in eine Welt atomistischer feindlich sich gegenüberstehender Individuen auflösen.

Das Christenthum ist aus dem Judenthum entsprungen. Es hat sich wieder in das Judenthum aufgelöst.

Der Christ war von vorn herein der theoretisirende Jude, der Jude ist daher der praktische Christ, und der praktische Christ ist wieder Jude geworden.

Das Christenthum hatte das reale Judenthum nur zum Schein überwunden. Es war zu vornehm, zu spiritualistisch, um die Rohheit des praktischen Bedürfnisses anders als durch die Erhebung in die blaue Luft zu beseitigen.

Das Christenthum ist der sublime Gedanke des Judenthums, das Judenthum ist die gemeine Nutzanwendung des Christenthums, aber diese Nutzanwendung konnte erst zu einer allgemeinen werden, nachdem das Christenthum als die fertige Religion die Selbstentfremdung des Menschen von sich und der Natur theoretisch vollendet hatte.

Nun erst konnte das Judenthum zur allgemeinen Herrschaft gelangen und den entäusserten Menschen, die entäusserte Natur zu veräusserlichen, verkäuflichen, der Knechtschaft des egoistischen Bedürfnisses, dem Schacher anheimgefallenen Gegenständen machen.

Die Veräusserung ist die Praxis der Entäusserung. Wie der Mensch, so lange er religiös befangen ist, sein Wesen nur zu vergegenständlichen weiss, indem er es zu einem fremden phantastischen Wesen macht, so kann er sich unter der Herrschaft des egoistischen Bedürfnisses nur praktisch bethätigen, nur praktisch Gegenstände erzeugen, indem er seine Produkte, wie seine Thätigkeit, unter die Herrschaft eines fremden Wesens stellt und ihnen die Bedeutung eines fremden Wesens — des Geldes — verleiht.

Der christliche Seligkeitsegoismus schlägt in seiner vollendeten Praxis nothwendig um in den Leibesegoismus des Juden, das himmlische Bedürfniss in das irdische, der Subjectivismus in den Eigennutz. Wir erklären die Zähigkeit des Juden nicht aus seiner Religion, sondern vielmehr aus dem menschlichen Grund seiner Religion, dem praktischen Bedürfniss, dem Egoismus.

Weil das reale Wesen des Juden in der bürgerlichen Gesellschaft sich allgemein verwirklicht, verweltlicht hat, darum konnte die bürgerliche Gesellschaft den Juden nicht von der Unwirklichkeit seines religiösen Wesens, welches eben nur die ideale Anschauung des praktischen Bedürfnisses ist, überzeugen. Also nicht nur im Pentateuch oder im Talmud, in der jetzigen Gesellschaft finden wir das Wesen des heutigen Juden, nicht als ein abstraktes, sondern als ein höchst empirisches Wesen, nicht nur als Beschränktheit des Juden, sondern als die jüdische Beschränktheit der Gesellschaft.

Sobald es der Gesellschaft gelingt, das empirische Wesen des Judenthums, den Schacher und seine Voraussetzungen aufzuheben, ist der Jude unmöglich geworden, weil sein Bewusstsein keinen Gegenstand mehr hat, weil die subjective Basis des Judenthums, das praktische Bedürfniss vermenschlicht, weil der Konflikt der individuell-sinnlichen Existenz mit der Gattungsexistenz des Menschen aufgehoben ist.

Die gesellschaftliche Emancipation des Juden ist die Emancipation der Gesellschaft vom Judenthum.

Zur Kritik der Hegel'schen Rechts-Philosophie

von Karl Marx.

EINLEITUNG.

Für Deutschland ist die *Kritik der Religion* im Wesentlichen beendigt und die Kritik der Religion ist die Voraussetzung aller Kritik.

Die *profane* Existenz des Irrthums ist compromittirt, nachdem seine *himmlische oratio pro aris et focis* widerlegt ist. Der Mensch, der in der phantastischen Wirklichkeit des Himmels, wo er einen Uebermenschen suchte, nur den *Wiederschein* seiner selbst gefunden hat, wird nicht mehr geneigt sein, nur den *Schein* seiner selbst, nur den Unmenschen zu finden, wo er seine wahre Wirklichkeit sucht und suchen muss.

Das Fundament der irreligiösen Kritik ist: Der *Mensch macht die Religion*, die Religion macht nicht den Menschen. Und zwar ist die Religion das Selbstbewusstsein und das Selbstgefühl des Menschen, der sich selbst entweder noch nicht erworben, oder schon wieder verloren hat. Aber *der Mensch*, das ist kein abstraktes, ausser der Welt hockendes Wesen. Der Mensch, das ist *die Welt des Menschen*, Staat, Societät. Dieser Staat, diese Societät produziren die Religion, ein *verkehrtes Weltbewusstsein*, weil sie eine *verkehrte Welt* sind. Die Religion ist die allgemeine Theorie dieser Welt, ihr encyklopädisches Compendium, ihre Logik in populärer Form, ihr spiritualistischer Point-d'honneur, ihr Enthusiasmus, ihre moralische Sanktion ihre feierliche Ergänzung, ihr allgemeiner Trost- und Rechtfertigungsgrund. Sie ist die *phantastische Verwirklichung* des menschlichen Wesens, weil das *menschliche Wesen* keine wahre Wirklichkeit besitzt. Der Kampf gegen die Religion ist also mittelbar der Kampf gegen *jene Welt*, deren geistiges *Aroma* die Religion ist.

Das *religiöse* Elend ist in einem der *Ausdruck* des wirklichen Elendes und in einem die *Protestation* gegen das wirkliche Elend. Die Religion ist der Seufzer der bedrängten Kreatur, das Gemüth einer herzlosen Welt, wie sie der Geist geistloser Zustände ist. Sie ist das *Opium* des Volks.

Die Aufhebung der Religion als des *illusorischen* Glücks des Volkes ist die Forderung seines *wirklichen* Glücks. Die Forderung, die Illusionen über seinen Zustand aufzugeben, ist die *Forderung, einen Zustand aufzugeben, der der Illusionen bedarf.* Die Kritik der Religion ist also im *Keim* die *Kritik des Jammerthales*, dessen *Heiligenschein* die Religion ist.

Die Kritik hat die imaginairen Blumen an der Kette zerpflückt, nicht damit der Mensch die phantasielose, trostlose Kette trage, sondern damit er die Kette abwerfe und die lebendige Blume breche. Die Kritik der Religion enttäuscht den Menschen, damit er denke, handle, seine Wirklichkeit gestalte, wie ein enttäuschter, zu Verstand gekommener Mensch, damit er sich um sich selbst und damit um seine wirkliche Sonne bewege. Die Religion ist nur die illusorische Sonne, die sich um den Menschen bewegt, so lange er sich nicht um sich selbst bewegt.

Es ist also die *Aufgabe der Geschichte*, nachdem das *Jenseits der Wahrheit* verschwunden ist, die *Wahrheit des Diesseits* zu etabliren. Es ist zunächst die *Aufgabe der Philosophie*, die im Dienste der Geschichte steht, nachdem die *Heiligengestalt* der menschlichen Selbstentfremdung entlarvt ist, die Selbstentfremdung in ihren *unheiligen Gestalten* zu entlarven. Die Kritik des Himmels verwandelt sich damit in die Kritik der Erde, die *Kritik der Religion* in die *Kritik des Rechts*, die *Kritik der Theologie* in die *Kritik der Politik.*

Die nachfolgende Ausführung — ein Beitrag zu dieser Arbeit — schliesst sich zunächst nicht an das Original, sondern an eine Copie, an die deutsche Staats- und Rechts-*Philosophie* an, aus keinem andern Grunde, als weil sie sich an *Deutschland* anschliesst.

Wollte man an den deutschen *status quo* selbst anknüpfen, wenn auch in einzig angemessener Weise, d. h. negativ, immer bliebe das Resultat ein *Anachronismus.* Selbst die Verneinung unserer politischen Gegenwart findet sich schon als bestaubte Thatsache in der historischen Rumpelkammer der modernen Völker. Wenn ich die gepuderten Zöpfe verneine, habe ich immer noch die ungepuderten Zöpfe. Wenn ich die deutschen Zustände von 1843 verneine, stehe ich, nach französischer Zeitrechnung, kaum im Jahre 1789, noch weniger im Brennpunkt der Gegenwart.

Ja, die deutsche Geschichte schmeichelt sich einer Bewegung, welche ihr kein Volk am historischen Himmel weder vorgemacht hat, noch nachmachen wird. Wir haben nämlich die Restaurationen der modernen Völker getheilt, ohne ihre Revolutionen zu theilen. Wir wurden restaurirt, erstens, weil andere Völker eine Revolution wagten, und zweitens, weil andere Völker eine Contrerevolution litten, das einemal, weil unsere Herren Furcht hatten und das anderemal, weil unsere Herren keine Furcht hatten. Wir, unsere Hirten an der Spitze, befanden uns immer nur einmal in der Gesellschaft der Freiheit, am *Tag ihrer Beerdigung*.

Eine Schule, welche die Niederträchtigkeit von heute durch die Niederträchtigkeit von gestern legitimirt, eine Schule, die jeden Schrei des Leibeigenen gegen die Knute für rebellisch erklärt, sobald die Knute eine bejahrte, eine angestammte, eine historische Knute ist, eine Schule, der die Geschichte, wie der Gott Israels seinem Diener Moses, nur ihr *a posteriori* zeigt, die *historische Rechtsschule*, sie hätte daher die deutsche Geschichte erfunden, wäre sie nicht eine Erfindung der deutschen Geschichte. Shylock, aber Shylock der Bediente, schwört sie für jedes Pfund Fleisch, welches aus dem Volksherzen geschnitten wird, auf ihren Schein, auf ihren historischen Schein, auf ihren christlich-germanischen Schein.

Gutmüthige Enthusiasten dagegen, Deutschthümler von Blut und Freisinnige von Reflexion, suchen unsere Geschichte der Freiheit jenseits unserer Geschichte in den teutonischen Urwäldern. Wodurch unterscheidet sich aber unsere Freiheitsgeschichte von der Freiheitsgeschichte des Ebers, wenn sie nur in den Wäldern zu finden ist? Zudem ist es bekannt: Wie man hineinschreit in den Wald, schallt es heraus aus dem Wald. Also Friede den teutonischen Urwäldern!

Krieg den deutschen Zuständen! Allerdings! Sie stehn *unter dem Niveau der Geschichte*, sie sind *unter aller Kritik*, aber sie bleiben ein Gegenstand der Kritik, wie der Verbrecher, der unter dem Niveau der Humanität steht, ein Gegenstand des *Scharfrichters* bleibt. Mit ihnen im Kampf ist die Kritik keine Leidenschaft des Kopfs, sie ist der Kopf der Leidenschaft. Sie ist kein anatomisches Messer, sie ist eine Waffe. Ihr Gegenstand ist ihr *Feind*, den sie nicht widerlegen, sondern *vernichten* will. Denn der Geist jener Zustände ist widerlegt. An und für sich sind sie keine *denkwürdigen* Objekte, sondern ebenso verächtliche, als verachtete *Existenzen*. Die Kritik für sich bedarf nicht der Selbstverständigung mit diesem Gegenstand, denn sie ist mit ihm im Reinen. Sie gibt sich nicht mehr als *Selbstzweck*, sondern nur noch als *Mittel*

Ihr wesentlicher Pathos ist die *Indignation*, ihre wesentliche Arbeit die *Denuntiation*.

Es gilt die Schilderung eines wechselseitigen dumpfen Drucks aller socialen Sphären auf einander, einer allgemeinen thatlosen Verstimmung, einer sich eben so sehr anerkennenden als verkennenden Beschränktheit, eingefasst in den Rahmen eines Regierungssystems, welches von der Conservation aller Erbärmlichkeiten lebend, selbst nichts ist als die *Erbärmlichkeit an der Regierung*.

Welch ein Schauspiel! Die ins unendliche fortgehende Theilung der Gesellschaft in die mannigfaltigsten Raçen, welche mit kleinen Antipathien, schlechten Gewissen und brutaler Mittelmässigkeit sich gegenüberstehn, welche eben um ihrer wechselseitigen zweideutigen und argwöhnischen Stellung willen alle ohne Unterschied, wenn auch mit verschiedenen Formalitäten als *koncessionirte Existenzen* von ihren *Herren* behandelt werden. Und selbst dies, dass sie *beherrscht, regiert, besessen* sind, müssen sie als eine *Concession des Himmels* anerkennen und bekennen! Andrerseits jene Herrscher selbst, deren Grösse in umgekehrtem Verhältnisse zu ihrer Zahl steht!

Die Kritik, die sich mit diesem Inhalt befasst, ist die Kritik im *Handgemenge* und im Handgemenge handelt es sich nicht darum, ob der Gegner ein edler, ebenbürtiger, ein *interessanter* Gegner ist, es handelt sich darum, ihn zu *treffen*. Es handelt sich darum, den Deutschen keinen Augenblick der Selbsttäuschung und Resignation zu gönnen. Man muss den wirklichen Druck noch drückender machen, indem man ihm das Bewusstsein des Drucks hinzufügt, die Schmach noch schmachvoller, indem man i e publicirt. Man muss jede Sphäre der deutschen Gesellschaft als die *partie honteuse* der deutschen Gesellschaft schildern, man muss diese versteinerten Verhältnisse dadurch zum Tanzen zwingen, dass man ihnen ihre eigne Melodie vorsingt! Man muss das Volk vor sich selbst *erschrecken* lehren, um ihm *Courage* zu machen. Man erfüllt damit ein unabweisbares Bedürfniss des deutschen Volks und die Bedürfnisse der Völker sind in eigener Person die letzten Gründe ihrer Befriedigung.

Und selbst für die *modernen* Völker kann dieser Kampf gegen den bornirten Inhalt des deutschen *status quo* nicht ohne Interesse sein, denn der deutsche *status quo* ist die *offenherzige Vollendung des ancien régime* und das *ancien régime* ist der *versteckte Mangel des modernen Staates*. Der Kampf gegen die deutsche politische Gegenwart ist der Kampf gegen die Vergangenheit der modernen Völker, und von den Reminiscenzen dieser Vergangenheit werden sie noch immer belästigt. Es ist lehrreich für sie, das *ancien régime*, das bei ihnen seine *Tragödie* erlebte, als deutschen Revenant seine *Komödie* spielen zu sehen. *Tragisch* war seine Geschichte so lange es die präexistirende Gewalt der Welt, die Freiheit dagegen ein persönlicher Einfall war, mit einem Wort, so lange es selbst an seine Berechtigung glaubte und glauben musste. So lange das *ancien régime* als vorhandene Weltordnung mit einer erst werdenden Welt kämpfte, stand auf seiner Seite ein weltgeschichtlicher Irrthum, aber kein persönlicher. Sein Untergang war daher tragisch.

Das jetzige deutsche Regime dagegen, ein Anachronismus, ein flagranter Widerspruch gegen allgemein anerkannte Axiome, die zur Weltschau ausgestellte Nichtigkeit des *ancien régime*, bildet sich nur mehr ein, an sich selbst zu glauben und verlangt von der Welt dieselbe Einbildung. Wenn es an sein eignes *Wesen* glaubte würde es dasselbe unter dem *Schein* eines fremden Wesens zu verstecken und seine Rettung in der Heuchelei und dem Sophisma suchen? Das moderne *ancien régime* ist nur mehr der *Komödiant* einer Weltordnung, deren *wirkliche Helden* gestorben sind. Die Geschichte ist gründlich und macht viele Phasen durch, wenn sie eine alte Gestalt zu Grabe trägt. Die letzte Phase einer weltgeschichtlichen Gestalt ist ihre *Komödie*. Die Götter Griechenlands, die schon einmal tragisch zu Tode verwundet waren im gefesselten Prometheus des Aeschylus mussten noch einmal komisch sterben in den Gesprächen Lucians. Warum dieser Gang der Geschichte! Damit die Menschheit *heiter* von ihrer Vergangenheit scheide. Diese *heitere* geschichtliche Bestimmung vindiciren wir den politischen Mächten Deutschlands.

Sobald indess die *moderne* politisch-sociale Wirklichkeit selbst der Kritik unterworfen wird, sobald also die Kritik zu wahrhaft menschlichen Problemen sich erhebt, befindet sie sich ausserhalb des deutschen *status quo* oder sie würde ihren Gegenstand *unter* ihrem Gegenstand greifen. Ein Beispiel! Das Verhältniss der Industrie, überhaupt der Welt des Reichthums zu der politischen Welt ist ein Hauptproblem der modernen Zeit. Unter welcher Form fängt dies Problem an, die Deutschen zu beschäftigen? Unter der Form der *Schutzzölle*, des *Prohitivsystems*, der *Nationalökonomie*. Die Deutschthümelei ist aus dem Menschen in die Materie gefahren und so sahen sich eines Morgens unsere Baumwollritter und Eisenhelden in Patrioten verwandelt. Man beginnt also in Deutschland die Souverainetät des Monopols nach Innen anzuerkennen, dadurch dass man ihm die *Souveränetät nach Aussen* verleiht. Man beginnt also jetzt in Deutschland anzufangen, womit man in Frankreich und England zu enden beginnt. Der alte faule Zustand, gegen den diese Länder theoretisch im Aufruhr sind, und den sie nur noch ertragen, wie man die Ketten erträgt. wird in Deutschland als die aufgehende Morgenröthe einer shönen Zukunft begrüsst, die kaum noch wagt aus der *listigen* Theorie in die schonungsloseste Praxis überzugehn. Während das Problem in Frankreich und England lautet: *Politische Oekonomie* oder *Herrschaft der Societät über den Reichthum*, lautet es in Deutschland: *National-Oekonomie*, oder *Herrschaft des Privateigenthums über die Nationalität.* Es gilt also in Frankreich und England das Monopol, das bis zu seinen letzten Consequenzen fortgegangen ist, aufzuheben; es gilt in Deutschland bis zu den letzten Consequenzen des Monopols fortzugehen. Dort handelt es sich um die Lösung und hier handelt es sich erst um die Collision. Ein zureichendes Beispiel von der *deutschen* Form der modernen Probleme' ein Beispiel, wie unsere Geschichte, gleich einem ungeschickten Rekruten, bisher nur die Aufgabe hatte, abgedroschene Geschichten nachzuexerciren.

Ginge also die *gesammte* deutsche Entwicklung nicht über die *politische* deutsche Entwicklung hinaus, ein Deutscher könnte sich höchstens an den Problemen der Gegenwart betheiligen. wie sich ein *Russe* daran betheiligen kann. Allein wenn das einzelne Individuum nicht gebunden ist durch die Schranken der Nation, ist die gesammte Nation noch weniger befreit durch die Befreiung eines Individuums Die Scythen haben keinen Schritt zur griechischen Kultur vorwärts gethan, weil Griechenland einen Scythen unter seine Philosophen zählt.

Zum Glück sind wir Deutsche keine Scythen.

Wie die alten Völker ihre Vorgeschichte in der Imagination erlebten, in der *Mythologie*, so haben wir Deutsche unsre Nachgeschichte im Gedanken erlebt, in der *Philosophie*. Wir sind *philosophische* Zeitgenossen der Gegenwart, ohne ihre *historischen* Zeitgenossen zu sein. Die deutsche Philosophie ist die *ideale Verlängerung* der deutschen Geschichte. Wenn wir also statt die *œuvres incomplètes* unsrer reellen Geschichte, die *œuvres posthumes* unserer ideellen Geschichte, die *Philosophie* kritisiren, so steht unsere Kritik mitten unter den Fragen, von denen die Gegenwart sagt: *that is the Ques-*

tion. Was bei den fortgeschrittenen Völkern *praktischer* Zerfall mit den modernen Staatszuständen ist, das ist in Deutschland, wo diese Zustände selbst noch nicht einmal existiren, zunächst *kritischer* Zerfall mit der philosophischen Spiegelung dieser Zustände.

Die *deutsche Rechts-und Staatsphilosophie* ist die einzige mit der *officiellen* modernen Gegenwart *al pari* stehende *deutsche Geschichte*. Das deutsche Volk muss daher diese seine Traumgeschichte mit zu seinen bestehenden Zuständen schlagen und nicht nur diese bestehenden Zustände, sondern zugleich ihre abstrakte Fortsetzung der Kritik unterwerfen. Seine Zukunft kann sich weder auf die unmittelbare Verneinung seiner reellen, noch auf die unmittelbare Vollziehung seiner ideellen Staats-und Rechtszustände *beschränken*, denn die unmittelbare Verneinung seiner reellen Zustände besitzt es in seinen ideellen Zuständen und die unmittelbare Vollziehung seiner ideellen Zustände hat es in der Anschauung der Nachbarvölker beinahe schon wieder *überlebt*. Mit Recht fordert daher die *praktische* politische Parthei in Deutschland die *Negation der Philosophie*. Ihr Unrecht besteht nicht in der Forderung, sondern in dem Stehnbleiben bei der Forderung, die sie ernstlich weder vollzieht, noch vollziehen kann. Sie glaubt, jene Negation dadurch zu vollbringen, dass sie der Philosophie den Rücken kehrt und abgewandten Hauptes — einige ärgerliche und bannale Phrasen über sie hermurmelt. Die Beschränktheit ihres Gesichtskreises zählt die Philosophie nicht ebenfalls in den Bering der *deutschen* Wirklichkeit oder wähnt sie gar *unter* der deutschen Praxis und den ihr dienenden Theorien. Ihr verlangt, dass man an *wirkliche Lebenskeime* anknüpfen soll, aber ihr vergesst, dass der wirkliche Lebenskeim des deutschen Volkes bisher nur unter seinem *Hirnschädel* gewuchert hat. Mit einem Worte: *Ihr könnt die Philosophie nicht auf heben, ohne sie zu verwirklichen*.

Dasselbe Unrecht, nur mit *umgekehrten* Faktoren, beging die *theoretische*, von der Philosophie her datirende politische Parthei.

Sie erblickte in dem jetzigen Kampf *nur* den *kritischen Kampf der Philosophie mit der deutschen Welt*, sie bedachte nicht, dass die *seitherige Philosophie* selbst zu dieser Welt gehört und ihre, wenn auch ideelle *Ergänzung* ist. Kritisch gegen ihren Widerpart verhielt sie sich unkritisch zu sich selbst, indem sie von den *Voraussetzungen* der Philosophie ausging, und bei ihren gegebenen Resultaten entweder stehen blieb oder anderweitig hergeholte Forderungen und Resultate für unmittelbare Forderungen und Resultate der Philosophie ausgab, obgleich dieselben — ihre Berechtigung vorausgesetzt — im Gegentheil nur durch die *Negation der seitherigen Philosophie*, der Philosophie als Philosophie, zu erhalten sind. Eine näher eingehende Schilderung dieser Parthei behalten wir uns vor. Ihr Grundmangel lässt sich dahin reduziren: *Sie glaubte die Philosophie verwirklichen zu können, ohne sie aufzuheben.*

Die Kritik der *deutschen Staats- und Rechtsphilosophie*, welche durch *Hegel* ihre konsequenteste, reichste und letzte Fassung erhalten hat, ist beides, sowohl die kritische Analyse des modernen Staats und der mit ihm zusammenhängenden Wirklichkeit, als auch die entschiedene Verneinung der ganzen bisherigen *Weise* des *deutschen politischen und rechtlichen Bewusstseins*, dessen vornehmster, universellster, zur *Wissenschaft* erhobener Ausdruck eben die *spekulative Rechtsphilosophie* selbst ist. War nur in Deutschland die spekulative Rechtsphilosophie möglich, dies abstrakte überschwängliche *Denken* des modernen Staats, dessen Wirklichkeit ein Jenseits bleibt, mag dies Jenseits auch nur jenseits des Rheins liegen: so war eben so sehr umgekehrt das *deutsche* vom *wirklichen Menschen* abstrahiren das Gedankenbild des modernen Staats nur möglich, weil und insofern der moderne Staat selbst vom *wirklichen Menschen* abstrahirt oder den *ganzen* Menschen auf eine nur imaginaire Weise befriedigt. Die Deutschen haben in der Politik *gedacht*, was die andern Völker *gethan* haben. Deutschland war ihr *theoretisches Gewissen*. Die Abstraktion und Ueberhebung seines Denkens hielt immer gleichen Schritt mit der Einseitigkeit und Untersetztheit ihrer Wirklichkeit. Wenn also der *status quo* des *deutschen Staatswesens* die *Vollendung des ancien régime* ausdrückt, die Vollendung des Pfahls im Fleische des modernen Staats, so drückt der *status quo* des *deutschen Staatswissens* die *Unvollendung des modernen Staats* aus, die Schadhaftigkeit seines Fleisches selbst.

Schon als entschiedner Widerpart der bisherigen Weise des *deutschen* politischen Bewusstseins, verläuft sich die Kritik der spekulativen Rechtsphilosophie nicht in sich selbst, sondern in *Aufgaben*, für deren Lösung es nur ein Mittel gibt: die *Praxis.*

Es fragt sich: kann Deutschland zu einer Praxis *a la hauteur de principes* gelangen, d. h. zu einer *Revolution*, die es nicht nur auf das *officielle Niveau* der modernen Völker erhebt, sondern auf die *menschliche Höhe*, welche die nächste Zukunft dieser Völker sein wird.

Die Waffe der Kritik kann allerdings die Kritik der Waffen nicht ersetzen, die materielle Gewalt muss gestürzt werden durch materielle Gewalt, allein auch die Theorie wird zur materiellen Gewalt, sobald sie die Massen ergreift. Die Theorie ist fähig die Massen zu ergreifen, sobald sie *ad hominem* demonstrirt, und sie demonstrirt *ad hominem*, sobald sie radikal wird. Radikal sein ist die Sache an der Wurzel fassen. Die Wurzel für den Menschen ist aber der Mensch selbst. Der evidente Beweis für den Radikalismus der deutschen Theorie, also für ihre praktische Energie ist ihr Ausgang von der entschiedenen *positiven* Aufhebung der Religion. Die Kritik der Religion endet mit der Lehre, dass der *Mensch das höchste Wesen für den Menschen* sei, also mit dem *categorischen Imperativ*, *alle Verhältnisse umzuwerfen*, in denen der Mensch ein erniedrigtes, ein geknechtetes, ein verlassenes, ein verächtliches Wesen ist, Verhältnisse, die man nicht besser schildern kann, als durch den Ausruf eines Franzosen bei einer projektirten Hundesteuer: Arme Hunde! Man will euch wie Menschen behandeln!

Selbst historisch hat die theoretische Emancipation eine specifisch praktische Bedeutung für Deutschland. Deutschlands *revolutionaire* Vergangenheit ist nämlich theoretisch, es ist die *Reformation*. Wie damals der *Mönch*, so ist es jetzt der *Philosoph*, in dessen Hirn die Revolution beginnt.

Luther hat allerdings die Knechtschaft aus *Devotion* besiegt, weil er die Knechtschaft aus *Ueberzeugung* an ihre Stelle gesetzt hat. Er hat den Glauben an die Autorität gebrochen, weil er die Autorität des Glaubens restaurirt hat. Er hat die Pfaffen in Laien verwandelt, weil er die Laien in Pfaffen verwandelt hat. Er hat den Menschen von der äussern Religiosität befreit, weil er die Religiosität zum innern Menschen gemacht hat. Er hat den Leib von der Kette emancipirt, weil er das Herz in Ketten gelegt.

Aber, wenn der Protestantismus nicht die wahre Lösung, so war er die wahre Stellung der Aufgabe. Es galt nun nicht mehr den Kampf des Laien mit dem *Pfaffen ausser ihm*, es galt den Kampf mit seinem *eigenen innern Pfaffen*, seiner *pfäffischen Natur*. Und wenn die protestantische Verwandlung der deutschen Laien in Pfaffen, die Laienpäbste, die *Fürsten* sammt ihrer Klerisei, den Privilegirten und den Philistern, emancipirte, so wird die philosophische Verwandlung der pfäffischen Deutschen in Menschen das *Volk* emancipiren. So wenig aber die Emancipation bei den Fürsten, so wenig wird die *Secularisation* der Güter bei dem *Kirchenraub* stehen bleiben , den vor allen das heuchlerische Preussen ins Werk setzte. Damals scheiterte der Bauernkrieg , die radikalste Thatsache der deutschen Geschichte, an der Theologie. Heute, wo die Theologie selbst gescheitert ist, wird die unfreiste Thatsache der deutschen Geschichte, unser *status quo* an der Philosophie zerschellen. Den Tag vor der Reformation war das officielle Deutschland der unbedingteste Knecht von Rom. Den Tag vor seiner Revolution ist es der unbedingte Knecht von weniger als Rom, von Preussen und Oesterreich , von Krautjunkern und Philistern.

Einer *radikalen* deutschen Revolution scheint indessen eine Hauptschwierigkeit entgegen zu stehn.

Die Revolutionen bedürfen nämlich eines *passiven* Elementes, einer *materiellen* Grundlage. Die Theorie wird in einem Volke immer nur so weit verwirklicht, als sie die Verwirklichung seiner Bedürfnisse ist. Wird nun dem ungeheuern Zwiespalt zwischen den Forderungen des deutschen Gedankens und den Antworten der deutschen Wirklichkeit derselbe Zwiespalt der bürgerlichen Gesellschaft mit dem Staat und mit sich selbst entsprechen? Werden die theoretischen Bedürfnisse unmittelbar praktische Bedürfnisse sein? Es genügt nicht, dass der Gedanke zur Verwirklichung drängt, die Wirklichkeit muss sich selbst zum Gedanken drängen.

Aber Deutschland hat die Mittelstufen der politischen Emancipation nicht gleichzeitig mit den modernen Völkern erklettert. Selbst die Stufen, die es theoretisch überwunden, hat es praktisch noch nicht erreicht. Wie sollte es mit einem *salto mortale* nicht nur über seine eignen Schranken hinwegsetzen , sondern zugleich über die Schranken der modernen Völker , über Schranken, die es in der Wirklichkeit als Befreiung von seinen wirklichen Schranken empfinden und erstreben muss? Eine radikale Revolution kann nur die Revolution radikaler Bedürfnisse sein, deren Voraussetzungen und Geburtsstätten eben zu fehlen scheinen.

Allein wenn Deutschland nur mit der abstrakten Thätigkeit des Denkens die Entwicklung der modernen Völker begleitet hat, ohne werkthätige Parthei an den wirklichen Kämpfen dieser Entwicklung zu ergreifen, so hat es andrerseits die *Leiden* dieser Entwicklung getheilt, ohne ihre Genüsse, ohne ihre partielle Befriedigung zu theilen. Der abstrakten Thätigkeit einerseits entspricht das abstrakte Leiden andrerseits. Deutschland wird sich daher eines Morgens auf dem Niveau des europäischen Verfalls befinden, bevor es jemals auf dem Niveau der europäischen Emancipation gestanden hat. Man wird es einem *Fetischdiener* vergleichen können, der an den Krankheiten des Christenthums siecht.

Betrachtet man zunächst die *deutschen Regierungen* und man findet sie durch die Zeitverhältnisse, durch die Lage Deutschlands, durch den Standpunkt der deutschen Bildung, endlich durch eignen glücklichen Instinkt getrieben, die *civilisirten Mängel* der *modernen Staatswelt*, deren Vortheile wir nicht besitzen, zu combiniren mit den *barbarischen Mängeln* des *ancien régime*, dessen wir uns in vollem Masse erfreuen, so dass Deutschland, wenn nicht am Verstand, wenigstens am Unverstand, auch der über seinen *status quo* hinausliegenden Staatsbildungen immer mehr participiren muss. Giebt es z. B. ein Land in der Welt, welches so naiv alle Illusionen des constitutionellen Staatswesens theilt, ohne seine Realitäten zu theilen, als das sogenannte constitutionnelle Deutschland? Oder war es nicht nothwendig ein deutscher Regierungseinfall, die Qualen der Censur mit den Qualen der französischen Septembergesetze, welche die Pressfreiheit voraussetzen, zu verbinden! Wie man im römischen Pantheon die *Gœtter* aller Nationen fand, so wird man im heiligen römischen deutschen Reich die *Sünden* aller Staatsformen finden. Dass dieser Eklekticismus eine bisher nicht geahnte Höhe erreichen wird, dafür bürgt namentlich die *politisch-ästhetische Gourmanderie* eines deutschen Königs, der alle Rollen des Königthums, des feudalen wie des büreaukratischen, des absoluten, wie des constitutionellen, des autokratischen wie des demokratischen, wenn nicht durch die Person des Volkes, so doch in *eigner* Person, wenn nicht für das Volk, so doch für *sich selbst* zu spielen gedenkt. *Deutschland als der zu einer eignen Welt constituirte Mangel der politischen Gegenwart*, wird die specifischdeutschen Schranken nicht niederwerfen können, ohne die allgemeine Schranke der politischen Gegenwart niederzuwerfen.

Nicht die *radicale* Revolution ist ein utopischer Traum für Deutschland, nicht die *allgemein menschliche* Emancipation, sondern vielmehr die theilweise, die *nur* politische Revolution, die Revolution, welche die Pfeiler des Hauses stehen lässt. Worauf beruht eine theilweise, eine nur politische Revolution? Darauf, dass ein *Theil der bürgerlichen Gesellschaft* sich emancipirt und zur *allgemeinen* Herrschaft gelangt, darauf, dass eine bestimmte Klasse von ihrer *besondern Situation* aus die allgemeine Emancipation der Gesellschaft unternimmt. Diese Klasse befreit die ganze Gesellschaft, aber nur unter der Voraussetzung, dass die ganze Gesellschaft sich in der Situation dieser Klasse befindet, also z. B. Geld und Bildung besitzt oder beliebig erwerben kann

Keine Klasse der bürgerlichen Gesellschaft kann diese Rolle spielen, ohne ein Moment des Enthusiasmus in sich und in der Masse hervorzurufen, ein Moment, worin sie mit der Gesellschaft im Allgemeinen fraternisirt und zusammenfliesst, mit ihr verwechselt und als deren *allgemeiner Repräsentant* empfunden und anerkannt wird, ein Moment, worin ihre Ansprüche und Rechte in Wahrheit die Rechte und Ansprüche der Gesellschaft selbst sind, worin sie wirklich der sociale Kopf und das sociale Herz ist. Nur im Namen der allgemeinen Rechte der Gesellschaft kann eine besondere Klasse sich die allgemeine Herrschaft vindiciren. Zur Erstürmung dieser emancipatorischen Stellung und damit zur politischen Ausbeutung aller Sphären der Gesellschaft im Interesse der eignen Sphäre reichen revolutionaire Energie und geistiges Selbstgefühl allein nicht aus. Damit die *Revolution eines Volkes* und die *Emancipation einer besondern Klasse* der bürgerlichen Gesellschaft zusammenfallen, damit *ein* Stand für den Stand der ganzen Gesellschaft gelte, dazu müssen umgekehrt alle Mängel der Gesellschaft in einer andern Klasse concentirt, dazu muss ein bestimmter Stand der Stand des allgemeinen Anstosses, die Incorporation der allgemeinen Schranke sein, dazu muss eine besondre sociale Sphäre für das *notorische Verbrechen* der ganzen Societät gelten, so dass die Befreiung von dieser Sphäre als die allgemeine Selbstbefreiung erscheint. Damit *ein* Stand *par excellence* der Stand der Befreiung, dazu muss umgekehrt ein andrer Stand der offenbare Stand der Unterjochung sein. Die negativ-allgemeine Bedeutung des französischen Adels und der französischen Klerisei bedingte die positiv-allgemeine Bedeutung der zunächst angrenzenden und entgegenstehenden Klasse der *Bourgeoisie.*

Es fehlt aber jeder besondern Klasse in Deutschland nicht nur die Consequenz, die Schärfe, der Muth, die Rücksichtslosigkeit, die sie zum negativen Repräsentanten der Gesellschaft stempeln könnte. Es fehlt eben so sehr jedem Stand jene Breite der Seele, die sich mit der Volksseele, wenn auch nur momentan indentificirt, jene Genialität, welche die materielle Macht zur politischen Gewalt begeistert, jene revolutionaire Kühnheit, welche dem Gegner die trotzige Parole zuschleudert: *Ich bin nichts und ich müsste alles sein.* Den Hauptstock deutscher Moral und Ehrlichkeit, nicht nur der Individuen sondern auch der Klassen, bildet vielmehr jener *bescheidene Egoismus*, welcher seine Beschränktheit geltend macht und gegen sich geltend machen lässt. Das Verhältniss der verschiedenen Sphären der deutschen Gesellschaft ist daher nicht dramatisch, sondern episch. Jede derselben beginnt sich zu empfinden und neben die andern mit ihren besondern Ansprüchen hinzulagern, nicht so bald sie gedrückt wird, sondern so bald ohne ihr Zuthun die Zeitverhältnisse eine gesellige Unterlage schaffen, auf den sie ihrerseits den Druck ausüben kann. Sogar das *moralische Selbstgefühl der deutschen Mittelclasse* beruht nur auf dem Bewusstsein, die allgemeine Repräsentantin von der philisterhaften Mittelmässigkeit aller übrigen Klassen zu sein. Es sind daher nicht nur die deutschen Könige, die *mal-à-propos* auf den Thron gelangen, es ist jede Sphäre der bürgerlichen Gesellschaft, die ihre Niederlage erlebt, bevor sie ihren Sieg gefeiert, ihre eigne Schranke entwickelt, bevor sie die ihr gegenüberstehende Schranke überwunden, ihr engherziges Wesen geltend macht, bevor sie ihr grossmüthiges Wesen geltend machen konnte, so dass selbst die Gelegenheit einer grossen Rolle immer vorüber ist, bevor sie vorhanden war, so dass jede Klasse, sobald sie den Kampf mit der über ihr stehenden Klasse beginnt, in den Kampf mit der unter ihr stehenden verwickelt ist. Daher befindet sich das Fürstenthum im Kampf gegen das Königthum, der Bureaukrat im Kampf gegen den Adel, der Bourgeois im Kampf gegen sie alle, während der Proletarier schon beginnt, sich im Kampf gegen den Bourgeois zu befinden. Die Mittelclasse wagt kaum von ihrem Standpunkt aus, den Gedanken der Emancipation zu fassen und schon erklärt die Entwickelung der socialen Zustände, wie der Fortschritt der politischen Theorie diesen Standpunkt selbst für antiquirt oder wenigstens für problematisch.

In Frankreich genügt es, dass einer etwas sei, damit er alles sein wolle. In Deutschland darf einer nichts sein, wenn er nicht auf alles verzichten soll. In Frankreich ist die partielle Emancipation der Grund der universellen. In Deutschland ist die universelle Emancipation *conditio sine qua non* jeder partiellen. In Frankreich muss die Wirklichkeit, in Deutschland muss die Unmöglichkeit der stufenweisen Befreiung die ganze Freiheit gebären. In Frankreich ist jede Volksklasse *politischer Idealist* und empfindet sich zunächst nicht als besondere Klasse, sondern als Repräsentant der socialen Bedürfnisse überhaupt. Die Rolle des *Emancipators* geht also der Reihe nach in dramatischer Bewegung an die verschiedenen Klassen des französischen Volkes über, bis sie endlich bei der Klasse anlangt, welche die sociale Freiheit nicht mehr unter der Voraussetzung gewisser, ausserhalb des Menschen liegender, und doch von der menschlichen Gesellschaft geschaffener Bedingungen verwirklicht, sondern vielmehr alle Bedingungen der menschlichen Existenz unter der Voraussetzung der socialen Freiheit organisirt. In Deutschland dagegen, wo das praktische Leben eben so geistlos, als das geistige Leben unpraktisch ist, hat keine Klasse der bürgerlichen Gesellschaft das Bedürfniss und die Fähigkeit der allgemeinen Emancipation, bis sie nicht durch ihre *unmittelbare* Lage, durch die *materielle* Nothwendigkeit, durch ihre *Ketten selbst* dazu gezwungen wird.

Wo also die *positive* Möglichkeit der deutschen Emancipation?

Antwort: In der Bildung einer Klasse mit *radikalen Ketten*, einer Klasse der bürgerlichen Gesellschaft, welche keine Klasse der bürgerlichen Gesellschaft ist, eines Standes, welcher die Auflösung aller Stände ist, einer Sphäre, welche einen universellen Charakter durch ihre universellen Leiden besitzt und kein *besondres Recht* in Anspruch nimmt, weil kein *besondres Unrecht*, sondern das *Unrecht schlechthin* an ihr verübt wird, welche nicht mehr auf einen *historischen*, sondern nur noch auf den *menschlichen* Titel provociren kann, welche in keinem einseitigen Gegensatz zu den Konsequenzen, sondern in einem allseitigen Gegensatz zu den Voraussetzungen des deutschen Staatswesens steht, einer Sphäre endlich, welche sich nicht emancipiren kann, ohne sich von allen übrigen Sphären der Gesellschaft und damit alle übrigen Sphären der Gesellschaft zu emancipiren, welche mit einem Wort der *vœllige Verlust* des Menschen ist, also nur durch die *vœllige Wiedergewinnung des Menschen* sich selbst gewinnen kann. Diese Auflösung der Gesellschaft als ein besonderer Stand ist das *Proletariat*.

Das Proletariat beginnt erst durch die hereinbrechende *industrielle* Bewegung für Deutschland zu werden, denn nicht die *naturwüchsig entstandne* sondern die *künstlich producirte* Armuth, nicht die mechanisch durch die Schwere der Gesellschaft niedergedrückte, sondern die aus ihrer *akuten Auflœsung*, vorzugweise aus der Auflösung des Mittelstandes hervorgehende Menschenmasse bildet das Proletariat, obgleich allmählig, wie sich von selbst versteht, auch die naturwüchsige Armuth und die christlich germanische Leibeigenschaft in seine Reihen treten.

Wenn das Proletariat die *Auflœsung der bisherigen Weltordnung* verkündet, so spricht es nur das *Geheimniss seines eignen Daseins aus*, denn es *ist* die *faktische* Auflösung dieser Weltordnung. Wenn das

Proletariat die *Negation des Privateigenthums* verlangt, so erhebt es nur zum *Prinzip der Gesellschaft*, was die Gesellschaft zu *seinem* Princip erhoben hat, was in *ihm* als negatives Resultat der Gesellschaft schon ohne sein Zuthun verkörpert ist. Der Proletarier befindet sich dann in Bezug auf die werdende Welt in demselben Recht, in welchem der *deutsche Kœnig* in Bezug auf die gewordene Welt sich befindet, wenn er das Volk *sein* Volk, wie das Pferd *sein* Pferd nennt. Der König, indem er das Volk für sein Privateigenthum erklärt, spricht es nur aus, dass der Privateigenthümer König ist.

Wie die Philosophie im Proletariat ihre *materiellen*, so findet das Proletariat in der Philosophie seine *geistigen* Waffen und sobald der Blitz des Gedankens gründlich in diesen naiven Volksboden eingeschlagen ist, wird sich die Emancipation der *Deutschen* zu *Menschen* vollziehn.

Resumiren wir das Resultat:

Die einzig *praktisch* mögliche Befreiung Deutschlands ist die Befreiung auf dem Standpunkt *der* Theorie, welche den Menschen für das höchste Wesen des Menschen erklärt. In Deutschland ist die Emancipation von dem *Mittelalter* nur möglich als die Emancipation zugleich von den *theilweisen* Ueberwindungen des Mittelalters. In Deutschland kann *keine* Art der Knechtschaft gebrochen werden, ohne *jede* Art der Knechtschaft zu brechen. Das *gründliche* Deutschland kann nicht revolutioniren, ohne *von Grund aus* zu revolutioniren. Die *Emancipation des Deutschen* ist die *Emancipation des Menschen*. Der *Kopf* dieser Emancipation ist die *Philosophie*, ihr *Herz* das *Proletariat*. Die Philosophie kann sich nicht verwirklichen ohne die Aufhebung des Proletariats, das Proletariat kann sich nicht aufheben ohne die Verwirklichung der Philosophie.

Wenn alle innern Bedingungen erfüllt sind, wird der *deutsche Auferstehungstag* verkündet werden durch das *Schmettern des gallischen Hahns*.

第一編　「ユダヤ人問題に寄せて」、「ヘーゲル法哲学批判－序説」のオリジナル版からの訳

学生マルクス、ボンのトリーア学生クラブの絵画より。

ZUR JUDENFRAGE.

runo Bauer : Die Judenfrage. Braunschweig 1843.
Bruno Bauer : Die Fähigkeit der heutigen Ju
d Christen frei zu werden. Ein und zwanzig Bogen
Schweiz. Herausgegeben von Georg Herwegh. Zürich und W
thur. 1843. *S.* 56—71. —

Von

KARL MARX.

I.

Bruno Bauer : Die Judenfrage. Braunschweig 1843.

e deutschen Juden begehren die Emancipation. Welche Eman
on begehren sie? Die staatsbürgerliche, die politisc
ncipation.

uno Bauer antwortet ihnen : Niemand in Deutschland ist p
-emancipirt. Wir selbst sind unfrei. Wie sollen wir euch
n? Ihr Juden seid Egoisten, wenn ihr eine besondere Eman
on für euch als Juden verlangt. Ihr müsstet als Deutsche an
ischen Emancipation Deutschlands, als Menschen an der mens
n Emancipation arbeiten und die besondere Art eures Dru
eurer Schmach nicht als Ausnahme von der Regel, sond
mehr als Bestätigung der Regel empfinden.

ler verlangen die Juden Gleichstellung mit den christlich
erthanen? So erkennen sie den christlichen Staat
chtigt an, so erkennen sie das Regiment der allgemeinen Unt
ung an. Warum missfällt ihnen ihr specielles Joch, wenn ihr
allgemeine Joch gefällt! Warum soll der Deutsche sich für
eiung des Juden interessiren, wenn der Jude sich nicht für
eiung des Deutschen interessirt?

r christliche Staat kennt nur Privilegien. Der Jude
in ihm das Privilegium, Jude zu sein. Er hat als Jude Rech

「ユダヤ人問題に寄せて」

(1) ブルーノ・バウアー『ユダヤ人問題』ブラウンシュヴァイク、一八四三年

(2) ブルーノ・バウアー「今日のユダヤ人とキリスト教徒が自由になる可能性」『スイスの二一ボーゲン』ゲオルク・ヘルヴェーク編、チューリッヒとヴィンターツアー、一八四三年、五六―七一頁

カール・マルクス著

I　ブルーノ・バウアー『ユダヤ人問題』ブラウンシュヴァイク、一八四三年

ドイツのユダヤ人は解放を望んでいる。どのような解放か？　国家市民的、政治的解放だ。

ブルーノ・バウアーは彼らに答える。ドイツでは誰も政治的に解放されてはいない。われわれ自身も自由ではないのだ。そのわれわれが、どうやってあなたたちを解放すべきだというのだ？　諸君たちがユダヤ人として自分のための特殊な解放を望むとすれば、諸君たちはエゴイストである。諸君たちはドイツ人として政治的ドイツの解放に、人間として人間的な解放に従事してもらわねばならず、諸君たちへの圧力と恥辱というある種の特殊なものは、例外的規則としてではなく、むしろ規則そのものを確認するものとして受け入れねばならないのだ。

あるいはユダヤ人は、キリスト教徒の臣民との平等を要求しようというのか？　そうだとすれば、ユダヤ人はキリスト教国家を正しいものだと認めていることになり、この体制を一般的な抑圧の体制として認識していることになる。ユダヤ教徒は一般的な束縛を気に入っているのに、なぜ特殊な束縛を嫌うのか！ユダヤ人がドイツ人の解放に興味をもっていないのに、なぜドイツ人がユダヤ人の解放に関心をもつべきだというのか？

キリスト教国家は特権だけを知っている。ユダヤ人はその国家の中でユダヤ人であるという特権をもっている。ユダヤ人はキリスト教徒がもっていないユダヤ人としての権利をもっているのだ。それなのにユダヤ人がもっておらず、キリスト教徒が享受している権利をなぜ欲しがるのか！

ユダヤ人がキリスト教国家から解放されることを望む場合、ユダヤ人はキリスト教国家がその宗教的偏見を捨てるように希望するのだ。ユダヤ人はその宗教的偏見を捨てるのか？　つまり、ユダヤ人には、別の宗教に対してそれをやめるという権利があるというのか？

キリスト教国家はその宗教の本質からいって、ユダヤ人を解放することはできない。しかし、ユダヤ人もその本質からいって解放されることはできないのだと、バウアーは付加する。国家がキリスト教的であり、ユダヤ人がユダヤ教的であるかぎり、二つの宗教は、解放を与えることも、享受することもできないというものだ。

キリスト教国家は、ユダヤ人に彼ら以外の臣民から分離を認める点において、ユダヤ人にそのほかの分離された領域からの圧力を、ユダヤ人が支配的宗教と宗教的に対立すればするほど激しく受け入れさせる点において、キリスト教国家の流儀でのみ、つまり特権的流儀でのみ、ユダヤ人と関係しえるのである。しかし、ユダヤ人が現実の国籍を幻想的な国籍だと、現実の法律を幻想的法律だとみなす点において、ユダヤ人が人間からの分離を正義だと思い違いをしている点で、ユダヤ人が原則的に歴史の運動になんら関与しない点において、ユダヤ人が、人間の一般的未来に何の共通性をもたない未来を期待する点において、ユダヤ人がユダヤ人の民族の枠、選ばれた民族としてのユダヤ人に関係する点において、ユダヤ人もユダヤ的にのみ国家に、すなわちひとつの疎外態としての国家に関係しえるのだ。

だからユダヤ人はどのような肩書きで解放を望むのか？　諸君の宗教のためか？　ユダヤ教は国家宗教と敵対している。国家市民の肩書きでか？　ドイツには国家市民はいない。人間としての肩書きでか？　諸君は諸君が呼びかけている人間と同様何ものでもない。

バウアーは従来の問題の立場と解決に対して批判を投げかけた後で、ユダヤ人解放問題を新しいものにした。彼はこう問いかける。解放されるユダヤ人、解放するキリスト教国家の本質とはどんなものか？　と。彼はユダヤ教への批判を通じて答え、ユダヤ教とキリスト教との宗教的対立を分析し、キリスト教国家の本質について、非常に正確に、しっかりと、エネルギッシュな文体で、大胆に、鋭く、才気活発に、根本的に理解する。

ではバウアーはユダヤ人問題をどのように解決するか？　その結論とはどんなものか？　問題の設定こそその解決である。ユダヤ人問題への批判こそユダヤ人問題への解答である。したがって結果はこうだ。

われわれは他のものを解放することができる前に、自らを解放しなければならないということ。

ユダヤ人とキリスト教徒との解きがたい対立形態は宗教的対立である。この対立をどう解決するのか？宗教的対立を不可能にすることによってである。宗教的対立はどのように不可能なものになるのか？　宗教を廃棄することによってである。ユダヤ人とキリスト教徒が、そのお互いの宗教の中に、人間的精神の発展段階の差異、歴史によって打ち捨てられたさまざまな脱皮した蛇の皮を、人間の中に脱皮した蛇を認識するやいなや、彼らはもはや宗教の中ではなく、批判的、学問的、人間的関係の中にのみいるということになるのだ。学問はその場合、その統一である。しかし学問的対立は学問それ自身によって解決されることになる。

すなわちドイツのユダヤ人が直面しているのは、政治的解放一般の不足であり、公認となった国家のキリスト教性である。しかしバウアー的意味では、ユダヤ人問題は特殊ドイツ的関係から独立した一般的意味をもっているというのだ。それは宗教と国家との関係、宗教的偏見と政治的解放の矛盾の問題である。宗教からの解放は、政治的に解放されるユダヤ人においても、解放し、自ら解放されねばならない国家においても、条件として設定されている。

「人はこういい、ユダヤ人でさえそういう。すなわちユダヤ人がユダヤ人として解放されるべきでないのは、彼がユダヤ人であるという理由からでも、彼が立派な、一般的倫理原則をもっているためでもない。むしろユダヤ人は、ユダヤ人であり、ユダヤ人であり続けるにもかかわらず、国家市民の背後にいながら、国家市民でもあるからだと。すなわちユダヤ人は、国家市民であり、一般的人間関係の中で暮らしているにもかかわらず、ユダヤ人であり、ユダヤ人であり続けるのだ。そのユダヤ的、限界的本質の方が、その人間的政治的な義務を乗り越えて、いつも勝利するのである。偏見は一般的な原則によって乗り越えられているにもかかわらず、依然として残るのである。しかしこの偏見が残ることで、むしろ他のすべての偏見が乗り越えられるのである」「外見上ユダヤ人は国家生活の中にただ洗練された形でのみ残ることができる。したがって、彼がユダヤ人のままでありたいと欲すればその単なる外見は本質的なものとなり、それが国家生活を乗り越えるのである。つまりユダヤ人の国家での生活は国家の本質や規則に対して、外見上の問題あるいは瞬間的な例外にすぎなくなるのである」（「今日のユダヤ人とキリスト教徒が自由になる可能性」『スイスの二一ボーゲン』五七頁）。

さて一方でバウアーが国家の課題をどう設定するかを聞いてみよう。

すなわち「フランスはユダヤ人問題について（一八四〇年一二月二六日の下院の審議）、そのほかのすべての政治問題がいつもそうであるように、自由な生活という観点を新たに与えたが、その自由は法の中では撤回され、見せかけのものだと説明され、別の側面では自由な法律は活動においては否定された」（『ユダヤ人問題』六四頁）。

「フランスでは一般的な自由はいまだに法律になっていない。だからユダヤ人問題もまた解決していない。その理由は、（すべての市民が平等であるという）法的自由は、宗教的特権になお支配され、分割されているのだが、制限され、この生活の不自由が法に影響を及ぼし、それ自体としては自由である市民を、抑圧者と被抑圧者への区分によって処理せざるをえなくなっているからである」（六五頁）。

したがってフランスではユダヤ人問題はいつか解決されるのであろうか？

「たとえばユダヤ人は、国家義務と市民の義務を満たすことを法によって邪魔されないとすれば、ユダヤ人であることをやめねばならなかった。したがってたとえば安息日に下院に行き、公的な議論に参加するといった具合に。すべての宗教的特権一般、すなわち特権を与えられている教会の独占は廃棄されねばならなかった。そしてただ一人か、大勢か、はたまた圧倒的多数かが信仰する宗教的義務を満たさねばならないとすると、こうした充足は純粋に私的な問題としてそれぞれに委ねられねばならなかったのだ」（六五頁）。「宗教的特権が存在しない以上、そこにはもはや宗教は存在しない。宗教からその排他的力が取られていれば、もはや宗教は存在しない」（六六頁）。「マルタン・デュ・ノール氏が、法律的に見て日曜日についての言及をやめるという提案の中に、それはキリスト教が存在することをやめたことと同じだという動議を見出したのと同じように、まったく明確に（そしてこの明確さは完全なものである）、ユダヤ人にとっての安息日の律法はもはや何の拘束力ももたないということを宣言することは、ユダヤ教の解体の宣言となろう」（七一頁）。

したがってバウアーは、一方でユダヤ人は国家市民として解放されるべく、人間はユダヤ教を、宗教一般をやめるべきだと主張しているわけである。他方でその結果的な形だが、彼にとって重要なことはもっぱら宗教をやめるために、宗教を政治的にやめることである。宗教が前提としている国家はもはや真の国家でも、現実の国家でもない。「当然だが宗教的幻想が国家にお墨つきを与えている。しかしそれはどんな国家に対してか？　どんな種類の国家に対してなのか？　」（九七頁）。

この点において、ユダヤ人問題に対する一面的理解が出現している。

誰が解放するべきなのか？　誰が解放されるべきなのか？　を追及するだけでは十分ではなかったのである。批判には第三のことが問題になっているのだ。こう問われねばならなかったのだ。どんな種類の解放が問題となっているのか？　要求される解放は本質的にどういう条件に基づくものなのか？　政治的解放それ自体の批判こそ、「時代の一般的な問題」という意味で、まずもってユダヤ人問題の最終的な批判であり、その真の解決であったのだ。

バウアーが矛盾するのは、こうした高みにまで上らなかったからである。彼が提案するのは、政治的解放という意味で条件づけられていない条件である。バウアーは自らの課題にはない問題を投げかけ、その課題は解くのだが、その問題は未解決のままにしている。バウアーがユダヤ人解放の敵対者に言及し「ユダヤ人解放の敵対者の欠陥は、彼らがキリスト教国家を真に唯一のものだと前提し、その国家にユダヤ教に関して考察するのと同じ批判をぶつけないという点にのみある」（三頁）と述べるとき、むしろ次の点にバウアーの欠陥がある。すなわち彼は「国家一般」ではなく、「キリスト教国家」だけに批判を投げかけていること、政治的解放と人間的解放との関係を追求してないこと、したがって政治的解放を無批判に人間一般の解放に置き換えて説明する条件を出していることだ。バウアーがユダヤ人に対し、諸君は諸君の視点から政治的解放を望む権利をもっているのか？　と問うとき、われわれが逆にこう問おう。政治的解放という視点には、ユダヤ人にユダヤ教の廃棄、人間一般に宗教の廃棄を要求する資格などあるのか？と。

ユダヤ人問題は、ユダヤ人が暮らしている国家によって相異なる内容をもっている。政治的国家、国家としての国家をもっていないドイツにおいては、ユダヤ人問題は純粋に神学的問題である。ユダヤ人はキリスト教が基礎としている国家と宗教的に対立している。この国家は職務上（ex professo）の神学者である。ここでの批判は神学の批判、両刃の批判であり、キリスト教的神学の批判であり、ユダヤ教的神学批判である。しかしどれほど神学の中で批判的に動いても、神学の中でのみ批判的なだけである。

立憲国家であるフランスではユダヤ人問題は立憲主義、政治的解放の不完全さの問題である。この国での国家宗教という仮の姿は、たとえそれが無意味で、矛盾する形式をとっているとしても、多数派の宗教という形式の中にあるので、ユダヤ人と国家との関係は、宗教的、神学的対立という仮の姿をとる。

北アメリカの自由州（少なくともその一部では）においてはじめて、ユダヤ人問題はその神学的意味を失い、現実の世俗的問題となっている。政治的国家が完成された形態にあるところでのみ、ユダヤ人の、とりわけ宗教的人間の政治的国家との関係、したがって本来の意味での宗教と国家との関係は純粋な形で現れうる。国家が神学的なやりかたで宗教と関係することをやめ、国家が国家としてすなわち政治的に宗教と関係するやいなや、こうした関係に対する批判は神学的問題であることをやめる。やがて批判は政治的国家の批判となる。問題が神学的であることをやめるという点で、バウアーの批判も批判的ではなくなるのだ。「合州国には、国家宗教も多数派だと宣言される宗教も、他の宗派（Culte）に対するある宗派の優位なども存在しない。州はあらゆる宗教から離れている」（*Marie ou l'esclavage aux états-unis*, etc. par G. de Beaumont, Paris, 1835, p.214）。たしかに「憲法は宗教の信仰、政治的特権の条件として宗教の実践と宗教的信仰を課してはいない」（前掲書、二二五頁）北アメリカの州がいくつかある。だが、「合州国では、宗教をもたない人間も正直な人間でありえることなど考えられない」（前掲書、二二四頁）。それにもかかわらず、ボーモン、トクヴィル、イギリスのハミルトンが同様に公言している通り、とりわけ北アメリカは宗教的な地域である。とはいえ、北アメリカの諸州は例としてのみ重要である。問題はこうだ。政治的解放の完成は宗教とどう関係しているのかということである。われわれは政治的解放が完成している地域においてさえ、宗教が存在するのみならず、生き生きとした力強い宗教の存在感を見出せる。だからこそ、宗教の存在は国家の完成と矛盾しているのではないという証明が導き出される。しかし宗教の存在は欠陥があるということであるがゆえに、こうした欠陥の源泉を国家自身の本質の中にしか見出されえない。宗教がわれわれにとって問題なのは、世俗的世界の狭さの理由ではなく、その現れ方にすぎない。だから、自由な国家市民の宗教的な偏見を、その世俗的な偏見から説明することになる。国家市民が世俗的限界を突破すべく、宗教的偏見を捨てるべきだなどと、われわれは主張しない。われわれが主張するのは、国家市民が宗教的偏見をやめるのは、彼らが世俗的な限界を突破する限りにおいてであるということである。われわれは世俗的な問題を神学的な問題に転化はしない。むしろわれわれは、神学的問題を世俗的な問題に転化するのだ。われわれが迷信を歴史の中に解消するのは、歴史が十分長い時間をかけて迷信へと解消されてからである。政治的解放と宗教との関係の問題は、われわれにとっては政治的解放と人間的解放との関係の問題である。われわれは政治的国家の宗教的弱点を、われわれが宗教的弱さから離れ、その世俗的構造の中で批判する点において批判する。われわれは、ある宗教、たとえばユダヤ教と国家との矛盾を、ある世俗的な要素と国家との矛盾を人間化して、宗教一般と国家との矛盾、国家とその国家の前提一般との矛盾として見る。

ユダヤ人、キリスト教徒、宗教的人間一般の政治的解放は、ユダヤ教、キリスト教、宗教一般から国家を解放することである。国家は、国家自らを国家宗教から解放すること、すなわち国家が国家としてけっして宗教を表明しないこと、国家がむしろ国家として自らを表明することにおいて、形式上、本質的に固有のやり方で、宗教から自らを解放する。宗教からの政治的解放は、宗教から完全なる、矛盾のない解放ということではない。なぜなら、政治的解放は人間的解放の完全なる、矛盾のない方法ではないからだ。

政治的解放の限界は、すぐに次の点に現れる。人間の方はその限界から現実に自由にならなくとも、国家はその限界から自由になるという点、人間が自由な人間にならなくとも国家は自由な国家となるという点である。バウアーでさえ、次の政治的解放の条件を語るとき、暗黙のうちにこのことを認めているのである。「すべての宗教的特権一般、したがってまた特権的教会の独占も廃棄されねばならない。そして数人か、多くか、あるいはまた圧倒的多数が、なお宗教的義務を実行しなければならないと考えたとき、こうした活動は純粋の私的問題として人々に委ねられねばならなくなったのである」。したがって、圧倒的多数がいまだ宗教的であってさえ、国家は宗教から解放されたと言いえるのだ。そして圧倒的多数は、私的に（privatim）宗教的であることで宗教的であることをやめてはいないのだ。

しかし、国家と宗教との関係、すなわち自由な国家と宗教との関係は国家を形成している人間の宗教との関係にすぎないのだ。そこから次のことが出てくる。人間が政治的に限界を突破できるのは、国家という媒体を通じてであり、その点において人間は自らと矛盾し、抽象的、かつ限られた、部分的な方法でこの限界を乗り越えるのである。さらに次のことが出てくる。人間が解放されるのは、たとえ必然的な媒体を通じてであれ、回り道、媒体をつうじてであり、その点において人間は政治的に解放されるのである。最後に出てくるのは、人間はたとえ国家という媒体を通じて無神論者であると宣言しても、すなわち人間が国家を無神論者であると宣言しても、なおかつ宗教的に偏見をもったままでいられるということだ。なぜなら、それはまさに人間が自らを認識するのは媒体を通じて、回り道を通じてでしかないからだ。宗教とはまさに回り道での人間の認識である。つまり媒介をつうじた認識である。国家は人間と人間の自由との媒介者である。キリストが、人間が完全な神性、完全な宗教的偏見を課されている媒介者であるように、国家は完全に神性のない、完全に人間的な公平さを移し入れられている媒介者である。

人間が宗教に対して政治的に乗り越えるということは、政治的克服一般のもつ欠落と長所の両方をあわせもつことである。多くの北アメリカの州で起こったように、選挙、被選挙のための納税基準が廃棄されるやいなや、国家としての国家はたとえば私的所有を廃棄し、政治的方法で私的所有は廃棄されたと、人は説明することになる。ハミルトンはこの事実を政治的視点からまったく正しいことであると解釈している。「大衆が所有者や貨幣の富に対して勝利をしたのだ」と。持たざるものが、持てるものに対する立法者になれば、私的所有は理念の中では廃棄されたということではないか？　この選挙の納税基準は私的所有を知る最終的政治形態である。

しかしながら、政治的な私的所有の廃棄では私的所有は廃棄されてはいない。それればかりか、むしろ前提にされている。生まれ、地位、教育、職業を非政治的な差異であると考え、こうした差異を考慮することなく、人民のすべての構成員を平等の人民主権の参加者として呼び出し、現実の人々の生活すべての要素を国家的視点から問題にすれば、国家は、生まれ、地位、教育、職業の相違をその本質上廃棄していることになる。それ以上に国家はますますその本質上、すなわち私的所有、教育、職業としての私的所有、教育、職業に影響を与え、その特別な本質に大きな意味を与えるのである。国家は、こうした実際の差異を廃棄するどころか、逆にそれらが存在する限りにおいてのみ存在するのであり、こうした自らの固有の要素と対立してこそ、自らを政治的国家だと感じるのであり、その一般性を問題にできないのだ。ヘーゲルが、次のように述べるとき、彼は政治的国家と宗教との関係を正確に規定したといえる。「自分のことを知る精神の倫理的現実態としての国家が出現するには、国家が権威と信仰という形態から区別されることが必然的なものとなる。しかしこうした区別が出現するのは、教会の側が自らにおいて分離する限りである。特殊な教会を超えてのみ、国家は思考の一般性、その形式の原理を獲得し、それらを現実のものにできたのである」（ヘーゲル『法哲学』第二版、三四六頁）。それは当然のことだ。国家が一般性を構築するのは、それが特殊な要素を超えたときのみである。

完成された政治的国家は、その本質から言って、その物質的生活と対立する類的生活である。こうした利己的な生活のすべての前提は、国家的領域の外である市民社会にあり、市民社会固有のものである。政治的国家が真に完成した場所では、人間は思考や意識の中だけでなく、現実や生活の中においても、神聖と現世の二重の生活、国家が共同体として問題となる政治的共同体における生活と、私人として活動する他人を手段とみなし、自らも手段にまで落ち、外的な力に翻弄される市民社会での生活を遂行する。政治的国家は、天上と地上との関係に似て、市民社会とまさに精神的に関係する。政治的国家は、宗教が世俗的世界の限界に対するのと同じように対立し、同じような方法で乗り越える。すなわち政治的国家は同じように市民社会を再認識し、成立させ、それを支配しなければならないのである。間近の現実である市民社会における人間は、世俗的な存在である。現実の個人としてお互いを問題にしあうこの世界では、人間は真実ではない姿である。それに対して人間が類的存在として問題となる国家においては、人間は想像上の主権の空想上の構成員であり、その現実における個別的生活を奪いとられ、現実のものではない一般性を付与されている。

ある特殊な宗教の信者としての人間が、共同体の成員としての国家市民制度、すなわち他人ととり結ぶ闘争は、政治的国家と市民社会との世俗の世界での分裂に還元される。ブルジョワ（bourgeois）としての人間にとって、「国家における生活は単なる幻、あるいは規則と本質に対するままある例外にすぎない」。もちろんブルジョワ（bourgeois）はユダヤ人同様、国家の生活の中では詭弁的にとどまるのであるが、それは公民（citoyen）が詭弁だけのユダヤ人あるいはブルジョワ（bourgeois）にとどまるのと同じである。しかしこうした詭弁は個人的なものというわけではない。この詭弁は政治的国家それ自身の詭弁である。宗教的人間と国家市民との間の相違は、商人と国家市民との間の相違、日雇いと国家市民との相違、土地所有者と国家市民との相違、生身の個人と国家市民との相違である。宗教的人間が政治的人間に対してもつ矛盾は、ブルジョワ（bourgeois）がシトワイヤン（citoyen）にもつのと同じ矛盾である。なぜなら、そこでは市民社会の成員は政治的なライオンの皮をかぶっているからだ。

ユダヤ人問題が最終的に還元されるこうした世俗の世界における対立、政治的国家とその前提との対立、これらは今では、私的所有などのような物的要素、あるいは教育、宗教のような精神的な要素でありうるが、一般的利益と私的利益との対立、政治的国家と市民社会との分裂、こうした世俗的対立をバウアーはそのままにしている。一方でその宗教的表現に対しては批判しているのである。「市民社会がその成立を確証し、その必然性を保証する基礎である欲求がまさに、その存在自体を危険にさらし、その中に不確かな要素を抱え、たえざる変化からなる貧しさと豊かさ、危機と繁栄とのあらゆる混合物、とりわけ変化というものをもたらす」（八頁）。

ヘーゲルの法哲学を基礎として成り立っている「市民社会」（八－九頁）の全節を参照してみよう。政治的国家と対立する市民社会は、政治的国家が必然的なものと認識されるがゆえに、必然的なものと認識されている。

もちろん政治的解放は、大きな進歩であり、もとより人間的解放一般の最終形態ではないが、従来の市民社会秩序の内部での人間的解放の最終的形態ではある。当然ながら、われわれがここで語っているのは現実の、実践的な解放のことである。

人間が政治的に宗教から解放されるのは、宗教が公の法から私的な法律に追放される点においてである。宗教は、人間が（たとえ限られた方法で、特殊の形態で、特殊の領域であろうとも）類的存在として、他人との共同体の中でとりもつ国家の精神ではなく、利己心の領域、万人の万人に対する闘争（bellum omnium contra omnes）、市民社会の精神になったのである。宗教はもはや共同性の本質ではなく、差異性の本質である。宗教は共同体から、自分と他の人間から、区別する表現となったのである。――宗教は本来そういうものであったのだ。もはや宗教は、特殊な倒錯、私的な思いつき、気まぐれの抽象的告白にすぎない。たとえば北アメリカにおける宗教の果てしのない分裂は、外見的にはすでに宗教が個別的な形態であることを示している。宗教は私的利益の一つにもぐりこみ、共同本質としての共同体から排除されている。しかしわれわれは政治的解放の限界について幻想は抱いていない。人間の公的人間と私的人間との間への分裂は、つまり国家から市民社会への宗教への解体（Dislocation）は、一つの段階ではなく、政治的解放の完成であり、だからこそ現実にある人間の宗教心を廃棄しようと努力もしないし、廃棄もしないのである。

人間がユダヤ人と国家市民に、プロテスタントと国家市民に、宗教的人間と国家市民に分裂するということは、この分裂は国家市民制度に対する虚ではないし、政治的解放からの遠回りでもなく、政治的解放それ自身であり、宗教から自らを解放する政治的方法なのである。次のことは当然のことである。すなわち、政治の国家としての政治的国家が市民社会から暴力的に生まれる時代においては、人間的自己解放が政治的自己解放という形態のもとで行われようとする時代においては、国家は宗教の廃棄、宗教の否定にまで進みうるし、そうならねばならない。しかしそれは、国家が私的所有の廃棄まで、最高価格法まで、つまり没収まで、累進課税まで、生命の廃棄まで、ギロチンまで進むのと同じである。政治生活は特別の自己陶酔を契機として、市民社会とその要素を押し潰し、現実の、矛盾なき人間の類的生活として自らを構築しようという前提を模索するのである。もっともこうしたことが可能になるのは、自ら独自の生活条件に対して暴力的に反対することによってのみであり、革命が永久であると宣言される場合のみであり、政治的ドラマは、戦争が平和で終わるように、宗教、私的所有、市民生活のあらゆる要素の再復活によってまさに必然的に終焉するのである。

確かに、キリスト教をその基礎として、国家宗教として認める、そしてだからこそ他の宗教に対して排他的にふるまう、いわゆるキリスト教国家は、完成されたキリスト教国家ではなく、むしろ市民社会のそれ以外の成員の宗教を追放する無神論的国家、民主国家、宗教を市民社会の他の要素の一つとして追放する国家である。依然として神学的であり、公的形式において依然としてキリストの信仰告白を告白している国家、依然としてあえていわゆる国家として自らを宣言しようとしない国家は、キリスト教の大げさな表現である、その世俗的、人間的形態において、その現実の姿において、国家としての人間的基礎を表現するに至っていない。いわゆるキリスト教国家は単なる非国家にすぎない。なぜなら、現実の人間的創造を遂行できるのは、宗教としてのキリスト教国家ではなく、キリスト教の人間的な背景にすぎないからである。

いわゆるキリスト教国家は、国家を、キリスト教を否定するものであるが、キリスト教を国家的に実現したものではない。キリスト教をなお宗教的形態として認識している国家は、国家という形態ではまだ認識していない。なぜなら国家はまだ宗教的に宗教と関係しているからである。つまり国家は宗教の人間的基礎を現実的に遂行していないということである。なぜそうかといえば、国家がまだこうした人間の核となるものを想像的な形で、非現実的に挑発しているからである。いわゆるキリスト教国家は不完全な国家であり、この国家にとってキリスト教は国家の不完全さを完成するものとして、神聖化するものとして重要なのである。したがって、この国家にとって宗教は必然的に手段であり、偽善の国家である。完成された国家が、一般的な国家の本質の中にある欠落のために宗教をその前提として考えるということと、未完成の国家が、その欠落のために、特殊の存在の中にある欠落のために、宗教をその基礎として考えるかには大きな違いがある。後者の場合、宗教は不完全な政治となる。前者の場合、完成された政治の不完全でさえ、宗教の中で示されるのだ。いわゆるキリスト教国家がキリスト教を必要とするのは、国家として自らを完成させるためである。民主国家、現実の国家は、政治的完成のために宗教など不必要である。むしろそうした国家は宗教を度外視することができる。なぜなら、そうした国家では宗教の人間的基礎が世俗的な形で実現されるからだ。それに対して、いわゆるキリスト教国家は、政治に対して宗教的に、宗教に対して政治的に関係している。この国家が国家形態を見せかけにまで引き落とすとき、まさに同じように宗教を見せかけにまで引き落とすのである。

この対立を明確にするために、われわれはキリスト教国家のバウアー的な構築、キリスト教的 - ゲルマン国家という観念から導き出される構築を考察してみよう。

バウアーはこう述べる。「人は最近キリスト教国家が不可能であること、存在できないことを証明するために、福音書の中の言葉にしばしば言及した。それはその国家が完全に解消しないかぎり、守られないだけでなく、一度として守ることができない言葉であった」「しかし事実はそれほど簡単に片付いたわけではない。ではその福音の言葉は何を要求しているのか？　超自然的な自己否定、啓示という権威への屈服、国家からの離反、世俗的関係の廃棄である。さてキリスト教国家はこうしたことすべてを望み、実行している。キリスト教国家は福音書の精神を自分のものとし、キリスト教国家は福音書が述べているのと同じ言葉で再現されることまではないとしても、ほぼそれに近いものである。その理由は、この精神は国家形態において表現されているからである。すなわち、その形態は、現世においては国家制度という借用形態をとっているのだが、その形態が実現されねばならない宗教的復活の中においては、単に見せかけのものになっているからである。キリスト教国家は国家からの離反であり、それが国家形態の完成に役立っているのである」（五五頁）。

バウアーはさらに展開しこう述べる。キリスト教国家の人民は人民でない。独自の意志をもっていない。自らの真の存在は彼が仕える君主の中にしかない。もっとも君主の存在など彼にとって本来、本質的によそよそしく、つまり神が与えたもので、人間の側の協力なくできたものである。こうした人民の法律も彼らの創造物ではなく、明確な啓示である。君主は本来の人民である大衆との間に特権的媒介者を必要としている。大衆自身も、偶然によってつくられ、規定され、形成されるさまざまな特殊の集団に分かれる。この集団はその利益、特殊な情念と偏見によって異なり、特権によってそれぞれ相互に排除しあうのである等々（五六頁）。

バウアーは自らこういっている。「政治は、宗教として何ものかでなければ、政治的であってはいけない。それは、料理鍋の洗浄が祭事と同等のものだとすれば、それは家事と見なされないのと同じである」（一〇八頁）。しかしキリスト教ゲルマン国家において、宗教は「家事」であり、同様に「家事」が宗教である。キリスト教ゲルマン国家においては、宗教の支配は支配の宗教である。

「福音書の精神」と「福音書の文字」とを分離することは、非宗教的なやりかたである。福音書を政治という文字で、聖なる精神である聖書の文字以外で語らせる国家は、たとえ人間の目の前でないとしても、人間独自の敬虔的な目の前では冒瀆の罪を犯している。キリスト教を最高の規範として、聖書をその憲章として認める国家に、聖書の言葉をぶつけねばなるまい。なぜなら聖書は一言一句神聖なものなのだから。国家をつくっているごみのような人間は、もし、「その国家が完全に解消しないかぎり、守られないだけでなく、一度として守ることができない」という当該の福音書の言葉が示唆されれば、宗教的意識という点から苦痛の多い、乗り越えられない矛盾の中に入る。そしてなぜ国家は完全に解体しようと望まないのか？　国家は自らにも、他者にもその問いに答えることはできない。公的なキリスト教国家は、自らの意識の前では、その実現が不可能な当為であり、ただ嘘によってしかその存在の現実を自ら確信することができず、したがっていつも自ら疑いの対象であり、不確実な、問題の多い対象のままなのだ。『聖書』に基づく国家を意識の狂気だと無理やり考えるとすれば、批判はまったく正しいことになる。そこでは国家はもはや現実と妄想との区別さえ知らず、宗教を隠れ蓑とする世俗の目的の破廉恥さは、宗教こそ世界の目的であると考える宗教的意識の誠実さと解決しがたい葛藤に入るのである。この国家は、カトリック教会の手先となる場合にのみ、その苦痛を解消することが可能になるのである。この国家は、世俗の権力こそ自らの役立つ身体だと考えるカトリックに対して無力であり、宗教的精神による支配を望む世俗的権力は無力である。

いわゆるキリスト教国家において重要なことは人間ではなく、疎外である。重要な唯一の人間は国王であり、国王はそれ自身とりわけ他の人間と区別されたものであり、天上と神と直接関係する、宗教的本質なのである。ここで支配的な関係はやはり信仰的な関係である。だから宗教的精神は現実には世俗化されてはいないのである。

しかし、宗教的精神は、実際には現実に世俗化することはできない。それではいったい宗教的精神は人間精神の発展過程の非世俗的な形態としては、何であるのか？ 宗教的精神が実現されえるのは、その宗教的表現である人間精神の発展段階が世俗的な形態をとり、組みたてられる限りである。このことは民主国家の中で起こる。民主国家の基礎は、キリスト教ではなく、キリスト教国家の人間的な基礎にある。宗教は、現実に実現される人間的発展段階の観念的形態であるがゆえに、国家という構成員の観念的、非世俗的意識のままである。

政治的国家の成員は、人が真の生活としての彼岸の国家を現実の個人の問題と考える点において、個人的生活と類的生活との二重性を通じて宗教的であり、市民社会の生活と政治的生活との二重性を通じて宗教的である。それは宗教がここで市民社会の表現であり、人間と人間との分離、分裂の表現である限りにおいてのことである。政治的民主主義がキリスト教的であるのは、キリスト教においては人間が、主権的、最高の本質として一人の人間だけでなく、すべての人間を問題にするからである。しかし非文化的、非社会的に現れる人間、偶然的存在である人間、あるがままの人間、われわれの社会の全組織を通じて腐敗している人間は、非人間的関係や要素が支配する中で、自らを失い、外化され、非人間的関係や要素の支配に委ねられているのである。一言でいえば、こうした人間はまったく現実的な類的本質ではないということである。キリスト教の幻想的姿、夢、要求、人間の主権は、現実の人間とは異なるよそよそしい本質であるが、民主制の中では、それは感じられる現実、現在、世俗的な原則なのである。

宗教的、神学的意識それ自体が、完成された民主制の中でますます宗教的になり、神学的になるのは、外見上政治的意味も、地上の目的もなければ、そうした意識は、世俗を恐れる気持ち、理解の狭さの表現、幻想と思いつきの産物として現れるからであり、それは現実世界では彼岸の生活として現れるからである。ここでキリスト教が普遍宗教という意味をその実践的表現として見出すのは、さまざまな種類の世界観がキリスト教という形態でそれぞれ分類されるという点である。さらにいえば、キリスト教がキリスト教の要求ですらない、別のあるなんらかの宗教一般の要求として出現することを通じてである（ボーモン、前掲著書参照）。宗教的意識は宗教対立と宗教の多面性という豊かさの中で昇華されるのである。

だからわれわれは次のことを示したのだ。政治的解放によって宗教は、たとえ特権的な宗教がなくなっても存続するということを。ある特殊な宗教の信者が国家市民に対してもつ矛盾は、政治国家と市民社会との世俗的な一般的矛盾の一部にしかすぎない。キリスト教国家の完成は、国家が国家として告白し、その成員の宗教を無視することである。国家の宗教からの解放は、現実の人間を宗教から解放するということではない。

だからわれわれは、バウアーのようにユダヤ人に対してこうはいわない。諸君たちが政治的に解放されえるのは、ユダヤ教から徹底して解放されるときであると。むしろユダヤ人にこういおう。諸君たちの政治的解放など、ユダヤ教から矛盾なく、完全に解放されてなくとも可能であるがゆえに、政治的解放などそれ自体人間的解放ではないと。諸君たちユダヤ人が、自ら人間的に解放されることなく、ただ政治的に解放されたいと望むなら、その中途半端さと矛盾は諸君たちの中にはなく、政治的解放の本質とカテゴリーの中にある。諸君たちがこのカテゴリーに囚われているとすれば、諸君たちは一般的な偏見を共有していることになる。国家が国家であるにもかかわらず、ユダヤ人に対してキリスト教的に関係しようとするとき、国家が福音化するように、ユダヤ人は、ユダヤ人であるにもかかわらず国家市民という権利を要求するとき、政治化しているのである。

しかしユダヤ人がユダヤ人であるにもかかわらず、政治的に解放され、国家市民権を得ることができる場合、ユダヤ人はいわゆる人権を要求し、それを獲得することができるのであろうか？　バウアーはそれを拒否する。「問題はユダヤ人がこうしたものとして、すなわちその本質上他人と永遠に孤立して生きざるをえないことに自ら責任をもつユダヤ人として、一般的な人権を獲得し、他人を認めることが可能かどうかということである」。

「人権という考えはキリスト教世界にとって前世紀にはじめて発見されたものである。それは人間に固有のものではない。それは人間がそれまで教育されてきた歴史的伝統に対する闘争においてのみ獲得されたものである。だから、人権は自然の賜物ではないし、これまでの歴史の持参金でもなく、世代から世代へと今日まで受け継がれてきた生まれ出る偶然性と特権に対する闘争の代価である。人権は教育の結果であり、それを譲りうけ、獲得したもののみ、それをもつことができるのである」。

「ではユダヤ人は現実に人権をもちえるのか？　彼がユダヤ人であるかぎり、人間として人間を結びつける人間的本質に対して、彼をユダヤ人にしている限られた本質が勝利し、彼を非ユダヤ人から分けるにちがいない。こうした分離を通じて、彼をユダヤ人にしている特殊な本質こそ真の最高の本質であり、その前では人間の本質などは後退せざるをえないと彼は表明するのである」。

「同じようにキリスト教徒もキリスト教徒としては人権を得ることができない」（一九頁、二〇頁）。

バウアーによると、人間が一般的人権を獲得するには「信仰という特権」を犠牲にしなければならない。われわれは当面いわゆる人権と、しかもその真の形態、その発見者である北アメリカ人とフランス人が所有している形態での人権を考察してみよう。こうした人権は、一部は政治的権利、他人との共同体においてのみ影響を及ぼす権利である。共同体、しかも政治的共同体、国家制度への参加がその内容を形成する。人権は政治的自由のカテゴリー、国家市民のカテゴリーのもとにあり、すでに見たように、宗教、したがってたとえばユダヤ教の積極的な、矛盾なき廃棄を前提にしているわけではない。われわれには人権のもう一つの部分、すなわち人権が公民権（droits du citoyen）と区別される限りでの人間の権利（droits de l'homme）の考察が残されている。

任意の宗教に権利を与える良心の自由は人権の流れにある。信仰の特権は人権として、人権の結果としての自由として明確に認められている。

一七九一年の『人権と公民権の宣言』(*Déclaration des droits de l'homme et du citoyen*)の一〇条にはこうある。「誰も、宗教的な見解でさえ妨害されてはならない」。一七九一年の共和制憲法第一章において人権は承認されている。「すべての人間が愛着する宗教行事(le culte religieux)を遂行する自由」。

『人権宣言』(*Déclaration des droits de l'homme*)(一七九三年)は人権に七条「宗教信仰の自由」を含めている。確かに、自らの思想と見解を公開し、集会をもち、宗教を信仰する権利について、さらにこう述べている。「こうした権利(droits)について述べる必然性は専制という最近の存在と思い出を仮定している」。一七九五年の憲法、一二章三五四条を参照。

『ペンシルヴェニア憲法』(*Constitution de pensylvanie*)九条三項「すべての人間は本性上、自らの意識の影響にしたがって全能者を崇拝する不文律の権利(droits)を受け取っていて、誰も意志に反して宗教や宗教的職に従ったり、指定されたり、支持されたりという強制を受けることは法的にありえない。どんな人間の権威も、どんな場合にも、意志の問題に介入したり、精神の力を制御したりすることはできない」。

『ニュー・ハンプシャー憲法』(*constitution de New-Hampshire*)五条と六条「自然権のうちいくらかのものは、それに等しいものがないがゆえに本質上譲渡しがたいものがある。このうちに意識の権利(droits)がある」(ボーモン、前掲書、二一四頁)。

宗教と人権との不一致など人権の中にはないので、宗教的である権利、任意な仕方で宗教的である権利、宗教の行事を遂行する権利はむしろ人権のなかに含められる。信仰という特権は一般的な人権である。

人間の権利(droits de l'homme)、人権はこの点において公民の権利(droits du citoyen)、国家市民の権利と異なる。公民(citoyen)と異なる人間(homme)とは誰なのか? それは市民社会の構成員以上の何ものでもない。なぜ市民社会の成員は「人間」、ただの人間であり、なぜその権利は人権と名付けられるのか？　どこからこうした問題は説明されるのか？　市民社会と政治的国家との関係から、政治的解放の本質からである。

とりわけ、公民権と異なるいわゆる人間の権利、人権は、市民社会の構成員の権利、すなわち利己的人間、人間や共同体から分離した人間の権利以外の何ものでもないという事実をわれわれは確認する。もっとも急進的な憲法である一七九三年の憲法はこう語る。

『人権と公民権の宣言』。

二条「こうした権利などは（不文律の自然権）、平等（l'égalité）、自由（la liberté）、安全（la sûreté）、所有（la propriété）である」。

自由（liberté）とはどの点にあるか？

六条「自由は、他人の権利を侵さないことすべてを行いうる、人間に固有な力である」、あるいは一七九一年の『人権宣言』によれば、「自由とは、他人を侵害しないことすべてを行うことである」。

したがって自由とは、他人に損害を与えないことすべてを行い、追求する権利である。だれもが他人に損害を与えないで活動できる限界は、二つの畑の境界を垣根の杭で決めるように、法律によって規定される。ここで問題になっているのは、分離した孤独なモナドとしての人間の自由である。バウアーによるとなぜユダヤ人は人権を得ることができないのか。「彼がユダヤ人である限り、彼を人間として人間に結びつける人間的本質に対して、彼をユダヤ人にしている限られた本質が勝利し、彼を非ユダヤ人から分けるにちがいない」。しかし自由の人権は人間と人間との結合に基づいているのではなく、むしろ人間と人間とが分離することに基づいているのである。人権とはこうした分離の権利であり、限定された個人に限定する権利である。

自由という人権を実際に応用するのは私的所有という人権である。

私的所有という人権はどの点にあるか？

一六条（『一七九三年の憲法』）「所有（la propriété）権とは、意志にしたがって（à son gré）その財、その収入、その労働と産業の果実を享受し、処理する、すべての市民に固有の権利である」。

したがって私的所有の人権は、他人と何の関係もなく、社会から独立にその財産を意志にしたがって（à son gré）享受し、処理しうる権利、利己主義の権利である。この個別的自由とその適用が市民社会の基礎を形づくっている。市民社会では、個別的自由によって人間は他人の中に自由の実現ではなく、その制限を見出すのである。市民社会はとりわけ人権を、「意志にしたがって（à son gré）その財、その収入、その労働と産業の果実を享受し、処理する」ことだと宣言する。

残るは、平等と安全という別の人権である。

ここでの非政治的な意味での平等とは、先に述べた自由（la liberté）の平等以外の何ものでもない。すなわち人間がこうした孤立したモナドとして同じように考察されるということである。『一七九五年の憲法』はこうした平等をその意味にしたがってこう規定している。

三条（『一七九五年の憲法』）「平等とは、法はすべてのものにとって同じであるという点にある。もちろんそれが保護するか、罰するかは別として」。

そして安全とは？

八条（『一七九三年の憲法』）「安全とは成員の安全、その権利と所有の安全のために社会がそれぞれに与える保護にある」。

安全というのは、市民社会の最高の社会概念、警察の概念であり、全体としての社会がそこにあるのは、そのすべての成員にその安全、その権利と所有を保障する限りにおいてである。この意味で、ヘーゲルは市民社会を「危機と悟性の国家」と呼ぶのである。

安全という概念があるからといって、市民社会はそのエゴイズムを超えることはない。安全とはむしろそのエゴイズムを保障することだからである。

したがって、いわゆる人権というものはどれも利己的な個人、市民社会の成員、すなわち、自分自身、私的利益と私的意志に引きこもる、共同体から分離した個人である人間を超えることはないのである。人権においては、人間が類的存在として理解される世界から離れてしまうことで、逆に類的生活それ自体、すなわち社会は、個人の外枠として、個人の本来の自立を制限するものとして現れる。個人がむすびつく唯一のつながりは、自然の必然性、欲求と私的利益、所有と利己的人間の維持である。

まさに自らを解放し、さまざまな人民の枠を壊し、政治的共同体を基礎付けようとするこうした人民が、仲間や共同体から分離した利己的な人間を厳かに宣言する（一七九一年の宣言）のは不思議なことである。さらに、英雄的な献身のみが民族を救い、それが命令的に要求されるそんなとき、市民社会のすべての利益を犠牲にすることが日程にのぼり、エゴイズムが罪として処罰されることが宣言される（一七九三年の人権などの宣言）のは不思議なことである。公民であることが、政治的共同体が、政治的解放者によっていわゆる人権の維持のためのたんなる手段に陥れられ、したがって公民が利己的人間の召使いとなり、人間が構成員として関係する領域が悪化し、最終的に公民としての人間ではなく、ブルジョワとしての人間が本来の、真の人間として捉えられるという事実を見るのは、なおさら不思議なことである。

「あらゆる政治的アソシアシオン（association politique）の目的（but）は、人間の不文律である自然権の維持（conservation）である」（一七九一年の人権などの宣言、二条）。「政府（gouvernement）は、人間が不文律の自然権を享受することを可能にするためにつくられる」（一七九三年の宣言、一条）。したがって事態の衝撃で頂点にまで達している、最初の新鮮な情熱が存在するときでさえ、政治生活は、その目的が市民社会の生活であるという、単なる手段となることが言明されるのである。なるほどその革命的実践はその理論と明白に矛盾しているのである。たとえば人権として安全が述べられる一方で、手紙の秘密に対する侵害が公然と日程に上るのである。「出版の無限の（indéfinie）自由」（一七九三年の憲法、一二二条）が人権、個人の自由の結果として認められる一方で、出版の自由は完全に否定されるのである。なぜなら、「出版の自由が許されるのは、それが政治的自由と妥協する場合に限るのである」（若きロベスピエール『フランス革命議会史』（ビュシェとルーによる）二八巻、一三五頁）。すなわち、自由という人権はそれが政治的生活と闘争に入るやいなや権利であることをやめるということになる。一方理論によると、政治的生活は人権を保障し、個人的人間の権利を保障するだけであり、したがってそれがその目的である人権と矛盾するやいなや、廃棄されるか、されねばならないのだ。しかし実践は例外で、理論こそ通常のものである。しかし、革命的実践を正しい関係の状態だと考えようとすれば、なぜ政治的解放者の意識の中では、この関係が逆立ちするのか、目的が手段として、手段が目的として現れるのかという謎が依然残る。この意識に反映する思い違いは、たとえ心理的、理論的な謎であるとしても、なお同じ謎であることはまちがいない。

謎は簡単に解ける。

政治的解放は同時に、人民にとって疎外された国家制度、支配権力が基礎にする旧い社会の解体である。政治革命は市民社会の革命である。旧い社会の性格とはどんなものであったのか？　それを特徴付けるのはひとつの言葉である。それは封建制である。旧い市民社会は直接的に政治的性格、すなわちたとえば所有、家族、労働の様式のような市民的生活をもっていて、大土地所有、身分制、コルポラティオンの形態で国家生活の要素にまでなっていた。これらの要素は、個々人と国家全体との関係を、すなわち政治的な関係、そのほかの社会構成部分を分離させ、排除するという関係を、こうした形態で規定していた。なぜなら、その人民の生活組織は、所有や労働を社会的組織にまで高めず、むしろ国家全体からそれを分離させ、社会における特殊な社会を構成したからである。一方市民社会の生活条件と生活機能は、たとえ封建的な意味で政治的であったとしても、政治的であった。つまり、それらは、個人を国家全体から引き離し、そのコルポラティオンと国家全体との特殊の関係を、その一般的活動状況の中の制限された市民的活動状況を転化させたように、人民の生活に対する一般的関係へと転化させていたのである。こんな組織の結果として、国家統一は、必然的に意識、意志として出現し、国家統一の活動、一般的な国家権力は、人民から遊離した支配者とその召使いの特殊な仕事として同様に出現したのである。

政治革命は、こうした支配権力を崩壊させ、国家業務を人民の業務にさせ、それが政治的国家を一般的業務、すなわち現実の国家として構成し、必然的に、人民と共同体との分離の表現でもある、あらゆる身分、コルポラティオン、ギルド、特権を破壊したのである。政治革命は、それによって市民社会の政治的性格を廃棄させた。政治革命は、市民社会を一方での個人と、他方でのこうした個人的生活内容、市民的生活を形成する物質的そして精神的要素の単純な二つに分解させたのである。政治革命は封建社会のさまざまな袋小路に同じように散らばり、溶け、流れている政治的精神を解放したのである。分散した精神を集め、その市民生活との混同を解き放ち、それを共同体の領域として、市民生活のある特殊な要素から理念的に独立した一般的な人民の業務として構成したのである。その限定された生活状態と限定された生活活動は個別的に意味をもつものに引き下げられた。こうしたものは個人と国家との一般的関係をもはや形づくらなくなったのである。こうしたものとしての一般的業務は、むしろそれぞれの個人による一般的業務、それぞれの一般的機能のための政治的機能になったのである。

国家の観念論の完成は同時に、市民社会の唯物論の完成であった。政治的束縛を振り払うことは、同時に市民社会の利己的な精神をつなぎとめていた同盟を振り払うことでもあった。政治的解放は同時に市民社会の政治からの解放であり、一般的内容をもつ見せかけの姿からの解放であった。

封建社会はその根にある人間に解体された。しかしそれは現実の根の中にある人間、利己的人間への解体だったのである。

市民社会の構成員であるこうした人間は、今では政治的国家の前提であり、基礎である。人間はこうしたものとして、人権の中で認識されている。

しかし、利己的人間の自由とこうした自由を認めることは、その生活内容を形成する精神的、物的要素の、きりのない運動を認めることである。

したがって人間は宗教から自由ではなく、宗教的自由を獲得したのである。人間は所有から自由にはならなかった。所有の自由を獲得したのである。人間は商業の利己心から自由ではなく、商業の自由を獲得したのである。

政治的国家の構成と市民社会の独立した個人（その関係は権利である。それは身分的人間やギルドの人々の関係が特権であったのと似ている）への解体は、ひとつの同じ活動で完成される。しかし、市民社会の成員であるような人間、非政治的人間は、必然的に自然的人間として出現する。人権が自然権（droits naturels）として出現するのは、自己意識的活動が政治的活動に集中されるからである。利己的人間は解体される社会以前にすでにあった、受動的結果であり、直接的に確信できる対象であり、したがって自然の対象なのである。政治革命は市民生活をその構成要素に分解するが、この構成要素それ自体を革命し、批判することはない。政治革命は、市民社会、欲求、労働、私的利益、私的権利の世界に対して、その構成の基礎、それ以上基礎づけられていない前提、したがってその自然的基礎に対するように関係するのである。最終的に市民社会の成員としての人間が、公民（citoyen）とは異なる人間（homme）、本来の人間とみなされるのである。なぜなら政治的人間が、抽象的、つくられた人間、アレゴリー的、道徳的人格を持った人間であるのに対し、市民社会の人間は個人として身近なところにいる感性的存在であるからである。

現実の人間は、利己的個人の形態においてはじめて認められ、真の人間は抽象的公民（citoyen）という形態においてはじめて認められるのである。

政治的人間の抽象をルソーは正当にもこう述べている。

「人民をあえて構成しようとするものは、いわば人間の本質を変化させ（changer）、それ自体完全な孤立した全体である各個人を、その個人がその命と存在を受け取っているより大きな全体の一部（part）へと変え（transformer）、肉体的で独立した存在を、部分的・精神的な存在（existence partielle et morale）にとって変えることができるという、感覚をもたねばならない。彼は、人間（l'homme）からその固有の力を取り除き、よそよそしい、他人の援助がなければなにもできないそうした力を与える必要がある」（『社会契約論』第二章、ロンドン、一七八二年、六七頁）。

すべての解放は、人間的世界、関係の、人間それ自体への復帰である。

政治的解放は人間を一方で市民社会の成員に、独立した利己的個人に還元することであり、他方で国家市民、法的人間に還元することである。

現実の個人が抽象的国家市民を自らの中にとりもどし、その経験的生活の中、その個人的労働の中、その個人的関係の中にある個人として、類的存在となったときはじめて、人間がその「固有の力」を社会の力として知り、かつ組織し、したがって社会的力がもはや政治的力の形態をして自らを分離しなくなったときはじめて、人間の解放は完成されたことになるのである。

II ブルーノ・バウアー「今日のユダヤ人とキリスト教徒が自由になる可能性」（『二一ボーゲン』、五六－七一頁）

ブルーノ・バウアーがキリスト教とユダヤ教との関係、およびその両宗教の批判との関係を取り扱うのはこうした形によってである。批判との二つの宗教の関係とは、その「自由になる可能性」との関係のことである。

彼はこう結論する。「キリスト教徒が宗教一般を乗り越えるには」、したがって自由になるには「宗教の一段階を乗り越えるだけである」。「それに対しユダヤ人はそのユダヤ的本質だけでなく、その宗教の完成という発展から、つまりユダヤ人にとって遠い、何も寄与するもののなかった発展とも手を切らねばならないのである」（七一頁）。

したがってここでのバウアーは、問題を純粋にユダヤ人解放から純粋な宗教問題に変えている。ユダヤ人とキリスト教徒のどちらが、むしろ救済される視点をもつかという神学的言葉が、二つのうちどちらが解放可能かという啓蒙化された言葉で繰り返されている。ユダヤ教とキリスト教のどちらが自由をつくるか？　という問いは今回はなされず、むしろ逆に、ユダヤ教を拒否すること、あるいはキリスト教を拒否すること、そのどちらがより自由をつくれるのか？という問いになっている。

「ユダヤ人が自由でありたいと望むなら、キリスト教に改宗する必要はない。解体したキリスト教、解体した宗教一般へ、すなわち啓蒙、批判そしてその結果である自由人になればよい」（七〇頁）。

ここでなお問題になっているのは相変わらずユダヤ人にとっての信仰告白であり、それはキリスト教への改宗ではなく、解体した宗教への改宗である。

バウアーがユダヤ人に要求していることは、キリスト教という宗教の本質との縁を断てということであり、この要求はバウアー自身すでに述べているように、ユダヤ教の本質からは出てこないものである。

バウアーはユダヤ人問題の結論でユダヤ教をキリスト教に対する単なる「粗野な」宗教批判として把握した後、つまりユダヤ人問題を「たんなる」宗教的意味だけのものとしてつかんだ後、ユダヤ人の解放は哲学‐神学の行為に転化するだろうということが、予見できたのだ。

バウアーはユダヤ人の理念的、抽象的本質、その宗教を全体的本質だと理解している。だから彼がこう結論するのは正当である。「ユダヤ人が自らの狭い律法を軽蔑するとしても、ユダヤ教を完全に廃棄するとしても、ユダヤ人は人間に何も与えない」(六五頁)。

バウアーによると、ユダヤ人とキリスト教徒との関係は次のようになる。ユダヤ人の解放に対するキリスト教徒の唯一の関心は、一般的、人間的、理論的関心である。ユダヤ教は、キリスト教徒の宗教的目から見て攻撃的なものである。キリスト教徒の目が宗教的であることをやめるやいなや、攻撃的であることをやめる。ユダヤ人の解放はキリスト教徒にとってそれ自体たいした仕事ではない。

それに対してユダヤ人が自らを解放するには自らの仕事だけでなく、同時にキリスト教徒の仕事「共感福音書の批判」と『イエスの生涯』などの仕事を遂行しなければならない。

「ユダヤ人は自らその運命を見るだろうし、自ら決定するだろう。しかし歴史を馬鹿にしてはいけない」(七一頁)。

われわれとしては問題の神学的縛りを解こう。ユダヤ人の解放の可能性に対する問題は、ユダヤ教をやめるためにはどのような特殊な社会的要素を克服すべきなのか?という問題に変わる。なぜなら今日のユダヤ人の解放の可能性は、今日の世界の解放とユダヤ教の関係にあるからだ。こうした関係は、今日の虐げられた世界におけるユダヤ人の特殊な立場から必然的に出てくる。

ここでバウアーがやっているように安息日のユダヤ人ではなく、日常的ユダヤ人を現実のユダヤ人として考察してみよう。

ユダヤ人の秘密をその宗教ではなく、現実のユダヤ人の中の宗教の秘密に見てみよう。

ユダヤ人の世俗的基礎とは何か？　それは実践的欲求、私利である。

ユダヤ人の世俗的儀礼とは何であるか？　暴利である。その世俗的神は何であるか。貨幣である。

まさにそうだ！　暴利と貨幣、したがって実践的、現実的ユダヤ教からの解放は、現代の自己解放であるということではないか。

暴利の前提、したがって暴利の可能性を廃棄する、一つの社会組織こそユダヤ人を不可能にするということであろう。その宗教的意識は、現実の社会生活という風の中の気の抜けた霞のように雲散霧消するだろう。一方で、ユダヤ人が実践的本質をむなしいものだと認め、それをやめるために努力すれば、彼は従来のユダヤ人の発展から抜け出て、もっぱら人間的解放のために努力し、人間の自己疎外の最高の実践的表現に背を向けることになるのだ。

したがって、われわれはユダヤ教の中に一般的な現代の反社会的要素を認める。この要素は、ユダヤ人がこうした最悪の関係に熱心に協力してきた過去の経過をつうじて、今日の高み、必然的に解体しなければならない高みにまで引き上げられてきたのである。

ユダヤ人の解放はその最終的な意味においてユダヤ教からの人間の解放である。

ユダヤ人はすでにユダヤ的方法で自らを解放してきたのである。「たとえばウィーンでただ容認されているにすぎないユダヤ人が、その貨幣の力で、帝国全体の運命を決定している。もっとも小さいドイツ国家の中で法の適用を受けえないユダヤ人が、ヨーロッパの運命を決定しているのである。コルポラティオンやツンフトがユダヤ人を拒否し、ユダヤ人に好意をもたない一方で、産業の大胆さの方が中世の制度の曖昧さを嘲るのである」（ブルーノ・バウアー『ユダヤ人問題』一一四頁）。

これはけっして孤立した事態ではない。ユダヤ人がユダヤ的方法で自らを解放したのは、単にユダヤ人が貨幣の力を自分のものにしたという点にあるのではなく、貨幣の力を通じてであろうとなかろうと、貨幣を世界の力、実践的ユダヤ精神をキリスト教の人民の実践的精神にしてしまったという点にもあるのである。ユダヤ人は、キリスト教徒がユダヤ人となっただけ自らを解放したのである。

たとえば大佐ハミルトンはこう述べている。「敬虔で政治的に自由なニュー・イングランドの住民は、彼を締め付ける蛇から逃げるためになんの努力もしない一種のラオコーンなのである。マンモン神は彼らの偶像で、彼らは口で祈るばかりでなく、その肉体と心情を込めてそれに祈るのである。彼らの目にとって大地は証券取引所以上のなにものでもなく、彼らがこの世で持つ運命はやがて隣人以上に豊かになること以外にないと確信しているのである。取引が彼らのあらゆる思考を力づけ、ものの交換以外に気晴らしはないのだ。彼らが旅をするときは、いわば背中に商品か帳簿を背負い、利子や利益のこと以外話をしない。仕事から一瞬目を離すとすれば、競争相手のビジネスを詮索するためだけである」。

確かに、ユダヤ人のキリスト教世界に対する現実の支配は、北アメリカでは明らかに普通の表現となっていて、福音書の祈り自体も、キリスト教の聖職も、商品取引となってしまい、破産した商人も、豊かになった福音主義者が小商いをするように、福音書で商売をするのである。「こうして見るように、尊敬すべき修道会のトップが商人になりはじめた。その商売がだめになると、司祭になった。それ以外のものは聖職でデビューし、いくらか金が自由になってから、聖職をやめ商人になった。多くのものの目にとって、宗教的聖職はまったくの産業的職業となっている」（ボーモン、前掲書、一八五―一八六頁）。

バウアーによると、「現実には巨大な力と政治的影響をもっているユダヤ人が、理論上は政治的権利をもっていないとすれば、全体では（en gros）影響力を持ちながら、部分では（détail）影響力が狭められているとすれば、実情は嘘ということになる」（『ユダヤ人問題』一一四頁）。

ユダヤ人の現実の政治権力と政治的権利との間にある矛盾は、政治と貨幣的力一般の矛盾である。政治が理念として貨幣的力を凌駕していても、現実には政治はその奴隷となっているのである。

ユダヤ教は、キリスト教の傍らでキリスト教に対する宗教的批判を体現したものとしてだけでなく、キリスト教の宗教的血統に対する疑いを体現したものとして存続してきた。むしろ現実的ユダヤ精神が、ユダヤ教がキリスト教社会の中で自らを維持し、しかもその最高の形態を維持したからである。市民社会の特殊な構成員としてのユダヤ人は、市民社会のもつユダヤ性を特殊に表現したものにすぎない。

ユダヤ教はその歴史にもかかわらず維持されたのではなく、その歴史によって維持されたのである。

市民社会はその自らのはらわたからたえずユダヤ人をつくりだしてきたのである。

ユダヤ教の基礎はそれ自体として何であったのか？　それは実践的欲求、エゴイズムである。

したがってユダヤ教という一神教は現実には多くの欲求をもった多神教であり、排泄もまた神の律法としている多神教である。実践的要求、エゴイズムは市民社会の原理であり、市民社会が政治国家を完全に自らの中から生み出すやいなやこうしたものとして純粋な形で出現する。実践的欲求と私利の神は貨幣である。

貨幣は嫉妬深いユダヤ教の神であり、その前ではほかの神は存在することを許されない。貨幣によってあらゆる人間の神は低くなり、商品に転化する。貨幣はそれ自身によって構成されるすべてのものの一般的な価値である。こうして貨幣は全世界、自然界と同様に人間界からその固有の価値を奪い取ったのである。貨幣とは人間にとってその労働からも、その存在からも疎外された本質であり、この疎外された本質が人間を支配し、人間は貨幣を崇拝するのである。

ユダヤ人の神は世俗化し、世俗の神となったのである。交換手形こそユダヤ人の現実の神である。ユダヤ人の神は幻想の上の手形にすぎない。

私的所有と貨幣による支配こそ自然であるという考えは、自然に対する現実的な軽蔑であり、実際的には自然を見下すものであり、そうした考えはユダヤ教の中に確かに存在はしていたのだが、それは想像上の中において存在したにすぎなかったものである。

この意味で、トマス・ミュンツァーはこのことを耐え難いことだと述べるのだ。「すべての創造物、水の中の魚、空の鳥、大地の上の食物が財産にさせられた――創造物は自由でなければならないのだ」。

ユダヤ教の中で抽象的にあるもの、理論、芸術、歴史、自己目的としての人間への軽蔑は、貨幣的人間の現実に意識された立場であり、徳なのである。男と女の関係などのような類的関係でさえ商業の対象となる！　女性は売買されるのだ。

ユダヤ人の幻想のような国籍は、商人、貨幣的人間一般の国籍である。

ユダヤ人の根無し草の律法は、根無し草のモラルを、私利の世界をとりまく法一般の、ただ形式的な儀式を、ただ宗教的にカリカチュアしたものにすぎない。

ここでもまた人間の最高の関係は律法的関係、人間にとって重要ではない律法との関係である。律法が人間を評価しないのは、律法が人間自身の意志と本質であるがゆえにではなく、むしろ律法が人間を支配し、律法から離脱すると厳しく罰せられるがゆえに、である。

ユダヤ的ジェズイット主義は、したがってその実践的ジェズイット主義は、バウアーがタルムードによって証明しているのだが、私利の世界とそれを支配する律法との関係である。ずるがしこい交渉こそこの世界の主要芸術なのである。

もっとも、その律法の中での私利世界の動きは、必然的に律法をたえず廃棄することである。

ユダヤ教は宗教としても、理論的にもこれ以上発展することはできなかった。なぜなら、実践的欲求という世界観はその本質上狭量であり、簡単に完成しうるからである。

実践的欲求をもった宗教は本質上理論の中ではなく、実践の中においてのみ完成をみることができたのである。その理由はその真理が実践だからである。

ユダヤ教はけっして新しい世界をつくり出すことはできなかった。それができたことといえば、その事業の中で新しい世界創造と世界の関係を引き出すことだけであった。なぜなら私利を理解することである実践的欲求は受動的な関係であり、意志にしたがって広がることはできず、社会状況の進展によって拡大を見るものだからである。

ユダヤ教は市民社会の完成をもってその最高点に到達する。しかし市民社会はキリスト教世界の中ではじめて完成する。すべての民族的、自然的、人倫的、理論的関係を人間の外部にするキリスト教の支配のもとにおいてのみ、市民社会は国家生活から完全に離れ、人間のすべての類的な同盟を破壊し、こうした類的な同盟に代わってエゴイズム、私利的な欲求を置き、人間世界を相互に敵対的な、アトム化された個別的世界の中に解消していくことができたのだ。

キリスト教はユダヤ教から飛び出したのである。今度は再びユダヤ教に解消されるのだ。

キリスト教徒は以前から理論的なユダヤ人であった。だからこそ、ユダヤ人はしたがって実践的キリスト教徒であり、実践的なキリスト教徒は再びユダヤ人になったのだ。

キリスト教は現実のユダヤ教をかりそめにのみ克服しただけであった。キリスト教はあまりにも上品で、精神的であったので、青空に飛び出すこと以外の方法で実践的欲求の粗野さを拒否することができなかったのである。

キリスト教はユダヤ教を昇華させた宗教であり、ユダヤ教はキリスト教を実践的に共同利用したものであるが、この利用が一般的なものとなりえたのは、キリスト教が完全な宗教として人間同士の、人間と自然との自己疎外を理論的に完全に完成させた後である。

今はじめてユダヤ教は一般的支配に到達し、外化された自然、外化された人間を、外化可能な、売買可能なものへ、利己的欲求の奴隷、暴利の手に帰した対象にするのである。

譲渡するということは、外化の実践である。宗教にとらわれるかぎり、人間が自らの本質を対象化できうるのは、自らの本質をよそよそしい幻想的な本質にするときでしかないように、利己的な欲求の支配のもとでの人間が自らを実践的に確認し、実践的な対象を作り出すことが可能なのは、その生産物と活動をよそよそしい本質の支配のもとに置き、それによそよそしい本質（つまり貨幣）の意味を授けるときでしかない！

キリスト教的至福のエゴイズムは、実践が完成する中で、必然的にユダヤ人の身体的エゴイズムへ、天上の欲求から地上の欲求へ、主観主義を私利へと変える。ユダヤ人の頑固さはその宗教ではなく、むしろその宗教の中にある人間的彼岸、実践的欲求、エゴイズムから説明される。

ユダヤ人の真の本質が市民社会において一般的に実現されるがゆえに、されたがゆえに、市民社会はユダヤ人に、まさに理念のうちでのみ実践的欲求をもつ、その宗教的本質の非現実性を説得することができなかったのである。したがってわれわれが今日のユダヤ人の本質を見つけるのは、モーセ五書やタルムードの中だけでなく、今日の社会の中であり、それは抽象的本質としてではなく、せいぜい経験的本質として、ユダヤ人の限界としてではなく、社会のユダヤ的限界としてのことである。

社会が、ユダヤ教の経験的本質、暴利とその前提を廃棄するにいたるやいなや、ユダヤ人であることは不可能になったのである。なぜなら、そのユダヤ人の意識にはもはや対象がなくなるからであり、ユダヤ教の主観的基礎、実践的欲求が人間化されるからであり、人間の類としての存在と個人的‐感覚的な存在の葛藤がなくなってしまうからである。

ユダヤ人の社会的解放は、社会のユダヤ教からの解放なのである。

r Kritik der Hegel'schen Rechts-Philosoph

von Karl Marx.

EINLEITUNG.

Deutschland ist die *Kritik der Religion* im Wesentlichen be nd die Kritik der Religion ist die Voraussetzung aller Kri *profane* Existenz des Irrthums ist compromittirt, nachd *himmlische oratio pro aris et focis* widerlegt ist. Der Mens der phantastischen Wirklichkeit des Himmels, wo er ei menschen suchte, nur den *Wiederschein* seiner selbst gefun ird nicht mehr geneigt sein, nur den *Schein* seiner selbst, nmenschen zu finden, wo er seine wahre Wirklichkeit su chen muss.

Fundament der irreligiösen Kritik ist: Der *Mensch macht* *on*, die Religion macht nicht den Menschen. Und zwar ist on das Selbstbewusstsein und das Selbstgefühl des Mensch ch selbst entweder noch nicht erworben, oder schon wie en hat. Aber *der Mensch*, das ist kein abstraktes, ausser hockendes Wesen. Der Mensch, das ist *die Welt des Mensch* Societät. Dieser Staat, diese Societät produziren die Religi *kehrtes Weltbewusstsein*, weil sie eine *verkehrte Welt* sind. on ist die allgemeine Theorie dieser Welt, ihr encyklopä Compendium, ihre Logik in populärer Form, ihr spiritualis Point-d'honneur, ihr Enthusiasmus, ihre moralische Sankti eierliche Ergänzung, ihr allgemeiner Trost- und Rechtfer grund. Sie ist die *phantastische Verwirklichung* des mensch Wesens, weil das *menschliche Wesen* keine wahre Wirklichk . Der Kampf gegen die Religion ist also mittelbar der Kam *jene Welt*, deren geistiges *Aroma* die Religion ist.

religiöse Elend ist in einem der *Ausdruck* des wirkliche es und in einem die *Protestation* gegen das wirkliche Ele eligion ist der Seufzer der bedrängten Kreatur, das Gemü

「ヘーゲル法哲学批判―序説」カール・マルクス著

ドイツにとって宗教批判は本質的に終わっており、そして宗教批判はすべての批判の前提であるということである。

世俗的に誤謬の存在が理解されるのは、祭壇や家族を守る天上の弁明（himmlische oratio pro aris et focis）というものが否定された後である。天上の幻想的な現実の中で超人を追い求め、そこに自分の反映だけしか見つけられなかった人間も、本当の現実を探し、探さねばならない場所では、たんなる仮象、非人間だけ見るというようなことはなくなるだろう。

非宗教的批判の基礎とは、次のことである。すなわち宗教をつくるのは人間であり、宗教が人間をつくるのではないということである。しかも、宗教は次のような人間の自己意識であり、人間の自己感情である。すなわちいまだ自らを獲得していないか、あるいはすでに一度自らを失ってしまっているかのどちらかの。しかし、人間はけっして抽象的なものではなく、世界の外にある本質ではない。人間とは、人間の世界、国家、社会である。宗教、すなわち転倒した世界意識をつくり出すのが、この国家であり、この社会である。なぜなら、こうした国家、こうした社会は、転倒した世界だからである。宗教はこの世界の一般理論であり、世界にとって百科全書的な意味をもつ概説書であり、世俗的な形でのその論理学であり、その精神的な面子であり、その情熱であり、その道徳的認可であり、その祝祭的な補足であり、その一般的な、慰めの、正当化の基礎である。宗教は人間的本質を幻想的に現実のものとすることである。なぜなら人間の本質が本当の現実というものをもたないからだ。だから、宗教に対する闘争は間接的には、すべての世界に対する直接の闘争であり、その精神的匂いこそ宗教である。

宗教的貧困は、現実の貧困の表現の中に、現実の貧困に対する抗議の中にある。宗教は困窮した人間のため息であり、宗教は精神なき状態であると同じく、心なき世界の感情である。宗教は人民の阿片である。

人民の幻想的な幸福としての宗教を廃棄することは、現実の幸福を要求することである。自らの状態についての幻想を廃棄することは、幻想を必要とするある状態をやめることを要求することである。だから、宗教の批判は、その後光が宗教である「嘆きの谷」の批判をその兆候としてもっている。

批判は、鎖に繋がれた幻想の花をむしりとってしまったが、それによって人は幻想のない、気休めのない鎖をもつのではなく、鎖を捨て、生きた花をつみとったのである。宗教の批判は人間を目覚めさせ、それによって人間は、考え、活動し、その現実をつくりあげる。こうして、目覚めた、理性をもった人間は、彼自身を中心として、したがって彼の現実の太陽のまわりをまわるのである。宗教は、人間が宗教のまわりをまわらない限り、人間のまわりを動く幻想的な太陽にすぎない。

したがって、真理の彼岸が消えた後で、現世の真理をつくるというのが歴史の課題となる。まず歴史の中にある哲学の課題は、人間の自己疎外の聖なる形態が暴露された後、自己疎外をその非聖なる形態で暴露することである。したがって、天上の批判は地上の批判に、宗教の批判は法の批判に、神学の批判は政治の批判に転化するのである。

この序論の後に続く本論は（こうした仕事への寄与であるが）、オリジナルなものを問題にしているのではなく、そのコピーである、ドイツの国家 - 哲学そして法 - 哲学を問題にしている。その理由は本論がドイツに結びついているという理由以外にはない。

たとえそれが唯一ふさわしいものだとして、すなわち否定的なものとして、ドイツの現状（status quo）から始めたいと望むなら、結果はいつも時代錯誤になろう。われわれの政治的現実の否定でさえ、すでに近代的人民の歴史の中では、ガラクタ部屋にまぶされた事実として存在している。私がおしろいのついた髪を否定したとしても、おしろいのついてない髪が残っていることに変わりはない。一八四三年のドイツの現状を否定しても、フランスの年代でいえばまだやっと一七八九年にいるだけであり、なおさら現代史の中心にいないことは確かなことだ。

確かにドイツの歴史は、歴史的天上においてどんな人民も示したことのない、またまねをすることもないような運動を自負している。すなわちわれわれは近代人民の革命には参加することなく、復古に参加したのである。われわれの中で復古が起こった理由は、第一に他の人民が革命を実行したがゆえに、第二に他の人民が反革命に耐えたからであり、一度はわが領主が恐れをもったがゆえに、今一度はわが領主が恐れをもたなかったがゆえにである。われわれ、すなわちわれわれの指導者を先頭に、自由の社会の葬儀の日に、自由の社会にたった一度だけ入ったのである。

今日の卑劣な行為を、昨日の卑劣な行為によって正当化しようとする学派は、皮の鞭が旧い、先祖伝来の、歴史的鞭である限り、その鞭に対する農奴の叫びを抵抗であると主張する学派であり、イスラエルの神がその下僕モーセに示したように、歴史をただ後付け的（a posteriori）にしか示さない学派、それは歴史法学派である。歴史法学派は、もし自らドイツ史に発見されなかったとしても、ドイツ史を発見したであろう。シャイロック、しかも使用人のシャイロックである歴史法学派は、その証文、その歴史的証文、そのキリスト教的―ゲルマン的証文を信じて、人民の心臓から肉一ポンドずつが切り取られることを信じて彼らに誓うのである。

それに対して、よき性格をもった熱狂的な人々は、血たぎるドイツの国粋主義者で、思考は自由である人々は、われわれの歴史のかなたにあるチュートンの原生林の中にわが自由の歴史を探す。しかし、わが自由の歴史が、もしそれが森の中で見つかるのなら、いのししの自由の歴史とどう違うのか？　さらにいえば、森の中で叫べば、森からこだまが聞こえるのは当たり前だ。だから、チュートンの森は平和にしておくべきだろう！

ドイツの状態に対して戦争を！　なるほどそうである！　ドイツの現状は歴史の水準以下であり、あらゆる批判以下にあるが、それは批判の対象のままである。それは人間の水準以下にある犯罪者が、死刑執行人の対象であるのと似ている。ドイツの状態に対する闘争の中では、批判は知性的情念ではなく、情念に凝り固まった知性となっている。批判はけっして解剖のメスではなく、それは武器である。批判の対象は批判がその矛盾を示す批判の敵ではなく、むしろ、抹殺すべき批判の敵となっているのである。なぜなら、そうした状態の精神の矛盾は、もう否定されているからである。ドイツの状態はそれ自体としてはけっして考えるに値する対象ではなく、それは軽蔑すべき、みすぼらしい存在である。批判はそれ自身としては、こうした対象と自己了解する必要はない。なぜなら批判は解決済みだからである。批判はもはや自己目的ではなく、手段であるにすぎない。批判の本質的情念は怒りであり、その本質的仕事は告発である。

ここで問題になっているのは、あらゆる社会領域にあるうっとうしい相互の圧力、一般的な無為のいらだち、広く是認されかつ誤解されている偏狭さを描くことである。それらは、下劣さを維持することで生きのびている、それ自身政府の下劣さそのものである、政府の制度の枠に、囲まれているのである。

何という風景であろうか！　社会はさまざまな種（Race）にたえず分割されていくのである。こうした種は、それぞれわずかな反感で、悪しき心で、野蛮な凡庸さで対立しあうのだが、それぞれ相互に曖昧で、疑い深い立場のために、たとえ形式的に区別はあったとしても実質的には区別はなく、彼らの支配者によって認可された存在と見なされることを望むのである。そして、彼らが支配され、統治され、取り憑かれているという事実でさえ、彼らは天国から与えられたものとして認め、確認するのである！　一方その支配者の方の威厳も、数の多さとは反比例して小さくなるのである！

こうした内容として把握される批判は白兵戦であり、白兵戦において、重要なことは、敵が気高い、それに匹敵する、興味深い敵であるかどうかということではなく、敵を倒すことなのである。したがってここで問題なのは、ドイツ人にはかたときも自己欺瞞も、諦めも許されてないということである。ドイツ人は圧力を意識させせられることで、より強く現実の圧力を意識しなければならず、それを公表されることで恥をより恥として感じさせられねばならないのである。ドイツ社会のすべての領域はドイツ社会の恥部（partie honteuse）として描かれ、この化石化した関係は、独自の歌を歌って聞かせられることで、踊らざるをえなくなるのである！　人民が勇気（courage）をもつには、自らを恐れることを学ばされねばならないのである。こうして、ドイツ人民の避けられない欲求は満たされる。そして、人民の欲求は自らその最終的な解放の基礎となるのである。

ドイツの現状のうんざりする内容に対するこうした闘争は、近代的人民に対してさえも興味深いものでありうる。なぜなら、ドイツの現状（sutatus quo）は旧体制（ancien régime）の率直な完成であり、旧体制（ancier régime）は近代国家の不足を隠すものだからである。現代ドイツの政治に対する闘争は、近代的人民の過去に対する闘争であり、近代的人民はこうした過去の思い出にいまなお煩わされているのである。自ら悲劇を体験した旧体制（ancien régime）が、ドイツ人的亡霊（Revenant）として喜劇が演じられるのを見るとすれば、近代人には示唆的である。旧体制（ancien régime）の歴史は、世界の既存の暴力であったかぎりは悲劇的であった。それに対して、一言でいえば、旧体制（ancien régime）の正当化が長く信じられ、信じられねばならなかったかぎり、自由は個人的な気まぐれであった。現存の世界秩序としての旧体制（ancien régime）は、生まれたばかりの世界と闘争しているかぎり、旧体制（ancien régime）の側にとって世界史的な誤謬であり、個人的誤謬ではなかった。だからこそこうした体制の没落は悲劇だったのである。

それに対し、今日のドイツの体制は、時代錯誤であり、一般に知られた警句と完全に矛盾するものであり、世界にさらされた旧体制（ancien régime）の無力さでもあり、自らを信じることでうぬぼれているだけであり、世界に対しても同じうぬぼれを要求しているのである。ドイツの体制が自らの本質を信じられるとすれば、その本質をよそよそしい本質の仮面で覆い隠し、自らの救いを、偽善と詭弁の中に求めようとするのであろうか？　近代における旧体制（ancien régime）とは、本当の英雄を失った世界秩序の喜劇役者にすぎない。歴史が旧いすべての形態を墓場に送りこむとすれば、その歴史が決定的なものとなっていて、多くの段階を経てきているということである。世界史的形態の最後の段階は、その喜劇である。すでに一度悲劇として、アイスキュロスの『縛られたプロメテウス』として傷ついて死んでしまったギリシアの神々は、もういちどルキアノスの『物語』の中で喜劇として死なねばならなかったのである。なぜ歴史はこうしたコースをたどるのか！　こうして人間は、その過去と能天気に手を切るのである。この能天気な歴史的規定を、われわれはドイツの政治権力に要求するのである。

しかし近代の政治的‐社会的現実自身が批判に従属するやいなや、したがって批判が真に人間的な問題にまで高まるやいなや、その現実はドイツの現状（status quo）の外に出るか、その対象以下のところで対象をつかむことになるのだ。例をあげよう！　産業、とりわけ政治的世界と富の世界との関係は、近代の主要問題である。この問題にどういう形態でドイツ人は従事するのか？　保護関税、保護主義、民族経済という形態の下である。ドイツの国粋主義は、人間から物質の中に進んで行き、ある朝わが綿花の騎士と鉄工の英雄が愛国主義者に変わっているというわけである。したがって、ドイツは外に対して主権の権利を与えることで、内に対して独占という権利を承認することになるのである。だから、ドイツでは、フランスとイギリスで終わり始めていることが、今日始まっているということになる。フランスとイギリスでは理論的に批判されている、鎖に耐えているようにかろじて耐えている、旧い怠惰な状態が、ドイツにあっては、美しい未来の立ち上る朝焼けとして歓迎され、ずる賢い理論から容赦のない実践へとあえて移ることさえもないのである。フランスとイギリスでの問題は、政治経済学か富に対する社会の支配かであるが、ドイツでは民族‐経済学かあるいは民族に対する私的所有の支配かという問題である。したがってフランスとイギリスでは、問題は最終的な結果にまで至った独占を廃棄することであるが、ドイツでは独占を最終的な結果にまで進めることである。イギリスとフランスでは、解決が問題であるが、ドイツではやっと衝突が問題になっているのである。近代的問題のドイツ的な例としてもっとも豊かな例は、ぎこちない初年兵のように、わが歴史は従来ただ罰として遅れた歴史の特別訓練を受ける課題しかもっていなかったということである。

したがって、全ドイツ的発展がドイツの政治的発展を超え出ることができなかったとすれば、ドイツ人もロシア人と同じようにしか現代の問題に参加することができなかったであろう。個々人が民族という境界によって結びつけられないとすれば、なおさら民族全体は個人の解放によって自由になることはない。ギリシアの哲学者の中に一人のスキタイ人がいたからといって、スキタイ人がギリシア文明に近づいたというわけではなかった。

幸いにもわれわれドイツ人はスキタイ人ではない。

旧い人民が想像、すなわち神話の中で前史を体験したように、われわれドイツ人はわが後史を思想、哲学の中で体験した。われわれは、歴史的な同時代人ではないが、哲学的には同時代人である。ドイツ哲学はドイツの歴史を観念の中で延長したものである。われわれが現実の歴史の不完全な作品（oeuvres incomplètes）の代わりに、わが観念の歴史の遺作（oeuvres posthumes）、哲学を批判するとすれば、わが批判は現代が語る問題の真っ只中にいることになる。それが問題だ（that is the question）。進歩的な人民と近代国家の条件を現実的に切断するもの、こうした条件がいまだ一度も存在していないドイツにあっては、こうした条件を哲学的に反省することであり、批判的に切断することである。

ドイツの法哲学－国家哲学は、公的な近代的現在と同一水準（al pari）にある唯一のドイツの歴史である。したがって、ドイツの人民は、その夢の歴史を存在する状態で打ち壊し、この存在する状態だけでなく、同時にその批判の抽象的な継続に従属しなければならない。ドイツ人民の未来は、その現実的国家－法の状態を直接否定すること、そしてその観念的な国家‐法の状態を直接完成することに制限されえない。なぜなら、それは観念的な状態の中で、その現実的状況を直接否定することであり、その観念的な状態の直接的完成を、近隣の人民の表象の中ですでに再び生き延びさせてきたからである。だから、ドイツにおける実践的な政党は、哲学の否定をはっきりと要求するのである。間違いは、要求の中にあるのではなく、まじめに実現されることも、実現されえることもない要求に対して立ち止まることにある。ドイツの実践的な政党は、哲学をひっくり返して、何知らぬ顔で哲学についていくつかの不愉快で、月並みな言葉をつぶやくことで否定を完成させると信じている。その視界を制限することは、同様にドイツの現実の中に哲学を押し込むことではなく、哲学をまさにドイツの実践とその実践に役立つ理論の下に置くことを考えることである。諸君は、人間を現実の生活の芽に結びつけることを要求するが、ドイツ人民の現実の生活の芽がその頭蓋の中でのみ増大したということを忘れている。一言でいえばこうである。諸君が哲学を廃棄するには、それを実践するしかないということである。

まったく逆の要素からではあるが、哲学を起源とする理論的な政党は同じ間違いを行っている。

この政党は、今日の闘争の中にただドイツ世界と哲学との批判的闘争だけを見ていて、これまでの哲学自身この世界に属していて、たとえ観念的であったとしても、それを補完するものであるということを考えなかった。この政党は、その反対党に対して批判的であっても、自らに対しては無批判的であったのだ。なぜなら、この政党は哲学的前提から出発し、その一定の結論に対して一方で立ち止まったままであり、他の方法でもちだした要求と結論を哲学の直接的要求と結論だと、他の方法でこじつけていたからである。もちろん、こうしたことは（もしそれが正当化できるとすればの話だが）逆にこれまでの哲学、哲学としての哲学の否定をつうじてのみ獲得できるのだ。この政党をより詳細に描くことは保留にする。その基本的欠陥は、次の点に還元できる。すなわち、この政党は哲学を廃棄することなく実現できると信じていたわけである。

ヘーゲルによってそのもっとも一貫した、実り多い、最終的な把握を得た、ドイツ国家哲学‐法哲学の批判は、近代国家の批判的分析と、それに結びついている現実であると同時に、ドイツの政治的、法的な意識をまったく従来の方法で決定的に否定することでもある。そのもっともすぐれた、普遍的な、学問にまで高められた表現こそまさに思弁的法哲学である。ドイツにおいては、思弁的な法哲学、すなわち現実が彼岸でしかない近代国家に関する抽象的な過剰な思考のみが可能となったのだが、こうした彼岸はラインの向こう岸においてのみ存在しえるのである。したがってまったく逆に、現実の人間であるドイツ人を無視した、近代国家の思考像は、近代国家自体が現実の人間を捨象し、全体的な人間をただ想像的なやり方でのみ満足させるがゆえに、いやそのかぎりにおいてのみ可能なのである。ドイツ人は、他の人民が現実に行ったことを政治学の中で考えた。ドイツはその理論的良心であった。ドイツ人の思考の抽象と捨象は、いつもその現実の一面性と鈍重さと同じ歩調をもっていた。したがってドイツ国家の現状（status quo）が旧体制の（ancien régime）完成を表現するとすれば、ドイツ国家学の現状（status quo）は近代国家の未完成を、すなわちその身体の損失を表現している。

思弁哲学の批判は、すでにドイツの政治意識に対する従来の方法の決定的な敵として、その解決のための手段は、それ自身の中ではなく、実践しかないという課題へと進むのである。

こう問いは立てられる。ドイツは実践において、近代的人民の公的な水準だけでなく、ドイツ人民の次の未来である人間的な高さに至る原理の高さ（à la hauteur des principes）にまで、すなわち革命までに到達することが可能かどうかということである。

もちろん、批判の武器は武器の批判に取って代わることはできない、物的力は物的力によって崩さねばならない。理論もまた大衆をつかむやいなや物的力となる。理論は、人間に即して（ad hominem）証明されるやいなや、大衆をつかむことができるのであり、理論が急進的となるやいなや、理論は人間に即して(ad hominem)証明されるのである。急進的であることは、ものごとを根本的につかむことである。しかし、人間にとって重要な根は人間自身である。ドイツの理論の急進主義に対する、したがってその実践的エネルギーに対する明白な証拠は、宗教の決定的、積極的な廃棄からの出発である。宗教の批判は、人間は人間にとって最高の本質であり、したがって、人間がいやしく、隷属化した、見捨てられた、見下げた本質であるといったあらゆる関係を、フランス人が犬税の企画に対して、「あわれな犬よ！　諸君を人間なみに取り扱おうというのだ！」と叫んだような方法でしか描くことができない関係を、ひっくりかえす、定言命令をもつ存在である。

理論的解放がドイツにとって特殊実践的意味をもつのは歴史的でさえある。すなわちドイツの革命的過去は理論的であり、それは宗教改革である。当時の修道僧と同じものは、今日ではその頭で革命を開始する哲学者である。

もちろんルターは献身的隷属を拒否するのだが、それは彼がそれを確信的隷属に置き換えたからである。彼が権威に対する信仰を打ち破ったのは、彼が信仰の権威を再興したからである。彼が坊主を世俗の人に変えたのは、彼が世俗の人を坊主に変えたからである。彼が人間を外面的な信仰心から解放したのは、信仰心を内面的な人間にしたからである。ルターが身体を鎖から解き放ったのは、彼が心臓を鎖につないだからである。

しかし、プロテスタンティズムが真の解決ではなかったとしても、課題を設定したことは真実である。問題は、もはや世俗の人と世俗の人の外にいる坊主との関係ではなく、世俗の人自身の中にある坊主、坊主の本質との闘争であった。そして、ドイツの俗人をプロテスタント的に坊主に転化したことが、世俗の法王である諸侯を、聖職者、特権者、実利主義者とともに解放したとすれば、坊主的ドイツ人の人間への哲学的転化は、人民を解放することになろう。諸侯の解放が止まることがないように、財の世俗化も、とりわけ偽善的なプロイセンが行った教会の収奪で終わることはないだろう。当時は、ドイツ史の中でもっとも急進的な行動であった農民戦争は、神学の中で崩壊した。神学自身が崩壊している今日、ドイツ史におけるもっとも不自由な行為であるわが現状（status quo）は、哲学において崩壊するだろう。宗教改革以前には、公式のドイツはローマの無条件の奴隷であった。革命前日の公式のドイツは、ローマではなく、プロイセンとオーストリア、田舎もののユンカーと実利主義者の無条件の奴隷である。

それにもかかわらず、急進的ドイツの革命は主要な困難に遭遇しているように見える。

すなわち革命は受動的な物的基礎を必要とする。理論は、それが人民の欲求を実現するかぎりにおいてのみ、人民の中で実現される。今、ドイツの思想の要求とドイツの現実の答との間の計り知れない分裂は、ブルジョワ社会と国家との、自ら自身との同じ分裂であるのだろうか？　理論的な欲求は、直接実践的な欲求となるのであろうか？　思想が実現へと迫るのでは十分ではない、現実自身が思想へと迫らねばならないのである。

しかしドイツは政治的解放の中間段階を近代的人民と同時に上ったのではなかった。理論的にドイツを超えている段階でさえ、実際にはまだ到達したものではなかった。どのようにして、ドイツは、命がけの飛躍（salto mortale）によってその自らの限界を超えるだけではなく、同時に近代人の限界、すなわち現実の中で現実の限界からの解放として知覚し、努力しなければならない限界を超えるべきなのだろうか？急進的な革命は、急進的欲求の革命でのみありうるのだが、その前提とその誕生の場所がまさに不足しているように思える。

ドイツが発展のための現実の闘争へ十分参加することなく、思想の抽象的活動によってのみ、近代的人民の発展に進んだとすれば、他方でドイツは、享楽もなく、部分的な充足も分かち合うこともなく、こうした発展のため苦しみを獲得したということになる。一方での抽象的活動は、他方での抽象的苦しみに照応しているわけである。だからドイツは、一度もヨーロッパの解放の水準に進まない前に、ある朝ヨーロッパの没落の水準にいることになる。人はドイツを、キリスト教の病気に取り憑かれている、呪術的召使いにたとえることができよう。

まずドイツ諸政府を考察すれば、ドイツ諸政府は時代関係、ドイツの状態、ドイツの教養、最後に独自の幸福な本能を通じて、われわれはその長所をもっていない近代的国家世界の文明的欠陥と、われわれが満喫している旧体制（ancien régime）の野蛮な欠陥を結びつけようとしているのがわかる。だからドイツは、たとえ分別はないとしても、少なくとも無分別という点で、その現状（status quo）を乗り越える国家形成の理性でなくとも、少なくとも非理性にますます参加しなければならないのである。たとえば、いわゆる立憲ドイツ以上にその現実性にあずかることもなく、立憲国家のあらゆる幻想にナイーブに参加する国家など、世界にあるのだろうか？　あるいは、出版の自由を前提にするフランスの九月法の苦しみと、検閲の苦しみを結びつけるというドイツ政府の気まぐれは、自然的なものではなかったというのか！ローマのパンテオンの中で全民族の神々が見出されたように、神聖ローマ的ドイツ帝国において国家形態の罪が見出されるであろう。こうした折衷主義がこれまで予想しなかった高さにまで至ることは、ドイツ国王の政治的 - 美学的大食さが保障している。すなわち、ドイツ国王は、王国のあらゆる役割、官僚制と封建制、絶対制と立憲制、独裁制と民主制を、人民という人格のためでなく一人の人格として、人民のためではなく、自らのために演じようと考えているのである。自らの世界を構成する政治的現実が不足しているドイツは、政治的現実の一般的限界を壊すことなく、特殊ドイツ的な限界を壊すことはできない。

ドイツにとってユートピア的夢であるのは急進的革命ではなく、また一般的人間的解放でもなく、むしろ家々の梁をそのままにする、たんなる政治的革命、部分的な革命である。たんなる、部分的政治的革命は何に基づくのか？　市民社会の一部が自らを解放し、一般的支配にいたるところ、つまりある特殊な状況に規定された階級が社会の一般的解放をたくらむところに基づく。この階級は全社会を解放するのだが、それは全社会がこうした階級の状態、したがってたとえば貨幣と教養をもつか、好きなだけものをもてるという前提の上でのみそうなのである。

市民社会のどんな階級も、自らの中に、そして大衆の中に熱狂の契機を呼び覚ますことなく、こうした役割を演じることはできない。その契機とは、市民社会が社会一般と融和し、結合し、取り違え、自らをその一般的代表として理解し、認識するにいたる契機であり、市民社会の要求と権利が、真に社会の要求と権利それ自体である契機、市民社会が現実に社会の頭となり、社会の心臓と頭となる契機である。社会の一般的な権利という名においてのみ、特殊の階級は一般的な支配権を要求しうるのである。自らの領域の利益において社会の全領域の解放的立場を奪取すること、したがって政治を奪取するためには、革命的エネルギーと精神的自負心だけでは十分ではない。したがって、人民の革命と市民社会の特殊な階級の解放が一致し、ある身分が全社会のひとつの身分とみなされるとすれば、逆に社会のすべての欠陥がほかのひとつの階級に集中されねばならず、ある身分が一般的に障害となる身分、一般的限界とならねばならず、ある特殊の社会的領域が全社会（Societäet）の悪名高き罪だとみなされねばならない。だから、こうした領域からの解放は一般的な自己解放として出現しなければならないのである。したがって、とりわけ（par excellence）、ひとつの身分が解放の身分であるとすれば、逆に別の身分は公的に抑圧の身分でなければならない。フランスの貴族と僧侶の一般的‐否定的意味によって、まずブルジョワ階級（Bourgeoisie）と隣り合う、対立する階級の一般的‐肯定的意味が規定されていたのである。

しかし、ドイツではすべての特殊な階級に、社会の否定的代表者としてのレッテルを貼りうる首尾一貫性、先鋭さ、勇気、無鉄砲さが欠けているだけではない。すべての身分に、たとえ一時のこととはいえ、人民の精神と一致するそうした魂の広がりを、政治的力へと物的力を吹き込むそうした才能を、敵に誇り高い「私は無であり、すべてであらねばならない」という言葉をなげつけるそうした革命的な大胆さを、まさに欠いているのである。むしろ、その限界を価値あるものとし、限界に対して自らを価値づける、そうした卑しいエゴイズムが、単に個人ではなく、階級のドイツ的モラルと公正さの土台を形成しているというわけである。だからドイツ社会のさまざまな領域の関係は、劇的なものではなく、挿話的なものである。そのどれも、自ら注意深くなり、ほかのものとならんでその特殊な要求を行いはじめる。それは、自らが弾圧されるやいなやではなく、時代状況によって一方で抑圧をなしうる社交的な下層がひとりでにつくりだされるやいなやである。ドイツの中産階級の道徳的自負でさえ、ほかのすべての階級の俗物的中庸性の一般的代表者たらんとする意識の上にしかない。したがって、勝利を祝う前に、自らの限界を展開する前に、自らと対立する限界を乗り越える前に、その狭い了見の世界を押し通す前に、その寛大な性格を押し通しえる前に、敗北を喫したのは、運悪く(mal-à-propos)王位についたドイツ皇帝のみならず、ブルジョワ社会のすべての領域なのである。だから、存在する前に、その大きな役割を演ずる機会は終わっているのであり、自らを超えるところにある階級との闘争を始めるやいなや、すべての階級は自らより下の階級との闘争に巻き込まれるのである。だから、侯国は王国と闘争し、官僚は貴族と闘争し、ブルジョワは彼らに対するすべてと闘争するのである。一方で、プロレタリアはすでにブルジョワと闘争し始めているというわけである。中産階級がその立脚点からして、やっと解放という思想をつかもうとするやいなや、政治理論の進歩と同様に社会的状況の発展が、こうした立場を古臭いもので、すくなくとも問題あると説明しているわけである。

フランスでは、すべてであるには、なにかであるだけで充分である。ドイツでなにものかであることが許されるとすれば、無でなければならない。フランスでは、部分的解放は、普遍的解放の基礎である。ドイツでは普遍的解放はすべての部分的解放の必須条件（conditio sine qua non）である。完全な自由を生み出さねばならないものは、フランスでは段階的解放の現実性であるが、ドイツでは段階的解放の不可能性である。フランスでは、すべての人民階級は政治的理想主義者であり、まず特殊の階級としてではなく、社会的欲求の代表者一般として意識する。したがって解放者の役割は、フランス人民のさまざまな階級の一連の劇的な運動へと進み、最後に一つの階級にいたる。その階級は、人間の外部にあるが、人間社会によって生み出されるある一定の条件を前提にして社会的自由を実現するのではなく、むしろあらゆる人間の存在条件を社会的自由の前提として組織する。それに対してドイツでは、精神的生活が非実践的であるがゆえに、実践的生活が精神をまさに欠いているので、市民社会のどんな階級も、直接の状態、物的必然性、その鎖それ自身によって、一般的解放へと強制されないかぎり、一般的な解放の能力をもっていないのである。

だから、ドイツ解放の積極的可能性はどこにあるのだろうか？

答え。急進的な鎖をもったある階級の形成の中に、けっして市民社会の階級ではない一市民社会階級の形成の中に、あらゆる身分の解体でもある身分の形成の中に、その普遍的情熱を通じて普遍的性格をもち、けっして特殊の権利を要求しないある領域の中（なぜなら、犯すのは特殊な不法ではなく、不法一般であるからだ）に、もはや歴史的ではなく、かろうじて人間的肩書きで挑発しうる領域の中に、ドイツ国家制度の結論に対してあらゆる側面から対立するのではなく、ドイツ国家制度の前提に対してあらゆる側面から対立する領域の中に、最終的には、従来の社会領域すべてから、したがって社会のすべての領域を解放することなく自らを解放できない領域の中であり、一言でいえば、人間の完全な喪失であり、ゆえに人間の完全な復活によってのみ自らを獲得しえる領域の中にあるのだ。こうした特殊な身分としての社会の解体こそ、プロレタリア階級（Proletariat）である。

プロレタリア階級が生成し始めるのは、まずドイツに降りかかる産業運動をつうじてである。なぜなら、プロレタリア階級を形成するのは、自然発生的に生成した貧民ではない、人為的につくられた貧民から、社会の困難によって機械的に抑圧された人間集団ではない、社会の急激な解体から、主として中産層の解体から起こった集団であるからだ。もちろん、自明のように、自然発生的な貧民とキリスト教的ゲルマン的農奴もまた次第に同じ仲間になるだろうが。

プロレタリア階級が従来の世界秩序の解体を告げるとき、彼らは自らの存在の秘密を語っているにすぎない。なぜなら、プロレタリア階級はこうした世界秩序の実質的解体であるからだ。プロレタリア階級が私的所有の否定を要求するとすれば、それはプロレタリア階級が、それは社会がその原理まで高めたことを、社会の否定的結果として受動的に自らの中に受肉していることを、社会の原理にまで高めているからである。プロレタリアは、ドイツ国王が人民を自らの人民とよび、馬を自らの馬と呼ぶとき、できあがった世界に対してもっているのと同じ権利で、できつつある世界に関係する。国王は人民を彼の私的所有物であると表明する点において、私的所有者は国王であるということだけを語っているのである。

哲学がプロレタリア階級の中にその物質的武器を発見するように、プロレタリア階級は哲学の中にその精神的武器を発見し、思考の稲妻がこの素朴な人民の大地に根本から衝撃を与えるやいなや、ドイツ人の人間への解放は実現されるだろう。

結果をまとめてみよう。

ドイツで唯一現実的に可能な解放は、人間は人間の最高の本質だと主張するこうした理論的観点による解放である。ドイツにおいては、中世からの解放は同時に中世の部分的超克からの解放としてのみ可能である。ドイツにおいては、あらゆる隷従の種類を打破することがなければ、どんな隷従の種類も打破することができない。根本的ドイツは、抜本的に革命を行うことがなければ革命することはできない。ドイツ人の解放は人間の解放である。この解放の頭にあるのが哲学であり、その心臓はプロレタリア階級である。哲学はプロレタリア階級の廃棄なく実現不可能であり、プロレタリア階級は哲学の実現なく自らを廃棄することはできない。

すべての内的条件が充たされる時、ドイツの復活の日はガリアの雄鶏の鳴き声によって知らされるだろう。

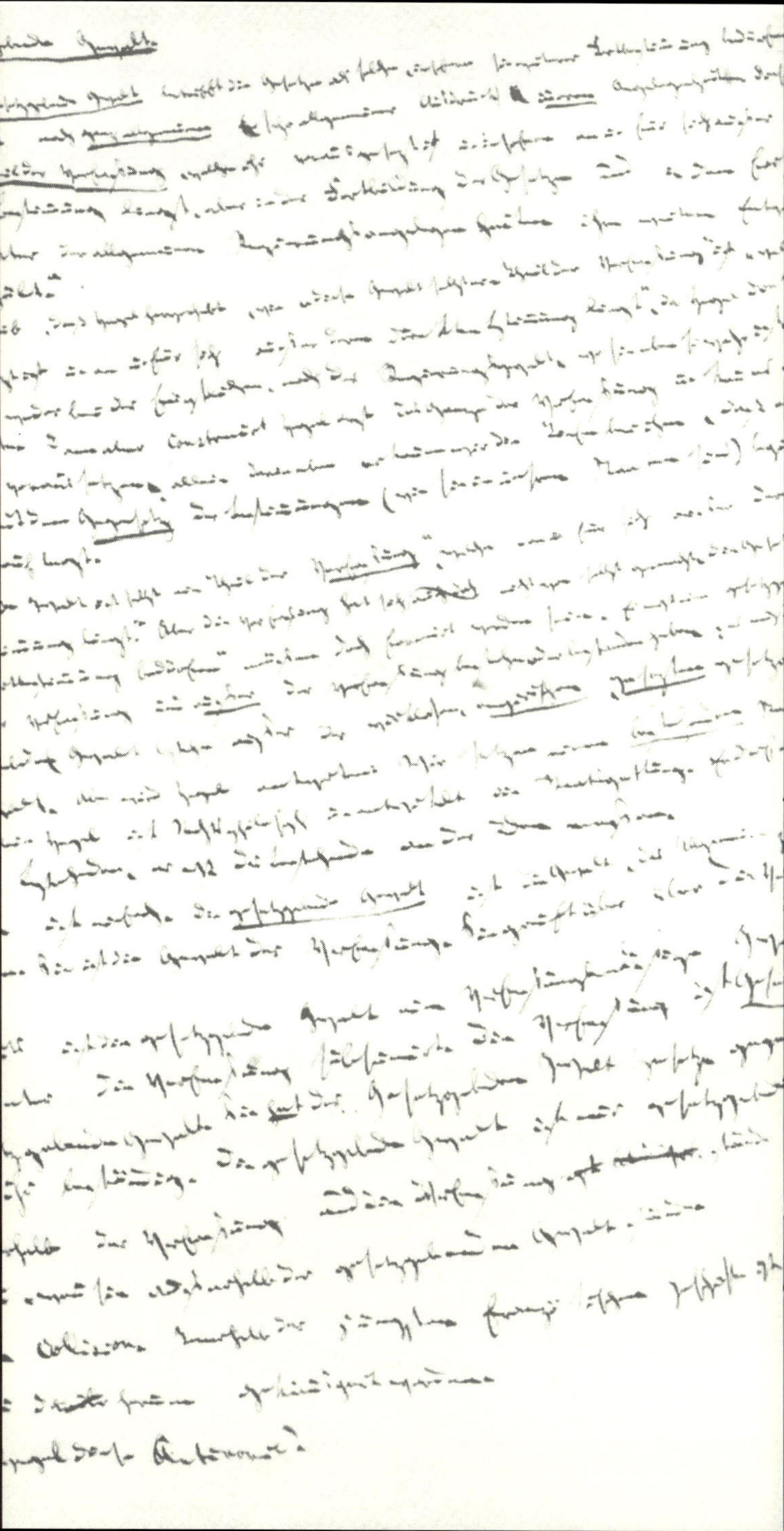

青年マルクスの草稿

ZUR JUDENFRAGE.

runo Bauer : Die Judenfrage. Braunschweig 1843.
Bruno Bauer : Die Fähigkeit der heutigen Jud
d Christen frei zu werden. Ein und zwanzig Bogen a
Schweiz. Herausgegeben von Georg Herwegh. Zürich und Wi
hur. 1843. S. 56—71. —

Von

KARL MARX.

I.

Bruno Bauer : Die Judenfrage. Braunschweig 1843.

deutschen Juden begehren die Emancipation. Welche Eman
n begehren sie? Die staatsbürgerliche, die politisc
ncipation.

uno Bauer antwortet ihnen : Niemand in Deutschland ist p
-emancipirt. Wir selbst sind unfrei. Wie sollen wir euch
n? Ihr Juden seid Egoisten, wenn ihr eine besondere Eman
n für euch als Juden verlangt. Ihr müsstet als Deutsche an
schen Emancipation Deutschlands, als Menschen an der mens
n Emancipation arbeiten und die besondere Art eures Dru
eurer Schmach nicht als Ausnahme von der Regel, sond
nehr als Bestätigung der Regel empfinden.

er verlangen die Juden Gleichstellung mit den christlich
erthanen? So erkennen sie den christlichen Staat
chtigt an, so erkennen sie das Regiment der allgemeinen Un
ung an. Warum missfällt ihnen ihr specielles Joch, wenn ih
llgemeine Joch gefällt! Warum soll der Deutsche sich für
eiung des Juden interessiren, wenn der Jude sich nicht für
eiung des Deutschen interessirt?

r christliche Staat kennt nur Privilegien. Der Jude
in ihm das Privilegium, Jude zu sein. Er hat als Jude Rech

「ユダヤ人問題に寄せて」

（1）ブルーノ・バウアー『ユダヤ人問題』ブラウンシュヴァイク、一八四三年

本書は、一八四三年に刊行されたが、もともと『ドイツ年誌』に掲載された論文の増補版であった。本書の邦訳は良知力、廣松渉編『ヘーゲル左派論叢第三巻　ユダヤ人問題』御茶の水書房、一九八六年、に篠原敏昭の訳で存在する。しかし完訳ではない。とりわけ後半の六章、七章部分は訳されていない。マルクスは『聖家族』の中で二つのバウアーの作品についてこう述べる。「批判的救世主は紀元一八四三年に生まれた。同年に『ユダヤ人問題』増補第二版が日の目を見た。『スイスの二一ボーゲン』の中の、『ユダヤ人問題』の批判的論文は、それよりはおそく、同じ旧暦一八四三年に現れた」（『マルクス・エンゲルス全集』（大月書店）（以下MEWと略）第二巻、一一一頁）。マルクスはバウアーの宗教問題を都合三回批判している。第一回目が、本書評であり、つぎが『聖家族』であり、最後が『ドイツ・イデオロギー』である。

（2）ブルーノ・バウアー「今日のユダヤ人とキリスト教徒が自由になる可能性」『スイスの二一ボーゲン』ゲオルク・ヘルヴェーク編、チューリッヒとヴィンターツアー、一八四三年、五六―七一頁

本論文の邦訳は本書以外に良知力編『資料・ドイツ初期社会主義』（平凡社）、に掲載されている。『スイスの二一ボーゲン』（*Einundzwanzig Bogen aus der Schweiz*, Erster Theil, Zürich und Winterthur, 1843）は、本書評が掲載されている『独仏年誌』の兄弟雑誌ともいえるものである。なぜかといえば、マルクスは『ライン新聞』を追われた後、ヘルヴェークが編集するこの雑誌の編集者になる予定であったからである。しかしマルクスは、結婚を控えており金銭的な保証を求めたが、提示された俸給が彼の期待と折りあわなかったため、断念する。ルーゲが結局『独仏

年誌』に誘う。雑誌の出版者は、フレーベルで、フレーベルはもともとチューリッヒ大学の鉱物学の教授であったが、シュトラウスの講演に刺激され社会批判の雑誌をつくることを決意する。当時一八四〇年代、ケルンではプロイセン国王がカトリックの大司教ドロステを逮捕するというケルン教会闘争が、ゲッティンゲン大学では七人の自由派の教授が解雇されるという「七教授事件」が、そして憲法を要求する激しい運動が起きていた。

『スイスの二一ボーゲン』を編集するヘルヴェークは、一八四一年『ある生者の詩』を出版し、評判であった。しかしドイツ国内での販売は禁止される。同じ年ヨハン・ヤコービは『東プロイセンが回答する四つの問題』という書物を出し、不敬罪に問われていた。またフォイエルバッハの『宗教の本質』が一八四二年に出版され、ブルーノ・バウアーは『共観福音史批判』を一八四一年に出版し、キリスト教への批判が高まっていた。

フレーベルはスイスのヴィンターツアーで、『スイスからのドイツの使者』という雑誌を週二回刊行した。この『スイスの二一ボーゲン』はその継続誌であった。当時ルーゲもマルクスとともにスイスで年誌を発行する予定を立てていた。マルクスはルーゲとの計画如何ではこの『スイスの二一ボーゲン』誌に参加する気もあった。この雑誌は政治、詩、哲学、神学を対象とするもので、その意味でも『独仏年誌』に似ていた。

バウアーを除く『スイスの二一ボーゲン』誌の主要な執筆者は、モーゼス・ヘス、フリードリヒ・エンゲルス、ヘルヴェーク、シュトラウスなどである。

バウアーの最初のユダヤ人に関する論文は、最初マルクスが編集していた『ライン新聞』に送られた論文であったが、これは検閲で公表までいたらなかった。やがてそれはルーゲの『ドイツ年誌』に一八四二年一一月（二七四号から二八二号まで）に掲載される（これは六章、七章を省略した邦訳がある。『ヘーゲル左派論叢第三巻　ユダヤ人問題』篠原敏昭訳、御茶の水書房、一九八六年）。この論文は加筆され、ブラウンシュヴァイクで一八四三年三月に出版された（Bruno Bauer, *Die Judenfrage*, Braunschweig, 1843）。なお『スイスの二一ボーゲン』誌の論文のいくつかの邦訳は、良知力編『資料・ドイツ初期社会主義』（平凡社）、に収録されている。

『スイスの二一ボーゲン』誌は発売されるとすぐに多くの地域で禁書となった。しかしかなり読まれたことも確かである。スイスでは、スイスの警察官ブルンチュリが出版社であるフレーベルの出版社から雑誌を押収した。こうしてフレーベルは逮捕され、一八四四年、三カ月の禁固と四〇〇フランの罰金刑を受ける。このことによって『独仏年誌』を支援していたフレーベルは、その後の支援ができなくなり、『独仏年誌』自体も続刊ができなくなり、マルクスとルーゲの計画は崩壊する（『スイスの二一ボーゲン』にはリプリント版がある。*Ein und Zwanzig Bogen aus Schweiz*, hrsg., von Georg Herweg, 1843. Reprint, Philip Reclam Jung, 1989)。

カール・マルクス著

執筆者がマルクスであることを『独仏年誌』（*Deutsch-Französische Jahrbücher.* リプリント版には、一九六五年の Editons Rodopi and Messrs. John Benjamins N.V. 版と一九七三年の旧東ドイツのレクラム版がある）では明確に著している。『独仏年誌』は一八四四年二月末から三月初めにかけて一、二号合併号として二五〇〇部が印刷された。マルクスのこの書評について *Mannheimer Abendzeitung* の一八四四年三月二四日、七六号にコメントが掲載されている。ＭＥＧＡ（*Marx Engels Gesamtausgabe, I/2.1982*）は、筆者はモーリッツ・フライシャーであると推定している。一八五〇年にはヘルマン・エヴェルベックの手で仏訳も出ている（*Qu'est ce que la bible d'après la nouvelle philosophie allemande*, 1850 の中で翻訳されたという）。ドイツ語で一般の人々の眼に触れたのは一八八一年六月三〇日から七月七日まで『ゾツィアルデモクラート』（*Sozialdemokrat*）であった。

Ｉ　ブルーノ・バウアー『ユダヤ人問題』ブラウンシュヴァイク、一八四三年

ドイツのユダヤ人は解放を望んでいる。どのような解放か？　国家市民的、政治的解放だ。

ユダヤ人の解放はフランスの影響によってドイツ語圏に普及していく。マルクス家とユダヤ人との関係については、詳しくは拙著『トリーアの社会史』（未來社、一九八六年、第三章を参照）の説明そして本書研究編（第二章）に譲るが、年代的にユダヤ人の解放は一八世紀の啓蒙主義の時代に始まる。一七三一年のシュナーベルの『フェルゼンベルク島』、レッシングの『賢人ナターン』（一七七九）、ドームの『ユダヤ人の市民的改善について』（一七八一、一七八三）が影響を与えた。ドームはユダヤ人に、市民権を与え、農業を営ませ、自由を与え、ユダヤ人の宗教そのものの活動を自由にするべきだと主張する。しかし実際にこうした政策がドイツで実践されることはなかった。ユダヤ人が実際に解放されたのはフランスであった。一七九一年九月二八日に出されたユダヤ人解放令によって、ユダヤ人はフランス市民と同等の扱いを受けることになる。もちろん一八〇八年にナポレオンが出した法令によって、差別は復活するが、それは革命以前に戻るということを意味するものではなかった。これらの法は、ラインラントがフランス下に入ることでドイツの一部にも及んでいく（マルクスはこの地域で生まれた）。

こうしたフランス化された地域でも、フランスの影響を受けた地域にしろ、ナポレオン体制の崩壊によってプロイセンの力が強まった地域では、再び差別が戻ってきた。こうした中、ユダヤ人の中には改宗の動きが出てくる。プロイセン政府は改宗を促進する政策を一八一六－一九年と、一八二〇年代の二回に分けて行った。マルクスの父ハインリッヒは第一波改宗の波のとき、カール・マルクスは第二波のときに改宗する。一八二〇年にヴュルツブルク大学で「ヘップ・ヘップ運動」が起こり、反ユダヤ主義は増大する。こうした動きに反対したのが、後にマルクスがベルリン大学時代に師事したユダヤ人のガ

ンス教授であった。

一八四〇年二月になるとダマスカス事件（内容については第四編研究編第一章参照）、ヨーロッパ各地でユダヤ人問題と独仏危機（内容については第四編研究編第三章、第四章参照）が叫ばれるようになる、まさにこの二つの問題を抱えているのがこのマルクスの論文なのであるが、一八四二年に内務大臣が「ユダヤ人に関する新法の原理」を公刊した。それによって再びユダヤ人に対する論議が高まる。一八四三年にはライン州議会がユダヤ人の平等を認める議決を行った。やがて各州議会で議決がなされ、一八四七年「ユダヤ人の身分に関する法令」がプロイセンで決められる。

マルクスは、一八四三年三月一三日のルーゲ宛の書簡でこう語っている。「たった今当地のイスラエル人の長が私のところに来て、州議会宛にユダヤ人を弁護した請願書を出すよう私に求めています。私はそれをしようと思います。イスラエルの信仰はわたしにはいとわしいものですが、でもバウアーの考えは抽象的すぎると思います。キリスト教国家にできるだけ多くの穴をあけて、われわれの力のおよぶ限り理性的なものをもちこむことが大切です。すくなくともそれをやってみなければなりません――どの請願も抗議と共に却下されるたびごとに憤怒は増大します」（MEW第二七巻、前掲邦訳書、三六三頁）。

ユダヤ人の請願であるが、実はマルクスの父もこの請願に何度か携わったことがある。彼は一八一五年「我が国とプロイセン王国との幸いなる併合の際の一八〇八年三月一七日のナポレオン令に関するいくつかの注意書き」とその後に「商業審査の価値について」という二つの論文を書いている。前者は本書資料編に翻訳してあるが、この論文はユダヤ人に対する差別復活の法がプロイセンでも有効なものであるのかどうかに関するもので、後者の論文は商業に携わるユダヤ人にのみ不利な法律への批判である。

さて一八四二年、カール・ヘルメスが『ライン新聞』のライヴァルであるケルン最大のカトリック系の新聞『ケルン新聞』（七‐九月）に書いたユダヤ人批判に対してマルクスは反批判を書こうとしていた（実際『ライン新聞』一九一号に『ケルン新聞』一七九号の社説という形で批判を書いている）。バウアーもその流れを受け、この二つのユダヤ人に関する論文を書いていた。その意味でこの書評はマルクスの、ヘルメスとバウアーに対する批判であるといってよい。

バウアーは『ユダヤ人問題』の中でヘルメスを引用し、その説を肯定している。「したがってヘルメス氏が、『ケルン新聞』のなかで、キリスト教国家は普遍的原理に従って構築されてはならず。その『諸制度は情熱と偏見を予測しておかなければならない』といったのは、まったく正しかったのだ」（『ユダヤ人問題』前掲邦訳書、七四頁）。これに対して、『ライン新聞』でヘルメスに答えたユダヤ教擁護のフィリプソンに対しては批判的である。

ブルーノ・バウアーは彼らに答える。ドイツでは誰も政治的に解放されてはいない。われわれ自身も自由ではないのだ。そのわれわれが、どうやってあなたたちを解放すべきだというのだ？　諸君たちがユダヤ人として自分のための特殊な解放を望むとすれば、諸君たちはエゴイストである。諸君たちはドイツ人として政治的ドイツの解放に、人間として人間的な解放に従事してもらわねばならず、諸君たちへの圧力と恥辱というある種の特殊なものは、例外的規則としてではなく、むしろ規則そのものを確認するものとして受け入れねばならないのだ。

バウアーは、『ユダヤ人問題』（邦訳では「ユダヤ人」は「ユダヤ教徒」と訳されている）の冒頭で、ユダヤ人擁護の論壇にあえてユダヤ人批判で答えるという書き方をしている。その意味でバウアーのユダヤ人問題に対する展開は、ユダヤ人に対してかなりシニカルなものをもっているといえる。とはいえバウアーは、もちろんキリスト教を礼賛しているのではなく、キリスト教自体もその宗教性を次第に昇華させ、理神論的な宗教にならざるをえないと主張する。そしてキリスト教のユダヤ人に対する偏見を議論するなら、ユダヤ人のキリスト教に対する偏見の問題はどうなるのかと問う。こうした解放問題の議論そのものをつくりだしたものこそ、キリスト教文明であり、ユダヤ人の文明はそうしたものをつくり出すことができなかったのだと述べる。キリスト教は、その意味で開放的であり、ユダヤ教は閉鎖的であり、キリスト教は普遍的であり、ユダヤ教は特殊であるという。キリスト教はその意味で、キリスト教自体の宗教的殻を抜け出すという。だから「同様にキリスト教徒もまた、キリスト教徒である限りは、人権を授けることができない。双方のいずれの側も所有していないものは、相手に与えることもできなければ相手から受け取ることもできない」（『ユダヤ人問題』前掲邦訳書、二七頁）と答える。

バウアーは、ユダヤ人社会をキリスト教社会の外に生きていた団体だと考える。たとえばキリスト教社会の商人は、それなりに規則にしたがってきたが、ユダヤ教徒はその外にいて、政治的権利を獲得しつつも、その規則にしたがわず、利益だけを確保しようとしていたとバウアーは批判する。それがここでいうエゴイストという表現である。

あるいはユダヤ人は、キリスト教徒の臣民との平等を要求しようというのか？　そうだとすれば、ユダヤ人はキリスト教国家を正しいものだと認めていることになり、この体制を一般的な抑圧の体制として認識していることになる。ユダヤ教徒は一般的な束縛を気に入っているのに、なぜ特殊な束縛を嫌うのか！　ユダヤ人がドイツ人の解放に興味をもっていないのに、なぜドイツ人がユダヤ人の解放に関心をもつべきだというのか？

基本的にマルクスは、バウアーの議論の筋を手短にまとめている。だからバウアーの本文の内容と、必ずしも文章は一致していない。マルクスの文章は、やや牽強付会であるが、その分マルクスには本質を見ぬく力があるといえる。ユダヤ人が自らの特権を守りつつ、キリスト教徒のような政治的自由を欲するということは、皮肉にもキリスト教社会を認めていることになる。もちろんキリスト教徒も政治的に十分解放されているわけではない。そんな中でなぜキリスト教徒はユダヤ人の解放に興味をもつことができるのか。「今日のユダヤ人とキリスト教徒が自由になる可能性」の中でこう述べる。キリスト教は進歩を作り上げた点でユダヤ教の先陣を切っている宗教であり、それはユダヤ教を完成させた宗教である、と(第四編研究編参照)。また、『ユダヤ人問題』の中ではこういう。「キリスト教とは自分に決着をつけたユダヤ教であり、ユダヤ教は未完成で未熟なキリスト教である」(前掲邦訳書、五九頁)。

キリスト教国家は特権だけを知っている。ユダヤ人はその国家の中でユダヤ人であるという特権をもっている。ユダヤ人はキリスト教徒がもっていないユダヤ人としての権利をもっているのだ。それなのにユダヤ人がもっておらず、キリスト教徒が享受している権利をなぜ欲しがるのか!

キリスト教国家は、理念の上で人権と自由をもつ。ユダヤ人はそれを欲し、さらにその国家の外にある特権も維持したいと願っている。なぜ二つの権利が欲しいのか。これは二つの主に仕えることはできないということでもある。だからバウアーはこう述べる。「キリスト教国家は特権を尊重して保護・育成しなければならず、また自分の国家組織を特権で支えなければならない。ところでユダヤ人は自分のあり方をひとつの特権と見なしている。したがってキリスト教国家におけるユダヤ人の唯一可能な地位もまた特権的地位しかありえず、その存立も特殊な商業団体の存立でしかありえない」(前掲邦訳書、七七頁)。

ユダヤ人がキリスト教国家から解放されることを望む場合、ユダヤ人はキリスト教国家がその宗教的偏見を捨てるように希望するのだ。ユダヤ人はその宗教的偏見を捨てるのか? つまり、ユダヤ人には、別の宗教に対してそれをやめるという権利があるというのか。

ユダヤ人はキリスト教に偏見を捨てるように要求するが、一方ユダヤ人の方は相変わらず偏見を捨てない。とりわけユダヤ教の慣習という点から見て、ユダヤ人はその慣習である律法の規則を捨てることはない。『ユダヤ人問題』の中でこう述べる。「キリスト教徒とキリスト教国家にたいしては、その心臓に付着しているというより心臓ないし本性そのものをなしている偏見を捨てよと要求するのに、ユダヤ教徒には要求しないのだ。ユダヤ教の心臓は傷めるべからず、というわけである」（前掲邦訳書、四－五頁）。

キリスト教国家はその宗教の本質からいって、ユダヤ人を解放することはできない。しかし、ユダヤ人もその本質からいって解放されることはできないのだと、バウアーは付加する。国家がキリスト教的であり、ユダヤ人がユダヤ教的であるかぎり、二つの宗教は、解放を与えることも、享受することもできないというものだ。

キリスト教国家の法が、本質上キリスト教が追及してきたものの結果である以上、ユダヤ人が解放されるには、彼らの律法をやめ、キリスト教徒となること以外にない。しかしユダヤ人は本質上、すなわち律法による規制をやめることはない。だから二つの宗教は互いに譲り合うことはない。『ユダヤ人問題』の中ではこう表現されている。「対立が純粋に宗教的にとらえられる場合には、解決はきわめて困難、いやまったく不可能というほかない。なぜなら、宗教は排他的あり方そのものであって、二個の宗教が宗教として、すなわち啓示された至高のものとして認められるかぎり、けっしてたがいに講和を結ぶことはありえないからだ」（前掲邦訳書、二九頁）。

キリスト教国家は、ユダヤ人に彼ら以外の臣民から分離を認める点において、ユダヤ人にそのほかの分離された領域からの圧力を、ユダヤ人が支配的宗教と宗教的に対立すればするほど激しく受け入れさせる点において、キリスト教国家の流儀でのみ、つまり特権的流儀でのみ、ユダヤ人と関係しえるのである。しかし、ユダヤ人が現実の国籍を幻想的な国籍だと、現実の法律を幻想的法律だとみなす点において、ユダヤ人が人間からの分離を正義だと思い違いをしている点で、ユダヤ人が原則的に歴史の運動になんら関与しない点において、ユダヤ人が、人間の一般的未来に何の共通性をもたない未来を期待する点において、ユダヤ人がユダヤ人の民族の枠、選ばれた民族としてのユダヤ人に関係する点において、ユダヤ人もユダヤ的にのみ国家に、すなわちひとつの疎外態としての国家に関係しえるのだ。

キリスト教は欲求の体系である市民社会の利己的世界を危惧し、それを規制する方法を導入してきた。ところがユダヤ人は一方でその間隙を縫って暴利をむさぼってきた。それなら、当然ながら、キリスト教はユダヤ教に対して、そうした特権を廃止すべく、強制的な特権をふるわねばならない。「ユダヤ人は身分や職業団体のきまった利害の外側に居すわり、市民社会の裂け目に巣くって市民社会の不安定要素の要求する犠牲を自分の領分としてきた」（前掲邦訳書、一二三頁）。

ユダヤ人の方は、現実社会の法律をいわば無視することで、キリスト教市民社会がつくりあげた人間性を無視してきた。その意味でユダヤ人の未来は、一般の未来ではなく、ユダヤ人という民族にとらわれた枠内での未来でしかない。その意味でユダヤ人であるかぎり、ユダヤ人としての国家、すなわちキリスト教的国家ではない国家を信奉するしかない。「問題はむしろ、かくのごときユダヤ人、つまり、かれらの真のありかたによって他の諸民族から永遠に隔絶して生活するよう強いられているのだとみずから公言してはばからないユダヤ人が、普遍的人権を受け入れることができるか否か、また彼ら他の諸民族の人権を認めることができるか否か、ということなのだ。宗教と生活様式は、ユダヤ人に対して永遠の隔絶を義務づけている。なぜか。宗教と生活様式がユダヤ人のありかただからであり、しかも彼らがそのありかたのために、他の諸民族が自分のありかたと考えるものと対立し、他の諸民族のありかたを排斥するからである」（前掲邦訳書、一二六頁）。

だからユダヤ人はどのような肩書きで解放を望むのか？　諸君の宗教のためか？　ユダヤ教は国

家宗教と敵対している。国家市民の肩書きでか？ドイツには国家市民はいない。人間としての肩書きでか。諸君は諸君が呼びかけている人間と同様何ものでもない。

ユダヤ人は自らの宗教的の枠のまま解放を望むのか、そうすればそれは国家の原理である人権と対立する。宗教の枠をはずすとすれば、それは国家の一市民としてということになるが、ドイツにはいまだ国家も存在せず、それゆえ国家市民も存在しない。それではたんに人間としてか。それなら人間はすでに彼らがそう呼んでいるものであり、解放の必要性はないということになる。バウアーは徹頭徹尾、ユダヤ人がユダヤ人として解放されることはないと主張する。

バウアーは従来の問題の立場と解決に対して批判を投げかけた後で、ユダヤ人解放問題を新しいものにした。彼はこう問いかける。解放されるユダヤ人、解放するキリスト教国家の本質とはどんなものか？と。彼はユダヤ教への批判を通じて答え、ユダヤ教とキリスト教との宗教的対立を分析し、キリスト教国家の本質について、非常に正確に、しっかりと、エネルギッシュな文体で、大胆に、鋭く、才気活発に、根本的に理解する。

バウアーが新しくした問題とは、ユダヤ人がユダヤ人のままでは解放されえないということである。そのためバウアーはこれまでのユダヤ人の歴史をことこまかに説明する。「ところで、ユダヤ人がユダヤ人のままでほかの諸民族からの永遠の隔絶の中で生活しているときに、したがってまた他の諸民族は本当は自分の同胞ではないと表明せざるをえないときに、ユダヤ人は本当に人権を所有してもよいのだろうか。彼らがユダヤ人であるかぎりは、自分をユダヤ人たらしめている偏狭なあり方が、本来ならば自分を人間として人間に結びつけるべき人間的なあり方に勝利し、非ユダヤ人から彼ら自身を隔絶せしめざるをえない。この隔絶を通してユダヤ人は、自分をユダヤ人たらしめる特殊なあり方こそ至高の真なるあり方であって、これを前にしては人間の本質も引きさがらざるをえない、と言明するのだ」（前掲邦訳書、二七頁）。

ではバウアーはユダヤ人問題をどのように解決するか？ その結論とはどんなものか？ 問題の設定こそその解決である。ユダヤ人問題への批判こそユダヤ人問題への解答である。したがって結果はこうだ。

われわれは他のものを解放することができる前に、自らを解放しなければならないということ。

マルクスは、バウアーの問題設定こそ解決そのものであるという言い方をしている。ユダヤ教批判がその問題設定であり、その結果ユダヤ教を否定することがその回答であるというわけである。なるほどバウアーの『ユダヤ人問題』はほとんどユダヤ教批判の書物といってよい。しかし、グスタフ・ユリウスのマルクスの『聖家族』および「ユダヤ人問題に寄せて」の批判（実際には『聖家族』よりも「ユダヤ人問題に寄せて」に対する批判であるが）を見ると、バウアーの問題設定とマルクスの問題設定が、そもそもまったく違うものであることも理解できる。ユリウスは、マルクスの批判はその文体においても悪辣すぎると述べている。しかもマルクスの立場は全面フォイエルバッハに依存する批判であり、マルクス自体の個性はそこにはない。それに対しバウアーは少なくとも自分の考えでこの問題を解こうとしていると述べる。ユリウスによるとマルクスの批判は、政治的発展の物質的部分（社会的・経済的問題、すなわち人間個人の生活におけるあり方）と精神的部分（宗教を含む、人間個人の知的あり方）とを分け、前者を問題にしていないバウアーを盛んに批判する。しかしそれはお互いの問題設定の違いだという。バウアーにとってみれば、物質的部分にある類の共同体などまったく関心はなく、そうした理想の国などの出現を願っていない。むしろ一個の人間が類的共同体から離れていかなるものであるのかがバウアーの問題設定であるとすれば、マルクスの方は、類的共同体を再び取り戻すことに目標を置いているという。そ

してこう二人をまとめているが、この指摘は遠から
ず当たっているともいえる。
「バウアーの方はプロテスタントの流儀で、『大衆』という名で呼んだ悪しき世界、すなわち（マルクス氏はバウアー氏のこうした表現を非難したのだが）『まだ批判的に生まれ変わっていない世界』を、心から軽蔑しながらも、反面彼はその世界を存続させ、その役に立つところを利用し、その世界に順応している。というのも彼は、批判がまだその入口でひとりで立っているにすぎない未来、すなわち『新しい歴史』へと世界を迎え導くために、世界を相手にして、世界のために働くからであるし、また彼はこのような新世界を期待することで、さしあたって自己を至福であると感じているからである。このように、すべてはまったくプロテスタント的なのである。一方マルクスの流儀はローマ＝カトリック風である。彼は天国を、つまり『人間性が完全に解放された』王国、あるいは類似的存在の新世界を、この世の物質的世界の大地に転置するのだ。彼はこの天国または王国を、固有の力つまり社会的諸力を信仰する一個の整然たる地上の教会として転置する。この教会こそ類的生命（愛）というよき精神をもって利己主義という悪しき精神を止揚し、かつ『人の子たち』の自由（人間主義的解放）を完成して至福をもたらす唯一の教会なのである」（村上俊介訳「可視的人間教会と不可視的人間教会との争い」『ヘーゲル左派論叢第三巻ユダヤ人問題』前掲邦訳書、一三八頁）。もちろんマルクスは、フォイエルバッハの愛の共同体を超え進んでいることについてユリウスは十分理解しているとはいえないが。

　ユダヤ人とキリスト教徒との解きがたい対立形態は宗教的対立である。この対立をどう解決するのか？　宗教的対立を不可能にすることによってである。宗教的対立はどのように不可能なものになるのか？　宗教を廃棄することによってである。ユダヤ人とキリスト教徒が、そのお互いの宗教の中に、人間的精神の発展段階の差異、歴史によって打ち捨てられたさまざまな脱皮した蛇の皮を、人間の中に脱皮した蛇を認識するやいなや、彼ら

はもはや宗教の中ではなく、批判的、学問的、人間的関係の中にのみいるということになるのだ。学問はその場合、その統一である。しかし学問的対立は学問それ自身によって解決されることになる。

キリスト教が出現して以来続く二〇〇〇年のユダヤ人とキリスト教徒との対立は、当然のことながら宗教の対立である。バウアーはこう述べる。「対立が純粋に宗教的にとらえられるばあいには、解決はきわめて困難、いやまったく不可能というほかない。なぜなら、宗教は排他的あり方そのものであって、二個の宗教として、すなわち啓示された至高のものとして認められる限り、けっしてたがいに結ぶことなどありえないからだ」(『ユダヤ人問題』前掲邦訳書、二九頁)。宗教という殻を着るかぎり、二つの宗教に歩みよりはない。そこでその殻を蛇の脱皮のように脱いでみる。そうなるとどうか。二つの信徒はたんに、人間と人間との関係になる。そこで彼らを律するものがあるとすれば、それは学問、批判(クリティーク)である。そこで対立があったとしても、それは学問、批判の中で対立するだけとなる。マルクスは『聖家族』の中で、バウアーを批判的批判の人物ととらえ、批判する。ここでの批判的批判はいわゆる批判とは違う。批判的批判とは宗教という天上の世界に向かう批判であり、批判は地上の社会に対する批判である。次の書物は「ユダヤ人問題に寄せて」を『聖家族』から読むという興味深い書物である。Elizabeth de Fontenay, Les Figures juives de Marx, Paris, 1973

すなわちドイツのユダヤ人が直面しているのは、政治的解放一般の不足であり、公認となった国家のキリスト教性である。しかしバウアー的意味では、ユダヤ人問題は特殊ドイツ的関係から独立した一般的意味をもっているというのだ。それは宗教と国家との関係、宗教的偏見と政治的解放の矛盾の問題である。宗教からの解放は、政治的に解放されるユダヤ人においても、解放し、自ら解放されねばならない国家においても、条件として設定されている。

本来の批判でいえば、問題は政治的解放が不足しているというだけの問題である。その意味では政治的に解放されていないユダヤ人をどうするかという問題である。しかしバウアーはこの問題を一般化し、ユダヤ教とキリスト教の二〇〇〇年来の大問題にする。すでにイギリスやフランスで解決された問題ととらえるのではなく、またその意味でドイツが遅れているがゆえにそこまで達していないのだという問題としてとらえるのでもなく、宗教的大問題としてとらえる。つまり「宗教を持つ以上国家市民となりえないのではないかという問題」、「宗教的に偏見があるかぎり、政治的に解放されないという問題」としてとらえるわけである。だから、その隘路から出るには、宗教を捨てるしかない。だからフランスにおいてもイギリスにおいても、政治的に解放されるとは、ユダヤ教を捨てることと同じである。

「人はこういい、ユダヤ人でさえそういう。すなわちユダヤ人がユダヤ人として解放されるべきでないのは、彼がユダヤ人であるという理由からでも、彼が立派な、一般的倫理原則をもっているためでもない。むしろユダヤ人は、ユダヤ人であり、ユダヤ人であり続けるにもかかわらず、国家市民の背後にいながら、国家市民でもあるからだと。すなわちユダヤ人は、国家市民であり、一般的人間関係の中で暮らしているにもかかわらず、ユダヤ人であり、ユダヤ人であり続けるのだ。そのユダヤ的、限界的本質の方が、その人間的政治的な義務を乗り越えて、いつも勝利するのである。偏見は一般的な原則によって乗り越えられているにもかかわらず、依然として残るのである。しかしこの偏見が残ることで、むしろ他のすべての偏見が乗り越えられるのである」「外見上ユダヤ人は国家生活の中にただ洗練された形でのみ残ることができる。したがって、彼がユダヤ人のままでありたいと欲すればその単なる外見は本質的なものとなり、それが国家生活を乗り越えるのである。つまりユダヤ人の国家での生活は国家の本質や規則に対して、外見上の問題あるいは瞬間的な例外にすぎなくなるのである」(「今日のユダヤ人とキリスト教徒が自由になる可能性」『スイスの二一ボーゲン』五七頁)。

ユダヤ人がユダヤ人であることとは、ユダヤ人がユダヤ人共同体の律法を国家の法律以上に高く置いていることだとバウアーはいう。ここでマルクスは、初めてバウアーの文章を引用するが、ここでの書評の対象たる書物の形態で出版された『ユダヤ人問題』ではなく、『スイスの二一ボーゲン』から引用している(これは本書第三編資料編に翻訳してある三〇〇―三〇二頁)。最初の文章は、初めの第五段落目の文章である。二番目の文章はその次第六段落目の文章である(資料編参照)。この二つの文章の前には、こうした内容がある。キリスト教もその宗教的理念から解放されねばならないが、ユダヤ人はそれに協力できない。なぜならユダヤ人は自らの宗教から脱却しようとしてもできないからである。この後この文章が続くのであるが、この部分はユダヤ教がなぜキリスト教徒の解放に協力できないのかという部分である。理由は、ユダヤの律法が国家の法律を凌駕するからである。その後、例が出ている。それは安息日に兵役につくユダヤ人には戦闘が可能かどうかという問題である。もちろん安息日にユダヤ人は戦闘に参加しているのであるが、これを決めるのが国家ではなく、ユダヤ人共同体のラビであることをバウアーは問題にしているのである。国家の義務より強いユダヤ人共同体のラビの律法、この二つの矛盾こそ、ユダヤ人が国家市民になれないことを示唆しているというのである。

さて一方でバウアーが国家の課題をどう設定するかを聞いてみよう。

すなわち「フランスはユダヤ人問題について(一八四〇年一二月二六日の下院の審議)、そのほかのすべての政治問題がいつもそうであるように、自由な生活という観点を新たに与えたが、その自由は法の中では撤回され、見せかけのものだと説明され、別の側面では自由な法律は活動においては否定された」(『ユダヤ人問題』六四頁)。

「フランスでは一般的な自由はいまだに法律になっていない。だからユダヤ人問題もまた解決していない。その理由は、（すべての市民が平等であるという）法的自由は、宗教的特権になお支配され、分割されているのだが、制限され、この生活の不自由が法に影響を及ぼし、それ自体としては自由である市民を、抑圧者と被抑圧者への区分によって処理せざるをえなくなっているからである」（六五頁）。

　ここで初めてバウアーの『ユダヤ人問題』からの引用文が登場する。まずマルクスの引用頁は、六五頁の間違いである。この二つの文章は六五頁に連続して登場する文章である。しかも六五頁の引用となっているものが先である。その後に「工場における児童の労働時間を規定する法律について下院の取り扱いは、いまだなお解きがたい衝突を生み出し、完全な混乱を引き起こした」（*Die Judenfrage, op. cit., S. 65*）という文章が入っていて、その後に六四頁の文章が続いている。要するに、児童労働をめぐる下院での議論は、『スイスの二一ボーゲン』のバウアーの兵役義務と律法との対立を受けていて、こんな問題を例として出せば、すでにユダヤ人を解放しているといわれているフランスですら、解放などほど遠いことになるだろうという例として出している。しかもそれはバウアーが提出した例でもある。

　したがってフランスではユダヤ人問題はいつか解決されるのであろうか。

「たとえばユダヤ人は、国家義務と市民の義務を満たすことを法によって邪魔されないとすれば、ユダヤ人であることをやめねばならなかった。したがってたとえば安息日に下院に行き、公的な議論に参加するといった具合に。すべての宗教的特権一般、すなわち特権を与えられている教会の独占は廃棄されねばならなかった。そしてただ一人か、大勢か、はたまた圧倒的多数かが信仰する宗教的義務を満たさねばならないとすると、こうした充足は純粋に私的な問題としてそれぞれに委ねられねばならなかったのだ」（六五頁）。「宗教的特権が存在しない以上、そこにはもはや宗教は存在しない。宗教からその排他的力が取られていれば、もはや宗教は存在しない」（六六頁）。「マルタン・デュ・ノール氏が、法律的に見て日曜日についての言及をやめるという提案の中に、それは、キリスト教が存在することをやめたことと同じだという動議を見出したのと同じように、まったく明確に（そしてこの明確さは完全なものである）、ユダヤ人にとっての安息日の律法はもはや何の拘束力ももたないということを宣言することは、ユダヤ教の解体の宣言となろう」（七一頁）。

この文章は、解放されたはずのフランスでもユダヤ人問題は一筋縄ではいかないことを示そうとしているバウアーの文章の引用である。

この引用部分は後になって補足された六章「フランスの多数派である宗教に対するフランスのユダヤ人」からのものである。ここはフランスにおけるユダヤ人の解放状態についてバウアーが触れた部分である（前述の邦訳にはこの部分の翻訳は省略されている）。

ここでの主要な内容は、ユダヤ人問題に関する議論で、とりわけ一八三〇年の七月革命によって達成された宗教と国家との分離に関する議論である。まず出てきた議論は、安息日である土曜日の議会開催にユダヤ人国会議員は参加できるかどうか、という問題であった。ユダヤ人の安息日（土曜日）とキリスト教の安息日（日曜日）との違いは、当然いろいろな問題に波及する。バウアーはこうしていろいろな例をあげる。そのひとつが一六歳の工場児童労働を日曜日や祝祭日に禁止する条項である。ユダヤ人児童にこの法令は意味をもつかどうか。ここで生じている問題は特権的ではない、多数派の宗教の力がもつ意味である。ノール県出身の下院議員マルタンはそこでこの議論に参加する。ユダヤ系のフルド（Fould）議員は、日曜日も休めることでユダヤ人は二日休むため、それ自体は問題ではないと主張する。ユダヤ人にとっての安息日は、にもかかわらず日曜日ではなく土曜日であると述べる。

さて最後のマルタン氏が日曜日の言及を避けるという部分であるが、ここはマルタン氏が日曜日という限定をしないかぎりで休日を認めれば、キリスト教は存在しないのと同じだという問題に関して、ユダヤ人のフルド氏の方は、それではユダヤ教も存在しないに等しいという点を留保したという文章から引用されている。なぜ留保したのかといえば、フルド氏は議員であるが、ユダヤ教の代表でないからである（Bruno Bauer, *Die Judenfrage, op. cit.*, SS. 71-72.）。ここでマルタン氏は、一八三〇年以降の宗教に対するフランスの中庸派 juste milieu を代表していて、バウアーはこうした中庸も結局多数派のカトリックには抵抗できなかったのだと主張しようとしていた。

マルクスはこの部分を一八四五年に出版した『聖家族』でもとりあげる。その部分はこうなっている。「批判なるものの意図を誤解しないようにするために、フランス国家の議事のうちで批判が挙げた矛盾を、一般的矛盾として『とらえねばならなかった』その矛盾を、思い出すことにしよう。なかでも問題になったのは一週のうち児童に仕事を休ませるべき一日を決めることであった。その日として日曜日が提案された。ある代議士が、日曜日という呼び方は非立憲的だから、注文から除こうという動議を出した。大臣のマルタン（デュ・ノール）は、これはキリスト教が存在しなくなったと声明する動議であると認めた。クレミュー氏は、フランスのユダヤ人を代表して、ユダヤ人は、フランス人大多数の宗教に敬意をあらわして、日曜日という呼び方にまったく反対することはないと声明した。自由な理論にしたがえば、いまではユダヤ人もキリスト教徒も平等である。だがこの実践にしたがえば、キリスト教徒はユダヤ人に比べ、特権をもっている。というのは、さもなければどうしてキリスト教の日曜日が、全フランス人に与えられる法律のうちにはいってくるはずであろう？　またユダヤ教の安息日は同じ権利をもたない等々なのであろうか？　それともフランスの実際生活では、ユダヤ人は実際にキリスト教的特権によって圧迫されていないのに、しかも法律はこの実践的平等をあえて公言しない、かである。バウアー氏が『ユダヤ人問題』で展開した政治的本質のすべての矛盾はこの種のものである。つまり立憲主義の矛盾、一般的にいって近代的代議制国家と古い特権国家の矛盾である立権主義の矛盾、なのである」（MEW第二巻、前掲邦訳書、一二〇頁）。一八四〇年の選挙でユダヤ人クレミュー、セルフベア、フルドの三人が議員に選出されていた（Maximillien Rubel, *Karl Marx Oeuvres, III, Philosophie*, Gallimard, 1982, p.1570）。クレミューはダマスカス事件の際、代表としてイギリスに行っている（ポリアコフ『反ユダヤ主義の歴史』第三巻、菅野賢治訳、筑摩書房、四六〇頁）。

さて『聖家族』におけるバウアー批判についてグスタフ・ユリウスはこう述べている。「ユダヤ人問題に関するマルクス氏の立場は、要するにすでに『独仏年誌』によって十分知られている。『聖家族』においても、マルクス氏のこの立場はまったく変わらない。ただ氏は、『独仏年誌』で行われた以上にはっきりと、より完全に、氏のいうところの『批判的批判』と論争しただけのことなのだ」（前掲邦訳書、一三〇頁）。

したがってバウアーは、一方でユダヤ人は国家市民として解放されるべく、人間はユダヤ教を、宗教一般をやめるべきだと主張しているわけである。他方でその結果的な形だが、彼にとって重要なことはもっぱら宗教をやめるために、宗教を政治的にやめることである。宗教が前提としている国家はもはや真の国家でも、現実の国家でもない。「当然だが宗教的幻想が国家にお墨つきを与えている。しかしそれはどんな国家に対してか？　どんな種類の国家に対してなのか？」（九七頁）。

国家市民になるにはユダヤ教もキリスト教も宗教を政治的にやめるべきであるという。ではその国家市民をつくる国家とはなにか。それは宗教が前提にしているような国家なのかどうか。ここで、マルクスは、バウアーの七章の「最後の幻想の崩壊」という章からひとつの文章を引用する。この章は、ユダヤ教のメシア信仰と関連する部分である。ユダヤ教が未来の中に希望をもつとすれば、ユダヤ人は幻想的未来の中にしか真実をもたないということになり、バウアーはこの点を幻想の中のユダヤ人として批判する。幻想の中で生活するユダヤ人は歴史をもたない「歴史なき民」である。そしてこの引用の部分が登場する。そしてどんな種類の国家であるかという問いに対して、それは理神論的国家であると答える。神の存在を認めるが、それはあれやこれやの神ではなく、理論的な神であると。

この点において、ユダヤ人問題に対する一面的理解が出現している。

誰が解放するべきなのか？　誰が解放されるべきなのか？　を追及するだけでは十分ではなかったのである。批判には第三のことが問題になっているのだ。こう問われねばならなかったのだ。どんな種類の解放が問題となっているのか？　要求される解放は本質的にどういう条件に基づくものなのか？　政治的解放それ自体の批判こそ、「時代の一般的な問題」という意味で、まずもってユダヤ人問題の最終的な批判であり、その真の解決であったのだ。

政治的解放へいたる過程が、ユダヤ教の廃棄であるという視点にとらわれているバウアーにとって、現代の政治問題はユダヤ教の問題となる。現代の政治問題から見れば、宗教と政治の問題として捉えられるが、この視点で見るかぎり、問題はユダヤ教がいかにキリスト教的な高みに上れるかということになる。しかしユダヤ教はそれが無理であることで、ユダヤ人は宗教を捨てるしかない。しかし宗教の問題だけにとらわれているバウアーにはそれが見えない。『聖家族』ではこう述べる。「一八四〇年にはじまった政治的運動は、バウアー氏を彼の保守政治から救いだし、ちょっとのあいだ、彼を自由主義政治に押しあげた。だがこの場合にも、もともと政治は神学のための口実にすぎなかった。その著書『自由の大義と私自身の問題』では、自由国家は、ボン大学哲学部の批判者であり、宗教に反対する論証である。『ユダヤ人問題』では国家と宗教との対立が、おもな関心事であって、そのための政治的解放の批判が、ユダヤ宗教の批判に変わっている」（MEW第二巻、前掲邦訳書、一一七頁）。

バウアーが矛盾するのは、こうした高みにまで上らなかったからである。彼が提案するのは、政治的解放という意味で条件づけられていない条件である。バウアーは自らの課題にはない問題を投げかけ、その課題は解くのだが、その問題は未解決のままにしている。バウアーがユダヤ人解放の敵対者に言及し「ユダヤ人解放の敵対者の欠陥は、彼らがキリスト教国家を真に唯一のものだと前提し、その国家にユダヤ教に関して考察するのと同じ批判をぶつけないという点にのみある」（三頁）と述べるとき、むしろ次の点にバウアーの欠陥がある。

「高みに上らなかった」という発言は、バウアーの発言を受けたものである。『スイスの二一ボーゲン』の論文で、バウアーはユダヤ教が偽善によってキリスト教的な人間性の高みに上らなかったことを指摘する。

引用は、『ユダヤ人問題』の序文の最後からのものである（前掲邦訳書、六頁）。バウアーは、その前の文章で、キリスト教徒のユダヤ人に対する偏見の原因は、近代国家そのものの欠陥にあると述べている。その変革なくして偏見は取り去られない。だからユダヤ人解放への敵対者が、その問題を理解している点において評価すると述べる。その流れで、その彼らもキリスト教国家以外の思考ができない点が問題であるというこの文章が出現する。バウアーの課題は、キリスト教国家を超える、政治的に解放された国家を実現することである。宗教性をすべて逸脱した理念的国家がその課題である。その意味で政治的解放へ至るには、宗教と癒着している国家から解放され、キリスト教徒も宗教性から離脱しなければならないと述べる。それが課題解決である。しかし、政治的解放というものの実態については語らないというわけである。問題はキリスト教国家（具体的にはプロイセン国家とプロテスタント教会との癒着）に対する批判はあるが、国家そのものの問題を等閑しているということである。そして次の文章が続く。

すなわち彼は「国家一般」ではなく、「キリスト教国家」だけに批判を投げかけていること、政治的解放と人間的解放との関係を追求してないこと、したがって政治的解放を無批判に人間一般の解放に置き換えて説明する条件を出していることだ。バウアーがユダヤ人に対し、諸君は諸君の視点から政治的解放を望む権利をもっているのか？　と問うとき、われわれが逆にこう問おう。政治的解放という視点には、ユダヤ人にユダヤ教の廃棄、人間一般に宗教の廃棄を要求する資格などあるのか？　と。

ここではじめて、政治的解放に対して人間的解放というマルクスの主張が出てくる。人間的解放とは、政治的解放によって市民となった人々が、あらたな奴隷の徒となった資本主義的生活から解放されることである。『聖家族』では政治的解放の世界をこう語る。「近代国家による人権の承認は、古代国家による奴隷制の承認と何ら違った意味をもたない。つまり古代国家が奴隷制をその自然的土台としたのとまさに同じように、近代国家が自然的土台としたのは、市民社会、ならびに市民社会の人間、すなわち、私的利害と無意識の自然必然性というきずなによって人間と結ばれているにすぎない独立の人間、営利活動と彼自身ならびに他人の私利的欲望の奴隷である」（MEW第二巻、前掲邦訳書、一一八頁）。バウアーにはそもそもそうした人間的解放という視点はない。だから政治的解放だけが目標である。ところが、そうした政治的解放を行えば皮肉なことにユダヤ教が得意とする貨幣的世界が出現してしまい、ユダヤ教は市民社会では自ら宗教を捨てると同時に貨幣崇拝という宗教を再獲得することになってしまう。その意味でユダヤ教の廃棄を要求する権利などそもそもありえない。「ユダヤ的本質を廃棄するという課題が、実際には市民社会のユダヤ的精神を、貨幣制度を頂点とする今日の生活実践の非人間性を、揚棄することであるということが証明された」（同、一一四頁）。

ユダヤ人問題は、ユダヤ人が暮らしている国家によって相異なる内容をもっている。政治的国家、国家としての国家をもっていないドイツにおいては、ユダヤ人問題は純粋に神学的問題である。ユダヤ人はキリスト教が基礎としている国家と宗教的に対立している。この国家は職務上（ex professo）の神学者である。ここでの批判は神学の批判、両刃の批判であり、キリスト教的神学の批判であり、ユダヤ教的神学批判である。しかしどれほど神学の中で批判的に動いても、神学の中でのみ批判的なだけである。

ドイツは政治的に解放されてない国家であり、そこでのユダヤ人問題は、キリスト教的な国家の神学上の議論にいかになじむかという問題であり、それはいいかえれば神学的問題である。もちろん近代国家はそのキリスト教徒の神学的教議から離れているわけで、それは無神論に近い。そこでバウアーの議論はユダヤ人がいかにキリスト教の教義になじまないかを説明しなければならない。「まだユダヤ人を政治的に解放できないでいる国家は、あらためて、完成された政治的国家のなかで計って、未発展の国家であることを立証すべきである」（同、一一五頁）。マルクスはここでドイツ的国家を、キリスト教的・ゲルマン国家と述べ、キリスト教が多数派ではあるが政治権力と関係していない、理念的なキリスト教国家であるフランスのような国と分けている（同、一一六頁）。

立憲国家であるフランスではユダヤ人問題は立憲主義、政治的解放の不完全さの問題である。この国での国家宗教という仮の姿は、たとえそれが無意味で、矛盾する形式をとっているとしても、多数派の宗教という形式の中にあるので、ユダヤ人と国家との関係は、宗教的、神学的対立という仮の姿をとる。

本来のキリスト教国家はフランスである。フランスでは問題は、立憲主義の不完全さの問題として出てくる。立憲主義の不完全さについて、『聖家族』では、こう展開される。ユダヤ人の安息日と日曜日の問題のように、法的には日曜日が優先することで神学上の問題から日曜日の概念が遠ざかる。しかしこれは宗教がなくなったということを意味しない。あくまで宗教的対立はあるし、宗教もある。むしろそこではますます宗教的な問題が活発になる。もちろん、フランスの場合は完全ではない。だから宗教問題がなくなったわけではない。そしてこの言葉が出てくる。「なんら特権を与えられた宗教のないところで、はじめて宗教は、その実践的普遍性のうちに展開するのである（北アメリカの自由州を考えてみよ）」（同、一二二頁）。ここでアメリカ自由州の問題が、完全に市民社会に力を譲った場所として出現する。

北アメリカの自由州（少なくともその一部では）においてはじめて、ユダヤ人問題はその神学的意味を失い、現実の世俗的問題となっている。政治的国家が完成された形態にあるところでのみ、ユダヤ人の、とりわけ宗教的人間の政治的国家との関係、したがって本来の意味での宗教と国家との関係は純粋な形で現れうる。国家が神学的なやりかたで宗教と関係することをやめ、国家が国家としてすなわち政治的に宗教と関係するやいなや、こうした関係に対する批判は神学的問題であることをやめる。やがて批判は政治的国家の批判となる。問題が神学的であることをやめるという点で、バウアーの批判も批判的ではなくなるのだ。

ボーモン（Gustave de Beaumont, *Marie ou l'esclavage aux Etats-Unis*, Tome 1, Tome 2, 1835. ここでは二〇〇九年L'Harmattanから出版された全二巻本を使用する）は、北の自由州、すなわち奴隷制度が廃止されている地域について、ニュー・イングランドのすべて、ニューヨーク、ペンシルヴェニアがそうだと述べている（*Ibid.*, Tome 2, p.64）。さてボーモンは、アメリカの宗教をいくつも数えるのであるが、ユダヤ教についてはまったく取り上げられていない。そのことはトクヴィルにもいえる。その理由はある意味簡単である。ポール・ジョンソンの『ユダヤ人の歴史』（徳間書店、下巻、一〇〇頁）によると、一八二〇年までに、アメリカにはユダヤ人は四〇〇〇人しかいなかったからである。マルクスが本論文を執筆していたときでさえ一万五〇〇〇人しかいなかった。ユダヤ人の政治への参加はたいした問題を引き起こしていなかった。アメリカでユダヤ人問題が顕著な形で起こるのは一八八〇年代、ロシア・東欧からポグロムによって大量にアメリカ移民が始まった後である。この時代は、アメリカではいくつか場合を除けば政治的にも自由であった。

「合州国には、国家宗教も多数派だと宣言される宗教も、他の宗派（Culte）に対するある宗派の優位なども存在しない。州はあらゆる宗教から離れている」（*Marie ou l'esclavage aux états-unis*, par G. de Beaumont, Paris, 1835, p.214）。たしかに「憲法は宗教の信仰、政治的特権の条件として宗教の実践と宗教的信仰を課してはいない」（前掲書、二二五頁）北アメリカの州がいくつかある。だが、「合州国では、宗教をもたない人間も正直な人間でありえることなど考えられない」（前掲書、二二四頁）。

マルクスは第二版を二巻とも個人で所蔵していた。引用箇所には頁が付されているだけでどの巻であるかは書かれていない。第一巻は、リュドヴィックなる主人公の話であり、そこには該当する引用はない。引用は第二巻の「合衆国における宗教運動について」の第二節「州と宗教との関係」の頭の部分と末尾の部分である。

最初の引用部分は、ペンシルヴェニア憲法とニュー・ハンプシャー憲法の引用部分であるが、そのままそこから孫引きで引用されている。もちろんマルクスはそのことを隠してはいない。そのままフランス語でボーモンからの引用とある。

この「合衆国における宗教運動」という付録部分は、アメリカにおける宗教のセクトについて触れている。第一節は、主としてカトリック、ユニテリアン、そして特殊な宗教として共同体運動を実施しているクエーカー、シェーカーについて語られている。特にフランス人のボーモンはカトリックに好意的なのであるが、それはアメリカの民主主義に潜む問題と深く関係している。カトリックは七つの州に司教管区がおかれ、そこから教育を受けた司祭が赴任することで運営されている。その意味できわめて中央集権的である。しかしそのため宗教が地元の偏見や利害に結びついていない。一方プロテスタントは、神父がそのまま地域の住民によって選ばれるので宗教的内容が乏しく、利害を優先しがちである。そのことが、奴隷制度や奴隷制廃止後の差別を助長しやすい恣意的な解釈を生む源泉となっているというのである。第二節は、州と宗教が分離している問題が語られている。ここでは州によってさまざまな憲法があり、それぞれ独自のシステムをもっていることが語られるが、マルクスが引用しているのは最初の総論部分であり、そこで原則的に国家と宗教が分離していることが書かれているのだが、全体の内容は微妙である。憲法は事実上プロテスタントに有利になるようにつくられていて（たとえば租税制度）、しかも憲法を超える部分における恣意的な教会と民衆の支配が、アメリカの制度をつくっているからである。いわば私的な権利である宗教が、政治という公的世界から分離していることが引き起こす問題が書かれてあるからである。ボーモンはこう述べる。「アメリカでは宗教はたんにモラル的制度というだけでなく、政治制度でもある」（*Ibid*., Tome 2, p.101）。その意味では、アメリカは、マルクスの意図とは反対にキリスト教国家である。もちろん政治的世界は形式上キリスト教国家ではないが。ボーモンは、アメリカでは市民的世界ではなく、その背後にある宗教的世界を形成するコルポラティオンが重要だと考えている。だからその意味では、私的世界が政治的世界をつくっていることになる。

マルクスの最初の引用部分は、ペンシルヴェニア憲法の引用とニュー・ハンプシャー憲法の引用の後の文章である。その段落全体を翻訳するとこうである。「合州国には、国家宗教も多数派だと宣言される宗教も、他の宗派に対するある宗派の優位なども存在しない。州はあらゆる宗教から離れている。それぞれの宗教協会は好きなように営まれ、何の要求もしない政治権力に、何ら説明もしないで、その神父を決め、そのメンバーから税をとり、支出を規制する」（*Ibid*., Tome 2, p.99）。ここは、アメリカでは宗教が政治から分離していることを説明した部分であり、マルクスの論理を補強する部分である。しかし第二の引用はボーモンとマルクスの微妙な違いを含んでいる。

第二の引用部分は（マルクスの引用頁は間違っている）、ボーモンが、アメリカでは宗教をもたないことがいかに現実の市民生活において大変なことであるかを書いている部分で、全体を翻訳するとこうなる。「たとえ、アメリカのすべての州で政治的特権の条件として憲法は宗教の信仰、政治的特権の条件として宗教の実践と宗教的信仰を課していないとしても、住民の慣習や公論がこうした信仰の義務を高圧的に命じないというわけではない。一般に、合州国では無限にある宗派のひとつに属していても、その社会的政治的権利をすべて平穏に履行できる。しかし宗教も宗教的信仰ももたないものは、実際市民としての雇用からすべて排除され、あらゆる有償無償の選ばれた機能から排除されるだけでなく、いつも精神的迫害の対象となる。彼と社会関係をもちたいと誰も思わないし、家族的つながりをもとうともしない。彼にものを売ることも、彼からものを買うことも拒絶するだろう。合州国では、宗教をもたない人間も正直な人間でありえることなど考えられない」（*Ibid.*, Tome 2, p.103）。マルクスは、宗教的であるアメリカでは、政治と宗教が分離していることを例としてボーモンから引用し、バウアーを批判しようとしているのであるが、実際ボーモンの方は、そのことが逆に問題であることを指摘しようとしている。それはボーモンの小説がそうした内容で書かれているからである。マルクスは小説の方をどこまで読んでいたのであろうか。宗教が国家宗教になってないいるのに、ある意味での不幸についてボーモンは書いているのに、マルクスは国家宗教になっていないことによる宗教の解放について述べているからである。

とはいえ、バウアーを批判した後のマルクスの全体の論調は、アメリカのように宗教を私的なものにした社会に起こるさまざまな問題の指摘である。それはとりわけ私的領域にある経済的領域が政治的領域を侵す問題として提出される。それはむしろ「ヘーゲル法哲学批判－序説」で明確になる内容である。

もちろんその解決に至る道はまったく正反対だともいえる。ボーモンは、アメリカはやがて差別問題を乗り越えるだろうという確信のもと、経済的領域における貧困問題はそれに比べれば取るに足らぬことだと述べている。一方マルクスはまさに経済的問題こそその後の重要問題になると述べるのだから。

本書は、「ユダヤ人問題に寄せて」の理解の鍵を握る書物である。それはアメリカの宗教論に対するマルクスの基本的認識の源泉であると同時に、アメリカ憲法に関する基本認識の書物だからである。アメリカ諸州の憲法についてマルクスは、*Constitution de l'Amérique* という書物をもってはいたが、そこからは引用されていない。ボーモンの注釈、その中の「合州国における宗教運動について」の第二節「州と宗教との関係」の部分から引用している。それではマルクスはトクヴィルとトーマス・ハミルトンもしっかりと読んだのであろうか。ボーモンとトクヴィルは深い関係があり、トクヴィルを、ボーモンを通じて知ることは可能である。そしてボーモンの中にはハミルトンも何度も登場する。したがってこの三人はボーモンの書物で結びついているといえる。しかしマルクスはハミルトンに関してはノートを取っている。マルクスはトクヴィルについてはほとんど触れていない。『資本論』と『剰余価値学説史』そして『ルイ・ボナパルトのブリュメールの一八日』に出てくるが、ほんのわずかである。

ボーモン（一八〇二－六六）はアレクシス・ド・トクヴィル（一八〇五－五九）の友人であり、一緒にアメリカを旅している。そのアメリカ旅行でトクヴィルは『アメリカのデモクラシー』（第一巻、一八三五、第二巻、一八四〇）を書き、ボーモンはこの『マリーあるいは合州国の奴隷制』を書く。マルクスの所有するこの本は、一八三五年に出版された初版ではなく第二版であるが、同じ年に第二版が出るほどよく読まれた本であった。マルクスはトクヴィルの『アメリカのデモクラシー』は所蔵していない。トクヴィルとボーモンの独房制度のことについて、『聖家族』でも引用がある。ところでボーモンは、アメリカでは保釈金を積むことで出獄できる監獄制度があることを強調している。すべて金で決着がつくアメリカが、そこに象徴されている。

本書は、小説部分の第一巻と、それを補強するアメリカの制度について説明する第二巻に分かれる。小説の内容はこうである。主人公はボーモン自身と思えるリュドヴィックである。彼は貴族の出身で、青春を一八二五年のギリシア独立戦争に捧げ、やがて夢破れアメリカにやってくる。落ち着いたのがボストンの知人ネルソン家である。そこの二人の息子と娘に興味を抱く。二人はボストンの社会と交わっている様子もない。彼は娘のマリーに恋心を抱くが、断られる。そのことを不審に思った彼はネルソンに事実を聞く。ネルソンによるともともと彼はルイジアナにいたという。そこで二人が生まれたのだが、結婚した相手の祖先には黒人の血が入っていた。事業に成功した彼を嫉妬した人物にこのことを暴露され、彼の立場はなくなり、遠い東海岸のボストンに逃げのびたというのである。このボストンにおいても、黒人の血をもつことは差別の対象となる。だから、リュドヴィックとマリーとの結婚などできないという。しかし、二人はニューヨークで結婚する。このことを知ったニューヨークの白人が彼らを迫害する。リュドヴィックとネルソンはニューヨークから西へと逃げる。その西部の最果ての地でマリーは死ぬ。

ボーモンは、こうした悲惨な話を通じてアメリカという社会の自由とその反対の側面を描く。トクヴィルは、アメリカ社会の二面性を両論併記で展開し、アメリカの未来への懸念と期待を表面するのだが、ボーモンはむしろアメリカ社会の悲惨な側面を描こうとしているようにも思える。トクヴィルは『アメリカのデモクラシー』の中でこの本についてこう述べている。「アメリカにおいて境遇の平等と民主政治が市民社会に及ぼす影響、習慣、思想、習俗に与える影響は、第二の部分に描き出すつもりであった。しかし、いまではこの計画を遂行する熱意が薄れている。私が自分の課題を達成する前に、その仕事はほとんど無用のものとなるであろう。別の著者がまもなく読者にアメリカ人の主要な特質を描いて示すはずであり、深刻な図柄を薄いヴェールで隠して、真実を魅力的に語る力量は私のとうていおよびえぬところであろう」（松本礼二訳、岩波文庫、一巻上、二八頁）。さらにそこには注があり、こう述べている。「本書の第一版を出版したとき、私とともにアメリカを旅行したギュスターヴ・ド・ボーモン氏は、まだ『マリーあるいは合州国の奴隷制』と題する著書を執筆中であったが、後にこれは上梓された」（前掲邦訳書、原注、三三一頁）。

それにもかかわらず、ボーモン、トクヴィル、イギリスのハミルトンが同様に公言している通り、とりわけ北アメリカは宗教的な地域である。

マルクスがトクヴィルを当時読んだという確証はない。ボーモンの深い友人であることから、あえて避けたのだろうか。トクヴィルのアメリカの宗教論は、ボーモンと比べきわめて好意的である。ここで引用されている部分と似たような表現を引用すると「誰もが、この国における宗教の平穏な支配の主要な原因を、宗教と国家との完全な分離に帰した」（前掲邦訳書、下巻、二二六頁）。「いくつかの州では法律が聖職者の政治への道を閉ざしている。そうでない州でも、すべての世論がこれを許さない」（同、二二七頁）。「ヨーロッパでは、キリスト教は地上の権力と密接に結びつくことを自ら許してきた。今日そうした権力は地に堕ち、キリスト教はそれらの権力の残骸に埋もれているようなものである。生きながら死者に結びつけられた人々なのである。その絆を断ち切れば、再び立ち上がる」（同、二三六頁）。

マルクスは、イギリス人トーマス・ハミルトン（一七八九－一八四二）の『アメリカにおける人間と慣習』（*Men and manners in America*, 1833という作品のドイツ語訳（*Die Menschen und die Sitten in den vereinigten Staaten von Nordamerka von dem Obersten Hamilton*, 1834）をノートに取っている（*MEGA*, IV/2)）。そのノートではアメリカにおける制度についてメモが取られている。第一巻から、まずは裁判官には誰でもがなれること、奉公人という仕事は奴隷か有色人種が行う仕事であること、アメリカの問題は法ではなく偏見であること、ある州では収入と選挙権が関係していること、北アメリカでは貨幣が神であること、選挙権が一般の人々にも与えられたこと、市民に義務教育が与えられていること、ニューヨークでは労働する人々と、安楽に暮らせる二つの階級に分かれていること、職人の教育への要求、平和的に社会を変革しうること、州と連邦との対立があることが引用されている。第二巻からは、裁判官には裕福なものが就くこと、連邦議会について、州がどのように連邦議会に議員を送れるか、合衆国の大統領が四年おきに選ばれること、三つの省（外務省、財務省、陸軍・海軍省）に分かれること、アメリカの教育目的は若者を演説者にすることなどが引用されている。

とはいえ、北アメリカの諸州は例としてのみ重要である。問題はこうだ。政治的解放の完成は宗教とどう関係しているのかということである。われわれは政治的解放が完成している地域においてさえ、宗教が存在するのみならず、生き生きとした力強い宗教の存在感を見出せる。だからこそ、宗教の存在は国家の完成と矛盾しているのではないという証明が導き出される。しかし宗教の存在は欠陥があるということであるがゆえに、こうした欠陥の源泉を国家自身の本質の中にしか見出されえない。宗教がわれわれにとって問題なのは、世俗的世界の狭さの理由ではなく、その現れ方にすぎない。だから、自由な国家市民の宗教的な偏見を、その世俗的な偏見から説明することになる。国家市民が世俗的限界を突破すべく、宗教的偏見を捨てるべきだなどと、われわれは主張しない。われわれが主張するのは、国家市民が宗教的偏見をやめるのは、彼らが世俗的な限界を突破する限りにおいてであるということである。

　これまで述べてきたアメリカの例はあくまで例だけのことであるとして、話を元に戻す。アメリカの例は政治的に解放されればされるほど、宗教はますます盛んになるという例であった。アメリカの場合その盛んな姿はその裏面において、宗教社会が世俗化された地域共同体の中で醸成される偏見の裏返しであった。宗教による差別は法的にはないが、法の背後にある社会の中にその差別が残っている。その理由は社会の中に問題があるからである。他の宗教に対する偏見は、社会内の問題に還元される。この社会は、特権によって守られた集団とそうでない集団という形態をとるのではなく、それぞれの個人がまったく独立し、そのためつねに個人同士が闘争しているという形をとる。「民主主義的代議制国家と市民社会の対立は、公的な共同体と奴隷制の古典的対立の完成である。近代世界では、各人は奴隷制の一員であると同時に共同体の一員である。市民社会の奴隷制こそ、その外見からいえば最大の自由である。なぜなら、それは外見の上では個人の完全な独立性だからである。この個人は彼から疎外された生活要素、たとえば財産、産業、宗教等が、もはや一般的な絆によっても、また人間によってもしばられないで無拘束に運動することを、彼自身の自由と考えている。ところがそれはむしろ個人の完全な隷属と非人間性なのである。特権の代わりにここには権利が現れている」（MEW第二巻、前掲邦訳書、一二一頁）。

われわれは世俗的な問題を神学的な問題に転化はしない。むしろわれわれは、神学的問題を世俗的な問題に転化するのだ。われわれが迷信を歴史の中に解消するのは、歴史が十分長い時間をかけて迷信へと解消されてからである。政治的解放と宗教との関係の問題は、われわれにとっては政治的解放と人間的解放との関係の問題である。われわれは政治的国家の宗教的弱点を、われわれが宗教的弱さから離れ、その世俗的構造の中で批判する点において批判する。われわれは、ある宗教、たとえばユダヤ教と国家との矛盾を、ある世俗的な要素と国家との矛盾を人間化して、宗教一般と国家との矛盾、国家とその国家の前提一般との矛盾として見る。

マルクス同様フォイエルバッハの影響を強く受けたカール・グリュンはバウアーの『ユダヤ人問題』に対して「ブルーノ・バウアーへの反論」（一八四四、『ヘーゲル左派論叢第三巻　ユダヤ人問題』植村邦彦、篠原敏昭訳、御茶の水書房、一九八六年）を書いた。世俗的な問題をすべて神学的な問題にひっくりかえすバウアーを次のように批判する。「しかしながら世界には神学以上のものが存在するのである。バウアーは、宗教から自己解放を遂げ、神学を克服し否定したにもかかわらず、徹頭徹尾神学者なのだ。自然が青や赤や緑に見える青や赤や緑の色眼鏡があるように、我が論敵も世界全体が神学から成り立っているように見える眼鏡をもっているのである」（前掲邦訳書、一一二頁）。バウアーの書物に対する反響はすばらしく、すぐに数冊の反論書が出た。一八四三年のガブリエル・リーサ『ブルーノ・バウアーのユダヤ人問題に対して』、ザムエル・ヒルシュ『ブルーノ・バウアーのユダヤ人問題を解明するための書簡』、グスタフ・フィリップソン『ブルーノ・バウアーのユダヤ人問題についての解明』、一八四四年のアブラハム・ガイガー『ブルーノ・バウアーとユダヤ人』である。

マルクスは『聖家族』ではこう述べる。「だからバウアー氏は、ユダヤ教の秘密を現実のユダヤ人から説明するかわりに、現実のユダヤ人をユダヤ教から説明している」（ＭＥＷ第二巻、前掲邦訳書、一一三頁）。

ユダヤ人、キリスト教徒、宗教的人間一般の政治的解放は、ユダヤ教、キリスト教、宗教一般から国家を解放することである。国家は、国家自らを国家宗教から解放すること、すなわち国家が国家としてけっして宗教を表明しないこと、国家がむしろ国家として自らを表明することにおいて、形式上、本質的に固有のやり方で、宗教から自らを解放する。宗教からの政治的解放は、宗教から完全なる、矛盾のない解放ということではない。なぜなら、政治的解放は人間的解放の完全なる、矛盾のない方法ではないからだ。

ここで政治的解放についてマルクスは述べる。政治的解放とは、市民社会の矛盾の中で解放に至ることである。だから完全ではない。アメリカとフランスの例が示すように、国家が宗教から解放されたからといって宗教がなくなったわけでもなく、さらに宗教が政治に干渉しないわけでもない。宗教として政治に干渉しなくとも、宗教をもった個人として宗教に関係する。「国家が宗教を非政治的と宣言し、したがってそれを放任するやいなや、国家は、宗教が、そのほかの市民的生活要素と同じようにはじめて十分に存在しはじめたと宣言することになる。これらの要素の政治的存在の解消に、たとえば選挙資格の廃止による財産の解消や、国教会の廃止による宗教の解消に、まさにこれらの要素は公民としては死んだというこの宣言こそ、これらの要素のもっとたくましい生命が対応する」（ＭＥＷ第一巻、前掲邦訳書、一一二頁）。

政治的解放の限界は、すぐに次の点に現れる。人間の方はその限界から現実に自由にならなくとも、国家はその限界から自由になるという点、人間が自由な人間にならなくとも国家は自由な国家となるという点である。バウアーでさえ、次の政治的解放の条件を語るとき、暗黙のうちにこのことを認めているのである。「すべての宗教的特権一般、したがってまた特権的教会の独占も廃棄されねばならない。そして数人か、多くか、あるいはまた圧倒的多数が、なお宗教的義務を実行しなければならないと考えたとき、こうした活動は純粋の私的問題として人々に委ねられねばならなくなったのである」。したがって、圧倒的多数がいまだ宗教的であってさえ、国家は宗教から解放されたと言いえるのだ。そして圧倒的多数は、私的に（privatim）宗教的であることで宗教的であることをやめてはないのだ。

ここでマルクスは、すでに引用したバウアーの『ユダヤ人問題』の六章の言葉を引用頁なく再び引用する（Bauer, *Die Judenfrage, S.* 65）。フランスでのユダヤ人の状況について述べた部分であるが、フランスでは宗教問題がなくなったのではなく、たんなる私的な問題になっただけだという部分である。私的行為という言い方は、市民生活を司る経済的行為をも意味する。これらは公的な国家のことがらから離れ、私的な行為になる。だからこそ、国家は市民社会を解放すると同時にその私的行為については、無視することになる。『聖家族』では無政府性という言い方をする。「無政府性は、分岐された特権から解放された市民社会の法則であり、市民社会の無政府性は、近代の公的な状態の基礎である」（MEW第二巻、前掲邦訳書、一二二頁）。

しかし、国家と宗教との関係、すなわち自由な国家と宗教との関係は国家を形成している人間の宗教との関係にすぎないのだ。そこから次のことが出てくる。人間が政治的に限界を突破できるのは、国家という媒体を通じてであり、その点において人間は自らと矛盾し、抽象的、かつ限られた、部分的な方法でこの限界を乗り越えるのである。さらに次のことが出てくる。人間が解放されるのは、たとえ必然的な媒体を通じてであれ、回り道、媒体をつうじてであり、その点において人間は政治的に解放されるのである。最後に出てくるのは、人間はたとえ国家という媒体を通じて無神論者であると宣言しても、すなわち人間が国家を無神論者であると宣言しても、なおかつ宗教的に偏見をもったままでいられるということだ。なぜなら、それはまさに人間が自らを認識するのは媒体を通じて、回り道を通じてでしかないからだ。宗教とはまさに回り道での人間の認識である。つまり媒介をつうじた認識である。国家は人間と人間の自由との媒介者である。キリストが、人間が完全な神性、完全な宗教的偏見を課されている媒介者であるように、国家は完全に神性のない、完全に人間的な公平さを移し入れられている媒介者である。

マルクスは、近代市民社会形成の二つの議論を問題にしている。その二つの議論とは、近代市民社会は、国家による法的規制、政治的規制によって人為的にできあがったのか、それとも経済的自由な交換によって自然に形成されたのかという問題である。マルクスは基本的には後者の立場に立つ。だからこそ、国家は市民社会の内的論理から導出されねばならない。マルクスの残された草稿『ヘーゲル法哲学批判のために』（『国法論批判』MEW第一巻）は、まさに国家による市民社会の育成を考えるヘーゲルを批判している。しかし、ここでは人間社会の自由は、国家という規制のもとにしか出現しないという形で論理を展開している。国家は人間の自由を媒介する媒体として位置づけられる。もちろん国家は民衆の意思を反映したものでしかないというマルクスの確信は揺らいでいるわけではない。だからこそ、国家は君主的な個人の恣意的なものではなく、自由な国家、民衆の意思が反映した国家として出現する。マルクスは、『ヘーゲル法哲学批判のために』の中でこう述べる。「宗教が人間を創るのではなくて、人間が宗教を創るように、体制が国民を創るのではなくて、国民が体制を創る。ある点で民主制とそれ以外のあらゆる国家形式との関係は、キリスト教とそれ以外のあらゆる宗教との関係のようなものである。キリスト教はとりわけ宗教、宗教の本質、神化された人間がひとつの特殊な宗教としてあるあり方である」（MEW第一巻、前掲邦訳書、二六三頁）。ここでは国家は理念そのものとして、キリスト教は宗教の本質そのものとして出現している。

人間が宗教に対して政治的に乗り越えるということは、政治的克服一般のもつ欠落と長所の両方をあわせもつことである。多くの北アメリカの州で起こったように、選挙、被選挙のための納税基準が廃棄されるやいなや、国家としての国家はたとえば私的所有を破棄し、政治的方法で私的所有は廃棄されたと、人は説明することになる。ハミルトンはこの事実を政治的視点からまったく正しいことであると解釈している。「大衆が所有者や貨幣の富に対して勝利をしたのだ」と。持たざるものが、持てるものに対する立法者になれば、私的所有は理念の中では廃棄されたということではないか？　この選挙の納税基準は私的所有を知る最終的政治形態である。

ほぼハミルトンを引用符なしで引用している部分。マルクスのノートでの引用はこうなっている。「こうしたすべての州でどの市民も選挙権が与えられた」（*MEGA* IV/2 S.268）。ハミルトンのこの言葉はノートの中にある。その引用文章全体を翻訳するとこうである。「大衆が所有者と貨幣の富に対して勝利したのだ。人民大衆が唯一の権力の源泉であり、役人の貸し出しの源泉であると認知されている。下層の民の偏見と主張を拒否する代わりに政府は彼らをおだて、法の作成と他の州での支払いの基準として採用するのである。トップの連邦当局は人民が書いてみせる規則を採用し、原理を追及するためにだけ選ばれるのである」(*Ibid., S.268*)。

選挙権についてマルクスはこのハミルトンのノートの中で、次の記述を引用する。「こうしたすべての州で、どの市民も選挙権が与えられている。一八二九年までヴァージニア州の憲法は大土地所有者に選挙権は帰属していたが、この年さらに拡大された――どの市民も二五ドルと評価される所有をもてば、五〇ドルの地代を得れば、年間二〇〇ドルの借地料を支払えば、投票権をもつ」(*Ibid., S.263*)。

しかしながら、政治的な私的所有の廃棄では私的所有は廃棄されてはいない。それればかりか、むしろ前提にされている。生まれ、地位、教育、職業を非政治的な差異であると考え、こうした差異を考慮することなく、人民のすべての構成員を平等の人民主権の参加者として呼び出し、現実の人々の生活すべての要素を国家的視点から問題にすれば、国家は、生まれ、地位、教育、職業の相違をその本質上廃棄していることになる。それ以上に国家はますますその本質上、すなわち私的所有、教育、職業としての私的所有、教育、職業に影響を与え、その特別な本質に大きな意味を与えるのである。国家は、こうした実際の差異を廃棄するどころか、逆にそれらが存在する限りにおいてのみ存在するのであり、こうした自らの固有の要素と対立してこそ、自らを政治的国家だと感じるのであり、その一般性を問題にできないのだ。

政治的な私的所有の廃棄とは、政治的権利、すなわち公的権利において私的所有それ自体が意味をもたなくなることである。その意味で私的所有はあくまでも私的生活における権利にすぎない。おなじく地位の高さ、教育の高さ、職業なども私的生活の領域に入る。近代国家は、市民社会の領域の問題を私的領域として公的空間から取り去ったといえる。だからこそ、選挙権において私的生活における立場がまったく考慮されなくなるのである。「私的権利と私的福祉、家族と市民社会、こうした諸圏に対して、国家は一面では外的必然性であり、それらの上に立つより高い威力であって、それらの法律も利益もこの威力の本性に従属し、依存している」（ヘーゲル『法哲学』岩崎武雄訳、中央公論社、四八九頁）。

ヘーゲルが、次のように述べるとき、彼は政治的国家と宗教との関係を正確に規定したといえる。「自分のことを知る精神の倫理的現実態としての国家が出現するには、国家が権威と信仰という形態から区別されることが必然的なものとなる。しかしこうした区別が出現するのは、教会の側が自らにおいて分離する限りである。特殊な教会を超えてのみ、国家は思考の一般性、その形式の原理を獲得し、それらを現実のものにできたのである」（ヘーゲル『法哲学』第二版、三四六頁）。それは当然のことだ。国家が一般性を構築するのは、それが特殊な要素を超えたときのみである。

　ここで、ヘーゲルの引用が入る。これは『法哲学』の§二七〇からの引用である。この節でヘーゲルは、国家と宗教との関係を語る。マルクスは『ヘーゲル法哲学批判のために』の中でこの節にも触れるが、この引用の文章はそこにはない。この引用はセクションの後半部分である（前掲邦訳書、五一二頁）。この節でユダヤ教の問題が語られる。クエーカー教徒や再洗礼派のように国家義務を守らないものに対し、国家は寛容たるべしと述べている。それと同様にユダヤ人に対しても寛容たるべしという。その理由はユダヤ人もまた人間であることで、人権が認められるからであると。ヘーゲルはこうした言い方もする。「そういうわけで宗教は、倫理的なもの一般を含むところの基礎、さらには神的意志としての国家の本性を含むところの基礎をなすのであるが、宗教の本質や同時に基礎であるにすぎず、この点で宗教と国家は袂を分かつのである。国家は現実的形態と一個の世界の組織へとおのれを展開する現在的精神としての神的意志なのである」(前掲邦訳書、五〇〇頁)。

完成された政治的国家は、その本質から言って、その物質的生活と対立する類的生活である。こうした利己的な生活のすべての前提は、国家的領域の外である市民社会にあり、市民社会固有のものである。政治的国家が真に完成した場所では、人間は思考や意識の中だけでなく、現実や生活の中においても、神聖と現世の二重の生活、国家が共同体として問題となる政治的共同体における生活と、私人として活動する他人を手段とみなし、自らも手段にまで落ち、外的な力に翻弄される市民社会での生活を遂行する。

政治的国家は、普遍的なもの、公的なものの追及という意味で共同体的、すなわち類的な生活である。一方で市民社会は生きる上の経済的生活であり、それは私的である。ここに市民社会と国家との分離、二重の世界が出現する。そこでは、他人は自分にとって自己目的ではなく、手段となる。マルクスには市民社会も本質的に類的でなければならないという発想があるが、それはフォイエルバッハから得たものである。そもそも類的生活は、物質的なものであるがゆえに、共同のものであらねばならない。しかし、現実にはこの市民社会は闘争の世界になっている。

マルクスがフォイエルバッハから借用した概念は類的本質という概念である。人間が生きている存在において肉体的感覚で感知する世界、それが類的な世界である。それは具体的な共同体的生活といってもよい。人間は肉体的な感性的な世界と、精神的な世界の二つをもつ。人間の感性は愛であり、愛を通じて世界と接触する。愛は他人、すなわち類を通して理解される。本来の人間世界は、生きるという人間の存在に投げかけられたものである。それに対し、宗教はその意味で人間の愛の延長線にあるはずである。しかし現実には人間自らの自分自身を否定したものをそこに見出す。「宗教は人間が自己自身と分裂することである」（『キリスト教の本質』岩波文庫、上巻、一〇三頁）。すなわち神の世界と自分との間には愛の世界があるが、他人との世界には愛がないという逆転した関係が生まれる。宗教世界では愛が支配するのに、現実には愛がないということになる。こうして人間は神の世界と現実の類的生活との二重性に落ち込む。

政治的国家は、天上と地上との関係に似て、市民社会とまさに精神的に関係する。政治的国家は、宗教が世俗的世界の限界に対するのと同じように対立し、同じような方法で乗り越える。すなわち政治的国家は同じように市民社会を再認識し、成立させ、それを支配しなければならないのである。間近の現実である市民社会における人間は、世俗的な存在である。現実の個人としてお互いを問題にしあうこの世界では、人間は真実ではない姿である。それに対して人間が類的存在として問題となる国家においては、人間は想像上の主権の空想上の構成員であり、その現実における個別的生活を奪いとられ、現実のものではない一般性を付与されている。

政治的国家が類的生活であるということは、宗教的生活も類的であるということである。現実生活ではなく、精神生活において類的である。政治的国家が類的であることによって、市民社会に対し規制をかけたのと同じように、宗教も市民生活の不埒な生活に対して規制をかける。現実の世界における人間の世界は政治的国家にとっても、宗教にとっても真実ではない世界である。ここですでに主客転倒が起きている。マルクスはフォイエルバッハの影響を受け、現実世界こそ類的世界であると考え、そこにすべての源があると考える。しかし、実際にはそれは世俗の世界にしかすぎず、宗教と国家という主体が規制する悪しき現実となっている。だからマルクスは『ヘーゲル法哲学批判のために』の中でこう述べる。「理念は主体化され、そして家族と市民社会との国家に対する現実的関係は理念の内的な、想像上の働きと解される。家族と市民社会は国家の前提であり、それらはもともと活動的なものなのであるが、思弁の中ではあべこべにされる。ところで理念が主体化されると、その場合には、現実的な主体である市民社会、家族、『境遇とか個人的自由とかなどなど』は理念の、非現実的な、ほかのものを意味する、客体的な契機となる」（MEW第一巻、前掲邦訳書、二三六頁）。

ある特殊な宗教の信者としての人間が、共同体の成員としての国家市民制度、すなわち他人ととり結ぶ闘争は、政治的国家と市民社会との世俗の世界での分裂に還元される。ブルジョワ（bourgeois）としての人間にとって、「国家における生活は単なる幻、あるいは規則と本質に対するままある例外にすぎない」。もちろんブルジョワ（bourgeois）はユダヤ人同様、国家の生活の中では詭弁的にとどまるのであるが、それは公民（citoyen）が詭弁だけのユダヤ人あるいはブルジョワ（bourgeois）にとどまるのと同じである。しかしこうした詭弁は個人的なものというわけではない。この詭弁は政治的国家それ自身の詭弁である。宗教的人間と国家市民との間の相違は、商人と国家市民との間の相違、日雇いと国家市民との相違、土地所有者と国家市民との相違、生身の個人と国家市民との相違である。宗教的人間が政治的人間に対してもつ矛盾は、ブルジョワ（bourgeois）がシトワイヤン（citoyen）にもつのと同じ矛盾である。なぜなら、そこでは市民社会の成員は政治的なライオンの皮をかぶっているからだ。

キリスト教以外の宗教は市民社会と同様世俗的なもの、国家や宗教によって規制を受けねばならない対象となる。ユダヤ教などの宗教はまさにこの世俗的な世界の問題として非難を受ける。市民社会の主でもあるブルジョワは、ユダヤ人同様、世俗的生活を生きている不埒な人間であり、国家や宗教によって干渉を受ける存在である。ここで公民（citoyen）はドイツ語では国家市民（Staatsbürger）である。公民とは、近代的市民である世俗の世界の民ブルジョワではない。むしろ国家によって理念化された、理想的市民である。この市民は世俗的な穢れをもたない。だからこそ、公民はつねに理念としてしか存在せず、生身の市民社会を超絶している。そのことをヘラクレスのたとえで示す。すなわちヘラクレスはネメアのライオンを殺し、その皮を着ることで万能の力を得たとされる。まさにこれはライオンの皮であり、事実には存在しないものである。

ユダヤ人問題が最終的に還元されるこうした世俗の世界における対立、政治的国家とその前提との対立、これらは今では、私的所有などのような物的要素、あるいは教育、宗教のような精神的な要素でありうるが、一般的利益と私的利益との対立、政治的国家と市民社会との分裂、こうした世俗的対立をバウアーはそのままにしている。一方でその宗教的表現に対しては批判しているのである。「市民社会がその成立を確証し、その必然性を保証する基礎である欲求がまさに、その存在自体を危険にさらし、その中に不確かな要素を抱え、たえざる変化からなる貧しさと豊かさ、危機と繁栄とのあらゆる混合物、とりわけ変化というものをもたらす」（八頁）。

ユダヤ人問題は、市民社会におけるブルジョワの問題を象徴しているとも言える。市民社会の世俗性を一身に受けているのがブルジョワならば、ユダヤ教もその宗教の世俗性（日常生活が宗教であるという点で）という点で、市民社会の問題を代弁している。ユダヤ人問題は、実は宗教問題ではなく、この国家と市民社会との分裂の問題である。バウアーはこのことに気づいていない。もっぱらユダヤ人問題をキリスト教との関係の中でだけしかとらえない。むしろキリスト教と国家に対する非キリスト教と市民社会という論点で問題を考えるべきだったというのである。

そこでバウアーの『ユダヤ人問題』の中の「市民社会」の項目の文章が引用される（前掲邦訳書、一三頁）。市民社会の欲求のもつ問題を規制してきたのはキリスト教であるとバウアーは主張し、ユダヤ教はそれ自身市民社会的であったがゆえになにもしなかったと批判する。「ユダヤ教徒は身分や職業団体のきまった利害の外側に居座り、市民社会の裂け目に巣くって市民社会の不安定要素の要求する犠牲を自分の領分としてきた」（同、一三頁）。

ヘーゲルの法哲学を基礎として成り立っている「市民社会」（八ー九頁）の全節を参照してみよう。政治的国家と対立する市民社会は、政治的国家が必然的なものと認識されるがゆえに、必然的なものと認識されている。

マルクスは、バウアーのこの「市民社会」はヘーゲルの『法哲学』の「市民社会」の章を基礎としているとしている。まさに「ユダヤ人問題に寄せて」と「法哲学批判ー序説」は一対のものであることがわかる。狙いは宗教ではなく、市民社会と国家との分裂であったのだ。前者におけるユダヤ人は後者における市民社会である。ヘーゲルはこう述べる、「市民社会においては、各人が自分にとって目的であり、その他いっさいのものは彼にとって無である。しかし各人は、他の人々と関連することなくしては、おのれの目的の全範囲を達成することはできない」（『法哲学』前掲邦訳書、四一四頁）。つまり市民社会は対立の世界として出現する。

もちろん政治的解放は、大きな進歩であり、もとより人間的解放一般の最終形態ではないが、従来の市民社会秩序の内部での人間的解放の最終的形態ではある。当然ながら、われわれがここで語っているのは現実の、実践的な解放のことである。

政治的解放とは国家が、市民社会における事象、すなわち私的な問題に関して寛容になることである。人間的解放とは、市民社会における私的な問題で起こるさまざまな問題を解決することである。まず政治的解放は、人間的解放に至る過程である。

人間が政治的に宗教から解放されるのは、宗教が公の法から私的な法律に追放される点においてである。宗教は、人間が（たとえ限られた方法で、特殊の形態で、特殊の領域であろうとも）類的存在として、他人との共同体の中でとりもつ国家の精神ではなく、利己心の領域、万人の万人に対する闘争（bellum omnium contra omnes）、市民社会の精神になったのである。

宗教が私的な領域に入ったということは、市民社会と同じ領域に入ったということである。だからここで宗教は、市民社会同様、個人と個人の利害闘争の関係ということになる。ここにトマス・ホッブズの言葉、「万人の万人に対する闘争」が引用されている。「人びとが、かれらすべてを威圧しておく共通の権力なしに生活しているときは、かれらは戦争とよばれる状態にあり、そういう戦争は各人の各人に対する戦争である」（ホッブズ『リヴァイアサン』水田洋訳、岩波文庫、第一巻、二一〇頁）。その後もこの言葉をマルクスはたびたび引用する。

宗教はもはや共同性の本質ではなく、差異性の本質である。宗教は共同体から、自分と他の人間から、区別する表現となったのである。――宗教は本来そういうものであったのだ。もはや宗教は、特殊な倒錯、私的な思いつき、気まぐれの抽象的告白にすぎない。たとえば北アメリカにおける宗教の果てしのない分裂は、外見的にはすでに宗教が個人的な形態であることを示している。宗教は私的利益の一つにもぐりこみ、共同本質としての共同体から排除されている。しかしわれわれは政治的解放の限界について幻想は抱いていない。

宗教が公的な世界でなくなったことによって、宗教は市民社会の個性を表すものとなる。それが差異性という言葉である。どの宗教に入るかは恣意的なもの、偶然的なものとなる。市民社会における産業の数ほど宗教は分化していく。宗教はいわば産業のようなものとなったのである。ここでボーモンの言葉が思い出される。「北アメリカにある主要な宗派は、メソジスト、再洗礼派、カトリック、プレスビテリアン、英国聖公会、クエーカー、アーミッシュ、ユニヴァーサリスト、会衆派、ユニテリアン、オランダ改革派、ドイツ改革派、モラヴィア兄弟団、ルター派、福音派である。再洗礼派はさらにカルヴァン派、アソシエ派、メノイット派、解放派、タンカー派などに分かれる」（Beaumont, *op.cit.*, Tome 2, p.87）。このようにアメリカではどんどん新しい宗派に分裂している。

人間の公的人間と私的人間との間への分裂は、つまり国家から市民社会への宗教への解体（Dislocation）は、一つの段階ではなく、政治的解放の完成であり、だからこそ現実にある人間の宗教心を廃棄しようと努力もしないし、廃棄もしないのである。

政治的解放は、宗教を廃止するのではなく、むしろそれを発展させる。なぜなら政治的解放によって、宗教は市民社会の団体のようなものになるだけで、解体はしないからである。宗教はセクトとしてどんどん発展していく。

人間がユダヤ人と国家市民に、プロテスタントと国家市民に、宗教的人間と国家市民に分裂するということは、この分裂は国家市民制度に対する虚ではないし、政治的解放からの遠回りでもなく、政治的解放それ自身であり、宗教から自らを解放する政治的方法なのである。

ここで二つが対比される。国家市民とユダヤ人、国家市民とプロテスタント、国家市民と宗教的市民。これは言い換えれば公的な世界の民と私的な世界の民との分離を意味している。宗教が私的なものとなることで、国家の市民としての政治的権利は、なるほど市民社会から遊離した形式だけの市民ということになる。それが空虚だという意味であるが、しかしそれ以外に政治的な解放も可能ではないことも確かである。形式的に市民であることで、詳細なその実態について国家は干渉するべきでないからである。

次のことは当然のことである。すなわち、政治の国家としての政治的国家が市民社会から暴力的に生まれる時代においては、人間的自己解放が政治的自己解放という形態のもとで行われようとする時代においては、国家は宗教の廃棄、宗教の否定にまで進みうるし、そうならねばならない。しかしそれは、国家が私的所有の廃棄まで、最高価格法まで、つまり没収まで、累進課税まで、生命の廃棄まで、ギロチンまで進むのと同じである。

　国民公会は、累進課税と教会の土地を没収することを決定した。一般最高価格法は、一七九三年九月二七日に施行された食物価格の最高価格を命令する法律である。ギロチンまでという言葉はロベスピエールのことが念頭にある。市民社会の利害、すなわちブルジョワ社会の利害から政治的国家が出現する時代とはロベスピエールの時代を意味する。マルクスは『聖家族』の中で、ロベスピエールは、革命後の国家をローマの国家と混同したとしている。その混同によって、革命はやがて市民社会の原理を超えて、古代奴隷制に基づく共同体の世界の実現へと進んだというのである（MEW第二巻、前掲邦訳書、一二七頁）。一挙に人間的解放まで突き進んだのだ。マルクスはこの頃、『ルヴァスール・ド・ラ・サルトの回想録』を読みノートをとっている。ここで革命が急進化していく時代の文章を引用している。

政治生活は特別の自己陶酔を契機として、市民社会とその要素を押し潰し、現実の、矛盾なき人間の類的生活として自らを構築しようという前提を模索するのである。もっともこうしたことが可能になるのは、自ら独自の生活条件に対して暴力的に反対することによってのみであり、革命が永久であると宣言される場合のみであり、政治的ドラマは、戦争が平和で終わるように、宗教、私的所有、市民生活のあらゆる要素の再復活によってまさに必然的に終焉するのである。

　急進化した政治的解放は、類的生活を市民社会に強制的に押し付けようとする。しかしそれは、事実上それに照応する市民社会の規範を持たない点で、上滑りのものになる。現実的なものになるには、市民社会における変革が必要である。市民社会の変革を抜きにしたロベスピエールの改革についてこう語る。「ロベスピエール、サン＝ジュスト、および彼らの党が没落したのは、真の奴隷制の基礎の上に立った古代の、現実的＝民主主義的共同体を、解放された奴隷制、すなわち市民社会に基づく近代の精神的＝民主主義的な代議制国家と混同したためである。近代的市民社会を、すなわち産業と一般的競争の、自己の目的を自由に追求する私的利害の、無政府状態の、自分自身を疎外する自然的・精神的個性の社会を——人権として承認し、裁可しなければならず、それと同時にこの社会の生命の発現をあとから個々の個人に対してとりけし、それと同時にこの社会の政治的な頭部を古代風に作ろうと欲するとはなんたる錯覚だろう」（MEW第二巻、前掲邦訳書、一二七頁）。こうした解放は永久革命でしか続かないという。それを失すれば、瞬く間に元に戻る。ロベスピエールの後に現れたナポレオンについてこう述べる。「彼は永久革命の代わりに永久戦争をもってくることによって、テロリズムを完成した」（同、一二九頁）。そのナポレオンはやがて市民に足元をすくわれ失敗する。「ナポレオンという人物をかりて、もう一度革命的テロリズムが自由主義的ブルジョワジーに対抗したように、王政復古時代、すなわちブルボン朝をかりて、もう一度反革命が自由主義ブルジョワジーに対抗した。一八三〇年になって、やっとブルジョワジーはその一七八九年の願望を実現した」（同、一二九頁）。

確かに、キリスト教をその基礎として、国家宗教として認める、そしてだからこそ他の宗教に対して排他的にふるまう、いわゆるキリスト教国家は、完成されたキリスト教国家ではなく、むしろ市民社会のそれ以外の成員の宗教を追放する無神論的国家、民主国家、宗教を市民社会の他の要素の一つとして追放する国家である。依然として神学的であり、公的形式において依然としてキリストの信仰告白を告白している国家、依然としてあえていわゆる国家として自らを宣言しようとしない国家は、キリスト教の大げさな表現である、その世俗的、人間的形態において、その現実の姿において、国家としての人間的基礎を表現するに至っていない。いわゆるキリスト教国家は単なる非国家にすぎない。なぜなら、現実の人間的創造を遂行できるのは、宗教としてのキリスト教国家ではなく、キリスト教の人間的な背景にすぎないからである。

他の宗教に対して排他的な国家は、完成されたキリスト教国家ではなく、未完成のキリスト教国家である。本来のキリスト教国家は、キリスト教の精神を担っているにすぎない国家であり、その意味で宗教に寛容であるはずである。しかし、この国家はキリスト教そのものでできている国家であり、国家の体をなしていない。マルクスは『聖家族』で、バウアーの『ユダヤ人問題』に対するヒルシュの批判に対するバウアーの回答を引用し、こう述べている。「熱弁家（ヒルシュ氏のこと）は『ひとをうんざりさせるような文章を書きしるすかわりに、キリスト教国家は、その生活原理が特定の宗教であるがゆえに、他の特定の信者に——その身分との完全な平等を許すことができない、という私の証明を反駁したほうがよかったのだ』。もし熱弁家ヒルシュが、ほんとうにブルーノ氏の証明を反駁し、『独仏年誌』で行われたように、身分と排他的キリスト教との国家は、未完成の国家であるばかりでなく、未完成のキリスト教国家であることを、示したとするならば——」（MEW第二巻、前掲邦訳書、八九頁）。

いわゆるキリスト教国家は、国家を、キリスト教を否定するものであるが、キリスト教を国家的に実現したものではない。キリスト教をなお宗教的形態として認識している国家は、国家という形態ではまだ認識していない。なぜなら国家はまだ宗教的に宗教と関係しているからである。つまり国家は宗教の人間的基礎を現実的に遂行していないということである。なぜそうかといえば、国家がまだこうした人間の核となるものを想像的な形で、非現実的に挑発しているからである。いわゆるキリスト教国家は不完全な国家であり、この国家にとってキリスト教は国家の不完全さを完成するものとして、神聖化するものとして重要なのである。

キリスト教を宗教として認識しているがゆえにキリスト教は、国家理念として実現されているわけではない。宗教が何ゆえに必要かといえば、国家の内容が希薄であることで、その内容の欠陥を隠すための手段として必要だということである。国家が完成していれば、国家市民（公民）の権利をはっきりと明示できるはずであるが、それができないがゆえに、国家は空威張りするしかない。

したがって、この国家にとって宗教は必然的に手段であり、偽善の国家である。完成された国家が、一般的な国家の本質の中にある欠落のために宗教をその前提として考えるということと、未完成の国家が、その欠落のために、特殊の存在の中にある欠落のために、宗教をその基礎として考えるかには大きな違いがある。後者の場合、宗教は不完全な政治となる。前者の場合、完成された政治の不完全でさえ、宗教の中で示されるのだ。いわゆるキリスト教国家がキリスト教を必要とするのは、国家として自らを完成させるためである。民主国家、現実の国家は、政治的完成のために宗教など不必要である。むしろそうした国家は宗教を度外視することができる。なぜなら、そうした国家では宗教の人間的基礎が世俗的な形で実現されるからだ。それに対して、いわゆるキリスト教国家は、政治に対して宗教的に、宗教に対して政治的に関係している。この国家が国家形態を見せかけにまで引き落とすとき、まさに同じように宗教を見せかけにまで引き落とすのである。

いわゆるキリスト教国家と民主国家を対比している。前者では宗教は私事とならず、公的な政治の場に出てくる。後者ではそれは私事となることで、政治の場では宗教など必要なくなる。この問題について、マルクスは一八四二年『ライン新聞』紙上で、

『ケルン新聞』の編集者ヘルメスのユダヤ人批判に答える形でこう書いている。「真に宗教的な国家とは、祭政一致の国家である。このような国家の君主は、ユダヤ国家の場合のように、その宗教の神すなわちヤーヴェ（イェホヴァ）自身でもあるか、またはチベットの場合のように、神の代理者すなわちダライ・ラマであるか、最後にまた、ゲーレスが彼の最新の著書でキリスト教国家にたいして正当に要求しているように、『決して誤ることのない教会』である一つの教会にこれらの国家のすべてが服属するか、そのどれかでなければならない。なぜならプロテスタンティズムにおけるように、教会の最高の首長が存在しないときには、宗教の支配とは、支配の宗教、政府の意思の礼拝にほかならないからである」（MEW第一巻、前掲邦訳書、一一七頁）。こうしてプロテスタントのプロイセンにあっては真のキリスト教国家は完成できないということになる。

この対立を明確にするために、われわれはキリスト教国家のバウアー的な構築、キリスト教的-ゲルマン国家という観念から導き出される構築を考察してみよう。

マルクスはこの「キリスト教的ゲルマン国家」という言葉とよく似た、「キリスト教的ゲルマン教条」という言葉を『聖家族』の中で使っている。「ブルーノ氏によって発見されたあの関係は、とりもなおさず、ヘーゲル的歴史観の批判的に戯画化された完成にほかならず、後者はさらに、精神と物質、神と世界との対立に関するキリスト教的-ゲルマン的教条の、思弁的表現にほかならない。この対立は、つまり歴史のうちでは、人間世界そのもののうちでは、少数の選ばれた個人が、能動的精神として、没精神の大衆としての、物質としての残りの人類に対立する、という具合に表現される」（MEW第二巻、前掲邦訳書、八六頁）。ここで、マルクスはバウアーのキリスト教的ゲルマン国家を精神的世界と規定する。その意味で精神的世界に関心をもたない大衆は、その国家からは排除されることになる。ユダヤ人は、まさに物的世界に生きることによって、一人として精神の世界に入れないことになり、キリスト教ーゲルマン国家の中で何らの位置も占めることはできない。

バウアーはこう述べる。「人は最近キリスト教国家が不可能であること、存在できないことを証明するために、福音書の中の言葉にしばしば言及した。それはその国家が完全に解消しないかぎり、守られないだけでなく、一度として守ることができない言葉であった」「しかし事実はそれほど簡単に片付いたわけではない。ではその福音の言葉は何を要求しているのか？　超自然的な自己否定、啓示という権威への屈服、国家からの離反、世俗的関係の廃棄である。さてキリスト教国家はこうしたことすべてを望み、実行している。キリスト教国家は福音書の精神を自分のものとし、キリスト教国家は福音書が述べているのと同じ言葉で再現されることまではないとしても、ほぼそれに近いものである。その理由は、この精神は国家形態において表現されているからである。すなわち、その形態は、現世においては国家制度という借用形態をとっているのだが、その形態が実現されねばならない宗教的復活の中においては、単に見せかけのものになっているからである。キリスト教国家は国家からの離反であり、それが国家形態の完成に役立っているのである」（五五頁）。

この引用は『ユダヤ人問題』第四章「キリスト教国家におけるユダヤ人の立場」の冒頭の文章からのものである（前掲邦訳書、七二ー七三頁）。ここでバウアーは、ユダヤ教の律法のもつ特殊性とキリスト教の普遍性を強調する。キリスト教の特権はこの普遍性をもつことにある。だから、ユダヤ教の特権とは違い、キリスト教はこの特権を普遍的なものとして主張する義務がある。マルクスはこうしたキリスト教の普遍性は、選ばれたエリートの普遍性にすぎないと考える。バウアーのキリスト教理解はその意味でヘーゲルと似ているという。ヘーゲルは絶対精神という理念が先行することで、人々をその精神にひれ伏させたのだが、バウアーはそれを神学にもっていき、神学の絶対精神をキリスト教にし、大衆をひれ伏させている。『聖家族』の中でこう表現する。「大衆的・物質的ユダヤ人に対して、精神の自由、理論における自由についてのキリスト教の教説が、つまり、鎖につながれていても自分は自由だと想像し、『理念』の中で心底から満足を感じ、あらゆる大衆的存在によって妨げられるだけだという、あの唯心論的自由が説教される」（ＭＥＷ第二巻、前掲邦訳書、九六頁）。

バウアーはさらに展開しこう述べる。キリスト教国家の人民は人民でない。独自の意志をもっていない。自らの真の存在は彼が仕える君主の中にしかない。もっとも君主の存在など彼にとって本来、本質的によそよそしく、つまり神が与えたもので、人間の側の協力なくできたものである。こうした人民の法律も彼らの創造物ではなく、明確な啓示である。君主は本来の人民である大衆との間に特権的媒介者を必要としている。大衆自身も、偶然によってつくられ、規定され、形成されるさまざまな特殊の集団に分かれる。この集団はその利益、特殊な情念と偏見によって異なり、特権によってそれぞれ相互に排除しあうのである等々（五六頁）。

先に引用された段落の次にある段落をマルクスなりにまとめた文章である。ここではキリスト教徒は、現世の世界から飛びぬけ、もはや自分の中に自由意志をもたず、ひたすら神の啓示にしたがう人々となる。彼らはもはや足で立つのではなく、頭で立つ人々となる。マルクスはこの大衆を従属する理念なきものにするバウアー的なやりかたを批判的批判といっている。ヘーゲルの弟子であるとマルクスがいう意味はここにある。そうした無知な大衆のいわば格好の相似形としてユダヤ人がその標的になるわけである。もちろんキリスト教徒の大衆は、精神的な意味で従属的な点では、物質的な問題で従属的なユダヤ人とはちがう。しかしマルクスは精神的な意味で従属的なキリスト教徒のほうが貧困だと考えている。

バウアーは自らこういっている。「政治は、宗教として何ものかでなければ、政治的であってはいけない。それは、料理鍋の洗浄が祭事と同等のものだとすれば、それは家事と見なされないのと同じである」(二〇八頁)。しかしキリスト教ゲルマン国家において、宗教は「家事」であり、同様に「家事」が宗教である。キリスト教ゲルマン国家においては、宗教の支配は支配の宗教である。

この文章は、『ユダヤ人問題』第七章「最後の幻想の解体」の最後の方からの引用である。とりわけパリで開かれた「大サンヘドリン」に関する内容の部分から引用されている。そこで一七九一年九月二七日のユダヤ人解放令はユダヤ人に何ものももたらさなかったことを、後のナポレオンによるユダヤ人に対する差別法との関連で述べている。ナポレオンはユダヤ人の高利貸の問題に関して大サンヘドリンをパリで召集した。このときマルクスの伯父ザムエルもこれに参加している。内容は、この大サンヘドリンの長であったナーシ(長)の発言に関するところにある。ナーシはユダヤ教にとって神以外の君主はいないということを述べている。だから政治は宗教的であるというわけである。だったら料理鍋の洗浄も祭事であれば、神事になるのかとバウアーは問い返す。それに対し、マルクスは、キリスト教ゲルマン国家も、同じことではないかと問い返しているのである。

「福音書の精神」と「福音書の文字」とを分離することは、非宗教的なやりかたである。福音書を政治という文字で、聖なる精神である聖書の文字以外で語らせる国家は、たとえ人間の目の前でないとしても、人間独自の敬虔的な目の前では冒瀆の罪を犯している。キリスト教を最高の規範として、聖書をその憲章として認める国家に、聖書の言葉をぶつけねばなるまい。

「福音書」に書かれてある言葉を無視し、その精神的内容だけを理解することは、政治という形で聖書を読み解くことである。バウアーは神学を論じながらいつのまにか政治を論じている。すでに神学者としての聖書解釈を逸脱しているのではないか。マルクスは『聖家族』でこう述べる。「神学者バウアーには、批判なるものが無限に長い間思弁的神学に従事しなければならなかったことは、まったく自明のことである。なぜなら彼すなわち『批判』は、本業として神学者なのだから。だが政治を論じるとはどうしたことか？　それは、まったく特殊な、政治的・個人的な事情が動機となっているにちがいない！」（ＭＥＷ第二巻、前掲邦訳書、一〇六頁）。

なぜなら聖書は一言一句神聖なものなのだから。国家をつくっているごみのような人間は、もし、「その国家が完全に解消しないかぎり、守られないだけでなく、一度として守ることができない」という当該の福音書の言葉が示唆されれば、宗教的意識という点から苦痛の多い、乗り越えられない矛盾の中に入る。そしてなぜ国家は完全に解体しようと望まないのか？　国家は自らにも、他者にもその問いに答えることはできない。公的なキリスト教国家は、自らの意識の前では、その実現が不可能な当為であり、ただ嘘によってしかその存在の現実を自ら確信することができず、したがっていつも自ら疑いの対象であり、不確実な、問題の多い対象のままなのだ。『聖書』に基づく国家を意識の狂気だと無理やり考えるとすれば、批判はまったく正しいことになる。

ここで引用されているのは先に引用されたバウアーの『ユダヤ人問題』の五五頁の繰り返しである。国家が解体しなければ、福音書の箴言は実現できないとすれば、国家が解体しない世界に生きている人間は、国家と福音書の言葉のどちらが正しいかという矛盾の中で悩む。キリスト教国家は福音書では解体しなければならないのに、現実には解体はしない。とすると解体しないキリスト教国家は、福音書を否定していることになる。神聖な福音書を否定するとすれば、そうした国家自体狂気だということになる。マルクスは新約聖書のラテン語版 *Novum Testamentum graece*, Leipzig, Tauchnitz, 1820 を所蔵していた。

そこでは国家はもはや現実と妄想との区別さえ知らず、宗教を隠れ蓑とする世俗の目的の破廉恥さは、宗教こそ世界の目的であると考える宗教的意識の誠実さと解決しがたい葛藤に入るのである。この国家は、カトリック教会の手先となる場合にのみ、その苦痛を解消することが可能になるのである。この国家は、世俗の権力こそ自らの役立つ身体だと考えるカトリックに対して無力であり、宗教的精神による支配を望む世俗的権力は無力である。

ここで突然カトリック教会が出てくる。これまでの議論はすべてプロテスタントの話であった。プロイセン国家はプロテスタント国家であった。カトリックの場合、組織が明確に違う。プロテスタントにはローマ法王のような中心がない。一方カトリックは、ローマという中心をもつことで、それぞれの教会は第一には法王の下にある。当該の国家はその宗教的目的を遂行するための手段である。もちろんそれぞれの国家がそうしたカトリックの考えを理解できるかどうかは別問題であり、それゆえケルン教会闘争の問題が起きた。ケルン教会闘争は、ケルンの大司教とプロイセン国王との闘争である。ケルンの大司教ドロステはローマとの関係を重視するウルトラ・モンタン派であり、プロイセン国王は大司教ドロステを逮捕する。やがてドロステは妥協するが、その妥協の内容はカトリックのキリスト教国家として、プロイセンを利用するというものであった（的場昭弘『トリーアの社会史』未來社、一九八六年、一八六－一八九頁）。マルクスの父は死の直前この問題について短い論文を書いている。しかもそれは、カール・マルクスがチェックしたものでもある（*MEGA* IV/1, SS.379-380）。そこでは次のように問題が設定されている。まずは国家の平和を保つこと、そのための国家による介入は法の問題を超えていること、だから法学の分野にまで議論を進める必要がないこと。プロイセン国家はこの場合断固たる処置をしていいことが書かれてある。

父の議論は、プロイセン国家はカトリック権力を国家の下に入れるべきであるという点に特徴がある。しかし、バウアーの議論を問題にするマルクスは、カトリック教会の議論の方が福音書に忠実だと考えている。なぜなら、カトリックはあくまでも宗教のために国家を利用しようとしているわけであり、国家のために宗教を利用しようとしていないからである。バウアーのキリスト教国家は、国家のダシに使われているだけだからである（本書第四編研究編第二章参照）。

> 　いわゆるキリスト教国家において重要なことは人間ではなく、疎外である。重要な唯一の人間は国王であり、国王はそれ自身とりわけ他の人間と区別されたものであり、天上と神と直接関係する、宗教的本質なのである。ここで支配的な関係はやはり信仰的な関係である。だから宗教的精神は現実には世俗化されてはいないのである。

いわばここでバウアーの述べるキリスト教国家の正体がわかる。それは福音書の話とまったく矛盾していること、すなわちここでは政治が宗教を手段として利用していること、その結果宗教の中心に立つのはプロテスタントではなく国王であること、国王は人間であるが、同時に神と民とを媒介する人間でもあること。そして大衆と国王との関係は信仰であり、政治ではない。その意味であくまでもすべてが精神的な関係でつながっていて、世俗的な政治の入り込む隙間などないということである。フォイエルバッハは宗教の疎外についてこう述べる。「神が主体的人間的であればあるほど、人間はそれだけますます多くの自分の主体性と人間性とを疎外する」（『キリスト教の本質』上巻、一〇〇頁）。

> 　しかし宗教的精神は、実際には現実に世俗化することはできない。それではいったい宗教的精神は人間精神の発展過程の非世俗的な形態としては、何であるのか？　宗教的精神が実現されえるのは、その宗教的表現である人間精神の発展段階が世俗的な形態をとり、組みたてられる限りである。こ

のことは民主国家の中で起こる。民主国家の基礎は、キリスト教ではなく、キリスト教国家の人間的な基礎にある。宗教は、現実に実現される人間的発展段階の観念的形態であるがゆえに、国家という構成員の観念的、非世俗的意識のままである。

宗教精神が世俗化されること、すなわち現実のものとなるのは、宗教精神が疎外ではなく、人間的なものになってからである。フォイエルバッハ的にいえば、人間相互の愛が宗教の本質であるが、その表現が神という他者に化けたものが宗教であるとすれば、宗教を世俗化することは、人間相互の愛を復活することである。それは人間が他人を愛する気持ちであり、それは民主主義社会でしか実現できない。民主国家の基礎はその意味でキリスト教という宗教国家であるよりも、キリスト教をつくった（それ以外の宗教も含むが）、宗教の人間的基礎ということになる。しかしあくまでも宗教の方は世俗的な世界の外にある。

政治的国家の成員は、人が真の生活としての彼岸の国家を現実の個人の問題と考える点において、個人的生活と類的生活との二重性を通じて宗教的であり、市民社会の生活と政治的生活との二重性を通じて宗教的である。それは宗教がここで市民社会の表現であり、人間と人間との分離、分裂の表現である限りにおいてのことである。政治的民主主義がキリスト教的であるのは、キリスト教においては人間が、主権的、最高の本質として一人の人間だけでなく、すべての人間を問題にするからである。しかし非文化的、非社会的に現れる人間、偶然的存在である人間、あるがままの人間、われわれの社会の全組織を通じて腐敗している人間は、非人間的関係や要素が支配する中で、自らを失い、外化され、非人間的関係や要素の支配に委ねられているのである。一言でいえば、こうした人間はまったく現実的な類的本質ではないということである。キリスト教の幻想的姿、夢、要求、人間の主権は、現実の人間とは異なるよそよそしい本質であるが、民主制の中では、それは感じられる現実、現在、世俗的な原則なのである。

宗教精神から生み出された政治的国家は、地上の個人の世界とその彼方にある彼岸の世界、すなわち人間の個人の生活と類としての全体の生活とが二重になっている点、いい換えれば理念から生み出された国家の世界と、現実の葛藤から生み出された市民社会の生活が二重になっている点において、宗教的な香りを保っている。キリスト教は、市民社会におけるさまざまな軋轢を超えたものとして、全人間の幸福を祈っている点において、人間的な宗教である。しかしこの人間は人間一般という抽象的な人間であり、けっしてあれやこれやの現実の人間社会で苦労している人間ではない。そうした現実の苦しみの中でそれを解決することを願っているのではなく、たんに精神的に癒すだけの存在である。だから現実の人間は最初から打ち捨てられている。人間は精神世界において類的な存在となっていて現実世界ではそうなっていない。しかし民主政治は、人間それぞれへの愛をもつことで現実的、世俗的な原理をもつ。

宗教的、神学的意識それ自体が、完成された民主制の中でますます宗教的になり、神学的になるのは、外見上政治的意味も、地上の目的もなければ、そうした意識は、世俗を恐れる気持ち、理解の狭さの表現、幻想と思いつきの産物として現れるからであり、それは現実世界では彼岸の生活として現れるからである。ここでキリスト教が普遍宗教という意味をその実践的表現として見出すのは、さまざまな種類の世界観がキリスト教という形態でそれぞれ分類されるという点である。さらにいえば、キリスト教がキリスト教の要求ですらない、別のあるなんらかの宗教一般の要求として出現することを通じてである（ボーモン、前掲著書参照）。宗教的意識は宗教対立と宗教の多面性という豊かさの中で昇華されるのである。

宗教的神学的意識は、政治的民主制度の中ではますます現実から離れ、神学の世界のものとなる。アメリカがその例としてあげられる。政治の外に宗教が出ることで、宗教はどんどん現実的な宗教よりも神学的な宗教になる。アメリカでは、キリスト教でない宗教もキリスト教として出現していく。

このボーモンの引用が書物のどこからとられたものであるかは不明であるが、おそらく注の第二「アメリカ合州国における宗教運動」の一節「宗派の中の関係」の末尾の文章であろう。そこにはこう書かれてある。「こうした宗派は純粋のモラルの上に基礎付けられている。なぜなら、すべてがキリスト教であるからだ。相対立する学説で分離しているものの、その間にはしっかりとしたつながりがある。それが徳のつながりである」(Beaumont, *op.cit.*, Tome 2, p.99)。トクヴィルも同じようなことを述べている。「合州国には数え切れないほどたくさんの宗派がある。創造者に対する礼拝はみな異なるが、人間相互の義務に関しては、すべての宗派の理解は一致している。すなわち各宗派はそれぞれの仕方で神を敬うが、神の名において同じ道徳を説く。個人としての人間にとっては、信ずる宗教が正しいことが大いに役立つとしても、社会にとっては宗教の真偽が問題ではない。社会は来世を恐れることも、来世に期待することもない。社会にとってもっとも重要なことは、すべての市民が正しい宗教を信ずることではなく、ひとつの宗教を信じることである。そして合州国のあらゆる宗派はキリスト教としての大きな一体性の中にあり、キリスト教道徳はどこでも同じである」(『アメリカのデモクラシー』前掲邦訳書、下巻、二一七頁)。

だからわれわれは次のことを示したのだ。政治的解放によって宗教は、たとえ特権的な宗教がなくなっても存続するということを。ある特殊な宗教の信者が国家市民に対してもつ矛盾は、政治国家と市民社会との世俗的な一般的矛盾の一部にしかすぎない。キリスト教国家の完成は、国家が国家として告白し、その成員の宗教を無視することである。国家の宗教からの解放は、現実の人間を宗教から解放するということではない。

要するに、政治的解放は宗教を特権的な宗教にすることではなく、たんなる宗教にすることである。宗教は市民社会の一部をなすのであり、政治国家の一部をなすのではない。それは私的なことにすぎないのである。キリスト教国家が完成することは、キリスト教が国家宗教として特権化することではなく、逆に宗教を解放し、自由にしてやることである。国家が宗教の重荷から解放されたからといって、人々が宗教から解放されるわけではない。

だからわれわれは、バウアーのようにユダヤ人に対してこうはいわない。諸君たちが政治的に解放されえるのは、ユダヤ教から徹底して解放されるときであると。むしろユダヤ人にこういおう。諸君たちの政治的解放など、ユダヤ教から矛盾なく、完全に解放されてなくとも可能であるがゆえに、政治的解放などそれ自体人間的解放ではないと。諸君たちユダヤ人が、自ら人間的に解放されることなく、ただ政治的に解放されたいと望むなら、その中途半端さと矛盾は諸君たちの中にはなく、政治的解放の本質とカテゴリーの中にある。諸君たちがこのカテゴリーに囚われているとすれば、諸君たちは一般的な偏見を共有していることになる。国家が国家であるにもかかわらず、ユダヤ人に対してキリスト教的に関係しようとするとき、国家が福音化するように、ユダヤ人は、ユダヤ人であるにもかかわらず国家市民という権利を要求するとき、政治化しているのである。

ある意味マルクスの結論的な部分である。バウアーはユダヤ教を捨てないとユダヤ人は解放されないと述べるのだが、マルクスは真っ向からそれを否定し、政治的解放であればユダヤ教のままでなんら問題はないと述べる。政治的解放とは宗教を市民社会の私的問題にすることだからである。もちろんこれは人間的解放ではない。人間的解放とは市民社会のさまざまな対立を解決することだからである。もっともすでにユダヤ人たちは政治的世界にいることは間違いない。

しかしユダヤ人がユダヤ人であるにもかかわら

ず、政治的に解放され、国家市民権を得ることができる場合、ユダヤ人はいわゆる人権を要求し、それを獲得することができるのであろうか？　バウアーはそれを拒否する。「問題はユダヤ人がこうしたものとして、すなわちその本質上他人と永遠に孤立して生きざるをえないことに自ら責任をもつユダヤ人として、一般的な人権を獲得し、他人を認めることが可能かどうかということである」。

政治的権利、すなわち国家市民としての権利を得ることができるとしても、ユダヤ人は人権を獲得できるのか。バウアーは不可能だという。ここから続く引用は、バウアーの『ユダヤ人問題』の一章のうち「人権とキリスト教国家」からの引用である。この文章は冒頭部分（前掲邦訳書、一・六頁）である。ユダヤ教徒は隔絶した宗教団体としてほかの宗教と排斥しあわないかということが描かれている。

「人権という考えはキリスト教世界にとって前世紀にはじめて発見されたものである。それは人間に固有のものではない。それは人間がそれまで教育されてきた歴史的伝統に対する闘争においてのみ獲得されたものである。だから、人権は自然の賜物ではないし、これまでの歴史の持参金でもなく、世代から世代へと今日まで受け継がれてきた生まれ出る偶然性と特権に対する闘争の代価である。人権は教育の結果であり、それを譲りうけ、獲得したもののみ、それをもつことができるのである」。

この文章は、先の文章の後に続くものである（同、二七頁）。人権は、キリスト教のみがつくりあげてきたものであり、人間に生まれつきそなわっているものではないと強調する。人権を得ることができるものは、そのために闘ったものだと語る。

「ではユダヤ人は現実に人権をもちえるのか？　彼がユダヤ人であるかぎり、人間として人間を結びつける人間的本質に対して、彼をユダヤ人にしている限られた本質が勝利し、彼を非ユダヤ人から分けるにちがいない。こうした分離を通じて、彼をユダヤ人にしている特殊な本質こそ真の最高の本質であり、その前では人間の本質などは後退せざるをえないと彼は表明するのである」。

「同じようにキリスト教徒もキリスト教徒としては人権を得ることができない」（一九頁、二〇頁）。

この文章は、前の文章から続くものであるが、最初の文章は正確な引用ではない。バウアーの文章を文章通り引用するとこうである。「ユダヤ人が、ユダヤ人として他者から永遠に分離して生きているかぎり、したがってまた他者は自らの同胞ではないと説明しなければならないかぎり、ユダヤ人は人権を持ちえるのであろうか。彼がユダヤ人であるかぎり、人間として彼を人間と結びつけるはずの人間的本質に対して、彼をユダヤ人にしているかぎられた本質が勝利を得て、非ユダヤ人から彼を分離させるにちがいないのだ。彼はこうした分離を通じて、彼をユダヤ人にする特殊の本質こそ彼の真の、最高の本質であり、その前では人間的本質は後退せざるをえないと表明するのである」（*Die Judenfrage*, *op.cit.*,S.19-20）。バウアーは、ここでユダヤ人もキリスト教徒もともに人権を得ることができないと述べる。

バウアーによると、人間が一般的人権を獲得するには「信仰という特権」を犠牲にしなければならない。われわれは当面いわゆる人権と、しかもその真の形態、その発見者である北アメリカ人とフランス人が所有している形態での人権を考察してみよう。こうした人権は、一部は政治的権利、他人との共同体においてのみ影響を及ぼす権利である。共同体、しかも政治的共同体、国家制度への参加がその内容を形成する。人権は政治的自由のカテゴリー、国家市民のカテゴリーのもとにあり、すでに見たように、宗教、したがってたとえばユダヤ教の積極的な、矛盾なき廃棄を前提にしているわけではない。われわれには人権のもう一つの部分、すなわち人権が公民権（droits de citoyen）と区別される限りでの人間の権利（droits du l'homme）の考察が残されている。

　ここで再度北アメリカとフランスの事例が語られる。フランスや北アメリカでは、どの宗教も廃棄されることなく人権を獲得できている。ここで人権の内容が語られるのだが、公民権と人権が対比される形で述べられる。Citoyen の権利は、人間としての権利ではなく、国家の中で機能する公の民としての権利である。フランス憲法では「人権と公民権の宣言」となっている。一七九一年の憲法にフランスの公民についてこう記されている。「フランス人を父としてフランスで生まれたもの。外国人を父としてフランスで生まれ、フランスに居住するもの。フランス人を父として外国で生まれたもの。フランスに来て、公民としての宣言をするもの。宗教上の理由で国籍を失ったフランス男性・女性の末裔でフランスに住み、公民の宣言をするもの。フランスに住む外国人を父としてフランス外で生まれ、五年間継続してフランスに住んだ後、フランスで家を買うか、フランス女性と結婚するか、農業施設か商業施設をつくり、公民として宣言した場合――」（*Les constitutions de la France depuis 1789*, Flammarion, 1979, p.37）。人権とは公民であろうとなかろうと人間であればつねに持っている権利のことである。

　任意の宗教に権利を与える良心の自由は人権の流れにある。信仰の特権は人権として、人権の結果としての自由として明確に認められている。

　一七九一年の『人権と公民権の宣言』（*Déclaration des droits de l'homme et du citoyen*）の一〇条にはこうある。「誰も、宗教的な見解でさえ妨害されてはならない」。一七九一年の共和制憲法第一章において人権は承認されている。「すべての人間が愛着する宗教行事（le culte religieux）を遂行する自由」。

　『人権宣言』（*Déclaration des droits de l'homme*）（一七九三年）は人権に七条「宗教信仰の自由」を含めている。確かに、自らの思想と見解を公開し、集会をもち、宗教を信仰する権利について、さらにこう述べている。「こうした権利（droits）について述べる必然性は専制という最近の存在と思い出を仮定している」。一七九五年の憲法、一二章三五四条を参照。

いわゆる信仰の自由であるが、一七九一年の憲法、すなわち一七八九年八月二六日の『人権と公民権の宣言』では冒頭の一〇条にある。正確には、言論の自由の項目である。完全に引用すると「その表明が法に定められた公共秩序を妨げないかぎり、自らの見解、宗教的見解ですらも誰も妨げられてはいけない」(*Ibid.*, p.34)。

一七九一年九月三日の憲法の第一章の前文にはこうある。「憲法は自然権と公民権として同様に次のことを承認する。何人も、憲法に規定された形式以外で逮捕されることなく、拘留されることもなく、どこへでも行くことも、どこにとどまることもできる。すべての人間は、出版前に検閲や審査にしたがうことなく、自らの見解を語ったり、書いたり、印刷したり、出版する権利、そして自らが愛着する宗教を信仰する権利をもつ――」(*Ibid.*, p.36)。マルクスはこの一部をとっている。

一七九三年六月二四日の憲法の冒頭にある『人権と公民権の宣言』の七条にはこうある。「出版という方法であろうと、それ以外の方法であろうと、自らの思想と見解を表明する権利、静粛に集会を開催する権利、宗教を信仰する権利は、禁止されることはありえない」(*Ibid.*, p.80)。この後に、専制政治の思い出が触れられている。

一七九五年の憲法の三五四条はこう書かれてある。「法に一致すれば、自らが選んだ宗教の信仰を阻まれることはありえない」(*Ibid.*, p.39)。

『ペンシルヴェニア憲法』(*Constitution de Pensylvanie*)九条三項「すべての人間は本性上、自らの意識の影響にしたがって全能者を崇拝する不文律の権利(droits)を受け取っていて、誰も意志に反して宗教や宗教的職に従ったり、指定されたり、支持されたりという強制を受けることは法的にありえない。どんな人間の権威も、どんな場合にも、意志の問題に介入したり、精神の力を制御したりすることはできない」。

『ニュー・ハンプシャー憲法』（*Constitution de New Hampshire*）五条と六条「自然権のうちいくらかのものは、それに等しいものがないがゆえに本質上譲渡しがたいものがある。このうちに意識の権利（droits）がある」（ボーモン、前掲書、二二四頁）。

宗教と人権との不一致など人権の中にはないので、宗教的である権利、任意な仕方で宗教的である権利、宗教の行事を遂行する権利はむしろ人権のなかに含められる。信仰という特権は一般的な人権である。

すでに見たように、このアメリカの憲法の引用はすべてボーモンからの孫引きである。もちろんマルクスはフランス語の『アメリカ憲法』の本をもってはいた。もっとも当時アメリカの憲法について十分勉強したという形跡はない。ここでは、ハミルトンとボーモンが唯一の文献であるといってもよい。フランスのみならず、アメリカにおいても信仰の自由は人権の中に含まれていることを示すために引用されている。引用は一七七六年九月二八日に制定された『ペンシルヴェニア憲法』の第一項の三条「宗教の自由」である。ニュー・ハンプシャー憲法は一七八三年一〇月三一日に制定された。引用はその四条「意識の権利は分離することができない」からである。しかし、これはボーモンがひとつずらして引用した部分で、宗教の自由はその後の五条である。そこにはこう書いてある。「個人はすべて自らの意識と理性の命令にしたがって神を信仰する自然で、分離しがたい権利をもっている。そして、もし公共の平和を乱さないとすれば、あるいは宗教的信仰において他者に迷惑をかけないかぎり、だれも、自らの意識の命令にもっとも適するやりかたで宗教を信仰したからといって、あるいは宗教的な仕事、感情、確信をもったからといって、人格、自由、財産において傷つけられたり、邪魔されたり、制限されたりすることはない」（http://sos.nh.gov/NHconst2009amende.pdf）。

人間の権利（droits de l'homme）、人権はこの点において公民の権利（droits du citoyen）、国家市民の権利と異なる。公民（citoyen）と異なる人間（homme）とは誰なのか？　それは市民社会の構成員以上の何ものでもない。なぜ市民社会の成員は「人間」、ただの人間であり、なぜその権利は人権と名付けられるのか？　どこからこうした問題は説明されるのか？　市民社会と政治的国家との関係から、政治的解放の本質からである。

　人権は、国家の民としての権利に含まれない私的な部分を含む人間としての権利である。公民であることは帰属する国家の命令下にある点で、いわば疎外体であり、かつ共同存在である。しかし人権はそれを通り越してどのような国籍の民にも与えられる権利である点で、国家の民を乗り越えている。しかしこれは私的であるがゆえに、公民としての規律を逸脱する場合もありうる。だからこそ、つねに公共秩序を疎外しないかぎりという留保条件がついている。留保条件を破れば、人権も阻害されることになる。まさにここに市民社会の人権のもっている危険な側面がある。

　とりわけ、公民権と異なるいわゆる人間の権利、人権は、市民社会の構成員の権利、すなわち利己的人間、人間や共同体から分離した人間の権利以外の何ものでもないという事実をわれわれは確認する。もっとも急進的な憲法である一七九三年の憲法はこう語る。

『人権と公民権の宣言』。

二条「こうした権利などは（不文律の自然権）、平等（l'égalité）、自由（la liberté）、安全（la sûreté）、所有（la propriété）である」。

自由とはどの点にあるか？

六条「自由は、他人の権利を侵さないことすべてを行いうる、人間に固有な力である」、あるいは一七九一年の『人権宣言』によれば、「自由とは、他人を侵害しないことすべてを行うことである」。

　市民社会における人権とは、自由、平等、博愛といったさまざまな権利であるが、これらは人間、とりわけ私的な世界である市民に与えられた人権である。いい方を換えればこれらの人権は、市民社会の利己的権利でもある。公民が国家という逆立ちした幻想から生まれる、人間から離れた一方的な類的権利であったとすれば、逆に人権は市民社会の現実から生まれる、人間にあまりにも近づきすぎた利己的権利でもある。まさにここに矛盾が秘められている。ここでフランスの憲法の引用が再び行われる。一七九一年憲法の二条は「すべての政治的結社の目標は、人間の自然で時効のない権利の維持である。これらの権利は、自由、所有、安全、抑圧への抵抗である」(三三頁)。六条を全文翻訳するとこうなる。「自由とは、他人を侵害しないすべてのことを行う人間固有の力である。自由は原理としては自然であり、規則としては正義である。それを守るのは法である。道徳的なその限界はこの言葉にある。して欲しくないことを他人に行うな」(*Ibid.*, p.80)。

マルクスは、一八四三年、クロイツナッハ時代にフランス革命の研究をするが、マルクスのその後の研究の広がりをつくった文献が、ヴァックスムートの『革命時代のフランス』(Wilhelm Wachsmuth, *Geschichte Frankreichs im Revolutionszeitalter*)である。そこから文献目録をつくっているが、その筆頭にあるのはビュッシュとルーの『フランス革命議会史あるいは一七八九年－一八一五年来の国民公会の歴史』全四〇巻である。マルクスはこの膨大な文献を所蔵はしていない。この巻しか引用してないところを見ると、おそらく全巻は読んでいないとも考えられる。この引用の中には、一七九一年の憲法からの抜き書きがある。第二巻からの抜き書きはおもに、この一七九一年憲法「人権と市民の宣言」からの抜き書きである。しかし、「ユダヤ人問題に寄せて」に関連する宗教信仰の部分は抜け落ちている。

したがって自由とは、他人に損害を与えないことすべてを行い、追求する権利である。だれもが他人に損害を与えないで活動できる限界は、二つの畑の境界を垣根の杭で決めるように、法律によって規定される。ここで問題になっているのは、分離した孤独なモナドとしての人間の自由である。

バウアーによるとなぜユダヤ人は人権を得ることができないのか。「彼がユダヤ人である限り、彼を人間として人間に結びつける人間的本質に対して、彼をユダヤ人にしている限られた本質が勝利し、彼を非ユダヤ人から分けるにちがいない」。しかし自由の人権は人間と人間との結合に基づいているのではなく、むしろ人間と人間とが分離することに基づいているのである。人権とはこうした分離の権利であり、限定された個人に限定する権利である。

ここから人権の問題点が指摘される。他人に損害を与えないことが自由であると規定され、その限界を決めるのは法であり、法は公的な事柄ではない、個人的な事柄とはどこまでかを決めている。その事柄とは個人的なことであり、個人的なことが自由であるということになる。つまり、自由とは人間がモナド（単体）としてお互いに他人と触れ合わない関係の中で現れる。ということはバウアーの発言は、まったく逆のものとなってしまう。引用されている

バウアーの文章は原文一九頁から二〇頁にある文章である。マルクスは、ユダヤ人の本質は他者から分離することであることを強調する文章にしているが、こうした他者からの分離は、ユダヤ人だけの問題ではなく、市民社会一般の問題であると主張する。バウアーは、人間は本来他者との結びつきをつくりあげるのだが、ユダヤ教はそれを独特の宗教によって否定するのだと述べている。問題はこの本来という意味と、現実の市民社会に存在する分離の世界との二重性の問題である。キリスト教においては、類的共同体として、愛の共同体として、人間の本来の関係が実現していると考えるバウアーに対して、マルクスはキリスト教においても実は、類的共同体などはなく、市民社会の領域がますます大きくなりつつあると主張する。ではマルクスは人権よりも公民を高く買うのであろうか。そうではない。近代市民社会では公民的権利が幻想のかなたに押しやられ、したたかに私的世界が展開されているのだということを指摘しているだけなのである。ここからマルクスは、人権の最重要項目である私的所有に分け入る。

自由という人権を実際に応用するのは私的所有という人権である。

私的所有という人権はどの点にあるか？

一六条（『一七九三年の憲法』）「所有（la propriété）権とは、意志にしたがって（à son gré）その財、その収入、その労働と産業の果実を享受し、処理する、すべての市民に固有の権利である」。

したがって私的所有の人権は、他人と何の関係もなく、社会から独立にその財産を意志にしたがって（à son gré）享受し、処理しうる権利、利己主義の権利である。

市民社会が私的世界であれば、人権はその私的世界を擁護することになる。私的世界をもっとも端的に示すものがPrivateigentum すなわち私的な所有である。私的にものを所有する権利が、人間の本来の権利だと主張されるのは、それは人間が社会から逸脱し、自らのモナドとしての領域を守るための権利だからである。モナドとしての個体を守る権利は自己防衛権である。私的所有はまさにその自己防衛権の世界の問題として出現する。

私的所有が人権に含まれることを問題にしたのはプルードンである。プルードンはこう述べている。「九三年の憲法の条文として出版された人権宣言によると、所有とは『意思に従って、その財、その収入、その労働と産業の果実を享受し、処理する、すべての市民に固有の権利である』」(Pierre-Joseph Proudhon, *Qu'est ce que la propriète? Ou Recherche sur le principe du droit et du gouvernement, Premier Mémoire*, Garnier-Flammarion, 1966, p.85)。「人権宣言は所有を、自由、平等、所有、安全という四つとして数えられる自然権、人間の永続的権利の一つである」(*Ibid.*, p.90)。

この個別的自由とその適用が市民社会の基礎を形づくっている。市民社会では、個別的自由によって人間は他人の中に自由の実現ではなく、その制限を見出すのである。市民社会はとりわけ人権を、「意志にしたがって（à son gré）その財、その収入、その労働と産業の果実を享受し、処理する」ことだと宣言する。

コティエ（George Cottier, *L'Atheisme du jeune Marx, ses origins Hegeliennes*, 1969）はこの問題に面白い解釈を与えている。ここにはマルクスの弁証法があるという。古い世界は人民から離れた宗教や君主国家をつくり、そこで国家という疎外体をつくりあげた。他方フランス革命は、人民の意識を反映する社会、すなわち市民社会をつくりあげたのだが、そこはたんなる個人のエゴイズムの世界にすぎなかった。そこで第三の転換が始まる。「共同本質が市民社会の中で実現されイデオロギー（国家の疎外）の所有物であったものが現実のものになる。否定の否定によって具体的な普遍が生まれる。類的本質という概念はだからヘーゲル的精神の転写である」（*Ibid.*, p.216）。市民社会とはまさに第三の転換の前の第二段階であり、そこで利己主義が当然のものとなる。他人から離れ、自己を隔離することが人権であることになる。

残るは、平等と安全という別の人権である。

ここでの非政治的な意味での平等とは、先に述べた自由（la liberté）の平等以外の何ものでもない。すなわち人間がこうした孤立したモナドとして同じように考察されるということである。『一七九五年の憲法』はこうした平等をその意味にしたがってこう規定している。

三条（『一七九五年の憲法』）「平等とは、法はすべてのものにとって同じであるという点にある。もちろんそれが保護するか、罰するかは別として」。

そして安全とは？

八条（『一七九三年の憲法』）「安全とは成員の安全、その権利と所有の安全のために社会がそれぞれに与える保護にある」。

そこで四つの人権のうちの最後、すなわち自由、所有の後に続く、平等と安全という問題が出てくる。これらは人権として保障されるのであるが、その内容といえば、平等は財の平等などではなく、たんなる自由の平等だけが保障されること、安全とは所有が安全に守られるということである。これらは市民のモナドを守ることであり、類としての人間全体の問題ではなく、個としての人間の保障の問題である。ここで一七九五年八月二二日制定の憲法からの引用があるが、最初の五条は実は三条の間違いである。完全な引用ではなく、この後に「平等は生まれの差異、財産の相続などはいっさい認めない」（*Les constitutions*, op.cit., p.101）という文章が続く。次は一七九三年の憲法八条の引用が続く。ところでマルクスはDufau, Duvergier, Guadet, *Collections des constitutions*, Paris, 1821 を所蔵していた。

安全というのは、市民社会の最高の社会概念、警察の概念であり、全体としての社会がそこにあるのは、そのすべての成員にその安全、その権利と所有を保障する限りにおいてである。この意味で、ヘーゲルは市民社会を「危機と悟性の国家」と呼ぶのである。

安全という概念があるからといって、市民社会はそのエゴイズムを超えることはない。安全とはむしろそのエゴイズムを保障することだからである。

市民の安全を守ること、それはとりもなおさず市民の自己の財産を守ることである。これは当然のようにも見えるが、実際には飢えたるものを保障せずして財産は守れない。しかし市民社会は、飢えたるものの生存権よりも、所有権を優先する。ここでヘーゲルが再度登場する。これは一八三節からの引用である。「利己的目的は、おのれを実現するにあたってこのような普遍性によって制約されているために、全面的依存の体系を維持する。この依存性は、個々人の生計と福祉と法的現存在が、万人の生計と福祉とのなかに編みこまれ、これらを基礎として、この繋がりにおいてのみ現実的であり保障されている、というほど全面的な現存在である。――この体系はさしあたり外的国家――窮乏的国家および悟性国家とみなすことができる」（『法哲学』前掲書、四一四頁）。

したがって、いわゆる人権というものはどれも利己的な個人、市民社会の成員、すなわち、自分自身、私的利益と私的意志に引きこもる、共同体から分離した個人である人間を超えることはないのである。人権においては、人間が類的存在として理解される世界から離れてしまうことで、逆に類的生活それ自体、すなわち社会は、個人の外枠として、個人の本来の自立を制限するものとして現れる。個人がむすびつく唯一のつながりは、自然の必然性、欲求と私的利益、所有と利己的人間の維持である。

ここでマルクスは人権が個人を孤立化させることを強調する。それは類的共同体との対比を強調したいがためである。ヘーゲルは市民社会の孤立よりも、頽廃を強調する。頽廃と置けば、それを改善するために類的共同体すなわち国家の任務が出てくるが、孤立と置けば、個人の自由の権利という形で進み、孤立化を阻むために国家が介入するなどという論理は出てこない。自由を確保するために国家が必要だという論理が出てくる。まさにここに利己的社会が、人類史において確たる基礎を築き、鉄壁の要塞を誇ることになるのである。

まさに自らを解放し、さまざまな人民の枠を壊し、政治的共同体を基礎付けようとするこうした人民が、仲間や共同体から分離した利己的な人間を厳かに宣言する（一七九一年の宣言）のは不思議なことである。さらに、英雄的な献身のみが民族を救い、それが命令的に要求されるそんなとき、市民社会のすべての利益を犠牲にすることが日程にのぼり、エゴイズムが罪として処罰されることが宣言される（一七九三年の人権などの宣言）のは不思議なことである。公民であることが、政治的共同体が、政治的解放者によっていわゆる人権の維持のためのたんなる手段に陥れられ、したがって公民が利己的人間の召使いとなり、人間が構成員として関係する領域が悪化し、最終的に公民としての人間ではなく、ブルジョワとしての人間が本来の、真の人間として捉えられるというのは、なおさら不思議なことである。

フランス革命の本質をマルクスは、利己的な人間の宣言だと述べる。一七八九年の革命は、まさに歴史を画する革命であり、しかも国家権力の市民による収奪によって、それまでの国家の枠が一気に民主化していく中でそれが現れたがゆえに、きわめて奇妙だと考える。民主化とはたんなる利己的人間の創出だけだったのかという拍子抜けの議論になるからである。国家を収奪したのではなく、国家を破壊したのではないか。国家の不正を正さんと革命を起こした人々はきわめて大きな公的な義務に駆られたはずなのに、そこから得られた結果はたんなる利己的要求の完成であり、非政治的世界の完成だったとは、なるほど納得しにくい。マルクスはこの論文を執筆していた頃、ルヴァスールの『回想録』（第一巻、一八二九）のノートをとった。とられたノートの中心は、一七九二年、国民公会が急進化する過程に関するものであった。混乱は中央権力の衰退にあった。公権力の不在が混乱を生んでいたのである。革命は一気に公権力の締め付けによって、急進化する（MEW補巻一、前掲邦訳書）。

「あらゆる政治的アソシアシオン（association politique）の目的（but）は、人間の不文律である自然権の維持（conservation）である」（一七九一年の人権などの宣言、二条）。「政府（gouvernement）は、人間が不文律の自然権を享受することを可能にするためにつくられる」（一七九三年の宣言、一条）。したがって事態の衝撃で頂点にまで達している、最初の新鮮な情熱が存在するときでさえ、政治生活は、その目的が市民社会の生活であるという、単なる手段となることが言明されるのである。なるほどその革命的実践はその理論と明白に矛盾しているのである。たとえば人権として安全が述べられる一方で、手紙の秘密に対する侵害が公然と日程に上るのである。「出版の無限の（indéfinie）自由」（一七九三年の憲法、一二二条）が人権、個人の自由の結果として認められる一方で、出版の自由は完全に否定されるのである。なぜなら、「出版の自由が許されるのは、それが政治的自由と妥協する場合に限るのである」（若きロベスピエール『フランス革命議会史』（ビュシエとルーによる）二八巻、一三五頁）。

ここで再び憲法からの引用が行われる。一七九一年憲法の頭に置かれている「人権宣言」の二条が引用される。そして次に一七九三年の憲法の頭にある「人権宣言」の第一条が引用される。この文章の前に「社会の目的は共通の幸福ということである」という文章がある。「人権宣言」は一七九一年、一七九三年、一七九五年の憲法の前に必ず置かれており、憲法の一部をなすと考えられる。一七九九年のナポレオン憲法から、「人権宣言」は置かれなくなる。ここで突然ビュシェとルーからの引用としてマクシミリアンの弟オーギュスタン・ロベスピエール（一七六〇－九四）の言葉を持ってきている。マルクスは『聖家族』でもビュシェに触れてこう述べる。「民族の狂信を宗教の狂信によってささえているビュシェ氏の方が、英雄ロベスピエールを、よりよく理解している」（MEW第二巻、前掲邦訳書、一二五頁）。このオーギュスタン・ロベスピエールは、国民公会の議員であった、あの独裁者マクシミリアン・ロベスピエール（一七五八－九四）の弟である。

熱狂の只中にある革命の最中、個人の人権を守るということと、国家の存亡の危機をどう救うかという問題が交錯する。ここに大きな矛盾が生じる。この矛盾こそ、公的権利と私的権利との矛盾である。出版の自由と検閲が同じ憲法の中に存在するようになる。後年マルクスはこの問題を再度議論することになる。それは一八四八年革命からルイ・ナポレオン大統領が生まれ、皇帝になったときである。憲法のもつアキレス腱についてマルクスはその中でこう述べる。「一八四八年の自由のなくてはすまない幹部格である人身の自由、出版・言論・結社・集会・教育・宗教の自由などは、それの侵害を不可能とするような憲法上の制服を着せられた。つまり、これらの自由はみな、フランスの公民の無条件の権利だと宣言されるが、それにはいつでも、この自由は

『他人の同様な権利および公共の安全』によって制限されないかぎり、あるいはまた、それらの個人的自由相互の間や、それらの自由と公共の安全との間にまさにそういう調和を媒介すべき『法律』によって制限されないかぎり、限界をもたない、という但し書きがついている」（MEW第八巻、前掲邦訳書、一一九頁）。「一般的な文句には自由を、但し書きには自由の廃止をふくんでいるのである」（同、一二〇頁）。なおこのビュシェとルーからの引用は、ヴァクスムートの『フランス革命史』（Wilhelm Wachsmuth, *Geschichte Frankreichs im Revolutionszeitalter*, 1842）から孫引きされているとメガは指摘している（*MEGA*, I/2, S.665）。

すなわち、自由という人権はそれが政治的生活と闘争に入るやいなや権利であることをやめるということになる。一方理論によると、政治的生活は人権を保障し、個人的人間の権利を保障するだけであり、したがってそれがその目的である人権と矛盾するやいなや、廃棄されるか、されねばならないのだ。しかし実践は例外で、理論こそ通常のものである。しかし、革命的実践を正しい関係の状態だと考えようとすれば、なぜ政治的解放者の意識の中では、この関係が逆立ちするのか、目的が手段として、手段が目的として現れるのかという謎が依然残る。この意識に反映する思い違いは、たとえ心理的、理論的な謎であるとしても、なお同じ謎であることはまちがいない。

マルクスはここでこの矛盾の問題にぶつかる。この論文を執筆するために、フランス革命史を研究していたときに、マルクスが遭遇した問題はまさにここにあった。フランス革命がなぜ急進化せざるをえなかったのか。そしてなぜブルジョワ革命は、それを超えて新しい革命へと進まざるをえなかったのか。人権と国権との間の矛盾である。個人的な自由は公的な自由との闘争に入ると、廃棄されねばならない。革命中の公的意識の中では、逆立ちして個人的自由は不都合となるのか、公共の安全という手段が、それ自体自己目的となり、自由という目的が、規制されることで手段となるのか。この難しい革命期の疑問については、その後も長く彼の脳裏から離れない問題となる。

謎は簡単に解ける。

政治的解放は同時に、人民にとって疎外された国家制度、支配権力が基礎にする旧い社会の解体である。政治革命は市民社会の革命である。旧い社会の性格とはどんなものであったのか？　それを特徴付けるのはひとつの言葉である。それは封建制である。旧い市民社会は直接的に政治的性格、すなわちたとえば所有、家族、労働の様式のような市民的生活をもっていて、大土地所有、身分制、コルポラティオンの形態で国家生活の要素にまでなっていた。

古い社会を解体することが政治革命だとすれば、古い社会とは何かという問題が起こる。古い社会を特徴づけるものとして、身分制、コルポラティオン（職業団体）をあげる。コルポラティオンについてヘーゲルは『法哲学』の中でこう語る。二五五節「家族が国家の第一の倫理的根柢であるのに加えて、職業団体は国家の第二の倫理的根柢、すなわち市民社会に根ざす根柢をなす」（前掲邦訳書、四七六頁）。「先に見たように、個人は市民社会では、自分のことを配慮しながらも、やはり他人のためにも行動している。しかしこうした無意識的必然性では十分ではない。この無意識的必然性は、職業団体においてはじめて、知られかつ思惟する倫理性になるのである。もちろん職業団体に対しては、国家による上からの監督がなければならない。そうでなければ、職業団体は頑なに自分の殻の中に閉じこもってだめになり、あさましい同職組合組織になり下がるであろうからである」（同、四七七頁）。ヘーゲルは市民社会の再編成した職業団体を考えるが、それはもともと中世の同職組合であることを指摘している。マルクスは『ヘーゲル法哲学批判のために』の中で、こう述べる。「身分というものは社会の分離を支配的な掟としてそれに基づいて存在するだけではなく、それは人間を彼の普遍的あり方から分離し、彼を一個の動物─直接的─直接その被規定性と一致するところの動物─たらしめる。中世は人類の動物誌であり、人間の動物学である」（MEW第一巻、前掲邦訳書、三二一頁）。マルクスには職業団体に対する肯定的評価は皆無である。そして現在まで残る職業団体は官僚であると述べる。「中世的な意味での身分はもはや官僚制そのもの──ここでは市民的立場と政治的立場は同一であるが──の内部にしか残らなかった」（同、三二〇頁）、官僚制は、特権集団として市民社会の私的な集団の枠をもつが、それが国家と結びつくことで公的権力となる。

これらの要素は、個々人と国家全体との関係を、すなわち政治的な関係、そのほかの社会構成部分を分離させ、排除するという関係を、こうした形態で規定していた。なぜなら、その人民の生活組織は、所有や労働を社会的組織にまで高めず、むしろ国家全体からそれを分離させ、社会における特殊な社会を構成したからである。一方市民社会の生活条件と生活機能は、たとえ封建的な意味で政治的であったとしても、政治的であった。つまり、それらは、個人を国家全体から引き離し、そのコルポラティオンと国家全体との特殊の関係を、その一般的活動状況の中の制限された市民的活動状況を転化させたように、人民の生活に対する一般的関係へと転化させていたのである。こんな組織の結果として、国家統一は、必然的に意識、意志として出現し、国家統一の活動、一般的な国家権力は、人民から遊離した支配者とその召使いの特殊の仕事として同様に出現したのである。

近代の社会は、政治と社会の分離によって成り立つ。政治（公民）という世界ではすべては平等であり、均一であるが、社会（私的生活）において人々は不平等で、さまざまである。前者は国家、後者は市民社会となる。それ以前の時代にはこうした分離はなかった。身分制社会は、全体としての政治的世界をもっておらず、政治的世界は身分制社会の上に成り立っていた。どの身分であるかが政治的世界への入場券だったわけであり、身分によって政治生活への参加を拒否された。その意味で市民社会を構成する職業団体はその身分によって政治に参加できたが、市民社会からはずれた人々（職業団体から外れた人々）は参加できなかった。こうした国家は、国家の構成を単一の国民（公民）によって構成していたのではなく、個々の身分によって構成していた。だから国家は国民の集合体ではなく、政治をもっぱら司る身分による意志として出現し、それゆえ国家の政治から民衆は排除され、もっぱらそうした身分のみが政治を行ったのである。マルクスは『ヘーゲル法哲学批判のために』の中でこう述べる。「政治的身分を社会的身分に変え、そのためにキリスト教徒が天国にあっては平等で、地上にあっては不平等であるように、個々の国民が彼らの政治的世界の天国にあっては平等で、社会の地上的生活にあっては不平等となるようにしたのは、歴史の一進歩である。——フランス革命がはじめて政治的身分の社会的身分への転化をやりとげた。言い換えれば、市民社会のもろもろの身分別を社会的というだけの区別、すなわち政治的生活の中では無意味な、私生活上の区別にしたのである。これでもって完了したのである。政治的生活と市民社会の分離はこれでもって完了したのである」（MEW第一巻、前掲邦訳書、三一九－二〇頁）。

政治革命は、こうした支配権力を崩壊させ、国家業務を人民の業務にさせ、それが政治的国家を一般的業務、すなわち現実の国家として構成し、必然的に、人民と共同体との分離の表現でもある、あらゆる身分、コルポラティオン、ギルド、特権を破壊したのである。政治革命は、それによって市民社会の政治的性格を廃棄させた。政治革命は、市民社会を一方での個人と、他方でのこうした個人的生活内容、市民的生活を形成する物質的そして精神的要素の単純な二つに分解させたのである。政治革命は封建社会のさまざまな袋小路に同じように散らばり、溶け、流れている政治的精神を解放したのである。分散した精神を集め、その市民生活との混同を解き放ち、それを共同体の領域として、市民生活のある特殊な要素から理念的に独立した一般的な人民の業務として構成したのである。その限定された生活状態と限定された生活活動は個別的に意味をもつものに下げられた。こうしたものは個人と国家との一般的関係をもはや形づくらなくなったのである。こうしたものとしての一般的業務は、むしろそれぞれの個人による一般的業務、それぞれの一般的機能のための政治的機能になったのである。

　フランス革命に象徴される、政治革命の本質がまとめられている。コルポラティオンがもっていた市民社会と政治生活との結びつきは失われ、政治はすべてに解放された。政治はすべての人民のものとなった。確かに旧来の身分制を廃止したことによって、政治的世界がすべての民に開かれたのであるが、それは本来の目的ではなかった。むしろ身分制社会の中で芽生えた市民社会の中の社会的世界（生活の豊かさのみを探求するという世界）の全面的解放こそその目標であり、それによってむしろ政治への関心を断ち切り、一挙に私的生活を自己目的にする世界が出現した。マルクスはこの社会をこう端的に述べる。

「（今日の市民社会は個人主義の原理の徹底である。個人的生活が究極の目標であり、活動、労働、内容などは手段にすぎない）」（MEW第一巻、前掲邦訳書、三二一頁）。

　国家の観念論の完成は同時に、市民社会の唯物論の完成であった。政治的束縛を振り払うことは、同時に市民社会の利己的な精神をつなぎとめていた同盟を振り払うことでもあった。政治的解放は同時に市民社会の政治からの解放であり、一般的内容をもつ見せかけの姿からの解放であった。

　封建社会はその根にある人間に解体された。しかしそれは現実の根の中にある人間、利己的人間への解体だったのである。

　政治的世界からの解放は、理念的世界からの解放、すなわち理念に対する実利の勝利であり、それはある意味、ものの世界である唯物論の完成でもある。政治的世界に終焉を告げることで理念から離れたことは、政治的世界によって独占をつくり、それによって利益を得ていた世界に最後を告げることでもある。まさに市民がそれまでもっていた、まがりなりにも公民的な姿、すなわち公的世界のために努力するという美しい姿の仮面を引き剝がし、その実際の姿、実際は利己的な世界を実現するために公的な努力をしていたのだという真実をそのまま見せることになったのである。

市民社会の構成員であるこうした人間は、今では政治的国家の前提であり、基礎である。人間はこうしたものとして、人権の中で認識されている。

しかし、利己的人間の自由とこうした自由を認めることは、その生活内容を形成する精神的、物的要素の、きりのない運動を認めることである。

したがって人間は宗教から自由ではなく、宗教的自由を獲得したのである。人間は所有から自由にはならなかった。所有の自由を獲得したのである。人間は商業の利己心から自由ではなく、商業の自由を獲得したのである。

人権とは政治的世界から離れ、物質的世界に生きるための条件となる。宗教の自由、営業の自由、所有の自由などはそうした人権によって保障される。それゆえ、宗教をやめるのではなく、むしろ自由に宗教を行えるようにする。さらには自由に財産を増やすことができるようにする。人権という基本原理の重要さがまさにここにある。人権の中にフランス革命が認めたものは、まさに市民社会の利己的な権利であったことは確かで、そこには生存権や生活権などは含まれてはいなかった。それゆえそれは市民、言い換えればブルジョワ階級の利益を正当化する権利だったのである。

政治的国家の構成と市民社会の独立した個人（その関係は権利である。それは身分的人間やギルドの人々の関係が特権であったのと似ている）への解体は、ひとつの同じ活動で完成される。しかし、市民社会の成員であるような人間、非政治的人間は、必然的に自然的人間として出現する。人権が自然権（aroits naturels）として出現するのは、自己意識的活動が政治的活動に集中されるからである。利己的人間は解体される社会以前にすでにあった、受動的結果であり、直接的に確信できる対象であり、したがって自然の対象なのである。政治革命は市民生活をその構成要素に分解するが、この構成要素それ自体を革命し、批判することはない。政治革命は、市民社会、欲求、労働、私的利益、私的権利の世界に対して、その構成の基礎、それ以上基礎づけられていない前提、したがってその自然的基礎に対するように関係するのである。最終的に市民社会の成員としての人間が、公民(citoyen)とは異なる人間(homme)、本来の人間とみなされるのである。なぜなら政治的人間が、抽象的、つくられた人間、アレゴリー的、道徳的人格を持った人間であるのに対し、市民社会の人間は個人として身近なところにいる感性的存在であるからである。現実の人間は、利己的個人の形態においてはじめて認められ、真の人間は抽象的公民(citoyen)という形態においてはじめて認められるのである。

政治的国家と市民社会との分離について説明している。市民が人間として独立したばらばらの人間となるやいなや、さまざまな権利に代わって人権という概念が出現し、それが自然権の王座を獲得する。自然権はそれゆえ政治に先立つ与件のものとされ、人間であるかぎり受け取ることができる受動的権利となる。こうして政治的人間と非政治的人間が分離する。この状態は確かに不安な状態である。国家という共同体の危機である。そこでヘーゲルは、ここで官僚という職業団体を出現させる。もちろんこの職業団体は一般に開かれているのだが、特殊な利権集団になる。しかしそのことに気がつかないままにである。マルクスはこう批判する。「官僚制は市民社会の『国家形式主義』である。——それゆえ国家のうちなるひとつの特殊な、閉じた社会である——官僚制であるところの『国家形式主義』は『形式主義としての国家』なのであって、そのような形式主義としての官僚制をヘーゲルは叙述した。この『国家形式主義』が現実的勢力として成立し、それ自身にとってひとつの独自な実質的内容となるのであるから、『官僚制』が実践的幻想の織物、あるいは『国家幻想』であることは自明のことである。官僚的精神はピンからキリまでジェズイット的な、神学的な精神である。官僚たちは国家ジェズイットであり、国家神学者である。官僚組織は僧侶共同体である――国家目的は役所目的に、あるいは役所目的が国家目的に化する官僚組織はだれもそこから跳び出すことができない環のようなものである。その位階制は知の位階制である。頂点は下部の環に、細事への洞察を期待し、逆に下部の環は頂点に、普通事への洞察を期待し、かくてそれらは相互にだましあう」(『ヘーゲル法哲学批判に寄せて』MEW第一巻、前掲邦訳書、二八二―八三頁)。バウアーの場合、この政治的人間はキリスト教が理念化したものとなっている。まさにジェズイットそのものである。ではこの政治的人間なるものはどうなのか。これは次のルソーの引用のようにきわめて困難な領域に進むことになるのである。

政治的人間の抽象をルソーは正当にもこう述べている。

「人民をあえて構成しようとするものは、いわば人間の本質(nature humaine)を変化(changer)させ、それ自体完全な孤立した全体である各個人を、その個人がその命と存在を受け取っているより大きな全体の一部(pant)へと変え(transfomer)、肉体的で独立した存在を、部分的で精神的な存在(existence partielle et morale)にとって変えることができるという、感覚をもたねばならない。彼は、人間(l'homme)からその固有の力(ses forces propres)を取り除き、よそよそしい、他人の援助がなければなにもできないそうした力を与える必要がある」(『社会契約論』第二章、ロンドン、一七八二年、六七頁)。

ルソーのこの引用は、マルクスの「クロイツナハ・ノート」の中にある。マルクスは『社会契約論』を読み、ノートを取る。マルクスは当時ルソーの著作集を所有していた。ノートは第一篇から第三篇まで取られていて、第四篇については取られていない。もっとも分量が多いのが第二篇であり、この引用もそこにある。これは第二篇の七章「立法者について」から取られている（*MEGA*, IV/2, S.96）。立法者には知性が必要であることが述べられている章であり、この引用の前にモンテスキューからの引用を含むこんな文章がある。「立法者は機械を発明する技師であり、君主はこの機械を組み立てて運転する職工にすぎない。『社会の発生にさいしては』とモンテスキューは言っている。『制度をつくるのは共和国のかしらだが、あとではその制度が共和国のかしらをつくる』」（桑原武夫、前川貞次郎訳、岩波文庫、六二頁）。立法者になれるものは一般意思を体現し、人々の意識を変えるほどのものでなければならないと述べているのだが、それはかなり厳しい条件である。だからルソーは国の基礎を与える人物は、その国での利権を捨てるか、あるいは外国人のほうがいいという文章を導入する。当然ながらマルクスはこの部分をしっかりとノートで引用している。

すべての解放は、人間的世界、関係の、人間それ自体への復帰である。

政治的解放は人間を一方で市民社会の成員に、独立した利己的個人に還元することであり、他方で国家市民、法的人間に還元することである。

現実の個人が抽象的国家市民を自らの中にとりもどし、その経験的生活の中、その個人的労働の中、その個人的関係の中にある個人として、類的存在となったときはじめて、人間がその「固有の力」を社会の力として知り、かつ組織し、したがって社会的力がもはや政治的力の形態をして自らを分離しなくなったときはじめて、人間の解放は完成されたことになるのである。

結局政治的解放の行き着いた先は、世俗的世界という市民社会と、聖なる世界という政治的世界の分離であった。ユダヤ教はまさに前者を得意とし、キリスト教的世界は後者を得意とする。ということは、市民社会への解放とは積極的にユダヤ教的になるということであり、逆に政治的になることはキリスト教的になることになる。当然ながら、市民革命は前者なのである。つまり市民革命の後に起こる宗教問題は、社会をユダヤ教化することになる。しかしマルクスはここでとどまっているのではない。バウアーのユダヤ教批判が実はユダヤ教的実利主義を批判する一方で、この政治的生活と市民社会的生活の分離を乗り越えようとする。

それが最後の段落である。とはいえこの解決はあまりにも抽象的である。具体的にこれがどういうことなのかまだマルクスもわかりかねている。利己心に固まった市民社会の人間が政治的立場をとりもどすにはどんな方法があるか。それは労働の中にある。後年のマルクスのテーマともなる労働を契機にした類的世界の問題がここにはじめて登場する。フォイエルバッハは愛の共同体を説くが、マルクスは労働の共同体を説く。社会と政治、私的生活と公的生活を結ぶ環、それが労働である。労働を通じた解放の世界については、「ヘーゲル法哲学批判‐序説」で詳しく語られる。

Ⅱ　ブルーノ・バウアー「今日のユダヤ人とキリスト教徒が自由になる可能性」『二一ボーゲン』五六―七一頁

　ブルーノ・バウアーがキリスト教とユダヤ教との関係、およびその両宗教の批判との関係を取り扱うのはこうした形によってである。批判との二つの宗教の関係とは、その「自由になる可能性」との関係のことである。

　まずマルクスはタイトルをめぐって問題を立てる。ここで立てられた題は、ユダヤ人とキリスト教徒がともに自由になる可能性についてである。『聖家族』では、この論文について次のように語られる。「『今日のユダヤ人とキリスト教徒が自由になる可能性』。この論文は古い『啓蒙主義』とは何の関わりあいもない。それは現代のユダヤ人の解放の能力について、したがって彼らの解放の可能性（Fähigkeit）についての、バウアー氏の積極的見解を含んでいる」（MEW第二巻、前掲邦訳書、一一二―一一三頁）。ここでは『スイスの二一ボーゲン』が『二一ボーゲン』になっている。

　彼はこう結論する。「キリスト教徒が宗教一般を乗り越えるには」、したがって自由になるには「宗教の一段階を乗り越えるだけである」。「それに対しユダヤ人はそのユダヤ的本質だけでなく、その宗教の完成という発展から、つまりユダヤ人にとって遠い、何も寄与するもののなかった発展とも手を切らねばならないのである」（七一頁）。

　マルクスはこのタイトルをめぐって議論したあと、突然バウアーの結論に噛み付く。この引用は、バウアーの論文の結論部分、すなわち末尾からの引用である。バウアーの結論部分を、順序を逆にして引用する（第三編資料編、三一八頁参照）。これは『ユダヤ人問題』でも述べてきたバウアーの結論である。そしてマルクスは、このバウアーの論文を結論から逆読みしていく。

　したがってここでのバウアーは、問題を純粋にユダヤ人解放から宗教問題に変えている。ユダヤ人とキリスト教徒のどちらが、むしろ救済される視点をもつかという神学的言葉が、二つのうちどちらが解放可能かという啓蒙化された言葉で繰り返されている。ユダヤ教とキリスト教のどちらが自由をつくるか？　という問いは今回はなされず、むしろ逆に、ユダヤ教を拒否すること、あるいはキリスト教を拒否すること、そのどちらがより自由をつくれるのか？　という問いになっている。

　マルクスは冒頭のタイトルの「可能性」とその結論を見比べながら、結局バウアーは最初から解放について語るつもりがなく、解放するためのそれぞれの宗教の可能性について語っているだけであることを確認する。ここでは政治的にユダヤ人がどう解放されるかという問題ではなく、どちらが宗教を捨て、近代国家に同化できるのかという問題が一般に語られる。

　「ユダヤ人が自由でありたいと望むなら、キリスト教に改宗する必要はない。解体したキリスト教、解体した宗教一般へ、すなわち啓蒙、批判そしてその結果である自由人になればよい」（七〇頁）。

　ここでなお問題になっているのは相変わらずユダヤ人にとっての信仰告白であり、それはキリスト教への改宗ではなく、解体した宗教への改宗である。

　この引用は、バウアーの結論の直前にある文章からの引用である。こうしてマルクスはバウアーの論文をさかのぼっていく。ユダヤ教徒が自由を望むとしても、キリスト教に改宗する必要はなく、たんにキリスト教のエキスによって生まれた、つまり解体したキリスト教がつくりだした啓蒙的世界の人間になればいいという。しかし、これには条件がついている。なぜならキリスト教徒にとってこの過程は簡単なことであるが、ユダヤ人にとっては本質的にユダヤ教を捨てねばならない問題だからである。

バウアーがユダヤ人に要求していることは、キリスト教という宗教の本質との縁を断てということであり、この要求はバウアーがすでに述べているように、ユダヤ教の本質からは出てこないものである。

キリスト教がすでに宗教ではない以上、ユダヤ教も宗教的である必要はない。だからユダヤ教に宗教から手を切れというのだが、ユダヤ教はバウアーが述べているように律法を中心とする宗教、すなわち現実の中にどっぷりとつかった宗教であるがゆえに、すなわち宗教的本質と実生活がしっかりと結びついている宗教であるがゆえに、宗教を捨てればすべてを捨てることになるわけで、結局ユダヤ教はユダヤ教を捨てることができないということになる。

バウアーはユダヤ人問題の結論でユダヤ教をキリスト教に対する単なる「粗野な」宗教批判として把握した後、つまりユダヤ人問題を「たんなる」宗教的意味だけのものとしてつかんだ後、ユダヤ人の解放は哲学‐神学の行為に転化するだろうということが、予見できたのだ。

バウアーはユダヤ人の理念的、抽象的本質、その宗教を全体的本質だと理解している。だから彼がこう結論するのは正当である。「ユダヤ人が自らの狭い律法を軽蔑するとしても、ユダヤ人がユダヤ教を完全に廃棄するとしても、ユダヤ人は人間に何も与えない」（六五頁）。

この引用は不正確である。「ユダヤ人がユダヤ教を完全に廃棄するとしても」はバウアーの文章にはない。バウアーはユダヤ人問題を宗教の次元だけでしか扱わない。これは繰り返しマルクスが述べることである。だからユダヤ人の解放とは、ユダヤ教とキリスト教の親和性の問題だけとなる。『聖家族』ではこう述べる。「われわれはバウアー氏がそう見せかけているようにユダヤ人問題が宗教問題でもあることはけっして否認していたわけではない。そうではなくて、指摘されたのは、バウアー氏が、ユダヤ教の宗教的本質だけをつかみ、この宗教的本質の現生的・実在的な基礎をつかまないことである。彼は独立の本質としての宗教的意識とたたかっている」（MEW第二巻、前掲邦訳書、一一三頁）。この引用の後にはキリスト教についてこう続く。「キリスト教徒がキリスト教徒の本質を解体するとすれば、それはそこから彼が受け取ることができるすべてのものを人間に与えるということである」（第三編資料編、三一〇頁参照）。

バウアーによると、ユダヤ人とキリスト教徒との関係は次のようになる。ユダヤ人の解放に対するキリスト教徒の唯一の関心は、一般的、人間的、理論的関心である。ユダヤ教は、キリスト教徒の宗教的目からみて攻撃的なものである。キリスト教徒の目が宗教的であることをやめるやいなや、攻撃的であることをやめる。ユダヤ人の解放はキリスト教徒にとってそれ自体たいした仕事ではない。

それに対してユダヤ人が自らを解放するには自らの仕事だけでなく、同時にキリスト教徒の仕事「共感福音書の批判」と『イエスの生涯』などの仕事を遂行しなければならない。

バウアーによれば、キリスト教とユダヤ教を人間的に見て哀れだと思い、その解放に関心をもつ。だからユダヤ人が宗教的でなくなるやいなや、彼らのユダヤ人に対する見方は変わる。ユダヤ人の解放などキリスト教徒にとって重要な問題ではないのだという。それに対し、ユダヤ教徒の方からの解放は簡単なことではない。なぜなら彼らには、キリスト教で行われたような宗教批判が行われていないからである。そこでマルクスはそうしたキリスト教のレベルの高さを示す書物を二つ挙げる。ひとつはバウアーの「共感福音書の批判」（*Kritik der evangelischen Geschichte der Synoptiker*, Bd.1, 2, Leipzig, 1841-42）。もうひとつはシュトラウスの『イエスの生涯』（*Das Leben Jesu, Kritisch bearbeitet*, Bd.1, 2, Tübingen, Osiander, 1835-36）（抄訳『イエスの生涯・緒論』生方卓、柴田隆行、石塚正英、石川参義訳、世界書院、一九九四年）である。そもそも、シュトラウスの『イエスの生涯』は、『聖書』解釈に革命的な議論をもたらした書物である。『聖書』に書かれてあることは、合理的なものでもなく、かといって神話的なものでもなく、当時のユダヤ人共同体にある未来と理念を語ったものであるという内容であった。これは大きな論議を呼ぶ。バウアーはこの著作以外にも『ヘーゲルを裁く最後の審判ラッパ』（一八四一）（邦訳『ヘーゲル左派論叢第四巻　ヘーゲルを裁く最後の審判ラッパ』（大庭健訳）一九九六年）「暴かれたキリスト教」（一八四三）（邦訳『ヘーゲル左派論集第四巻　ヘーゲルを裁く最後の審判ラッパ』（渡辺憲正訳）一九九六年）がある。これらはバウアーがヘーゲル右派から左派、すなわち無神論者になる契機となった書物である。「共感福音書の批判」は、キリストの存在自体を疑問視した。

「ユダヤ人は自らその運命を見るだろうし、自ら決定するだろう。しかし歴史を馬鹿にしてはいけない」（七一頁）。

　われわれとしては問題の神学的縛りを解こう。ユダヤ人の解放の可能性に対する問題は、ユダヤ教をやめるためにはどのような特殊な社会的要素を克服すべきなのか？という問題に変わる。なぜなら今日のユダヤ人の解放の可能性は、今日の世界の解放とユダヤ教の関係にあるからだ。こうした関係は、今日の虐げられた世界におけるユダヤ人の特殊な立場から必然的に出てくる。

マルクスはここで再びバウアー論文の最後から引用する（第三編資料編三二五頁）。これは、前の段落で、すでにキリスト教徒にとってキリスト教は時代遅れのものとなっていて、ユダヤ人にとってのユダヤ教の場合はどうなのかという問いが出ていたことに対する答えである。ユダヤ人も未来においてそのことに気づくだろうという流れになっている。そこでマルクスは、バウアーの問題の中の神学論議を絶ち、具体的な社会的問題で考えようとする。

　ここでバウアーがやっているように安息日のユダヤ人ではなく、日常的ユダヤ人を現実のユダヤ人として考察してみよう。

ユダヤ人の秘密をその宗教ではなく、現実のユダヤ人の中の宗教の秘密を見てみよう。

バウアーは論文の最初で安息日の問題をこう立てる。ナポレオン戦争中、ラビは、安息日においても戦争行為に参加することを許した。安息日を変えれるラビの偉大さとは何なのか、これは一種のずるさである、とバウアーは批判する。マルクスはここでこう問題を変える。安息日のユダヤ人は聖なる世界のユダヤ人であるが、日常的ユダヤ人は世俗の世界の人間であると。

ユダヤ人の世俗的基礎とは何か？　それは実践的欲求、私利である。

ユダヤ人の世俗的儀礼とは何であるか？　暴利である。その世俗的神は何であるか。貨幣である。

ユダヤ人は安息日以外、まったく世俗の世界で生きている。それは私的生活、私利の世界である。安息日以外の信仰は、利子を取ることであり、その精神は貨幣である。バウアーがユダヤ人の聖なる世界の偽善を指摘する一方で、マルクスはユダヤ人の世俗的世界が市民社会の生活そのものであることを指摘する。

まさにそうだ！　暴利と貨幣、したがって実践的、現実的ユダヤ教からの解放は、現代の自己解放であるということではないか。

ユダヤ人の日常の信仰が私利私欲の世界であるとすれば、それはキリスト教徒が望んでいる政治的解放の世界ということになる。ということは、ユダヤ人はキリスト教徒より先に市民的世界を実現しているということである。これはまったくバウアーの議論をさかさまにする議論である。だからそのユダヤ的精神から解放されるということは、貨幣や暴利を廃止するのと同じである。

暴利の前提、したがって暴利の可能性を廃棄する、一つの社会組織こそユダヤ人を不可能にするということであろう。その宗教的意識は、現実の社会生活という風の中の気の抜けた霞のように雲散霧消するだろう。一方で、ユダヤ人が実践的本質をむなしいものだと認め、それをやめるために努力すれば、彼は従来のユダヤ人の発展から抜け出て、もっぱら人間的解放のために努力し、人間の自己疎外の最高の実践的表現に背を向けることになるのだ。

したがって、われわれはユダヤ教の中に一般的な現代の反社会的要素を認める。この要素は、ユダヤ人がこうした最悪の関係に熱心に協力してきた過去の経過をつうじて、今日の高み、必然的に解体しなければならない高みにまで引き上げられてきたのである。

バウアーが叫んでいることとは、ユダヤ人、いやキリスト教徒の普通の市民の要求を否定し、貨幣や暴利を否定することである。これは理念としては意味があっても、現実には説得力をもたない。もし本気でこれをやるというのなら、それはもはや次の解放、人間的解放をしろということである。もちろんマルクスは、ユダヤ人の世俗的世界を肯定しているのではない。バウアーが主張する政治的解放は、結局市民社会の解放、私的世界の解放にあるとすれば、それはユダヤ教そのものとなる。ユダヤ教こそ市民社会の精神を最高度まで高めた宗教であり、けっしてそうしたのはキリスト教ではない。このことについてマルクスはこう述べる、「だからバウアー氏は、現世のユダヤ教が、したがってまた宗教的ユダヤ教も、たえず、今日の市民生活によってつくりだされており、貨幣制度のうちにその最後の完成に達していることに気がつかない。彼がこれに気づくことができなかったのは、彼がユダヤ教を現実の世界の一分肢としてではなく、彼の世界の、神学の一分肢としてだけ知っており、彼が敬虔篤信の人として、働いている仕事日のユダヤ人ではなしに、偽善者である安息日のユダヤ人を現実のユダヤ人と認めたからである」（MEW第二巻、前掲邦訳書、一一三－一一四頁）。

> ユダヤ人の解放はその最終的な意味においてユダヤ教からの人間の解放である。
>
> ユダヤ人はすでにユダヤ的方法で自らを解放してきたのである。「たとえばウィーンでただ容認されているにすぎないユダヤ人が、その貨幣の力で、帝国全体の運命を決定している。もっとも小さいドイツ国家の中で法の適用を受けえないユダヤ人が、ヨーロッパの運命を決定しているのである。
>
> コルポラティオンやツンフトがユダヤ人を拒否し、ユダヤ人に好意をもたない一方で、産業の大胆さの方が中世の制度の曖昧さを嘲るのである」(ブルーノ・バウアー『ユダヤ人問題』一一四頁)。

だから市民社会の最高形態たるユダヤ人の解放は、政治的解放を通りすごして人間的解放にいたることである。ここで再度『ユダヤ人問題』からの引用がなされる。マルクスの頁は一四頁になっているが、これはミスプリントで実際は一一四頁である。引用は最終章「結論」部分からなされている。ここでユダヤ教のもつ虚偽について語られる。宗教的律法と現実の立法の分離によって、ユダヤ人はご都合主義に陥っていると指摘する。そして理論上政治権利を奪われているユダヤ人が、実際上貨幣の力でヨーロッパの政治を動かしている事実をバウアーは指摘する。そしてユダヤ教自体すでにあまりにも完璧な律法の前で解体しているのだと述べる。

> これはけっして孤立した事態ではない。ユダヤ人がユダヤ的方法で自らを解放したのは、単にユダヤ人が貨幣の力を自分のものにしたという点にあるのではなく、貨幣の力を通じてであろうとなかろうと、貨幣を世界の力、実践的ユダヤ精神をキリスト教の人々の実践的精神にしてしまったという点にもあるのである。ユダヤ人は、キリスト教徒がユダヤ人となっただけ自らを解放したのである。

ここで貨幣とユダヤ人という問題が登場する。ヘスは「貨幣体論」(Geldwesen)という論文をこの

「ユダヤ人問題に寄せて」が掲載されている『独仏年誌』に投稿した。しかし『独仏年誌』が一、二号合併号を出して廃刊に追い込まれたため同誌上には掲載されなかった。しかし編集者であるマルクスは本論文を執筆する前後にこれを読むチャンスにあったといえる。貨幣に関しては、マルクスは『経済学・哲学草稿』の第三草稿で「貨幣」という項目を執筆している。さてこの文章は、バウアーの結論をそのまま逆転させている。バウアーはユダヤ教が貨幣の宗教に堕していることを批判し、キリスト教はこうした欺瞞ではなく、崇高な精神によって自らを解放したのだと述べるのだが、マルクスは逆にキリスト教もユダヤ教のように貨幣崇拝に陥ってこそ解放できるのだという。

たとえば大佐ハミルトンはこう述べている。

「敬虔で政治的に自由なニュー・イングランドの住民は、彼を締め付ける蛇から逃げるためになんの努力もしない一種のラオコーンなのである。マンモン神は彼らの偶像で、彼らは口で祈るばかりでなく、その肉体と心情を込めてそれに祈るのである。彼らの目にとって大地は証券取引所以上のなにものでもなく、彼らがこの世で持つ運命はやがて隣人以上に豊かになること以外にないと確信しているのである。取引が彼らのあらゆる思考を力づけ、ものの交換以外に気晴らしはないのだ。彼らが旅をするときは、いわば背中に商品か帳簿を背負い、利子や利益のこと以外話をしない。仕事から一瞬目を離すとすれば、競争相手のビジネスを詮索するためだけである」。

この文章は、抜粋ノートからとられている（*MEGA*, IV/2, S.267）。ハミルトンの書物はアメリカ旅行記であるが、マルクスはその第一巻と第二巻の両方からノートを取っている。引用されている箇所は、ハミルトンがニュー・イングランドのボストンを訪問したときの記述から取られている。話はニュー・イングランド人の性格について語られるところで、彼らは日常の喜びよりビジネスを愛するという部分である（Hamilton, *Men and manners in America*, vol.1, p.213）。

全体の文章はこうなっている。「ニュー・イングランド人はこうした安息日を知らない。彼が行くところ仕事の山がある。彼は、自由になるために闘争しないという、この点においてまったく異なる精神のラオコーンである。諸君の真のヤンキーほど熱心なマンモンの神の崇拝者はいない。彼の礼賛は口やひざまずいたりするだけではない。心から屈服しているのである。精神と肉体すべての力をささげているのである。彼は世界を大きな交換の場として以外には見ない。そこで、彼は原理と利益によって彼の近隣のものを可能ならば欺こうと強制されるのである。ビジネスという考えが心から消えることはない。彼にとってこんな喜びはない。彼は背中に商品と帳簿を背負い、のろのろと旅をし、ほかの行商人のように、予算を切って議論や遊びのために私的な利益を割くことなどしない。彼が自分の仕事の問題から離れる唯一のときは、諸君たちを詮索するためにささげるときである」。

確かに、ユダヤ人のキリスト教世界に対する現実の支配は、北アメリカでは明らかに普通の表現となっていて、福音書の祈り自体も、キリスト教の聖職も、商品取引となってしまい、破産した商人も、豊かになった福音主義者が小商いをするように、福音書で商売をするのである。「こうして見るように、尊敬すべき修道会のトップが商人になりはじめた。その商売がだめになると、司祭になった。それ以外のものは聖職でデビューし、いくらか金が自由になってから、聖職をやめ商人になった。多くのものの目にとって、宗教的聖職はまったくの産業的職業となっている」（ボーモン、前掲書、一八五－八六）。

マルクスの家系は代々ラビであったが、その生業、仕事は商人であった。ラビという仕事がそのまま収入に結びつかないことが、マルクスの父ハインリッヒの苦悩につながっていた。父はフランス革命下でユダヤ人に一般の職業が解放されたことで弁護士を目指したのであるが、兄のザムエルはあいかわらず商人の傍らラビの仕事を行っていた。アメリカでもプロテスタントは片手間に牧師をする場合が多かった。その例をボーモンの言葉から取ってきているといえる。もっともユダヤ教の場合のラビはカトリックの司祭以上に困難な訓練と血統を要するものであったが。

やはりボーモンの第二巻の注の二「アメリカ合州国における宗教運動」からの引用。全体の流れは、カトリックと違いプロテスタントの牧師は中央からの任命制ではないので、素人でもなりやすいというくだりを受けている部分。この段落の頭から訳すとこうなる。「アメリカ人が聖職につくこうした能力はプロテスタントの司祭（ministre）にある特殊の刻印を押している。そこから、どんな人間でも用意もなく、前提となる教育もなく教会の人間となりうるということが起こる。宗教の司祭という職は、どんな年齢でもどんな立場でも、どんな状況でもなりうる職なのである」（Beaumont, *op.cit.*, tome 2, p.88）。この後に引用の文章が続く。

バウアーによると、「現実には巨大な力と政治的影響をもっているユダヤ人が、理論上は政治的権利をもっていないとすれば、全体では（en gros）影響力持ちながら、部分では（détail）影響力が狭められているとすれば、実情は嘘ということになる」（『ユダヤ人問題』一一四頁）。

この文章は、先のウィーンのユダヤ人の引用の前の文章である。したがって、ここでも一四頁となっているが、これはミスプリントである。現実には権力をもっているユダヤ人が、理論的には権力をもっていないという矛盾をバウアーは突くのであるが、この問題は市民社会の鍵を握る問題である。それは貨幣という市民社会の論理が、政治という公的世界を牛耳るという問題である。これをバウアーは虚偽の宗教だというのだが、マルクスは、これこそキリスト教社会の実態でもあると考える。

ユダヤ人の現実の政治権力と政治的権利との間にある矛盾は、政治と貨幣的力一般の矛盾である。政治が理念として貨幣的力を凌駕していても、現実には政治はその奴隷となっているのである。

ユダヤ教は、キリスト教の傍らでキリスト教に対する宗教的批判を体現したものとしてだけでなく、キリスト教の宗教的血統に対する疑いを体現したものとして存続してきた。むしろ現実的ユダヤ精神が、ユダヤ教がキリスト教社会の中で自らを維持し、しかもその最高の形態を維持したからである。市民社会の特殊な構成員としてのユダヤ人は、市民社会のもつユダヤ性を特殊に表現したものにすぎない。

ユダヤ教はその歴史にもかかわらず維持されたのではなく、その歴史によって維持されたのである。

バウアーは論文の中でひたすら、キリスト教の聖なる歴史と、ユダヤ教の俗なる歴史について触れる。人権や愛としてのキリスト教はユダヤ教から生まれ、ユダヤ教を凌駕していると述べる。ユダヤ教はレベルの低い世俗の宗教として、キリスト教の反面教師として存在していたというわけである。バウアーはこう述べる。「キリスト教のジェズイット主義は一般的な人間的活動であり、今日の自由をつくり出したのである。キリスト教のわきにあったユダヤ的ジェズイット主義は、歴史や人間一般に対する何らの結果ももたらさず、はじめから内に向かって閉じていて、傍流的宗派のきまぐれにすぎない」（第三編資料編三〇四頁）。しかし実際は、むしろキリスト教の文明を裏でひっぱってきたものであり、市民社会の本質を切り開いたものであった。マルクスは『聖家族』ではこう述べる。「キリスト教信者の神学者たるバウアー氏にとっては、ユダヤ教の世界史的な意味はキリスト教が誕生したときから、なくなっていたはずである。だから、ユダヤ教が歴史にさからって存続してきたのだという、古い正統的な意見が、彼によってくりかえされねばならなかった。ユダヤ教が存在するのは、神ののろいの確認として、キリスト教の啓示の明白な証明としてにほかならない、という古い神学的迷信は彼にあっては、ユダヤ教が存在しており、また存在してきたのは、キリスト教の超現世的由来に対する、粗野な宗教的懐疑として、すなわちキリストの啓示に反対する明白な証明としてにほかならないという批判的＝神学的なかたちで、くりかえされねばならなかった。これに反して、ユダヤ教は歴史を通じて、歴史のなかに、歴史とともに存続し、発展してきたこと、だがこの発展は神学者の目をもってではなく、世俗の人の目をもって見なければならぬこと、なぜなら宗教理論のうちではなく、商業的・産業的実践のうちにのみ、この発展を見出すべきであるからである、ということが証明された」（MEW第二巻、前掲邦訳書、一一四頁）。

市民社会はその自らのはらわたからたえずユダヤ人をつくりだしてきたのである。

ユダヤ教の基礎はそれ自体として何であったのか？　それは実践的欲求、エゴイズムである。

したがってユダヤ教という一神教は現実には多くの欲求をもった多神教であり、排泄もまた神の律法としている多神教である。実践的欲求、エゴイズムは市民社会の原理であり、市民社会が政治国家を完全に自らの中から生み出すやいなやこうしたものとして純粋な形で出現する。実践的欲求と私利の神は貨幣である。

バウアーの批判する論点を、マルクスはむしろ積極的に評価する論点に切り替えている。マルクスの育った家庭は、父の仕事の都合でプロテスタントに改宗したが、マルクスはその後もユダヤ的環境の中で育った。父ハインリッヒはラビの兄の死後、その家族やユダヤ社会の面倒を見ている。ユダヤ教が現実世界に宗教を見ているとすれば、マルクスは改宗したにもかかわらず完全なユダヤ人であるといえる。宗教的信念をもたず、簡単に改宗していくという姿ですら、ある意味ユダヤ教的な現実重視の姿である。バウアーにとって世俗の宗教として非難されるはずのものが、市民社会の中で生きるために信念などもたないという精神としてマルクスから逆に評価される。ユダヤ教は市民社会の申し子である。もちろんそれはその後批判されるために持ち出されている点において、マルクスをめぐる反ユダヤ主義の問題が出てくる。

貨幣は嫉妬深いユダヤ教の神であり、その前ではほかの神は存在することを許されない。貨幣によってあらゆる人間の神は低くなり、商品に転化する。貨幣はそれ自身によって構成されるすべてのものの一般的な価値である。こうして貨幣は全世界、自然界と同様に人間界からその固有の価値を奪い取ったのである。貨幣とは人間にとってその労働からも、その存在からも疎外された本質であり、この疎外された本質が人間を支配し、人間は貨幣を崇拝するのである。

『経済学・哲学草稿』の「貨幣」ではこう述べられている。「あらゆる人間的および自然的性質を転倒し、混同し、もろもろの不可能事を睦み合わせるという金の神通力は、金の本質が実は疎外されたところの、外化し、譲渡される人間の類的存在にほかならぬところにある。それは外化した人類の能力である」（MEW第四〇巻、前掲邦訳書、四八七頁）。マルクスはちょうど同じ頃書かれたジェームズ・ミルの『経済学要綱』（一八二三）についての抜粋ノートにおいて、すべてを媒介する貨幣の万能性についてこう述べている。「こうした疎外された手段によって——人間が自ら人間自身にとっての媒介者である代わりに——人間は自らの意志を、自らの行為を、自らの関係を、彼から、ほかの人間から独立した力として変えようとする。こうして人間の奴隷制は頂点に達する。この媒体は現実の神となるということは明白である。なぜなら、媒体は私を媒介する現実の力だからである。その崇拝は自己目的となる。こうした媒体から離れた対象はその価値を失ってしまった。したがって、対象が媒体に表現されるかぎりにおいてのみ、対象はその価値をもつ。一方で媒体は対象を表現するかぎりでのみ価値をもつように本来は見えるのだが。本来の関係のこうした転倒は必然である——キリストは本来（1）神の前の人間、（2）人間の前の神、（3）人間の前の人間を表現する。同様に貨幣は本来その概念にしたがって（1）私的所有にとっての私的所有、（2）私的所有にとっての社会を、（3）社会にとっての私的所有を表現する。しかしキリストは外化された神であり、外化された人間である。神はキリストである限りにおいてのみ多くの価値をもち、人間はキリストを表現する限りにおいてのみ価値をもつ。同じことは貨幣にも言える」（*MEGA*, IV/2, S.448）。ヘスは「貨幣体論」の中でこう述べる。「すなわち貨幣は人間の外化された能力であり、商品取引される生命活動である」（畑孝一、山中隆次訳、未來社、一二七頁）。

ユダヤ人の神は世俗化し、世俗の神となったのである。交換手形こそユダヤ人の現実の神である。ユダヤ人の神は幻想の上の手形にすぎない。

私的所有と貨幣による支配こそ自然であるという考えは、自然に対する現実的な軽蔑であり、実際的には自然を見下すものであり、そうした考えはユダヤ教の中に確かに存在はしていたのだが、それは想像上の中において存在したにすぎなかったものである。

バウアーはこの論文においてこう述べている。

「キリスト教はこういう。人間がすべてであり、神であり、普遍的なものであり、全能であると。そしてキリスト教は、唯一者、キリストは人間であり、全体であると述べる場合、こうした真実は宗教的に表現しているにすぎない。一方、ユダヤ教はたえず外の世界、自然と関係する人間だけを充足させ、外の世界意識に従属している、すなわち世界をつくったのは神であると述べるとき、その宗教的形態において自分の願望を充足させているのである。キリスト教はすべてのもののうち、すべてのものの一般的本質のうち——宗教的に表現すれば——神のうちに再帰しようという人間を充足させるのだ。ユダヤ教が充足させるのは自然から独立したいと望む人間だけである」（第三編資料編、三〇三頁参照）。まさにこのことについてマルクスは答えているのである。バウアーのいうとおりだとするとユダヤ教は自然を軽蔑していることになるのだが、ユダヤ教といえども、昔からそうだったというわけではない。理念の上に存在していただけであったという。

この意味で、トマス・ミュンツァーはこのことを耐え難いことだと述べるのだ。「すべての創造物、水の中の魚、空の鳥、大地の上の食物が財産にさせられた——創造物は自由でなければならないのだ」。

ミュンツァーの言葉は、ノートの中にある。これはレオポルト・ランケからの孫引きである。Leopold Ranke, *Deutsche Geschichte im Zeitalter der Reformation*, Bd.II の二〇七頁からの引用（*MEGA*, IV/2, S.175）。全文の引用はこうである。「彼（ミュンツァー）は人々が諸侯の支配を受けている以上、彼らに真実を語ることは不可能であることを発見した。彼はすべての創造物、水の中の魚、空の鳥、大地の上の食物が財産にされるというのは矛盾だと説明した——神の純粋のことばが沸き起こるとき、創造物も自由でなければならないのだ、国家が依存するすべての概念は、覆るのだ」。そのすぐ後に、「黙示録から彼（ミュンツァー）は、力が共通に人民に与えられねばならないのだということを証明する」（ランケ、二〇九頁、*MEGA*, IV/2, S.175）という文章を抜書きする。
後にエンゲルスが『ドイツ農民戦争』（一八五〇年、『新ライン新聞——政治経済評論』五、六号合併号）を執筆し、その中でミュンツァーについて詳しく語っている。マルクスのこの段階での知識はランケに負っていると思われるが、マルクスのミュンツァーへの言及は、その後もエンゲルスに比べて少ない。

ユダヤ教の中で抽象的にあるもの、理論、芸術、歴史、自己目的としての人間への軽蔑は、貨幣的人間の現実に意識された立場であり、徳なのである。男と女の関係のような類的関係でさえ商業の対象となる！　女性は売買されるのだ。

『経済学・哲学草稿』ではこう述べる。「金の力の大きさが私の力の大きさである。金のもつ性質は私——金の持ち主——のもつ性質であり本質力である。したがって私が何であり、何ができるかはけっして私の個人性によって決まっているのではない。私は醜いが、しかし私は絶世の美女を買うことができ

る」（ＭＥＷ第四〇巻、前掲邦訳書、四八六頁）。

ユダヤ人の幻想のような国籍は、商人、貨幣的人間一般の国籍である。

ユダヤ人の根無し草の律法は、根無し草のモラルを、私利の世界をとりまく法一般の、ただ形式的な儀式を、ただ宗教的にカリカチュアしたものにすぎない。

結局ユダヤ的国民性とは、市民社会の国民性ということになる。ユダヤ人はそのカリカチュアにすぎない。「だからユダヤ人の人間への解放、すなわちユダヤ教の人間解放は、バウアーがしたように、ユダヤ人特有の課題として把握されず、心の髄までユダヤ的な今日の世界の、一般的・実践的な課題として把握された」（ＭＥＷ第二巻、前掲邦訳書、一一四頁）。

ここでもまた人間の最高の関係は律法的関係、人間にとって重要ではない律法との関係である。律法が人間を評価しないのは、律法が人間自身の意志と本質であるがゆえにではなく、むしろ律法が人間を支配し、律法から離脱すると厳しく罰せられるがゆえに、である。

ユダヤ的ジェズイット主義は、したがってその実践的ジェズイット主義は、バウアーがタルムードによって証明しているのだが、私利の世界とそれを支配する律法との関係である。ずるがしこい交渉こそこの世界の主要芸術なのである。

もっとも、その律法の中での私利世界の動きは、必然的に律法をたえず廃棄することである。

バウアーの『ユダヤ人問題』の結論部分をマルクスは批判する。ユダヤ教の欺瞞性は、私利の世界と律法の世界の矛盾から起こるわけである。私利が律法に打ち勝つことがそれであるが、マルクスはそれこそ近代の法と人間との関係でもあると述べる。論文ではイエズス会（ジェズイット）的な要素をこう述べている。「どんな宗教も必然的に偽善とジェズイット主義と結びついている。どんな宗教も人間に対して、本来的なものである人間を、崇拝の対象として、何かよそよそしいものとして考察するよう、すなわち人間はそのようなものとして無であり、それ自体として完全な無であるかのように振舞うことを、要求するのである」（第三編資料編、三〇四頁参照）。ユダヤ的なジェズイット主義についてこう述べる。「ユダヤ的ジェズイット主義は感性的利己主義のたんなる狡猾さであり、一般的なずるさであり、とりわけ完全な自然的―感性的欲求をいつも問題にするがゆえに、粗野で、不器用な偽善である」（第三編資料編、三〇四頁参照）。

ユダヤ教は宗教としても、理論的にもこれ以上発展することはできなかった。なぜなら、実践的欲求という世界観はその本質上狭量であり、簡単に完成しうるからである。

実践的欲求をもった宗教は本質上理論の中ではなく、実践の中においてのみ完成をみることができたのである。その理由はその真理が実践だからである。

ユダヤ教はけっして新しい世界をつくり出すことはできなかった。それができたことといえば、その事業の中で新しい世界創造と世界の関係を引き出すことだけであった。なぜなら私利を理解することである実践的欲求は受動的な関係であり、意志にしたがって広がることはできず、社会状況の進展によって拡大を見るものだからである。

バウアーのユダヤ批判をそのまま引用している部分である。「キリスト教は、したがってユダヤ教をはるかに超えていて、キリスト教徒はユダヤ人をはるかに超えていて、その自由になる可能性はユダヤ人のその可能性よりはるかに大きい。なぜなら、人間はキリスト教徒であるという点に立つことで、徹底的な革命によって宗教が引き出すすべての悪を癒す点にまで到達するからであり、宗教がこうした革命に対抗する力の弾力性は無限だからである。ユダヤ人はこうしたレベル以下にあり、全人類の運命にとって決定的である自由と革命といったこうした可能性から遠い。その理由は、その宗教がそれ自身歴史にとって無意味であり、世界史になることができず、ただキリスト教への解体と完成をつうじてのみ実践的に世界史的になりうるからである」（第三編資料編、三一五－一六頁参照）。ユダヤ教の発展は、現実の生活における私利の世界を広めただけである。

ユダヤ教は市民社会の完成をもってその最高点に到達する。しかし市民社会はキリスト教世界の中ではじめて完成する。すべての民族的、自然的、人倫的、理論的関係を人間の外部にするキリスト教の支配のもとにおいてのみ、市民社会は国家生活から完全に離れ、人間のすべての類的な同盟を破壊し、こうした類的な同盟に代わってエゴイズム、私利的な欲求を置き、人間世界を相互に敵対的な、アトム化された個別的世界の中に解消していくことができたのだ。

キリスト教はユダヤ教から飛び出したのである。今度は再びユダヤ教に解消されるのだ。

だからユダヤ教は市民社会の完成によって最高度に発展する。それはキリスト教世界で完成する。なぜかといえば、キリスト教的世界では、人間の生身の世界はキリスト教にとって無駄なものであるから、キリスト教では十分発展しなかった。だからユダヤ教がまさにそのかわりに貨幣的世界をつくり上げていった。キリスト教がユダヤ教から理念の宗教として生まれたとすると、今度は世俗の宗教としてユダヤ教に戻ってくる番である。バウアーはこの論文でこう述べる。「キリスト教において、ほかのどの宗教よりも非人間性がより高くなり、最高の高さにまでのぼりつめるということが起きたのだが、それが可能だったのは、人間性という制限のない概念が把握され、それが宗教的理解の中で転倒し、歪められ、人間的本質を非人間的なものにしなければならなかったがゆえである。ユダヤ教では、非人間性がこのような高みにまでのぼらなかった。ユダヤ人としてのユダヤ人はたとえば宗教的義務、家族、種族、民族に所属しなければならなかった。すなわち一定の人間的利益の中で暮らさねばならなかったのである。しかしながら、こうした長所が基礎づけられ、明白になるのは、人間がその一般的本質、すなわちたんなる家族、種族、民族の一員以上の、人間というものをユダヤ人が知らないという欠陥の上でのことである」（第三編資料編、三〇六―三〇七頁参照）。

キリスト教徒は以前から理論的なユダヤ人であった。だからこそ、ユダヤ人はしたがって実践的キリスト教徒であり、実践的なキリスト教徒は再びユダヤ人になったのだ。

キリスト教は現実のユダヤ教をかりそめにのみ克服しただけであった。キリスト教はあまりにも上品で、精神的であったので、青空に飛び出すこと以外の方法で実践的欲求の粗野さを拒否することができなかったのである。

キリスト教はユダヤ教を昇華させた宗教であり、ユダヤ教はキリスト教を実践的に共同利用したものであるが、この利用が一般的なものとなりえたのは、キリスト教が完全な宗教として人間同士の、人間と自然との自己疎外を理論的に完全に完成させた後である。

今はじめてユダヤ教は一般的支配に到達し、外化された自然、外化された人間を、外化可能な、売買可能なものへ、利己的欲求の奴隷、暴利の手に帰した対象にするのである。

キリスト教とユダヤ教の対照性を描いている。キリスト教徒は理念の世界で生きることで、徹底して理念の世界に生きるユダヤ人と等しいものとなり、ユダヤ人は理念の世界に生きることを避けた実践的キリスト教徒そのものであった。結局実践的キリスト教徒とはユダヤ教徒と同じ生活をすることであり、ユダヤ人にならざるをえなくなるのである。お上品なキリスト教は、汚い世俗の生活を恥じたので、禁欲という手を使うしかなかった。理念の宗教と世俗の宗教が共通の土俵に立てたのは、キリスト教が理念の世界の上で公的生活の規範を完成させ、そこで人権、すなわち市民社会の生活をつくり上げた上で、はじめてユダヤ教の必要性が出てきたからであった。ユダヤ教はキリスト教が捨てた自然を商品という形で取り戻す。

譲渡するということは、外化の実践である。宗教にとらわれるかぎり、人間が自らの本質を対象化できうるのは、自らの本質をよそよそしい幻想的な本質にするときでしかないように、利己的な欲求の支配のもとでの人間が自らを実践的に確認し、実践的な対象を作り出すことが可能なのは、その生産物と活動をよそよそしい本質の支配のもとに置き、それによそよそしい本質（つまり貨幣）の意味を授けるときでしかない！

『経済学・哲学草稿』の第一草稿では、疎外された労働を四つに分けている。生産物に対する疎外、生産手段に対する疎外、労働に対する疎外、類的疎外であるが、ここで問題になっているのは第一の疎外である。もちろんこれは労働者の問題ではなく、生産物の交換の際に起こる疎外である。生産物が譲渡されて貨幣になるときがここでの疎外である。『ジェームズ・ミルの抜粋ノート』では、こう表現される。「私が私の私的所有を他人に譲渡するとき、それは私のものではなくなる。それは私から独立した、私の領域の外にあるものであり、私にとってよそよそしいものである。したがって私は私的所有を外在化しているのだ」（*MEGA*, IV/2, S.453）「――貨幣においてつまり、物的な性質に対しても、私的所有の特殊な性質に対しても、私的所有者の人格に関してもまったく無関心である貨幣において、疎外された事物の人間に対する完全な支配が現れた」（*MEGA*, IV/2, S.456）。

キリスト教的至福のエゴイズムは、実践が完成する中で、必然的にユダヤ人の身体的エゴイズムへ、天上の欲求から地上の欲求へ、主観主義を私利へと変える。ユダヤ人の頑固さはその宗教ではなく、むしろその宗教の中にある人間的彼岸、実践的欲求、エゴイズムから説明される。

ユダヤ人の真の本質が市民社会において一般的に実現されるがゆえに、されたがゆえに、市民社会はユダヤ人に、まさに理念のうちでのみ実践的欲求をもつ、その宗教的本質の非現実性を説得することができなかったのである。したがってわれわれが今日のユダヤ人の本質を見つけるのは、モーセ五書やタルムードの中だけでなく、今日の社会の中であり、それは抽象的本質としてではなく、せいぜい経験的本質として、ユダヤ人の限界としてではなく、社会のユダヤ的限界としてのことである。

マルクスはユダヤ的エゴイズムの問題は、市民社会の問題であり、それはもはやあれこれの宗教の教義の中ではなく、現実の社会の中にあるという。社会のユダヤ的限界の問題としてマルクスは問題を提起する。『聖家族』では、こう述べる。「ユダヤ的本質を揚棄するという課題が、実際には、市民社会のユダヤ的精神を、貨幣制度を頂点とする今日の生活実践の非人間性を、揚棄することであるということが証明された」（MEW第二巻、前掲邦訳書、一一四頁）。もはや宗教問題は終わったという「ヘーゲル法哲学批判‐序説」の言葉は、この問題設定と関係している。リュベルはルードヴィヒ・ベルネの言葉を引用する。「私はユダヤ性（この貨幣のデーモン、この愚かさから出てくる、この狂気、黄金を体現した悪魔の宣言）が私の魂を根本から嫌悪させる。商人の世界を守る気はない。私はそのユダヤ性をヘブライ、イスラム教、キリスト教の視点のもとでも出会う。しかしこのユダヤ的特性は、とりわけユダヤ人の恥であり、失敗なのか。むしろすべての商業世界を包括する、窒息する環境の結果ではないのか」（*Karl Marx Oeuvres III Philosophie*, 1982, p.1578）。

社会が、ユダヤ教の経験的本質、暴利とその前提を廃棄するにいたるやいなや、ユダヤ人であることは不可能になったのである。なぜなら、そのユダヤ人の意識にはもはや対象がなくなるからであり、ユダヤ教の主観的基礎、実践的欲求が人間化されるからであり、人間の類としての存在と個人的‐感覚的な存在の葛藤がなくなってしまうからである。

ユダヤ教の真の解決は、人間的解放であるとマルクスは主張する。それは逆にいえばキリスト教徒の市民社会の論理の否定である。この問題設定は、その後に続くマルクスの生涯の課題となる。これは簡単な問題ではない。類的本質とは何か、バウアーはむしろそれをキリスト教に求め、それによって公的世界を構想したのだが、結局それは市民社会の支持を欠いていた。市民社会の支持を欠かない公的、類的な共同体とは何か。マルクスはまだ共産主義者ではない。どこにそれを求めるか。「ヘーゲル法哲学批判 - 序説」はその足がかりとなっている。

ユダヤ人の社会的解放は、社会のユダヤ教からの解放なのである。

マルクスのこの「ユダヤ人問題に寄せて」はキュンツーリの書物 Künzli, A., Karl Marx, Eine Psychographie, Zürich, 1966. 以来、アンチ・セミティズムの論文であるとする見解がある。それはポリアコフにも受け継がれて、ひろく受け入れられている見解である。しかし他面で、むしろユダヤ的預言者の論文であるという議論もある。バウアーに比べて全体としてユダヤ教に関する批判が少ないという面からそれは推察される。リュベルは、マルクスを「ユダヤ的預言者」だと取り上げている。マルクス自身の中にあるユダヤ性の方がアンチ・セミティズムより意味があるというのである（*Ibid.*, pp.1578-80）。

r Kritik der Hegel'schen Rechts-Philosoph

von Karl Marx.

EINLEITUNG.

r Deutschland ist die *Kritik der Religion* im Wesentlichen be
und die Kritik der Religion ist die Voraussetzung aller Kri
profane Existenz des Irrthums ist compromittirt, nachd
himmlische oratio pro aris et focis widerlegt ist. Der Mens
n der phantastischen Wirklichkeit des Himmels, wo er ei
rmenschen suchte, nur den *Wiederschein* seiner selbst gefun
wird nicht mehr geneigt sein, nur den *Schein* seiner selbst,
Unmenschen zu finden, wo er seine wahre Wirklichkeit su
uchen muss.

s Fundament der irreligiösen Kritik ist: Der *Mensch macht*
ion, die Religion macht nicht den Menschen. Und zwar ist
ion das Selbstbewusstsein und das Selbstgefühl des Mensch
ich selbst entweder noch nicht erworben, oder schon wie
ren hat. Aber *der Mensch*, das ist kein abstraktes, ausser
hockendes Wesen. Der Mensch, das ist *die Welt des Mensch*
, Societät. Dieser Staat, diese Societät produziren die Religi
rkehrtes Weltbewusstsein, weil sie eine *verkehrte Welt* sind.
ion ist die allgemeine Theorie dieser Welt, ihr encyklopä
Compendium, ihre Logik in populärer Form, ihr spirituali
Point-d'honneur, ihr Enthusiasmus, ihre moralische Sankt
feierliche Ergänzung, ihr allgemeiner Trost- und Rechtfe
sgrund. Sie ist die *phantastische Verwirklichung* des mensc
Wesens, weil das *menschliche Wesen* keine wahre Wirklichk
t. Der Kampf gegen die Religion ist also mittelbar der Kar
jene Welt, deren geistiges *Aroma* die Religion ist.

religiöse Elend ist in einem der *Ausdruck* des wirklich
les und in einêm die *Protestation* gegen das wirkliche Ele
eligion ist der Seufzer der bedrängten Kreatur, das Gem

「ヘーゲル法哲学批判　カール・マルクス著　序説」

『独仏年誌』に掲載された論文である。マルクスは『独仏年誌』には、本論文と書評として「ユダヤ人問題に寄せて」、そして「ルーゲとの往復書簡」（第三編資料編参照）を掲載している。とりわけ論文としての体裁を持っているのが本論文である。マルクスは匿名でこれより一年前に、『アネクドータ』に論文を一本書いている。しかし、名前の入った本格的論文としては最初のものといえる。この作品を執筆する頃、本書の本論のノートとも言える『ヘーゲル法哲学批判のために』という長い草稿を書いている。そこでは『法哲学』の国家論の部分が逐一抜書きされ、それに対してマルクスは批判を書いている。それに比べ、序説の方にはヘーゲルの本文はほとんど引用されていないし、ヘーゲル批判もそれ自体としてはなりを潜めている。むしろ内容はドイツの状況への批判である。

> ドイツにとって宗教批判は本質的に終わっており、そして宗教批判はすべての批判の前提であるということである。

　一八四〇年代の文脈でいえば、宗教批判が終わっているということは、宗教への批判が完成したという意味よりも、宗教への批判それ自体の意味が喪失し、批判の刃は宗教ではなく、現実の政治への批判に向けられているということの意味である。しかし、それは徹底した宗教批判を経た上のことであり、宗教批判を抜きにした、批判ではない。現実を批判することは宗教を批判して初めて成り立つことである。

　リュベルはここにこういう注を入れている。「コティエの著書 Cottier, *L'Atheisme du jeune Marx*, Paris, 1959 のように「もしマルクスが「シュトラウス、フォイエルバッハ、バウアー、そのほかの青年ヘーゲル派による宗教に与えられた衝撃を決定的なものだ」と考えていたことが確かであれば、逆に「マルクスのイデオロギー論において——宗教はこの建築物の天井の鍵の機能をなし」、「世界の現象とその疎外とを区別する証拠である」（cottier, *ibid.*, p.153）と考えることは間違いであることになる」（Rubel, *op.cit.*, p.1580）。マルクスは、おそらく『最後の審判のラッパ』（一八四二）を一緒に書いたであろうバウアーから別れ、テイズム、それゆえ宗教、とりわけ宗教への関心を拒否したことはあきらかであろう。

　リュベルの見解は慧眼ともいえる。マルクスはここで宗教の批判よりも、国家批判の問題に視点を移していると思われるからである。そのことについては、『聖家族』でこう語られる。「宗教としての宗教が問題だと信じるのは、神学者ぐらいのものである。――われわれはバウアー氏が、そう見せかけているようにユダヤ人問題が宗教問題でもあることをけっして否認していたわけではない。そうではなくて、指摘されたのは、バウアー氏が、ユダヤ教の宗教的本質だけをつかみ、この宗教的本質の現世的・実在的な基礎をつかまないことである――だからバウアー氏は、現実の現世的ユダヤ教が、したがってまた宗教的ユダヤ教も、たえず、今日の市民生活によってつくりだされており、貨幣制度のうちにその最後の完成形態に達していることに気づかない」（MEW第二巻、前掲邦訳書、一一三頁）。

世俗的（profane）に誤謬の存在が理解されるのは、祭壇や家族を守る天上の弁明（himmlische oratio pro aris et focis）というものが否定された後である。

　ここで出てくる「祭壇と炉端の名誉にかけて」という文章は、キケロの『神の本性について』（『キケロ選集』岩波書店、一一巻）の第三部の末尾（二六九頁）にある文章かと思われる。その文章を引用すると「このように、『コッタよ、あなたはストア派によってもっとも神聖に、またもっとも思慮深く築き上げられてきた神々の『摂理』に関する理論を攻撃してくれた。だが、そろそろ日も暮れてきたので、あなたの議論への反論を行う機会は別の日に設けていただきたい。というのも、わたしは祭壇と炉端の名誉にかけて、また神々の社や神殿、さらには都市の城壁――あなたがた神祇官は、これらが神聖なものであると主張し、城壁そのものによる以上に宗教儀式によって都市を注意深く取り囲む――の名誉にかけて、あなたに反論する必要があるからだ』」。ここで、キケロは神の存在について議論をしているのであるが、このコッタは神の存在を否定する人物である。その意味でここは、神を否定するコッタに対する反論を次回行おうというところで終わっている部分である。ここでの意味は、祭壇と炉端の名誉にかけて神の存在を守るという議論が終わったあと、真の意味で神の存在の議論が晴れて問題になるということである。

マルクスは、一八四一年にベルリン大学に博士論文「デモクリトスとエピクロスの自然哲学の差異」を提出する。そのとき、キケロを読む。キケロノートは博士論文のためにとられたノートの第七ノートにある（MEW第四〇巻）。しかしそこではこの引用はない。また博士論文本体にもない。もっともこの博士論文は不完全な形で残されており、引用されていなかったかどうかについては不明である。

なおこの「祭壇と炉端」という言葉は、神殿と家族を意味するものともいえる。キケロの『カティリーナ弾劾』の第四演説の最後にこういう言葉として出される。「諸君の妻子と祭壇と家庭（炉端）について、聖所と都市の家々と住居について」（『キケロ選集』岩波書店、第三巻、九三頁）。ここでも意味はローマの神殿と都市という意味である。しかしマルクスがこれを読んでいた証拠はない。ただし、カティリーナに関しては、『聖家族』でも言及している（MEW第二巻、前掲邦訳書一二七頁）。

天上の幻想的な現実の中で超人を追い求め、そこに自分の反映だけしか見つけられなかった人間も、本当の現実を探し、探さねばならない場所では、たんなる仮象、非人間だけ見るというようなことはなくなるだろう。

超人、すなわち国家理性、絶対精神、こうした概念は現実が遊離し、いわば外部から与件的に与えられている。マルクスは『ヘーゲル法哲学批判のために』の冒頭で、国家は外的必然性であると語るヘーゲルに対しこう述べる。「『外的必然性』といえばただ、次のようにしか解されえない。すなわち、家族と市民社会との『掟』と『利益』は国家の『掟』と

『利益』に衝突する場合には後者に席を譲らねばならず、国家に従属しており、それらの存在は国家のそれに依存しているか、ないしはまた国家の意志と国家の掟はそれらの『意志』とそれらの『掟』にとってひとつの必然性としてあらわれるということである！」（MEW第一巻、前掲邦訳書、二三四頁）。「超人」という表現についてみれば、当時マルクスに大きな影響を与えていたフォイエルバッハは『将来哲学の根本的問題』においてこういう表現が見える。「というのは、神は非人間的存在、超人的存在であるとされながら、それにもかかわらずそのすべての規定から見ると、実際には人間的存在であるから」（岩波文庫、一六－一七頁）。超人とは自らの姿を外在化したものとされる。フォイエルバッハとマルクスに共通しているものは、超人、神、国家を、生身の人間の反映だと見ている点である。マルクスはフォイエルバッハについてこの一年前の一八四二年にこう礼賛している。「一人の反キリスト者が諸君にキリスト教の本質をその真実の赤裸々の姿において示さねばならなかったことを！　そして思弁的神学者および哲学者諸君に私は忠告する。もしあるがままの事物にすなわち真理に改めていたろうと欲するならば、従来の思弁哲学の概念と偏見とから諸君を解放せよ、と。そして諸君にとって真理と自由への道は、火の川（Feuerbach）を通る以外にないのである。フォイエルバッハこそ現代の煉獄なのである」（MEW第一巻、前掲邦訳書、二九－三〇頁）。

非宗教的批判の基礎とは、次のことである。すなわち宗教をつくるのは人間であり、宗教が人間をつくるのではないということである。しかも、宗教は次のような人間の自己意識であり、人間の自己感情である。すなわちいまだ自らを獲得していないか、あるいはすでに一度自らを失ってしまっているかのどちらかの。

この言葉はフォイエルバッハの言葉に近い。「したがって、宗教は人間が自己の本質――そしてもとより有限で制限されている本質ではなくて、無限な本質――についてもっている意識であり、かつそれ以外の何ものでもあることができない」（『キリスト教の本質』岩波文庫、上巻、四九頁）。人間の意識の反映としての神とは、人間の反映の国家という問題と並列に設定されている。マルクスは『ヘーゲル法哲学批判のために』の中でこう語る。「家族と市民社会は国家の前提であり、それらはもともとアクティヴなものであるが、思弁の中ではあべこべにされる」（MEW第一巻、前掲邦訳書、二三六頁）。フォイエルバッハはこう述べる。「普通の神学は、人間の立場を神の立場にする。思弁的神学は、これに反して神の立場を人間の、というよりはむしろ思考者の立場にする」（『将来哲学の根本問題』岩波文庫、一六頁）。

しかし、人間はけっして抽象的なものではなく、世界の外にある本質ではない。人間とは、人間の世界、国家、社会である。宗教、すなわち転倒した世界意識をつくり出すのが、この国家であり、この社会である。なぜなら、こうした国家、こうした社会は、転倒した世界だからである。

ここでやっと宗教の問題はほかならぬ国家の問題であることが出てくる。タイトルで予測される国家の問題がいよいよ登場する。フォイエルバッハが宗教に関して問題にしたことを、マルクスは国家に適用する。マルクスはこう述べる。「ヘーゲルは国家から出発して、人間を主体化された国家たらしめ、民主制は人間から出発して、国家を客体化された人間たらしめる。宗教が人間を創るのではなくて、人間が宗教を創るように、体制が国民を創るのではなくて、国民が体制を創る。ある点で民主制とそれ以外のあらゆる国家形式との間柄は、キリスト教とそれ以外のあらゆる宗教との関係のようなものである」（『ヘーゲル法哲学批判のために』MEW第一巻、前掲邦訳書、二六三頁）。ここでは転倒ではなく、並列におかれている。

宗教はこの世界の一般理論であり、世界にとって百科全書的な意味をもつ概説書であり、世俗的な形でのその論理学であり、その精神的な面子であり、その情熱であり、その道徳的認可であり、その祝祭的な補足であり、その一般的な、慰めの、正当化の基礎である。宗教は人間的本質を幻想的に現実のものとすることである。なぜなら人間の本質が本当の現実というものをもたないからだ。だから、宗教に対する闘争は間接的には、すべての世界に対する直接の闘争であり、その精神的匂いこそ宗教である。

宗教はこの世界をつくりあげている権力構造の基本テキストであると述べる。ヘーゲル左派が宗教批判に終始したということは、その意味において、宗教批判という土壌で国家批判の予備訓練をしたともいえる。フォイエルバッハはスピノザをその着想の一人としてあげている。特に「延長」というスピノザの概念を神の否定の論理ととる。「しかし、物質は神ではなく、それはむしろ有限なもの、神ではないもの、神を否定するものである——物質を無条件に崇拝し信奉するものは、無神論者である。したがって汎神論は、有神論に無神論を、神に神の否定を結び付けている。すなわち、神は物質的な存在、スピノザの言葉でいえば、延長ある存在である」(『将来哲学の根本的問題』前掲邦訳書、三〇頁)。「つまり物質的に現存するものの神化——唯物論、経験論、実在論、人間主義——神学の否定は、しかし近世の本質である。したがって汎神論は、神的本質へ、宗教哲学原理へ高められた近世の本質にほかならない」(同、三一頁)。「スピノザは、現代の自由思想家や唯物論者のモーセである」(同、三二頁)。

宗教的貧困は、現実の貧困の表現の中に、現実の貧困に対する抗議の中にある。宗教は困窮した人間のため息であり、宗教は精神なき状態であると同じく、心なき世界の感情である。宗教は人民の阿片である。

ここに非常に有名な言葉「宗教は人民の阿片である」という言葉が出てくる。リュベルはこれをハイネの言葉だとして次の文章を挿入している。「大地に何も与えられない人間のために、天が創られた。この発見に栄誉を！　苦い衝撃に苦しむ人間に、いくらかの愛と希望と信仰のしたたりをそそいだ宗教に栄誉を！　甘い催眠術のいくらかのしたたり、道徳的阿片」（『ルードヴィヒ・ベルネ』Rubel, *op.cit*, p.1581）。「宗教は人間が自己自身と分裂することである」（『キリスト教の本質』上巻、前掲邦訳書、一〇三頁）というういささか抽象的なフォイエルバッハの表現と違い、宗教を現実の貧困の抗議であるとマルクスは考える。もっともフォイエルバッハはこういう見方もしている。「神を富ませるには人間は貧困にならなければならず、神が全であるためには人間は無でなければならない」（同、九〇頁）。「生活が空虚であればあるほど、神はそれだけますます豊富になり、またそれだけますます具体的になる。現実的世界が空虚になることと神性が充実されることとは一つの作用である」（同、一七四頁）。

人民の幻想的な幸福としての宗教を廃棄することは、現実の幸福を要求することである。自らの状態についての幻想を廃棄することは、幻想を必要とするある状態をやめることを要求することである。だから、宗教の批判は、その後光が宗教である「嘆きの谷」の批判をその兆候としてもっている。

「ユダヤ人問題に寄せて」では宗教が人権として承認される市民社会を評価していた。そのためむしろバウアーの宗教廃棄に対して批判的であったが、ここでは一転して宗教廃棄を人間の幸福だと述べる。今は市民社会の問題点が対象となっているからである。バウアーは真に宗教的になるために宗教を廃棄するが、マルクスは宗教の実態が現実の物的実態だとする。その意味でフォイエルバッハと同じであるが、フォイエルバッハは宗教に代わるものとして人間の感性、愛をもってくる。マルクスはまだ宗教に代わるものが何であるのかというのがおぼろげにしかわかってない。「嘆きの谷」（新共同訳）あるいは「涙の谷」（直訳）は、旧約聖書詩篇八四の七に出てくる言葉であり、現世、浮世のことを意味する。

批判は、鎖に繋がれた幻想の花をむしりとってしまったが、それによって人は幻想のない、気休めのない鎖をもつのではなく、鎖を捨て、生きた花をつみとったのである。宗教の批判は人間を目覚めさせ、それによって人間は、考え、活動し、その現実をつくりあげる。こうして、目覚めた、理性をもった人間は、彼自身を中心として、したがって彼の現実の太陽のまわりをまわるのである。宗教は、人間が宗教のまわりをまわらない限り、人間のまわりを動く幻想的な太陽にすぎない。

繰り返し「幻想」という言葉が出てくる。宗教という幻想の背後に生身の人間の世界がある。そこには生きた花が存在する。フォイエルバッハは認識の問題としてこの問題をとらえる。人間の認識は対象物との関係で決まるという。そこで太陽と地球との例が登場する。太陽にはいくつも惑星があるが、それぞれの惑星と太陽との関係は太陽が決めているのではなく、それぞれの惑星が決めている。地球にとっての太陽は、天王星にとっての太陽とは違う。だからそれぞれの太陽をもたねばならない。太陽から考えるのではなく、地球から考える、そうすることが幻想的な太陽を脱却することだと述べる（『キリスト教の本質』上巻、前掲邦訳書、五三頁）。おそらくこの例をイメージしていると思われる。

したがって、真理の彼岸が消えた後で、現世の真理をつくるというのが歴史の課題となる。まず歴史の中にある哲学の課題は、人間の自己疎外の聖なる形態が暴露された後、自己疎外をその非聖なる形態で暴露することである。したがって、天上の批判は地上の批判に、宗教の批判は法の批判に、神学の批判は政治の批判に転化するのである。

もはや宗教たる太陽の問題ではなく、地球の問題である。地球の問題とは、それはここでは市民社会の問題である。天上の批判は地球上の批判となる。地球上の批判は、市民社会における自己疎外の問題である。「宗教とは人間がもっているところの隠された宝物が厳粛に開帳されたものであり、人間のもっとも内面的な思想が白状されたものであり、人間の愛の秘密が公然と告白されたものである」（『キリスト教の本質』上巻、前掲邦訳書、六七頁）。疎外の形態としてフォイエルバッハは処女マリアの話をする。地上における異性愛の禁止が、天上の処女マリア崇拝となり、地上の愛を否定すればするほど、天上のマリアへの愛は高まり、地上では女性なしですますことができるようになったという（『キリスト教の本質』上巻、前掲邦訳書、九一頁）。天上の神は、地上の人間の不幸の疎外体であった。「神が主体的人間的であればあるほど、人間はそれだけますます多く自分の主体性と人間性とを疎外する」（同、一〇〇頁）。

この序論の後に続く本論は（こうした仕事への寄与であるが）、オリジナルなものを問題にしているのではなく、そのコピーである、ドイツの国家‐哲学そして法哲学を問題にしている。その理由は本論がドイツに結びついているという理由以外にはない。

本論は執筆されなかった。もちろんヘーゲル『法哲学』のノートは執筆されている。これはむしろ、執筆時期の一八四三年夏からいって、この序説のためのノートであろう（ＭＥＷ第一巻「ヘーゲル国法論（二六一節－三一三節）の批判」）。執筆断念の理由について、やはりこれも生前公表されることのなかった『経済学・哲学草稿』の序言でこう述べている。

「私は『独仏年誌』のなかで法学および国家学の批判をヘーゲル法哲学批判のかたちで行うことを告げておいた。印刷に出すために推敲しているうちに、もっぱら思弁をたたくことにのみ向けられた批判を、さまざまな材料そのものの批判と混ぜ合わせることはまったく不適当であり、展開を妨げ、理解を困難にすることがわかった。のみならず、取り扱われる諸対象が豊富かつ種々雑多であるために、まとめてひとつの著作に押し込むことはまったくアフォリズム的なかたちでしか不可能であっただろうし、そうなるとこんどはそのようなアフォリズム的な叙述はなにか勝手な体系化の観を呈することになったに違いない。それゆえに私はさまざまな独立の小冊子のかたちで法、道徳、政治などの批判をつぎつぎに出し、そして最後にひとつの別個の著作において全体の連関、個々の部分の関係、そして締めくくりとしてあの材料の思弁的加工の批判を示すよう試みるつもりである」（MEW第四〇巻、前掲邦訳書、三八七頁）。つまりマルクスは計画を断念し、まったく新しい計画へ移るに至ったと思われる。しかもそれは、後の『資本論』と同じく壮大な計画になっている。

たとえそれが唯一ふさわしいものだとして、すなわち否定的なものとして、ドイツの現状（status quo）から始めたいと望むなら、結果はいつも時代錯誤になろう。われわれの政治的現実の否定でさえ、すでに近代的人民の歴史の中では、ガラクタ部屋にまぶされた事実として存在している。私がおしろいのついた髪を否定したとしても、おしろいのついてない髪が残っていることに変わりはない。一八四三年のドイツの現状を否定しても、フランスの年代でいえばまだやっと一七八九年にいるだけであり、なおさら現代史の中心にいないことは確かなことだ。

ここからなぜドイツの歴史を問題にすべきなのかについて説明する。遅れたドイツの歴史についてのまずは確認がなされる。一八四三年、本論文が執筆されたドイツ、とりわけプロイセンでは、フリードリヒ・ヴィルヘルム四世による復古主義が起き、検閲が強化されていた。『ライン新聞』などが発禁処分を受け、政治活動は困難になっていた。この事態を一七八九年フランス革命直前のフランスにたとえている。おしろいの髪の例は、別の形で出てくる。経験主義者クルマッヒャーを批判する『ドイツ・イデオロギー』の中でこう語られる。「あるけなげな男が、あるとき人間が水におぼれるのは重さの観念のとりこになっているからにすぎないと思い込んだ。この観念をなにか迷信的な、なにか宗教的な観念だというふうにでも宣して、それを念頭から追い払えば、水難のおそれなしと考えた」（MEW第三巻、前掲邦訳書、一一頁）。こうした人々をドイツの革命的哲学者だと述べる。

確かにドイツの歴史は、歴史的天上においてどんな人民も示したことのない、またまねをすることもないような運動を自負している。すなわちわれわれは近代人民の革命には参加することなく、復古に参加したのである。われわれの中で復古が起こった理由は、第一に他の人民が革命を実行したがゆえに、第二に他の人民が反革命に耐えたからであり、一度はわが領主が恐れをもったがゆえに、今一度はわが領主が恐れをもたなかったがゆえにである。われわれ、すなわちわれわれの指導者を先頭に、自由の社会の葬儀の日に、自由の社会にたった一度だけ入ったのである。

後ろ向きの歴史であるが、存外それが最先端の歴史であるという弁証法は、ヘーゲル流の始源論にある。始めであって終わりであるもの。ドイツの歴史はすべて後ろ向きであるが、いやそれゆえある意味資本主義の矛盾を理解するに十分な位置にいるともいえる。「ヘーゲル法哲学批判―序説」の論理展開であるこの論理は、数カ月後にパリのドイツ人の新聞『フォアヴェルツ』に掲載された「プロイセン国王と社会改革――一プロイセン人（『フォアヴェルツ』六〇号）に対する論評」の中にある。シュレージエンで起きた労働者の蜂起をめぐって、次のようにマルクスは述べる。「さしあたり織布工の歌を思い出してみるがよい。この大胆なスローガンの中では、家庭や仕事場や居住地域のことは全然触れずに、プロレタリア階級がいきなり私的所有の社会に対する彼らの敵対を、あからさまにするどく、率直で力強い仕方で絶叫している。シュレージエンの蜂起は、フランスとイギリスの労働者蜂起が終わったところから、つまりプロレタリアートの本質の自覚から、はじまっている」（MEW第一巻、前掲邦訳書、四四一頁）。

今日の卑劣な行為を、昨日の卑劣な行為によって正当化しようとする学派は、皮の鞭が旧い、先祖伝来の、歴史的鞭である限り、その鞭に対する農奴の叫びを抵抗であると主張する学派であり、イスラエルの神がその下僕モーセに示したように、歴史をただ後付け的（a posteriori）にしか示さない学派、それは歴史法学派である。歴史法学派は、もし自らドイツ史を発見しなかったとしても、ドイツ史を発見したであろう。シャイロック、しかも使用人のシャイロックである歴史法学派は、その証文、その歴史的証文、そのキリスト教的－ゲルマン的証文を信じて、人民の心臓から肉一ポンドずつが切り取られることを信じて彼らに誓うのである。

マルクスは、歴史法学派はこうだと考える。原資料を探求することを学問とした歴史法学派はすべて過去に還元して考えるようになり、過去の歴史で今日の歴史を正当化するようになった。歴史法学派についてマルクスは「歴史法学派の哲学的宣言」という原稿を『新ライン新聞』に書いている（一八四二年八月九日）。「通俗の見解では、歴史学派は、一八世紀の軽薄な精神に対する反作用とみられている。この見解の普及は、この見解の真意に反比例している一八世紀は、むしろただ軽薄さを本質的な特徴とするところのものを一つ算出しただけであり、そしてこの唯一の軽薄な産物こそは歴史学派なのである。歴史学派は原資料の研究を合言葉とした。そしてこの学派は、原資料への愛着を極端にまで高めて、ついには船頭に向かって、川の流れではなしにその水源で漕げ、と要求するほどになっている」（MEW第一巻、前掲邦訳書、九〇頁）。マルクスは生涯シャイロックの例を使い続ける。この裁判のシーンは、一八四二年一一月三日の『ライン新聞』の中にも登場する。そこで裁判官とのやりとりがかなり長く引用される。ポーシャがシャイロックに判決を言い渡す場面であるが、この引用でマルクスはこう述べる。「ごらんのとおりだ。森林所有者諸君、条文を見るがいい！」（同、一六五頁）。証文の価値を問題にしながら、その証文の解釈にせまるポーシャと、証文の内容の不可侵性を信じるシャイロックとの戦いの場である。歴史法学派に欠けているのはこの解釈という概念であるというわけである。

それに対して、よき性格をもった熱狂的な人々は、血たぎるドイツの国粋主義者で、思考は自由である人々は、われわれの歴史のかなたにあるチュートンの原生林の中にわが自由の歴史を探す。しかし、わが自由の歴史が、もしそれが森の中で見つかるのなら、いのししの自由の歴史とどう違うのか？　さらにいえば、森の中で叫べば、森からこだまが聞こえるのは当たり前だ。だから、チュートンの森は平和にしておくべきだろう！

チュートン（Teutsche）に関する記述は、『ライン新聞』記事、「第六回ライン州議会の議事」、すなわち「木材盗伐に関する論文」の中にある。そこでこう述べる。「実際すでにあるところでは、貧乏人の慣習的権利を金持ちの独占に変えてしまうことが、これほどまで行われてきているのだ。これによって共有財産を独占することができるという十分な証拠が示された。このことから共有財産を独占しなければならないという結論が自ら出てくる、というのである。私有財産の利害が独占を見つけ出したからには対象の本性が独占を要求する、というわけだ。この独占という現代的な思いつきはいくらかの詐欺師まがいの小売商人にみられるものだが、この思い付きがチュートン民族的土地所有の利益として屑枝を供給するようになるや、この現代的思い付きはくつがえすことのできないものとなるのである」（同、一二三九頁）。さてマルクスはチュートンの所有権についてフィスターの『ドイツ史』（全五巻）を丁寧に読んでノートにとっている。その一巻冒頭からこのような引用がある。「チュートン人は最初の出現の際すでに所有制度を示している。それは、特殊性が一般性の前にあることであり――部分の最初の自立であり、独立である――民族の自然性はそのときからあったが、政治的統一は後のものとなる」（*MEGA*, IV/2, S.223）。フィスターはドイツ人の歴史を所有から説明する。

ドイツの状態に対して戦争を！　なるほどそうである！　ドイツの現状は歴史の水準以下であり、あらゆる批判以下にあるが、それは批判の対象のままである！それは人間の水準以下にある犯罪者が、死刑執行人の対象であるのと似ている。ドイツの状態に対する闘争の中では、批判は知性的情念ではなく、情念に凝り固まった知性となっている。批判はけっして解剖のメスではなく、それは武器である。批判の対象は批判がその矛盾を示す批判の敵ではなく、むしろ、抹殺すべき批判の敵となっているのである。なぜなら、そうした状態の精神の矛盾は、もう否定されているからである。ドイツの状態はそれ自体としてはけっして考えるに値する対象ではなく、それは軽蔑すべき、みすぼらしい存在である。批判はそれ自身としては、こうした対象と自己了解する必要はない。なぜなら批判は解決済みだからである。批判はもはや自己目的ではなく、手段であるにすぎない。批判の本質的情念は怒りであり、その本質的仕事は告発である。

後年こうしたドイツの自己卑下せざるをえない状態を一八四七年エンゲルスは「ドイツ的みじめさ」と表現している。「官僚を代表者とするこの体制は、ドイツ社会の全般的な無気力と下劣さ、うっとうしい退屈と不潔との政治的な総括である。この体制に照応するものは、国内ではドイツが三八の地方国家や州国家にずたずたに切り裂かれているうえに、オーストリアとプロイセンがまた自立的な州にずたずたに切り裂かれているという状態にあり、外にむかっては、搾取や足蹴に面して、恥ずべき無力さである。――あわれなドイツでは、どの階級をとってみても、はじめから町人的凡庸さのしるしをおびており、ほかの国の同じ階級とくらべて、あわれで卑屈であった」（MEW第四巻、前掲邦訳書、四八頁）。

ここで問題になっているのは、あらゆる社会領域にあるうっとうしい相互の圧力、一般的な無為のいらだち、広く是認されかつ誤解されている偏狭さを描くことである。それらは、下劣さを維持することで生きのびている、それ自身政府の下劣さそのものである、政府の制度の枠に、囲まれているのである。

何という風景であろうか！　社会はさまざまな種（Race）にたえず分割されていくのである。こうした種は、それぞれわずかな反感で、悪しき心で、野蛮な凡庸さで対立しあうのだが、それぞれ相互に曖昧で、疑い深い立場のために、たとえ形式的に区別はあったとしても実質的には区別はなく、彼らの支配者によって認可された存在と見なされることを望むのである。そして、彼らが支配され、統治され、取り憑かれているという事実でさえ、彼らは天国から与えられたものとして認め、確認するのである！　一方その支配者の方の威厳も数の多さとは反比例して小さくなるのである！

　ドイツ国家が経済的に停滞していること、一時代前の体制であること、さらにはその国家がばらばらにわかれ、しかも身分や階級もこれといった力をもっていないことについて、マルクスは不平を述べているのだが、エンゲルスは「ドイツの現状」の中で、ドイツでいかにどんな階級も無気力な状態に置かれているかを述べている。「貴族はあまりにもおちぶれてしまった。小市民と農民は、その生活上の地位全体からみてあまりにも弱い。労働者はまだドイツで支配階級として行動できるまでには、とうてい成熟していない――ドイツの現状のみじめさは、主として、自己の生産部門をとくに国民的生産部門とし、それとともにみずから全国民の利益の代表者の地位にのぼるほどに強力な階級が、これまでにただのひとつもなかった点にある。ここでは一〇世紀以降歴史上に姿を現したすべての身分や階級、貴族、農奴、賦役農民、自由農民、小市民、職人、マニュファクチュア労働者、ブルジョワ、プロレタリアがならんで存在している。これらの身分または階級のうちで、その財産のおかげでひとつの生産部門を代表しているもの、すなわち貴族、自由農民、小市民、ブルジョワがその人数、富、国の総生産への参加の割合に応じて、政治的支配権を分け合ってきた。この分け合いの結果は次のようなものである。すなわち、まえのほうで述べたように貴族が獅子の分け前をとり、小市民はわずかな分け前にしかあずからないということ、またブルジョワは公けには小市民としてしか認められておらず、また農民はわずかな勢力しかもたないため、他の階級の間にふりわけられている結果、農民としてはまったくもの数にはいらないということ、これがそうである」（同、四七－四八頁）。

こうした内容として把握される批判は白兵戦であり、白兵戦において、重要なことは、敵が気高い、それに匹敵する、興味深い敵であるかどうかということではなく、敵を倒すことなのである。したがってここで問題なのは、ドイツ人にはかたときも自己欺瞞も、諦めも許されてないということである。ドイツ人は圧力を意識させられることで、より強く現実の圧力を意識しなければならず、それを公表されることで恥をより恥として感じさせられねばならないのである。ドイツ社会のすべてはドイツ社会の恥部（partie honteuse）として描かれ、この化石化した関係は、独自の歌を歌って聞かせられることで、踊らざるをえなくなるのである！　人民が勇気（courage）をもつには、自らを恐れることを学ばされねばならないのである。こうして、ドイツ人民の避けられない欲求は満たされる。そして、人民の欲求は自らその最終的な解放の基礎となるのである。

白兵戦とは敵味方入り乱れてたたかう戦争のことで、ドイツでは明確な支配階級を欠くことで、結局戦いは白兵戦にならざるをえない。ドイツには確たる体制も、理論もそれ自体存在しない。あるのは取り残された古い世界の残滓であり、そこには明確な戦線が描かれるわけではない。あちらこちらに残る残滓たる遺産を告発し、それを苦痛として、恥として理解することで、一刻もはやくそこから脱出を試みなければならない。「国家の頂点でバイオリンを弾けば、その下で踊りだすのは当然のことだ」（『ルイ・ボナパルトのブリュメールの一八日』MEW第八巻、前掲邦訳書、一四八頁）。上から命令されて踊らされることがここでは示されているが、ドイツでの事態はまったく逆で自ら屍の上で踊らざるを得ないのである。

ドイツの現状（status quo）のうんざりする内容に対するこうした闘争は、近代的人民に対してさえも興味深いものでありうる。なぜなら、ドイツの現状は旧体制（ancien régime）の率直な完成であり、旧体制（ancien régime）は近代国家の不足を隠すものだからである。現代ドイツの政治に対する闘争は、近代的人民の過去に対する闘争であり、近代的人民はこうした過去の思い出にいまなお煩わされているのである。自ら悲劇を体験した旧体制（ancien régime）が、ドイツ人的亡霊（Revenant）として喜劇が演じられるのを見るとすれば、近代人には示唆的である。旧体制（ancien régime）の歴史は、世界の既存の暴力であったかぎりは悲劇的であった。それに対して、一言でいえば、旧体制（ancien régime）の正当化が長く信じられ、信じられねばならなかったかぎり、自由は個人的な気まぐれであった。現存の世界秩序としての旧体制（ancien régime）は、生まれたばかりの世界と闘争しているかぎり、旧体制（ancien régime）の側にとって世界史的な誤謬であり、個人的誤謬ではなかった。だからこそこうした体制の没落は悲劇だったのである。

旧体制の中にむしろ未来の問題が隠されているという論理で展開されている。「人間の解剖は猿の解剖である」というエンゲルスの視点とはちがって、逆に「サルの解剖は人間の解剖である」といういい方にこの表現は似ている。なぜそうなのか。それはフランス革命を経たフランス自身の問題と深く関係している。『聖家族』でマルクスは、フランス革命が一気に急進化し、しぼんでいった話を展開するが、そこで問題はこう設定されている。フランス革命を急進化したロベスピエールは、歴史として確かに失敗であったが、逆にあることを象徴していた。それはあまりにも先に進むことで歴史を乗り越え、新しい歴史の可能性を示すということ。マルクスが悲劇と述べるときは、まさに歴史が超然とした実験の場を繰り広げることを意味している。悲劇とは、大真面目さのことでもある。一方ドイツは、近代の歴史の進展とは逆に進んでいる。その意味でドイツは歴史そのものを急旋回することで歴史の愚かさを象徴する。その意味で教訓的である。なるほどそれは革命という嵐を経た人民のなかに依然としてある過去へのノスタルジーである。ドイツの歴史は、過去へのノスタルジーを体現している点において悲劇というよりも喜劇に近い。喜劇とは歴史の進展をまじめに考えるのではなく、それを打ち消してしまうようにネガティブに考えることだからである。だからドイツを解剖すればなぜ革命がうまくいかないかがわかる。その点でドイツは未来を象徴しているといえる。『ルイ・ボナパルトのブリュメールの一八日』の冒頭で、ルイ・ナポレオンをフランス革命のパロディだと述べる。それは、前者は前向きに大真面目に突き進み、歴史に大きな足跡を残したのに対し、後者は不真面目で後ろ向きに突き進み、時代錯誤の世界を演出するからである。

それに対し、今日のドイツの体制は、時代錯誤であり、一般に知られた警句と完全に矛盾するものであり、世界にさらされた旧体制（ancien régime）の無力さでもあり、自らを信じることでうぬぼれているだけであり、世界に対しても同じうぬぼれを要求しているのである。ドイツの体制が自らの本質を信じられるとすれば、その本質をよそよそしい本質の仮面で覆い隠し、自らの救いを、偽善と詭弁の中に求めようとするのであろうか？　近代における旧体制とは、本当の英雄を失った世界秩序の喜劇役者にすぎない。歴史が旧いすべての形態を墓場に送りこむとすれば、その歴史が決定的なものとなっていて、多くの段階を経てきているということである。世界史的形態の最後の段階は、その喜劇である。すでに一度悲劇として、アイスキュロスの『縛られたプロメテウス』として傷ついて死んでしまったギリシアの神々は、もういちどルキアノスの『物語』の中で喜劇として死なねばならなかったのである。なぜ歴史はこうしたコースをたどるのか！　こうして人間は、その過去と能天気に手を切るのである。この能天気な歴史的規定を、われわれはドイツの政治権力に要求するのである。

マルクスは博士論文「デモクリトスとエピクロスの自然哲学の差異」の序文で、『縛られたプロメテウス』から引用する（ちなみにアイスキュロスの作品をマルクスは一巻持っていた）。「哲学はそのことをかくしてはいない。プロメテウスの告白、『端的に言えば神々を私は憎む』、この告白は哲学自身の告白であり、人間の自己意識を最高の神性とは認めないすべての天上および地上の神々に対する哲学自身の宣言である。自己意識と並ぶものはだれもおるまい。しかし、哲学の市民的地位が悪化しているようにみえるのを喜んでいるあわれなお歴々にたいして、哲学はもういちどプロメテウスが神々の召使いヘルメスに答えた言葉をかえす、『はっきりとわきまえておくがよい、わしはわしの災難を、何時の隷従の分際ととりかえようなどとはおもわぬ、父なるゼウスの忠実な使者として生まれつくくらいなら、この岩に隷従しているほうがまさっているとおもうのだ』。プロメテウスは哲学の年鑑のなかのもっとも高貴な聖者であり殉教者である」（MEW第四〇巻、前掲邦訳書、一九〇－九一頁）（『ギリシア悲劇1』ちくま文庫、呉茂一訳、五三頁では、「はっきり～おくがよい」までがプロメテウスの言葉で、それ以降がヘルメスの言葉になっている）。ルキアノスに関しては、ユダヤ人批判を行う『ケルン新聞』の編集長ヘルメスへの批判に使われる。とりわけヘルメスを批判するために同名の神を引用する。ヘルメスと母との対話の中で、いかにヘルメスが奴隷のような家僕仕事を行っているかが指摘される（「『ケルン新聞』七九号の社説」）（MEW第一巻）。悲劇と喜劇という表現は、後に『ルイ・ボナパルトのブリュメールの一八日』冒頭でも取り上げられる。「ヘーゲルはどこかで、すべての世界史上の大事件と大人物はいわば二度現れる、と言っている。一度は悲劇として、二度目は喜劇として、とつけ加えるのを忘れた」（MEW第八巻、前掲邦訳書、一〇七頁）。ただし、本論文ではKomödieであるが、後者ではFarceとなっている。マルクスはギムナジウムでギリシア語をかなりしっかりと学んでいる（的場昭弘『トリーアの社会史』二六七－六八頁）、クセノフォン、ヘロドトス、ホメロス、プラトン、ツキジデス、ソフォクレスを教科書として読んでいる。大学では博士論文のテーマにエピクロスとデモクリトスを選んだ。

しかし近代の政治的－社会的現実自身が批判に

従属するやいなや、したがって批判が真に人間的な問題にまで高まるやいなや、その現実はドイツの現状（status quo）の外に出るか、その対象以下のところで対象をつかむことになるのだ。例をあげよう！　産業、とりわけ政治的世界と富の世界との関係は、近代の主要問題である。この問題にどういう形態でドイツ人は従事するのか？　保護関税、保護主義、民族経済という形態の下である。ドイツの国粋主義は、人間から物質の中に進んで行き、ある朝わが綿花の騎士と鉄工の英雄が愛国主義者に変わっているというわけである。したがって、ドイツは外に対して主権の権利を与えることで、内に対して独占という権利を承認することになるのである。だから、ドイツでは、フランスとイギリスで終わり始めていることが、今日始まっているということになる。フランスとイギリスでは理論的に批判されている、鎖に耐えているようにかろじて耐えている、旧い怠惰な状態が、ドイツにあっては、美しい未来の立ち上る朝焼けとして歓迎され、ずる賢い理論から容赦のない実践へとあえて移ることとさえもないのである。フランスとイギリスでの問題は、政治経済学か富の社会の支配かであるが、ドイツでは民族‐経済学かあるいは民族に対する私的所有の支配かという問題である。したがってフランスとイギリスでは、問題は最終的な結果にまで至った独占を廃棄することであるが、ドイツでは独占を最終的な結果にまで進めることである。イギリスとフランスでは、解決が問題であるが、ドイツではやっと衝突が問題になっているのである。近代的問題のドイツ的な例としてもっとも豊かな例は、ぎこちない初年兵のように、わが歴史は従来ただ罰として遅れた歴史の特別訓練を受ける課題しかもっていなかったということである。

ここでドイツの保護政策を打ち出している経済学者リストが批判される。フランス革命が象徴した自由競争に対して、ドイツでは独占団体が依然支配的であった。市民社会が私的領域を解放したフランスやイギリスでは、自由競争によって旧来の身分が打破され、新しいブルジョワ層が支配階級になっていく。そこで新たなる問題、市民社会における貧困の問題が出てくる。しかしドイツではそこまで進まない。むしろ独占と保護を維持することで、そうした問題が起こらないようにするというわけである。イギリスやフランスで終わったことが相変わらずドイツでは行われているという言い方がなされる。ほぼこのころマルクスはフリードリヒ・リストの『政治経済学の体系』を読み批判論文を書いている（「リストの著書『政治経済学の国民的体系』について」）。そこにこういう文章がある。「ドイツのブルジョワは警察や貨幣が台頭してきたそのときに、遍歴騎士の生き方を導入しようと望んだ憂いの騎士（ドン・キホーテ）さながらである」（MEW補巻一、前掲邦訳書、九九頁）。「ドイツのブルジョワは産業家であるときでさえ、宗教的である。彼は邪悪な交換価値にあこがれていながら、それについて語ることをはばかって、生産力について語る。彼は競争について語ることをはばかって、国民的生産力の国民的連合について語る。彼は自分の私的利益について語ることをはばかって、国民的利益について語る。もしイギリスとフランスのブルジョワ階級が、彼らの初期の科学的な――少なくとも彼らの支配の当初にあっては科学的な――経済学の代表者たちの口をかりて富を神にまつりあげ、科学においてさえ容赦なくすべてのものを富の、このモロク神の、犠牲とした」（同、一〇〇頁）。

したがって、全ドイツ的発展がドイツの政治的発展を超え出ることができなかったとすれば、ドイツ人もロシア人と同じようにしか現代の問題に参加することができなかったであろう。個々人が民族という境界によって結びつけられないとすれば、なおさら民族全体は個人の解放によって自由になることはない。ギリシアの哲学者の中に一人のスキタイ人がいたからといって、スキタイ人がギリシア文明に近づいたというわけではなかった。

幸いにもわれわれドイツ人はスキタイ人ではない。

こうした遅れた地域の人々にとって唯一例外なのは、世界史の動きに一人で参加することである。それなら誰にでもできる。しかしながらそれではギリシア文明にいた一人のスキタイ人の話と同じである。ギリシア文明に寄与したスキタイ人がいたからといってスキタイの文明が進展したわけではない。さてこのスキタイ人の名前は、古代ギリシアの七賢人の一人であるアナカルシスのことである。マルクスはこれほど状況の悪いドイツ人だが、幸いにもドイツはスキタイ人ではないと見栄を切る。スキタイ人と違って哲学があるというのであるが、『ドイツ・イデオロギー』の方ではやや自虐的になってこういう。「したがってあらゆる歴史的理解における第一の意味は、この（物質的生活）根本事実を全意義と全範囲において考察し、それにしかるべき意義を認めることである。このことを周知のとおりドイツ人たちはやったためしがなく、したがってまた一人の歴史家をもったためしもない」（MEW第三巻、前掲邦訳書、二四頁）。今度はドイツ人を全面否定している。

旧い人民が想像、すなわち神話の中で前史を体験したように、われわれドイツ人はわが後史を思想、哲学の中で体験した。われわれは、歴史的な同時代人ではないが、哲学的には同時代人である。ドイツ哲学はドイツの歴史を観念の中で延長したものである。われわれが現実の歴史の不完全な作品（oeuvres incompletés）の代わりに、わが観念の歴史の遺作（oeuvres posthumes）、哲学を批判するとすれば、わが批判は現代が語る問題の真っ只中にいることになる。それが問題だ（that is the question）。進歩的な人民と近代国家の条件を現実的に切断するもの、こうした条件がいまだ一度も存在していないドイツにあっては、こうした条件を哲学的に批判することであり、批判的に切断することである。

古代人とドイツ人との比較を行っている。古代人が神話の中で見たものが、過去の歴史を神話に隠喩した歴史であるとすれば、逆にドイツ人が哲学で体験したことは隠喩された未来である。となるとドイツ哲学を語ることは現代の問題を語ることになる。フランスの現実とドイツの哲学、この二つを結合しようとしたこの『独仏年誌』にまさにふさわしい論文である。もっとも、こうした企画はフランス側の怒りを買いフランス側からの投稿者は一人もえられなくなる（第四編研究編参照）。もちろんこのままではヘーゲル左派が行おうとしていることを一歩もでていない。観念の上だけで歴史を乗り越えることは、現実がともなわなければ不可能である。まさにどうしようもない歴史としての遅れと、逆にそれをプラスに変えるための理論的な逆転の装置の問題である。さて「それが問題だ」という文章は英語である。マルクスは英語をまだ十分読みこなすことが当時できなかった。しかしこの英語は、シェークスピアの有名なハムレットの独白であり（To be or not to be, that is the question『ハムレット』野島秀勝訳、岩波文庫、一四二頁）、英語は知らなくともこのフレーズの英語くらいは知っていたと思われる。

ドイツの法哲学－国家哲学は、公的な近代的現在と同一水準（al pari）にある唯一のドイツの歴史である。したがって、ドイツの人民は、その夢の歴史を存在する状態で打ち壊し、この存在する状態だけでなく、同時にその批判の抽象的な継続に従属しなければならない。ドイツ人民の未来は、その現実的国家－法の状態を直接否定すること、そしてその観念的な国家－法の状態を直接完成することに制限されえない。なぜなら、それは観念的な状態の中で、その現実的状況を直接否定することであり、その観念的な状態の直接完成を、近隣の人民の表象の中ですでに再び生き延びさせてきたからである。だから、ドイツにおける実践的な政党は、哲学の否定をはっきりと要求するのである。間違いは、要求の中にあるのではなく、まじめに実現されることも、実現されえることもない要求に対して立ち止まることにある。ドイツの実践的な政党は、哲学をひっくり返して、何知らぬ顔で哲学についていくつかの不愉快で、月並みな言葉をつぶやくことで否定を完成させると信じている。その視界を制限することは、同様にドイツの現実の中に哲学を押し込むことではなく、哲学をまさにドイツの実践とその実践に役立つ理論の下に置くことを考えることである。諸君は、人間を現実の生活の芽に結びつけることを要求するが、ドイツ人民の現実の生活の芽がその頭蓋の中でのみ増大したということを忘れている。一言でいえばこうである。諸君が哲学を廃棄するには、それを実践するしかないということである。

ドイツの哲学の優位性を知った上で、その観念性を否定し、その後に新しい世界を打ちたてようとする人々をまず批判する。これらを政党という言葉で表現しているのであるが、これは具体的には「行為の哲学」を主張する人々のことである。その代表者がポーランドの哲学者チェシコフスキーであり、彼は『歴史知序論』（一八三八）という書物を著し、そこで行為の哲学を主張した。そこで未来を予測する哲学を構想する。モーゼス・ヘスは『ヨーロッパ三頭制』（一八四一）の中でこの書物に触れている。こう述べる。「歴史の哲学というものが、ヘーゲルのそれのように、たんに過ぎ去ったものや現に存在するものを理性的なものとして認識しようと努めるだけでは、歴史の哲学はその課題を生半可にしか理解したことにはならない。歴史を認識するには、本来次のことが必要である。すなわち過去と現在から、存在したものと現存しているものから、これら二つの既知数から第三の未知数を、つまり未来を、生成しつつあるものを導き出すことである。このように提起されてこそ、歴史哲学の課題は歴史哲学たるにふさわしい課題となる。そしてこの課題を解決することによって歴史の哲学は行為の哲学となり、歴史そのものも一貫して神の意にかなった、人倫的で神聖な歴史となる」（『ヨーロッパ三頭制』序言、緒論、『ヘーゲル左派論叢第一巻　行為の哲学』神田順司、平子友長訳、御茶の水書房、二八四頁）。マルクスはこれらの哲学に対し、哲学をむしろ実践することで哲学を廃棄しろと述べる。リュベルは、同じヘスのこの書物から次の文章を引用する。「行為の哲学は未来の生き生きとした芽である。一方ヘーゲルの客観的精神は純粋の思想そのものである。ナポレオンがドイツ人を非難するためにイデオローグとして取り扱ったのは正しかった」（同二八四頁）（Rubel, *op.cit*, pp.1581-82)。もっともマルクスはむしろヘスと懇意にしており、批判的ではなかった。『経済学・哲学草稿』から『ドイツ・イデオロギー』で関係が崩壊するまでヘスとの関係はよかったといえる。

まったく逆の要素からではあるが、哲学を起源とする理論的な政党は同じ間違いを行っている。この政党は、今日の闘争の中にただドイツ世界と哲学との批判的闘争だけを見ていて、これまでの哲学自身この世界に属していて、たとえ観念的であったとしても、それを補完するものであるということを考えなかった。この政党は、その反対党に対して批判的であっても、自らに対しては無批判的であったのだ。なぜなら、この政党は哲学的前提から出発し、その一定の結論に対して一方で立ち止まったままであり、他の方法でもちだした要求と結論を哲学の直接的要求と結論だと、他の方法でこじつけていたからである。もちろん、こうしたことは、（もしそれが正当化できるとすればの話だが）逆にこれまでの哲学、哲学としての哲学の否定をつうじてのみ獲得できるのだ。この政党をより詳細に描くことは保留にする。その基本的欠陥は、次の点に還元できる。すなわち、この政党は哲学を廃棄することなく実現できると信じていたわけである。

もうひとつの政党は理論派であるという。哲学の理論を大前提にしながら、それをただ実現するだけの党派である。具体的には「ユダヤ人問題に寄せて」で問題にしたブルーノ・バウアーである。彼らのことを絶対的な批判的批判というういい方でまとめている。むしろマルクスが執拗に攻撃したのは、こちらの党派である。『聖家族』と『ドイツ・イデオロギー』はその批判に注がれている。『聖家族』でこう述べる。「真理は、ブルーノ・バウアーにとり、ヘーゲルにとってとおなじく、自分で自分を証明する自動機械である。人はこれにしたがわなければならない。ヘーゲルの場合のように、現実の発展の成果

郵便はがき

料金受取人払郵便

麹町支店承認

9189

差出有効期間
平成27年１月
30日まで

切手を貼らずに
お出しください

１０２-８７９０

１０２

［受取人］
東京都千代田区
飯田橋２－７－４

株式会社 作品社
営業部読者係　行

【書籍ご購入お申し込み欄】

お問い合わせ　作品社営業部
TEL 03(3262)9753／FAX 03(3262)9

小社へ直接ご注文の場合は、このはがきでお申し込み下さい。宅急便でご自宅までお届けいたし
送料は冊数に関係なく300円（ただしご購入の金額が1500円以上の場合は無料）、手数料は一律2
です。お申し込みから一週間前後で宅配いたします。書籍代金（税込）、送料、手数料は、お届け
お支払い下さい。

書名		定価	円
書名		定価	円
書名		定価	円
お名前		TEL（　　）	
ご住所	〒		

リガナ
名前

男・女　　　歳

住所

メール
ドレス

職業

購入図書名

本書をお求めになった書店名

ご購読の新聞・雑誌名

●本書を何でお知りになりましたか。

イ　店頭で

ロ　友人・知人の推薦

ハ　広告をみて（　　　　　　）

ニ　書評・紹介記事をみて（　　　　　）

ホ　その他（　　　　　　　）

本書についてのご感想をお聞かせください。

入ありがとうございました。このカードによる皆様のご意見は、今後の出版の貴重な資
して生かしていきたいと存じます。また、ご記入いただいたご住所、Eメールアドレス
小社の出版物のご案内をさしあげることがあります。上記以外の目的で、お客様の個人
を使用することはありません。

は、証明されたところの、すなわち意識にまでもたらされた真理にほかならない。だから絶対的批判は、もっとも固陋な神学者といっしょになって、次のように問うかもしれない」（ＭＥＷ第二巻、前掲邦訳書、七九頁）。『ドイツ・イデオロギー』ではもはやバウアーの批判は二義的なものであるが、こういういい方をしている。「かくてわれわれが聖ブルーノのところで見出した第一のことは、彼がずっとヘーゲルにもたれかかったままであるということであった――それにまたこれらの文章を見れば、彼もまた哲学者たちと同じように、現存状況の意識の仕方、解釈の仕方を変えれば従来の世界をすっかりくつがえすことができると思い込んでいることがわかるはずである」（ＭＥＷ第三巻、前掲邦訳書、八一頁）。

ヘーゲルによってそのもっとも一貫した、実り多い、最終的な把握を得た、ドイツ国家哲学－法哲学の批判は、近代国家の批判的分析とそれに結びついている現実であると同時に、ドイツの政治的、法的な意識をまったく従来の方法で決定的に否定することでもある。そのもっともすぐれた、普遍的な、学問にまで高められた表現こそまさに思弁的法哲学である。ドイツにおいては、思弁的な法哲学、すなわち現実が彼岸でしかない近代国家に関する抽象的な過剰な思考のみが可能となったのだが、こうした彼岸はラインの向こう岸においてのみ存在しえるのである。したがってまったく逆に、現実の人間であるドイツ人を無視した、近代国家の思考像は、近代国家自体が現実の人間を捨象し、全体的な人間をただ想像的なやり方でのみ満足させるがゆえに、いやそのかぎりにおいてのみ可能なのである。ドイツ人は、他の人民が現実に行ったことを政治学の中で考えた。ドイツはその理論的良心であった。ドイツ人の思考の抽象と捨象は、いつもその現実の一面性と鈍重さと同じ歩調をもっていた。したがってドイツ国家の現状（status quo）が旧体制（ancien régime）の完成を表現するとすれば、ドイツ国家学の現状（status quo）は近代国家の未完成を、すなわちその身体の損失を表現している。

ここまでドイツの後進性、そのドイツを変革しようとする新しい運動について述べたマルクスは、やっと本丸であるヘーゲルに言及する。マルクスは、ガンスの編集した *Grundlinien der Philosophie des Rechts oder Naturrecht und Staatswissenschaft im Grundrisse*, Berlin, 1833 を読んでいる。マルクスは一八二二年版を所有している。マルクスはベルリン大学時代に二度ガンスの講義を聞いている。刑法とプロイセン州法の講義で二つともとりわけいい成績がついている。完成されたドイツ法哲学について、その完璧なさまを思弁哲学と述べ、一方でそれは人間を無視したものであると述べる。旧体制を完璧なまでに描くことで、実はその欠陥のみならず、近代国家が秘めているものがすべてそこに含まれていると考えている。だからこそマルクスはヘーゲルを徹底的に批判することで、近代国家の陥穽を抉り出そうとする。その意味でヘーゲルを高く買っているといえる。ヘーゲルをこう評価している。「ヘーゲルにおける比較的深いところは、彼が市民社会と政治社会との分離をひとつの矛盾と捉えている点にある。しかし誤りは彼がこの解体の外見に甘んじて、これを実相そのものと称するところにある」(『ヘーゲル法哲学批判のために』MEW第一巻、前掲邦訳書、三一四頁)。マルクスの批判はこの問題につきるともいえるが、しかしこの問題はマルクスにとってもヘーゲルの誤りを指摘することはできるとしても、解決に至る道はきわめて遠く、困難な道であったことは確かである。

思弁哲学の批判は、すでにドイツの政治意識に対する従来の方法の決定的な敵として、その解決のための手段は、それ自身の中ではなく、実践しかないという課題へと進むのである。

こう問いは立てられる。ドイツは実践において、近代的人民の公的な水準だけでなく、ドイツ人民の次の未来である人間的な高さに至る原理の高さ(à la hauteur des principes) にまで、すなわち革命までに到達することが可能かどうかということである。

市民革命が、さらにそれを飛び越え新たなる革命に一足飛びに至るかどうかという問題を、問題として設定している。ロベスピエールの国民公会が革命をさらなる革命にしたように、ドイツはその先導に立てるのかどうか、マルクスの期待はまさにそこにある。この問題に対して、マルクスはつねに二義的に考えていた節がある。まずは先進国革命論であるが、とりわけフランスやイギリスの市民社会を分析（経済学の分析）するにつれて、後進的な国が一気に革命にいたるという方向は薄れてくる。『共産党宣言』では先進国型革命論となっている。しかし、他方でこうした一足飛びの革命論も否定したわけではない。後年ロシアの革命の問題でもこの問題が再び頭をもたげる。

もちろん、批判の武器は武器の批判に取って代わることはできない、物的力は物的力によって崩さねばならない。理論もまた大衆をつかむやいなや物的力となる。理論は、人間に即して（ad hominem）証明されるやいなや、大衆をつかむことができるのであり、理論が急進的となるやいなや、理論は人間に即して（ad hominem）証明されるのである。急進的であることは、ものごとを根本的につかむことである。しかし、人間にとって重要な根は人間自身である。ドイツの理論の急進主義に対する、したがってその実践的エネルギーに対する明白な証拠は、宗教の決定的、積極的な廃棄からの出発である。宗教の批判は、人間は人間にとって最高の本質であり、したがって、人間がいやしく、隷属化した、見捨てられた、見下げた本質であるといったあらゆる関係を、フランス人が犬税の企画に対して「あわれな犬よ！　諸君を人間なみに取り扱おうというのだ！」と叫んだような方法でしか描くことができない関係を、ひっくりかえす、定言命令をもつ存在である。

「批判の武器は武器の批判に取って代わることはできない」。有名なフレーズである。批判の武器とは、具体的にはブルーノ・バウアーの批判的批判のグループを指している。彼らのような批判では意味がない。武器の批判、批判的批判が使っている方法そのものを吟味する必要があることを主張する。そこで物的な力というものが出てくる。物的な力は市民社会の現実にある力であり、それを理論が力に変える必要がある。そこで理論が大衆をつかむという話が出てくる。ここに力という問題が出てくる。現実に存在する力と潜在的に存在する力、潜在的に存在する力をつかむのが大衆をつかむことである。急進的につかむことは、人間を根本からつかむことであり、それは人間を人間らしくしていない宗教を批判することからはじめることである（「ユダヤ人問題に寄せて」がまさにそれである）。人間を犬畜生とみなす法律や制度をとことん破壊することである。ここで一種のたとえとして犬税が出ている（Hundesteuer）。これは犬の所有者にかける税金で、一種の自動車税のような贅沢税であった。一八〇九年、ザクセンで犬による疫病の感染を恐れた警察がかけた。もちろん、ここでの表現は犬が人間になったわけではないということであるが、貧民に対する国家の対応もこれに似ているという意味である。

理論的解放がドイツにとって特殊実践的意味をもつのは歴史的でさえある。すなわちドイツの革命的過去は理論的であり、それは宗教改革である。当時の修道僧と同じものは、今日ではその頭で革命を開始する哲学者である。

もちろんルターは献身的隷属を拒否するのだが、それは彼がそれを確信的隷属に置き換えたからである。彼が権威に対する信仰を打ち破ったのは、彼が信仰の権威を再興したからである。彼が坊主を世俗の人に変えたのは、彼が世俗の人を坊主に変えたからである。彼が人間を外面的な信仰心から解放したのは、信仰心を内面的な人間にしたからである。ルターが身体を鎖から解き放ったのは、彼が心臓を鎖につないだからである。

ここでドイツの歴史にこれと同じ例がなかったかどうかを探っている。そこで見つけられた例がルターの宗教改革である。現実の遅れと理論の進歩とのずれを語る例として宗教改革があげられる。そしてその当時のまじめな修道僧を哲学者にたとえる。ルターは信仰に重きを置くことで教皇権力から手を切った。しかし、教皇に信仰が取って代わることで再び権威が復活することになる。教会の坊主の権力が、世俗の人間の信仰にうつることで、権威という鎖は変わることなく続く。プロテスタントの信仰とカトリックの教会権力と問題についてマルクスは『資本論』にいたるまで何度も繰り返す。市民社会の論理、すなわち世俗の世界の論理は、プロテスタントの論理に近い。旧制度の呪術的な権威を振り払うことで権威は崩壊するが、心の中に信仰という呪術に見えない権威が復活することに気がつかない。一八四五年、マルクスは、プルードンから共産主義通信委員会の申し出を断るという手紙を受けとる。その中でプルードンもルターのこの話をそのまま展開する。ルターはすべてのドグマを否定し、あらたなドグマを打ち立てた人物として描かれている。哲学が果たしたのは、まさに旧制度の権力の問題を、哲学の議論としたことである。

しかし、プロテスタンティズムが真の解決ではなかったとしても、課題を設定したことは真実である。問題は、もはや世俗の人と世俗の人自身の外にいる坊主との関係ではなく、世俗の人の中にある坊主、坊主の本質との闘争であった。そして、ドイツの俗人をプロテスタント的に坊主に転化したことが、世俗の法王である諸侯を、聖職者、特権者、実利主義者とともに解放したとすれば、坊主的ドイツ人の人間への哲学的転化は、人民を解放することになろう。諸侯の解放が止まることがないように、財の世俗化も、とりわけ偽善的なプロイセンが行った教会の収奪で終わることはないだろう。当時は、ドイツ史の中でもっとも急進的な行動であった農民戦争は、神学の中で崩壊した。神学自身が崩壊している今日、ドイツ史におけるもっとも不自由な行為であるわが現状（status quo）は、哲学において崩壊するだろう。宗教改革以前には、公式のドイツはローマの無条件の奴隷であった。革命前日の公式のドイツは、ローマではなく、プロイセンとオーストリア、田舎もののユンカーと実利主義者の無条件の奴隷である。

こうして問題は理論の問題となる。ここで一六世紀の宗教改革と一九世紀のドイツを比較しながら、いかにドイツに新しい動きが起こるかを説明する。教皇権力が消滅したことで、諸侯や聖職者たちが解放される。こうして教会の財産がどんどん侵食されていく。こうして解き放たれた世俗の権力が力を蓄える。だからこそ、急進的な農民戦争も彼らの力によって、すなわちルターに神学によって葬り去られた。ということは、現在のドイツの哲学はどうか。これはもはや神学ではなく、実利の支配の中にいるが、当然ながらその実利の中で崩壊するであろう。いまやドイツはプロイセンとオーストリアの実利主義の支配の中にある。この支配を打ち破るのは哲学ではだめである。MEGAはここに注釈を打っている。それによるとローマ教会の財産は宗教改革の結果、諸侯の所有となったという。そしてフランスの影響のもと一八〇三年聖職者の所有物も世俗化され、一八一〇年一〇月一〇日の法令によってプロイセンではそれが完成した（*MEGA*, IV/2, S.675）。

それにもかかわらず、急進的ドイツの革命は主要な困難に遭遇しているように見える。すなわち革命は受動的な物的基礎を必要とする。理論は、それが人民の欲求を実現するかぎりにおいてのみ、人民の中で実現される。今、ドイツの思想の要求とドイツの現実の答との間の計り知れない分裂は、ブルジョワ社会と国家との、自ら自身との同じ分裂であるのだろうか？　理論的な欲求は、直接実践的な欲求となるのであろうか？　思想が実現へと迫るのでは十分ではない、現実自身が思想へと迫らねばならないのである。

しかしドイツは政治的解放の中間段階を近代的人民と同時に上ったのではなかった。理論的にドイツを超えている段階でさえ、実際にはまだ到達したものではなかった。どのようにして、ドイツは、命がけの飛躍（salto mortale）によってその自らの限界を超えるだけではなく、同時に近代人の限界、すなわち現実の中で現実の限界からの解放として知覚し、努力しなければならない限界を超えるべきなのだろうか？　急進的な革命は、急進的欲求の革命でのみありうるのだが、その前提とその誕生の場所がまさに不足しているように思える。

革命の直前にあるドイツには、大きな問題が塞がっている。それは革命にはそれを起こすだけの物的な基礎が必要であるが、それが不足しているという点である。これが理論との間に大きな亀裂として存在する。ここでさかさまになって理論を無理やりに現実の中で実現しようとすれば、失敗に帰す。だからこそ現実自身を発展させねばならない。主体的革命か、状況かという問題に直面する。理論は今のドイツにおいて現実の土台を欠く状態であり、そこにまずは大きな飛躍がある。さらにこうしたドイツは、そのまま一気に急進的なさらなる革命に飛躍する可能性がある。それは理論が先行しているがゆえに得られるドイツ人の理論的成果かもしれない。命がけの飛躍という言葉は、『資本論』にもそのまま登場する。第一巻、一編、第三章、第二節流通手段にある言葉。「W－Gすなわち、商品の第一の変態または売り。商品価値の商品体から金体への飛躍は、私がほかのところで名づけたように、商品の命がけの飛躍である」（向坂逸郎訳、岩波文庫、第一巻、一八八頁）。商品が貨幣に変わるということを命がけの飛躍、まことの恋と述べているところである。ドイツにおける革命は命がけの飛躍（salto mortale）であるということである。

ドイツが発展のための現実の闘争へ十分参加することなく、思想の抽象的活動によってのみ、近代的人民の発展に進んだとすれば、他方でドイツは、享楽もなく、部分的な充足も分かち合うこともなく、こうした発展のため苦しみを獲得したということになる。一方での抽象的活動は、他方での抽象的苦しみに照応しているわけである。だからドイツは、一度もヨーロッパの解放の水準に進まない前に、ある朝ヨーロッパの没落の水準にいることになる。人はドイツを、キリスト教の病気に取り憑かれている、呪術的召使いにたとえることができよう。

理論のみが先行するということは、現実的な意味での情念が欠如していることである。抽象的思考にのみ満足するものに、真の意味での緊張感はない。だから、理論的な意味での到達は、所詮根無し草の到達といえる。頭でっかちの跳ね上がりは、このままではただたんに口だけの革命家になる。いつのまにか頭がさめたとき、革命どころか没落の世界に転落する可能性がある。ドイツのことをキリスト教の病気に取り憑かれている召使いのたとえでその内容を説明している。キリスト教の病気、すなわち聖なる理念の世界が真実だと思う病気、信仰によって存在しないものも存在するだろうと考えることで、現実の変革をまったく忘れてしまうもののたとえである。「呪術的召使い」という言葉は Fetischdiener である。意味は偶像崇拝者ではおかしい。むしろ魔法をかけ、存在しないものを存在するかのように見せかけるという意味が強い。

まずドイツ諸政府を考察すれば、ドイツ諸政府は時代関係、ドイツの状態、ドイツの教養、最後に独自の幸福な本能を通じて、われわれはその長所をもっていない近代的国家世界の文明的欠陥と、われわれが満喫している旧体制（ancien régime）の野蛮な欠陥を結びつけようとしているのがわかる。だからドイツは、たとえ分別はないとしても、少なくとも無分別という点で、その現状（status quo）を乗り越える国家形成の理性でなくとも、少なくとも非理性にますます参加しなければならないのである。たとえば、いわゆる立憲ドイツ以上にその現実性にあずかることもなく、立憲国家のあらゆる幻想にナイーブに参加する国家など、世界にあるのだろうか？　あるいは、出版の自由を前提にするフランスの九月法の苦しみと、検閲の苦しみを結びつけるというドイツ政府の気まぐれは、自然的なものではなかったというのか！　ローマのパンテオンの中で全民族の神々が見出されたように、神聖ローマ的ドイツ帝国において国家形態の罪が見出されるであろう。こうした折衷主義がこれまで予想しなかった高さにまで至ることは、ドイツ国王の政治的‐美学的大食さが保障している。すなわち、ドイツ国王は、王国のあらゆる役割、官僚制と封建制、絶対制と立憲制、独裁制と民主制を、人民という人格のためでなく一人の人格として、人民のためではなく、自らのために演じようと考えているのである。自らの世界を構成する政治的現実が不足しているドイツは、政治的現実の一般的限界を壊すことなく、特殊ドイツ的な限界を壊すことはできない。

ここでの議論は一気に現在の復古的ドイツの議論となっている。ドイツ政府の無分別な状態とは、検閲、政治運動に対する弾圧、憲法作成に対する無視などである。立憲ドイツとは青年ドイツ以来一九世紀のドイツの悲願ともいえるものである。憲法の成立を口約束で守るプロイセン国王がここで槍玉にあがっている。そして一八四〇年代に再度厳しくなり始めた出版に対する検閲である。ここでフランスの九月法という表現が出てくるが、これは一八三四年七月二八日のルイ・フィリップ暗殺計画の後、厳しくなり始めたフランス政府の出版検閲を意味している。一七八九年八月に出版の自由が達成された後、一八一四年から一八三〇年の七月革命まで厳しい検閲が復活した。七月革命の興奮さめやらない時期に再度新たな検閲法案が制定される。それが一八三五年九月九日の法律である。これによって新聞を出版する際には高い抵当金を納める必要が生じ、弱小の新聞の出版が阻止された。しかしこれは真の意味での検閲ではない。記事の内容についてのチェックなどはない。むしろ新聞の発刊の経済的ハードルということである。これをプロイセンは盾にして、プロイセンも検閲を強化するというのだが、これは話がおかしいというのである。こうした問題がどこから生じるかというと、国家の正義が一人の人物、すなわち君主に表現されていることからである。このことをマルクスはこういう表現でも述べている。「ヘーゲルはここで君主を『国家の人格性、国家の、それ自身の確実性』と定義する。君主は『人格化された主権』、『人間となった主権』、血肉を具えた国家意識であり、したがって、このことによって、ほかのすべての人々はこの主権、および人格性、および国家意識から閉め出されているのである」（『ヘーゲル法哲学批判のために』MEW第一巻、前掲邦訳書、二五九頁）。「君主政がメジャーである場所では、人間はマイナーであり、君主政が疑問をもたれないところでは、人間は存在しないのです。プロイセン国王のような、自らが問題であるということについてチェックをしないような人間が、思いつきを遂行しないことなどないのではないでしょうか」（「マルクスからルーゲへの手紙」。第三編資料編、三五五頁参照）。

　ドイツにとってユートピア的夢であるのは急進的革命ではなく、また一般的人間的解放でもなく、むしろ家々の梁をそのままにする、たんなる政治的革命、部分的な革命である。たんなる、部分的政治的革命は何に基づくのか？　市民社会の一部が自らを解放し、一般的支配にいたるところ、つまりある特殊な状況に規定された階級が社会の一般的解放をたくらむところに基づく。この階級は全社会を解放するのだが、それは全社会がこうした階級の状態、したがってたとえば貨幣と教養をもつか、好きなだけものをもてるという前提の上でのみそうなのである。

　ドイツで望まれている革命は、たんに縦のものを横にするだけの革命、すなわち部分的な政治革命である。ようするに市民革命のことである。この社会の解放者は、市民社会の権利である私有財産を保障することが使命である。それ以上の革命はまさにドイツにとってはユートピア的な革命となる。しかしこれは本来新興ブルジョワ階級に託されている課題であるが、ドイツにはそうした階級がいないときている。

　市民社会のどんな階級も、自らの中に、そして大衆の中に熱狂の契機を呼び覚ますことなく、こうした役割を演じることはできない。その契機とは、市民社会が社会一般と融和し、結合し、取り違え、自らをその一般的代表として理解し、認識するにいたる契機であり、市民社会の要求と権利が、真に社会の要求と権利それ自体である契機、市民社会が現実に社会の頭となり、社会の心臓と頭となる契機である。社会の一般的な権利という名においてのみ、特殊の階級は一般的な支配権を要求しうるのである。自らの領域の利益において社会の全領域の解放的立場を奪取すること、したがって政治を奪取するためには、革命的エネルギーと精神的自負心だけでは十分ではない。したがって、人民の革命と市民社会の特殊な階級の解放が一致し、ある身分が全社会のひとつの身分とみなされるとすれば、逆に社会のすべての欠陥がほかのひとつの階級に集中されねばならず、ある身分が一般的に障害となる身分、一般的限界とならねばならず、ある特殊の社会的領域が全社会(Societät)の悪名高き罪だとみなされねばならない。だから、こうした領域からの解放は一般的な自己解放として出現しなければならないのである。したがって、とりわけ(par excellence)、ひとつの身分が解放の身分であるとすれば、逆に別の身分は公的に抑圧の身分でなければならない。フランスの貴族と僧侶の一般的－否定的意味によって、まずブルジョワ階級(Bourgeoisie)と隣り合う、対立する階級の一般的－肯定的意味が規定されていたのである。

そこでそうした階級を見つけねばならない。官僚でもなく、君主でもなく、民衆を熱狂させる大衆をひきつける情熱をもったものが革命の主役にならねばならない。これらを満たすものはまさにブルジョワ階級である。しかし彼らは、自己の利益のために権力を奪取することだけ考える。しかしそれでは全人民を奮い立たせるには役者不足である。すべてを拒絶され、すべてを失っている階級が予測されているのであるが、まだここではそれがどんな階級であるか、明らかにされていない。エンゲルスはこのあたりをわかりやすい筆致で描写している。「このみじめさから抜け出すにはどうしたらよいか？　道は一つしかありえない。ある一つの階級が、この階級の勃興に全国民の勃興がかかり、この階級の利益と増進と発展にほかのすべての階級の利益の増進がかかるほどに、強力とならなければならない。この一つの階級の利益がさしあたって国民の利益となり、この階級自身がさしあたって国民の代表者とならなければならない。そうなった瞬間から、この階級はそれとともにまた国民の大多数が、政治的現状との矛盾に陥る。この政治的現状は、すでに存在しなくなった一状態、つまりさまざまな階級の利害の抗争状態に、応じたものである。新しい利益はこの現状を狭苦しく感じ、またかつてこの現状がつくりだされたことで利益を得た当の階級の一部でさえ、もはやこの現状のもとでは自分の利益は代表されないと考えるようになっている。平和な道によってであろうと、暴力的な道であろうと、現状を廃止することが、これから出てくる必然の結果である」(「ドイツの現状」MEW第四巻、前掲邦訳書、四九頁)。

しかし、ドイツではすべての特殊な階級に、社会の否定的代表者としてのレッテルを貼りうる首尾一貫性、先鋭さ、勇気、無鉄砲さが欠けているだけではない。すべての身分に、たとえ一時のこととはいえ、人民の精神と一致するそうした魂の広がりを、政治的力へと物的力を吹き込むそうした才能を、敵に誇り高い「私は無であり、すべてであらねばならない」という言葉をなげつけるそうした革命的な大胆さを、まさに欠いているのである。むしろ、その限界を価値あるものとし、限界に対して自らを価値づける、そうした卑しいエゴイズムが、単に個人ではなく、階級のドイツ的モラルと公正さの土台を形成しているというわけである。だからドイツ社会のさまざまな領域の関係は、劇的なものではなく、挿話的なものである。そのどれも、自ら注意深くなり、ほかのものとならんでその特殊な要求を行いはじめる。それは、自らが弾圧されるやいなやではなく、時代状況によって一方で抑圧をなしうる社交的な下層がひとりでにつくりだされるやいなやである。ドイツの中産階級の道徳的自負でさえ、ほかのすべての階級の俗物的中庸性の一般的代表者たらんとする意識の上にしかない。したがって、勝利を祝う前に、自らの限界を展開する前に、自らと対立する限界を乗り越える前に、その狭い了見の世界を押し通す前に、その寛大な性格を押し通しえる前に、敗北を喫したのは、運悪く（mal-à-propos）王位についたドイツ皇帝のみならず、ブルジョワ社会のすべての領域なのである。だから、存在する前に、その大きな役割を演ずる機会は終わっているのであり、自らを超えるところにある階級との闘争を始めるやいなや、すべての階級は自らより下の階級との闘争に巻き込まれるのである。だから、侯国は王国と闘争し、官僚は貴族と闘争し、ブルジョワは彼らに対するすべてと闘争するのである。一方で、プロレタリアはすでにブルジョワと闘争し始めているというわけである。中産階級がその立脚点からして、やっと解放という思想をつかもうとするやいなや、政治理論の進歩と同様に社会的状況の発展が、こうした立場を古臭いもので、すくなくとも問題あると説明しているわけである。

とはいえドイツではまったく市民社会を担う階級を欠いている。それは彼らに勇気がないからである。そこでシエイエスの言葉がでてくる。「私は無であり、すべてであらねばならない」という言葉は、『第三階級とは何か』からの引用であるとMEGAは述べる。「1．第三階級とは何か、すべてである。2．政治的秩序において現在まで何であったか。無であった。3．第三階級は何を要求するか。なにかであることを」（*MEGA, I/2, S.677*）。こうした言葉を吐く勇気を欠いている。あちらこちらでつまらない要求をするが、どれもすぐに弾圧され、声をつぶされる。彼らはつねに現実の実利の前で卑屈になる。上に上がろうとすると、下からの突き上げをくらい、すぐさま彼らを下に蹴落とそうとする。右からも左からも弾が飛んでくる白兵戦の状況である。まさにマルクスはここで「縛られたプロメテウス」のような抵抗のもつ力強さを説く。ルーゲへの手紙ではこう述べる。「ドイツは非常に穏健な現実主義者であるので、その要求と高邁な思想はすべてむきだしの生活を越え出るものではないのです。現実を支配している人々は、この現実をそれ以上受け入れているわけではありません。こうした人々も現実主義者なのです。彼らは、普通の士官であり、土地貴族であり、あらゆる思想から、あらゆる人間的大きさからかけ離れているのですが、かといって間違うわけでもなく、正当であり、この動物の王国を利用し、支配するのにまったく十分なのです」（第二編資料編、三五四頁参照）。こうした絶望下にあって、マルクスはこう語る。「あなたは、私が現在を高く評価しているなどとはいわないでしょう。しかし、現在を疑っていないとしても、私の希望を満たしてくれるのは、その現在の疑わしい状態なのです」（同、三五七－五八頁）。

フランスでは、すべてであるには、なにかであるだけで充分である。ドイツでなにものかであることが許されるとすれば、無でなければならない。フランスでは、部分的解放は、普遍的解放の基礎である。ドイツでは普遍的解放はすべての部分的解放の必須条件（conditio sine qua non）である。完全な自由を生み出さねばならないものは、フランスでは段階的解放の現実性であるが、ドイツでは段階的解放の不可能性である。フランスでは、すべての人民階級は政治的理想主義者であり、まず特殊の階級としてではなく、社会的欲求の代表者一般として意識する。したがって解放者の役割は、フランス人民のさまざまな階級の一連の劇的な運動へと進み、最後に一つの階級にいたる。その階級は、人間の外部にあるが、人間社会によって生み出されるある一定の条件を前提にして社会的自由を実現するのではなく、むしろあらゆる人間の存在条件を社会的自由の前提として組織する。それに対してドイツでは、精神的生活が非実践的であるがゆえに、実践的生活が精神をまさに欠いているので、市民社会のどんな階級も、直接の状態、物的必然性、その鎖それ自身によって、一般的解放へと強制されないかぎり、一般的な解放の能力をもっていないのである。

フランスとドイツとの対比が行われる。フランスでは小さな部分的解放でも全体の解放となるが、ドイツでは全体の解放でなければ無である。フランスでは市民が政治的、公民的であるために、つねに社会全体として行動するのであるが、ドイツでは実利的な世界におぼれ、特殊な利益を語るだけとなり、その鎖を断ち切って一般的解放へと進まない。いささか怒りとも思える発言を手紙の中で書いている。

「それに対し、自分を人間と感じない人間が、飼育された奴隷や馬のように、成長してその主人のものとなるのです。生まれつきの主人こそこの社会の目的です。この世界は主人のものです。主人は、あるがままに理解し、感じるのです。主人は自らをあるがままに理解します。彼らは自分の足を置くところ、つまり彼らに『忠実で、親切で、覚悟をきめる』以外の規定は知らない政治的動物の首の上に身を置いているのです。実利的世界は政治的動物の世界です。われわれがその存在を認めねばならないとすれば、われわれに残されることは、現状として単純な形を認めるだけのことです。野蛮な数世紀がその存在をつくりあげ、形成し、今ではその原理が非人間的世界である一貫した体系としてそこにあるわけです。もっとも完成された実利的世界は、わがドイツであり、当然ながら人間を再度復活させたフランス革命のはるかうしろに留まらねばならなかったのです」（「マルクスからルーゲへの手紙」。第三編資料編、三五三頁参照）。

だから、ドイツ解放の積極的可能性はどこにあるのだろうか？

答え。急進的な鎖をもったある階級の形成の中に、けっして市民社会の階級ではない一市民社会階級の形成の中に、あらゆる身分の解体でもある身分の形成の中に、その普遍的情熱を通じて普遍的性格をもち、けっして特殊の権利を要求しないある領域の中（なぜなら、犯すのは特殊な不法ではなく、不法一般であるからだ）に、もはや歴史的ではなく、かろうじて人間的肩書きで挑発しうる領域の中に、ドイツ国家制度の結論に対してあらゆる側面から対立するのではなく、ドイツ国家制度の前提に対してあらゆる側面から対立する領域の中に、最終的には、従来の社会領域すべてから、したがって社会のすべての領域を解放することなく自らを解放できない領域の中であり、一言でいえば、人間の完全な喪失であり、ゆえに人間の完全な復活によってのみ自らを獲得しえる領域の中にあるのだ。こうした特殊な身分としての社会の解体こそ、プロレタリア階級 Proletariat である。

いよいよ結論のときである。ドイツを変革できる階級はどこにいるか。それは市民社会の階級でありながら、その基本的な利益を得ていない階級、そしてその存在がすべて解体されてそこに飲み込まれるような階級、そうであるがゆえに特殊な人々の利益を要求するのではなく、一般的な利益を要求する階級のなかにある。階級といわずにここでは領域（Sphäre）といっている。そうした階級が形成される場所の意味である。彼の世界は不法そのものであり、かろうじて人間であるにすぎないほどみじめな世界であり、国家制度によってほとんど守られない世界である。人間の喪失であるという点で、すべてを変えねば無になる世界である。こうした世界にいる人々をプロレタリア階級という。ここでのプロレタリアは人間の欠落を補うものとして登場している。ここでリュベルは興味深い話を注に入れている。シュタインビュッヘルの話である。「マルクスは原罪を資本主義社会の中にある集団的罪に変えた。彼は主が代行する情熱というキリスト教の教えを、すべてのためのプロレタリアの苦しみに変えた。贖罪というキリスト教の思想を彼は全体として人間社会から解放するプロレタリア階級の神学として理解した。神の未来の王国という、終末論というキリスト教のドグマは、イスラエルの予言者が期待していたように、この世俗化されたユダヤ人であるマルクスはそれを来るべき王国に変えた」（Steinbuehel, *Sozialismus*, Tübingen, 1950, Rubel, *op. cit.*, p.1584）。

プロレタリア階級が生成し始めるのは、まずドイツに降りかかる産業運動をつうじてである。なぜなら、プロレタリア階級を形成するのは、自然発生的に生成した貧民ではない、人為的につくられた貧民から、社会の困難によって機械的に抑圧された人間集団ではない、社会の急激な解体から、主として中産層の解体から起こった集団であるからだ。もちろん、自明のように、自然発生的な貧民とキリスト教的ゲルマン的農奴もまた次第に同じ仲間になるだろうが。

ここでプロレタリアがいかに生成するのかを説明するが、経済学の知識をこの時点ではまだ欠いている。そのため、プロレタリア階級の生成について具体的な問題は何ら提起されていない。中産階級の解体だと述べるにすぎない。それは小商人を指していると思われるが、農業から供出されるプロレタリア階級という概念はまだ存在していないように思える。貧困と農奴制がプロレタリアを生み出すと述べるが、それは土地を担保に借金をして零落する独立自営農ではなく、農奴である。貧困から脱出し、都市に集まる流浪の民のことか。

プロレタリア階級が従来の世界秩序の解体を告げるとき、彼らは自らの存在の秘密を語っているにすぎない。なぜなら、プロレタリア階級はこうした世界秩序の実質的解体であるからだ。プロレタリア階級が私的所有の否定を要求するとすれば、それはプロレタリア階級が、それは社会がその原理まで高めたことを、社会の否定的結果として受動的に自らの中に受肉していることを、社会の原理にまで高めているからである。プロレタリアは、ドイツ国王が人民を自らの人民とよび、馬を自らの馬と呼ぶとき、できあがった世界に対してもっているのと同じ権利で、できつつある世界に関係する。国王は人民を彼の私的所有物であると表明する点において、私的所有者は国王であるということだけを語っているのである。

プロレタリアは従来の世界の解体そのものであるという。プロレタリア階級が、市民社会の基盤、言い換えればフランス革命を主張した人権のもっとも重要な概念、私的所有を否定する階級だという点であろう。『ライン新聞』時代、森林の盗伐に関して所有制度に対する疑問を呈したマルクスは、市民社会がつくりだした所有という概念に疑問を呈していた。まさにこの問題に対するおぼろげな解答がプロレタリアである。プロレタリアは、その存在の中に自らが所有されるという奴隷制の概念を一部共有している。それはそれ以前の世界で国王が臣民を馬同様に自分のものと述べたのと同様に、新しい市民社会で所有される階級としての内容を持っているというわけである。マルクスは、この関係について十分な研究をしていない。この論文執筆直後から経済学のノートを取り始める。スミス、セー、リカードなどパリで取られたノートは、まさにこの問題を彼なりに深く掘り下げるものであったと思われる。主として、貧困はなぜ起こるのかというビュレの書物などが一緒にノートに取られていることを考えるとそのことがよくわかる（「パリノート」*MEGA*, IV/2）。

> 哲学がプロレタリア階級の中にその物質的武器を発見するように、プロレタリア階級は哲学の中にその精神的武器を発見し、思考の稲妻がこの素朴な人民の大地に根本から衝撃を与えるやいなや、ドイツ人の人間への解放は実現されるだろう。

哲学とプロレタリアとの親和性は、ヘスの「行為の哲学」の延長線上にあるともいえる。哲学の現実的実体としてのプロレタリアは、哲学をその武器とするのであるが、プロレタリアが哲学をどう体現していくかについては実は何も語られない。プロレタリアがこれを武器とするには、知識人による啓蒙によってなのか、それとも共産主義者たちによる指導によってなのか、それとも内部から起こるものなのか。『共産党宣言』こそ、その回答であるが、人間の解放がこれによって実現できるであろうというくだりは、理想論としては理解できても、現実にはさまざまな困難な問題を秘めていたといえる。しかし、マルクスはここでプロレタリア階級による歴史変革をつかんだことは間違いない。それがその後のマルクスの研究を大きく変えるものであったことは間違いない。

結果をまとめてみよう。

ドイツで唯一現実的に可能な解放は、人間は人間の最高の本質だと主張するこうした理論的観点による解放である。ドイツにおいては、中世からの解放は同時に中世の部分的超克からの解放としてのみ可能である。ドイツにおいては、あらゆる隷従の種類を打破することがなければ、どんな隷従の種類も打破することができない。根本的ドイツは、抜本的に革命を行うことがなければ革命することはできない。ドイツ人の解放は人間の解放である。この解放の頭にあるのが哲学であり、その心臓はプロレタリア階級である。哲学はプロレタリア階級の廃棄なく実現不可能であり、プロレタリア階級は哲学の実現なく廃棄することはできない。

「人間は人間の最高の本質だと主張する」という部分にリュベルは、これはフォイエルバッハの影響だとしてその中の次の文章を引用している。リュベルは『エチカ』第四篇三五の文章「人間は人間にとって神である」という文章をもってくる（Rubel, *op.cit*, p1584-85）。これはホッブズの「人間は人間にとっての狼である」（Homo homini lupus）の逆で（Homo homini dues）あるとする。ここで「ユダヤ人問題に寄せて」で示された人間的解放の内容が語られる。それは革命であり、その役割は哲学が頭となり、プロレタリアが心臓になるとされている。哲学とプロレタリアの融合が語られる。一八四五年に書かれたとされる「フォイエルバッハのテーゼ」の一一番「哲学者たちは世界をただ さまざまに解釈してきただけであるが、肝心なことは世界を変えることである」（ＭＥＷ第三巻、前掲邦訳書、五九四頁）が連想される。

すべての内的条件が充たされる時、ドイツの復活の日はガリアの雄鶏の鳴き声によって知らされるだろう。

ガリアの雄鶏は、ブルボン王朝の象徴「白百合」に取って代わったフランス革命の象徴である。ナポレオンによって一時は遺棄されたが、再び一八三〇年復活し、国民軍の旗やボタンに用いられた。要するに「フランス革命」の革命を象徴している。リュベルは、この「ガリアの雄鶏の鳴き声」を『独仏年誌』のフランス側に対するリップサービスだろうと推測している。具体的相手は『ルヴュー・アンデパンダント』のピエール・ルルーである。彼は一八四二年その雑誌の四－六月号に「なぜなら哲学はドイツではフランス革命と同じ意味である。いやむしろ哲学は革命が実現された哲学である点革命を含んでいる」（Rubel, *op. cit.*, p.1585）と書いている。

第三編　資料編

左から時計回りで、父ハインリヒ・マルクスからの手紙、フェイオルバッハ、
バクーニン、モーゼス・ヘス、ブルーノー・バウアー、ルーゲ

■『独仏年誌』*Deutsch-Französische Jahrbücher*, hrsg von Anorld Ruge und Karl Marx, Iste und 2te Lieferung, Paris, 1844 の表紙と裏表紙

『独仏年誌』は一八四四年春、一、二号合併号としてパリで出版された。一八四三年、マルクスの家族はパリの現在の七区ヴァノー街でヘルヴェーク、ルーゲの家族と共同生活を始めた。しかしすぐに共同生活は崩壊し別々の住居に住むことになった。当初フランスの執筆者を得る予定であったが、独仏関係の悪化ということもあり、フランス側からの執筆者は一人も得られなかった。結果としてその穴埋めに、マルクスは原稿を二本（一本は書評、もう一本は論文）書き、さらには『独仏年誌』を発刊するにいたる計画を盛り込んだ往復書簡まで入れるということになった。執筆者は、彼らの他に、モーゼス・ヘス、フリードリヒ・エンゲルス、ハイリヒ・ハイネなどである。出版社の住所は彼らの住居の場所ヴァノー街である。価格は、郵送料の違いによって二種類に分かれているが、毎月刊行される予定だったことが分かる。しかし、この一、二号合併号だけで廃刊になる。その理由は財政的な面（売れなかったこと、その原因が国境での没収にあったこと、スイスのフレーベルからの資金援助が得られなかったこと）、ルーゲとマルクスとの思想的な相違にあった。詳しくは拙著『パリの中のマルクス』（御茶の水書房、一九九五年）と本書第四編を参照。

【『独仏年誌』表紙】

『独仏年誌』

アーノルト・ルーゲとカール・マルクス編

第一号、第二号

パリ　年誌局ヴァノー街二二番
一八四四

【『独仏年誌』裏表紙】

内容目次

価格

一二号パリ在住四〇フラン
県、外国在住四六フラン
各号四フラン

■「『独仏年誌』の計画」『独仏年誌』*Deutsch-Französische Jahrbücher* から

アーノルト・ルーゲ（一八〇二－一八〇）は、マルクスの同時代のドイツ人ジャーナリストである。『ドイツ年誌』（一八四一－四三）、『ハレ年誌』（一八三八）が廃刊に追い込まれた後、ルーゲは国外で雑誌を刊行することにした。その候補地として、スイス、ブリュッセル、パリ、ストラスブールなどが選ばれたが、最終的にはパリに落ち着く。独仏の知的連合という発想で雑誌を編集することになった。この計画書は、フランス側からの支援が得られるものであることを前提に書かれている。ルーゲはルイ・ブラン、ジョルジュ・サンド、ピエール・ルルーなどと交渉をもったが、結局断られることになった。本文は『独仏年誌』の冒頭に掲げられている発刊の序である。すでに『独仏年誌』が出版される前に、企画書として回覧されていたようである

「『独仏年誌』の計画」　アーノルト・ルーゲ

この雑誌は批判的であるが、ドイツの文学新聞ではない。われわれはフランス人とドイツ人による次の問題についての論説を掲載する。

1. 意義と影響力をもつ人間と体系について、日々の問題、憲法、法律、国家経済、人倫、教育などについて。中世王国の天上についての政治などは分析しない。そのかわり現実の人間の事象に関する科学をとりあつかう。

2. 新聞と雑誌の書評。その現代の問題との関係を示すこと。

3. ドイツにおける旧い文献と大衆文学の書評。それは超越的な、今日朽ち果てつつあるやり方による従来のドイツ精神への批判などは必然的に拒絶しなければならない。まさに二つの民族の書物の書評であり、これを通じてわれわれが進む新しい時代が開始され、継続されるのである。

われわれの仕事は数ヶ月停止されていたが、これから新しい基礎の上で継続するつもりである。

昨年、ドイツ政府が旧来の哲学する自由を廃止し、最新の哲学的方法で世界を認識しようとした論文を弾圧したとき、ドイツ政府は、当該地域では人民代表の喝采を受け、そうでないところではどこでも人民大衆の無関心を呼んだ。この事実が語ることは、ドイツでは哲学が民族的問題からいまだにかけ離れているということである。大衆の無関心、教養ある人々の間での暗黙の敵意は、終わらねばならない。理性の実現と勝利に対する役所的手続きの抵抗も破棄されねばならない。人民は自由ではないので、哲学はその発展原理となるところまでにはいたってはいない。人民をこうした教養レベルに引き上げることこそ哲学の課題である。

ドイツにおいては、学問が生活と結びついておらず、たとえそうでないとしても、学問の天国が人民大衆にとって少なくとも到達不可能であるがゆえに、欺瞞を克服することができなかったのだ。学問の核心とは、理性的な関係のもとで、一般的な意識と実践の形態にあるすべてのものをわがものとすることである。しかし、実践的思考、つまり世界を動かす言葉は、ドイツにおいては、聖なるもの、すなわち民衆の上にあるすべてのものに対する直接の暗殺計画となる。ドイツの学問はドイツの国家と同じく、聖なるものであり、高貴なるものであり、人間的でも自由でもない。学問の所有者への配慮を欠いた人間性を措くことは、この二つのものへの裏切りである。今この裏切りを祝わなければならないのだ。

すでにそれが始まった以上、この裏切りは継続されねばならないといえよう。昨年の事件が、これまでドイツではそこまでいっていなかった哲学の政治的な意味を高めたことで、教養ある、芸術家のオリンピアの至福の神が孤独な生活を送っている文学世界への信仰も、少なからず揺れ動いている。人間は今では、通常の地平線の外で働く知性の遠い稲妻には関心をもたない。死んでしまった精神についての文学の無言の帳簿にも関心をもたない。本質的に関心をもつのは、われわれの頭を越えて拡がる現実の天候のことであり、現在のすべての世界の混乱であり、静かな動向であり、奮闘する闘争――すなわち現実に働いているこの人間世界の生活に関することなのである。

われわれの時代のすべての能力ある人間の課題は、こうした関心のために活動するということである。世界を獲得する啓蒙の文学という大きな思考がいま初めて全体として実現されるのだ。失われることのないあらゆる芸術と精神、あらゆる名誉心と労働が、抑えきれない力で学問と国家の自由を、教養ある人民の心の問題とするために利用されるだろう。

われわれはこうした課題を課した。現実の世界では歴史と革命はまだまったく始まっていないので、ドイツの運動は当面本の世界の中に戻るのだとしても、われわれはこの欺瞞と無関心をそぎ落とし、はっきりとした意識をもって政治的目標を追及するだろう。われわれはすべてを自由に結びつける。無関心な博識など哲学者にとって何も意味しない。哲学は自由であり、自由を生み出そうとする。そしてわれわれは自由の下で現実の人間的な、すなわち政治的自由を理解するのであり、書斎でごまかす形而上学的幻影など理解しはしない。書斎はおそらく牢獄だろう。

このように批判的雑誌を執筆しようと考え、その中でわが時代の危機の哲学的、ジャーナリスト的表現を与えることをつうじて、独仏年誌という名前をこの雑誌に付けることにする。

もちろんドイツのためにわれわれは文学との接点をさらになお保持するつもりだ。なぜなら、このパリでは作家も政府も純粋の文学以上の何も生み出さないからである。

しかしそうだとしても、われわれが意図している批判の協力者には、ある一定の文学的現象それ自体から離れて、そうした問題に対する時代の接点が無条件に自由にされていることである。旧い時代に起こっている大きな変化に関連するものをすべて、できるかぎり簡潔で、芸術的に仕上げられた形態で一般的な定式にすることがこの課題であり、それはフランス人がすでに非常にしばしば首尾よく解決した課題であるが、それはわれわれにとってもいまだ重要である。ドイツの社会契約とドイツ的問題とは、ドイツとは何であり、そして何であらねばならないかということである。人民にとってのドイツ的政治――これらすべてを論文は書かねばならない。不死のフランス人の栄光はわれわれを眠らせないにちがいない。

事実、公的生活の運動から起こる、新しい時代の本源を再び含むそんな論文の性格は、ちょうど日々の生活が夢と関係しているように、ドイツの思想や論文と関係している。だから大胆な発想、叙述方法、偉大な結果など、われわれにとっては同じように不可能なことである。

こうしたことがわれわれをフランスに導くのである。学問の世俗化、政治と学問とのつながりはすべてフランスと直接つながっている。フランスに敵対すること、政治と自由に敵対すること、これはヨーロッパでは同じことである。フランスは政治的原理であり、ヨーロッパとフランスにおける人間の自由の純粋な原理は、ひとつである。フランスは人権を宣言し、それを獲得し、それを失い、今のところ革命が世界にもたらしたヒューマニズムの偉大な原理を実現するために闘っている。ここから、この民族は世界市民的な使命を担っている。この民族が自らのために闘うことは、すべてにとって利益のあることである。フランスに対する民族憎悪はしたがって政治的自由に対する盲目的抵抗とまったく同じ意味をもつ。ドイツにおいては、どんな人間に関しても彼がフランスをどう評価しているかでもって、その人間の人倫的自由と分別を検証することができる。あるドイツ人の分別が曇り、思考方法が卑屈であればあるほど、彼のフランスに対する判断はますます不当で、無知となる。今日世界が享受しているあらゆる自由を、自らそして全ヨーロッパで獲得したこの民族の偉大さと人倫の力を、彼は自らの原理の廃棄、すなわち俗物主義と冷酷にも、不道徳的にも名付け、家族の幸福という感情を、神なきフランス人としてまったく承認しないのである。ドイツでフランス人を理解し、承認しているものは、すでに教養ある、自由な人間である。それはまったく自然のことである。ドイツとフランスの精神の現実の結合は、ヒューマニズムの原理の中で遭遇していて、こうした結合は粗野な民族感情と無知な悪口好きを捨てることで、それと同様にまず現代の学問的、社交的、政治的な美徳を知ることで、個人の道徳化を高める。二つとも精神の解放である。フランス人はその点においてもわれわれを恐縮させる。フランス人は、われわれを憎まねばならない原因をもっていた時代にも寛大であった。彼らはわれわれを学び、われわれに注目し、たしかにわれわれと、われわれの世界を超えた学問を過大に評価していた。そしてフランス人が最近の世界の変化をまだ知らないとしても、今彼らがわれわれと初めてこのパリで実際に出会う理由はたちまち理解されるだろう。われわれは、自由においては遅れていても、教養においては遅れをとっていないだろう。レッシングがドイツからフランス精神のくびきを解放しなければならない時代もあったとしても、いまは間違いなくフランスの精神世界、そのエレガントさと教養を研究することによって、われわれから無限のガラクタや偏見を解放し、民族感情という侵略願望の専制的な悪習から守り、これは期待していいかもしれないが、最終的には政治的自由と公的国家生活の闘争に拍車をかけてくれるだろう。二つの民族が現実に手を組むことはその教養を媒介することとである。たしかにこうした結合は自由の勝利である。

　われわれドイツ人は、宗教や政治におけるわれわれの旧いくだらないものを探し求め、除去し、磨きをかけることで多くの時間を失った。一部はそれで悪くなり、要領のよいロマン主義者になった。しかしわれわれは、こうした仕事から秩序的感覚と論理的な鋭い洞察力も獲得した。それは形而上学的、幻想的領域のなかでの確かなコンパスになってくれた。[1] 一方フランス人は舵もなく風と波の前で困っていたのだ。政治的な点で卓絶するほど明確で鋭いラムネーとプルードンでさえ、その例外ではない。サン＝シモニストやフーリエ主義者たちについては考える必要もないだろう。

　教育のないものには不思議なことだと思われるかもしれないが、ヘーゲル体系がわれわれドイツ人を気ままさと幻想から解放してくれたのである。ヘーゲル体系が、これまですべての形而上学のまったく超越的世界を理性の王国として構成してくれた点で、ただわれわれに残されたことといえば、その論理的明証性と因果性の利点を享受するべく、理性の超越を廃棄するだけでよかったのだ。ヘーゲル体系の天上世界から、直接の人間の理性のある地球上へと分別ある導きによって到達するのである。この導きのおかげで、天上における地図を地上における道案内のためにさえ利用できたのである。この天上の地図はわれわれドイツ人にとってヘーゲル体系の論理学であり、それは、もう一度いえば、天上における、孤独な形態における完全な体系でさえあるのだ。

人が直接人間的自由と純粋のヒューマニズムの要求に達するかどうかという問題と、旧い人間がいまだとらわれている天上の経済を、宗教と政治における完全なロマン主義的しろものを、あらかじめ体系的にすなわち哲学的に遂行し、つまりあらゆる点で乗り越えたかどうかという問題とは、まったく違う問題である。ヘーゲル哲学から出てくる自由への要求は、したがってたんなる意志ではなく意図された意志であり、自由な善なる意志ではなく必然的結果であり、偶然の賜物ではなく今ではもはや対立するものもないドイツ精神の歴史の結果であるのだ。なぜなら、こうした時代精神と対立されえるものは、過去、あるいはこれまでの仕事、その栄光であるからであり、まさにこれを見破ったのが、ヘーゲル哲学の功績だからである。もっと早くこうした事業に到達しえたはずである。当時ドイツでは自由への要求が非常に雑然としており、未開のままであったので、自由への要求はただ無条件の過去への尊敬以上の内容を含んでいなかった。しかし何といっても、こうした考えを遂行しようと思っても、過去は旧い官僚の専制支配だったのであり、この考えをもう一度遂行したとき、一歩もどって、官僚国家の改革のために、ロマン主義、キリスト教的＝ゲルマン的復興原理を利用することができるように見えたのだ。しかし、これはすでに不幸な試みだということができる。二人のドイツ国王がこうした改革によって中世に戻そうと試みて以来、政治におけるロマン主義の無力が決定的に証明されたのである。しかし、少なくともそこから多くのことが得られたおかげで、復興精神と革命との間の分裂が最終的に起こったのである。旧い天上の王国の特権と、わが時代の人間的自由は死をかけるほど敵対的である。そして一方においてすべての道徳的、知的力を持っているのが革命である。自由の名のもとに語られる真の言葉でいえば、腐った骨董品的身分制は過去のものとなり、その住民とその擁護者は、彼らが叩きのめされるにはジェリコの笛▼2も必要としないのだということを感じているのである。この不安によってわれわれはドイツで言葉を禁止されたのだ。禁止は死をかけた敵対の表現であり、しかも死の恐怖の表現でもあり、それゆえにまさにそれは未来の保証である。このような敗北はすでに勝利だといえる。

もちろんフランス人がこうしたことを聞くとこういうだろう。「三〇年の闘争において、旧い専制主義の死の恐怖の中で公的精神のあらゆる自由な高揚が完全に否定され、自由は未来の世代における希望にしかすぎない地点にしか進んでいない。つまり多くの時間とあらゆる領域が奪われてしまったのだ」と。確かに、われわれはそれを認める、未来の変化はいいが、未来しかよくない、現実というものは少なくともわれわれにとって疑わしいものであると。われわれは、ホスピタリティのあるフランスの大地に足を踏み入れる前に、わが思想の自由な議論と出版をもう一度わが力として手に入れることさえ疑わねばならなかったほど、こうした事実をこれまで十分に認めたことはなかった。そしてそれでもなお、純粋の原理の領域の中で努力が行われたのも故なきことではない。われわれドイツ人が大きな力を獲得していた超越的世界の領域での仕事は、失われてはなかったのである。こうした努力と労働によって、旧い原理の知識と理論を繰り返すことで、新しい原理を一気に獲得するところまで進む。この成果にフランス人が近づけば、フランス人は彼らが一八世紀の哲学と革命によって成し遂げた大きな変化を、永遠のものとして確証できるのである。われわれが最新のドイツ哲学をフランス人に知らせることに成功すれば、フランス人が気高いが、そそっかしさで身を委ねがちな、野生の天性と放埒な幻想の誘惑に対して、身を守ってやれるのである。このことは、熱情的なシャトーブリアン[3]やラムネーのキリスト教的熱狂者と、今日の若者の大部分がもつロマン主義的渇望を見ればよくわかる。われわれドイツ人が専制主義のために、世界史のもっとも偉大なる行為、革命と闘ったとき、それは自由に対して罪を犯したのであるが、今日ドイツの哲学がフランス精神を揺るがす誘惑から守ることができれば、その償いとなろう――この誘惑はドイツ人が解放戦争以来恥ずかしくも負けたものである。宗教的そして詩的幻想の謬見を知ろうとしなかった素朴さは、こうした謬見をその形而上学的天上の地図の中に十分描かず、いつも永遠のものとして特徴付けた素朴さは、確かなものではない。僧侶は、彼らでさえ知らないし、信じてもない世界を神秘的に表現しようとする考えをもっていたが、以前から形而上学的人間の素朴さの上にその体系を打ち立てたのである。この素朴さの上に中世の聖遺物[4]の全体系は乗っかっていて、人間と人間の自由はその犠牲にさせられているのである。ドイツ人はこうした欺瞞の、非人間的時代に優先的に属したという栄誉をもっている。ギリシアの人間の明るい高みからキリスト教＝ゲルマン的粗野な精神への崩壊、これをこの世界はわが祖先の形而上学的停止以外の何に負っているというのであろうか。そしてこうした一〇〇〇年の時の停止が革命より生きながらえ、旧い王国のすべてのガラクタの崩壊をつうじてさえ学ばなかったというのだ！——今世紀初めドイツ人が独立を再び獲得したとき、彼らは再度ガラクタを取り戻し、この旧い非本質的なものから現実には何も獲得しえなかったのである。彼は少なくともありえそうのない渇望とくつろぎでこのガラクタを思い出したのである。ドイツ人はその皇帝＝法王の支配をしばし思い出したのだが、やがてこうした思い出の中で、理解力自身も高まってきて、最新の哲学が表現しているのは、今では自由をもつドイツ人もまた過去の幻想との関係を断ち、時効のない人権という名のもとで「キリスト教＝ゲルマン的」中世に対して戦争を挑んでいるということである。これこそフランスに対する十分な償いであり、すでに述べたことをさらに言えば、フランスを積極的に利する仕事であり、結局それはフランスとドイツの人民が同じ人間的原理で結合することであり、二つの人民の抵抗しがたい同盟である。その共通の運命はいまではその政治的意識の明白な事実となっているのである。

　フランス革命という根本原理までドイツの自己意識を戻すことは、われわれが現在まで概観しただけで見過ごしてきた現実というものを、一方でそむけてしまうことになる。フランスは、革命以来哲学的現実を遂行してきた地域であり、フランスは徹頭徹尾哲学的地域なのである。実践以外の原理が見失われているではないかと、フランスを非難してみたところで、感嘆すべき努力と精神によってたえず何度も革命に戻ったということ、そのすべての生活が、ほかのどの人民も今日までできなかったほど、革命を充満させていたことは認めざるをえない。この地域の大地はしたがって清められているのである。内容と形式において豊かな、古典的で、人間的な、まったく畏れ多い真の文学がそこで生み出されたのである。われわれドイツ人はそれと同じようなものをわずかか、まったくもっていない。確かに、われわれは、毎日食卓に供せられる精神的料理を、ただ嘘いつわりのない、敬虔なものとして準備されたものとして享受する欲求を一度として感じていないのである。われわれの文学と政治は徹頭徹尾堕落していて、確かに作家や政治家はあまりにも素朴で、すべてが一人のため、多くが一部のもののためにつくられている転倒した世界の体系に敬虔的にすがりついているとしても、このことは何の価値もない表現上の真理、純粋さであり、なにか非常に危険なお人よしさであるのだ。――民族を蔽うこうした最大の貧困から、その完全な公共性に対する道徳的な放任から、われわれはどうやって自らを救い出すことができるのだろうか！

われわれは自由で真の公共性を、見つけるべき場所を求めねばならない。ドイツ民族は、出版の自由のために透き通る声を力強い叫びにまで高めるには愚鈍すぎるので、フランス人も革命以前にはそうしたであろうように、外国の地で書き、出版しなければならないのである。

われわれドイツ人にとって問題なのは、出版の真の自由の例を目にすることであり、次の自由を得ることである。それは、自制し、法を遵守する自由であり、自らと理性の永遠の法則に不誠実であること以外のなにものにもひるまない自由であり、自己中心的で、無情な、縛られた奴隷の歯軋りを断念し、世界を荒廃させず、侮辱せず、世界を獲得し、豊かにし、それ以上に高めようとする自由であり、その法則を美の中で、その尺度と目的を真理の中に求めるようなそうした自由である。たしかに、紳士諸君、こうした自由が問題なのである。諸君たちは長い間われわれを苦しませ、踏み付けてきた。諸君たちは諸君たちの粗暴さと無知に対するわれわれの怒りを燃えあがらせてくれた。そしてやがて諸君が、正義の情熱という表現にまで捻じ曲げたとき、諸君たちはわれわれをついに指さし、われわれの作品をつうじて、諸君の役人たちがいかにそれに圧力を加え、それらの作品が諸君の自由な出版をどう理解してきたのかを描写したのである。これは闘争ではない、それは縛られたものの嘲笑であり、人間に対する権利と尊厳の遊びである。われわれにとっても、諸君にとってもこの遊びは満足である。諸君たちはわれわれを恐れ、行動する。しかし諸君たちはわれわれを恐れる必要はない。すでに父親的にわれわれの面倒を見てきたことなのだ。諸君たちが闘いたいと望んでいても、今は空気と太陽のようなものである。しかし、検閲がごまかしたようにではなく、検閲に対する対策として仮装したようなものではなく、われわれがあるがままのものを出版しようとしても、諸君は恐れる必要はない。われわれはほとんど得ではない方法でそれを行っているのだから。

　われわれの前には出版の自由がある。突然出版の自由の世界に入ったのであり、検閲の下ではもはや書くことがゆるされるはずもないだろう。与えられるのはもっとも品位のない立場から、もっとも品位ある、畏れ多い立場への飛躍であり、完全な抑圧から完全な自由への飛躍である。しかしこうした飛躍は当然ともいえる。われわれは旧い関係にもはや耐えたくはなくなったのである。その理由は、われわれはそこから成長を遂げたからである。われわれは次のことを証明するだろう。すなわち、われわれはドイツの暗闇の母体の中で、突然世界の光を発見するやいなや、自由な世界の空気をすぐに呼吸することができるほど強くなっていたということを。

　われわれが期待するところは、わが出版の自由によって、新しい世代の仕事場から不滅の作品を作り出すことだろう。新しい世代は、哲学や形式の献身的でまじめな研究の成果として出現するやいなや、現実的に自由である。新しい世代は、諸君たち隷属された旧い世代に、少なくともわれわれに出版の自由をもたらしてくれるであろう。これは、道徳も、理解も、美もない、真の、粗野な旧い亡霊の幻影ではないということに注意しろ。諸君の力を結集しろ。そして、諸君が自由の敵として自由ではありえないとしても、少なくともよく教育された、よく調教された召使いの尊敬をあつめるよう努力せよ。諸君が下劣さなく攻撃し、粗野さもなく、われわれの敵となるとすれば、諸君が野蛮さのないドイツ人、堕落していない愛国者、人間の永遠の権利に対して裏切りなく忠実であることを示しえるとすれば、この新しい関係が諸君をも解放してくれるであろう。そうでないとすれば、われわれが諸君に与える機会を諸君が逃すことに対する責任は、われわれにはない。

しかし、われわれと対立するドイツの出版の自由の形態が、いかに不完全なものであろうと、その内容は周知のことであり、その考えはすべての世界を狂わせたものであった。確かに、（ミューズの住む）ヘリコーン山[▼5]がすべて麓へ降りてきたとしても、美の三女神がドイツのよき出版のすべての作家たちに彼女たちの腰紐を貸し与えたとしても、ドイツの出版体系についての調子はずれを和らげるには至らないだろう。ドイツ人の名前にある不名誉は、一般的に感じられる事実であり、それが直接一八四〇年と四一年の期待の後に続き、文字通り民族すべてが、天上へと上り詰めたとき、たちまちのうちに天上から墜落したがゆえに、より痛ましいものである。感じられる不名誉もまた、言葉にする必要があり、未来の世代のためにはっきりと、読める形で歴史の大事典に書き入れられる必要がある。しかし、それだけでは十分ではない。旧い体系を暴く必要がある。それは内から起こり、それは人間の自由の再生によって政治的体系を基礎付けるだけでなく、それによって従来の歴史の大部分が入る、人間の組織的弾圧のように時代を画することになるのだ。

批判にこうした、すなわち直接的で本質的な内容を与える時代がやってきたのである。その状態の認識とその仕事への啓蒙家の情熱にむけての世界の努力、そしてこの二つの仕事を恐れねばならないという努力、このすべての徴候が現実に危機がせまっていることを証明している。ここでわれわれはある友人の呼びかけを思い出す。彼はこういった。旧いドイツのすべての窓を屋根裏まで見よ。哲学者の天窓でさえ塞がっている。こうして革命の太陽は過ぎ去り、人間の心を元気付け、その感性を解放することもなく、再び沈む。さあ陰気な建物の窓を開け、すべての場所に陽を入れよう。

われわれは、わが批判をつうじてこれを意図する。みなさん、これが新しい時代なのだ。

だから問題なのは、個々のばらばらの個人を通じた新しい革命の世界との媒介ではない。そうではなく、今日ひとつの原理がドイツからフランスにもたらされ、フランスからドイツにもたらされたということである。原理の友愛化とは、一方の民族によって他方の民族を考えることである。一般的意志を感性化するためにのみ個人も問題となる。ドイツ哲学が政治的になればなるほど、人民の同感はますます強くなっていった。ドイツの哲学は国に忘れてきたものを、帰ったら再び倍にして見出すだろう。ドイツ精神とフランス精神との相互の利害は、明らかに緊張にあり、しかもこの緊張は決定的に友情の緊張なのである。

すでに述べている直接的批判とは別に、われわれは先にドイツの新聞に関する絶え間のない監視、まったく裏がえしにされた検閲のようなものがあることを述べた。この監視は、ただたんに無邪気なだけの旧い制度をただ反射しただけの、まったく同じ問題である。ひとがその袋を撃つと――その中身の精神に当たるのである。同時にそこから良心が消えていることがわかる。しかし、一方実体化された良心としての旧い記憶が悲劇的に闊歩し、少なくとも今ではドイツの新聞に対して多くは喜劇的に作用しえると考えられるのだ。

最後に書評についてもわれわれは予言の書のようにより高い価値をもちうることを期待している。しかしそれは、旧い社会を根本から変革するという点にまで進むという条件のもとでは（ゲルスドルフの目録やシュヴァーベンの年誌とはまったく逆に）ますますその価値が少なくなった場合のことであるが。

訳注

▼1　フェリシテ・ロベール・ド・ラムネー（一七八二－一八五四）。フランスのキリスト教社会主義者。

▼2　ジェリコの笛。旧約聖書「ジョシュア記」に描かれている約束の大地の入り口にある都市ジェリコ。都市を攻略するために神が命令した雄牛の角笛。

▼3　フランソワ＝ルネ・シャトーブリアン（一七六八－一八四八）。フランスの作家、政治家。

▼4　中世において教会の権威を高めるために創られた聖なる遺産。たとえば聖人の人骨など。

▼5　ヘリコーン山。ギリシアにあるミューズの泉のある山。

■「今日のユダヤ人とキリスト教徒が自由になる可能性」『スイスの二一ボーゲン』*Eindundzwanzig Bogen aus der Schweiz*, Erster Teil, Zürich und Winterthur, Verlag der Litterarischen Comtoirs, 1843 から

ブルーノ・バウアー（一八〇九－八二）は弟エドガー・バウアー（一八二〇－八六）とともに、ヘーゲル左派の哲学者である。マルクスは、この論文と、ブルーノ・バウアーの書物『ユダヤ人問題』を批判の俎上にあげる。マルクスはバウアーとベルリン大学時代、ドクトルクラブで知り合い、卒業後、ボン大学の私講師であったブルーノ・バウアーはマルクスを彼の後釜に入れるつもりであった。しかし、実現できなかった。その後マルクスは『ライン新聞』の編集者となる。『スイスの二一ボーゲン』と『独仏年誌』はいわばフレーベルが支援する兄弟雑誌でもあった。マルクスは、バウアーを批判するが、まだそれほどひどい批判ではない。やがてエンゲルスとの共著『聖家族』、『ドイツ・イデオロギー』で徹底的な批判を行う。

「今日のユダヤ人とキリスト教徒が自由になる可能性」　ブルーノ・バウアー

解放の問題は一般的な問題である。キリスト教徒もユダヤ人も解放を望んでいる。自由を最終目的とする歴史は、キリスト教徒も、ユダヤ人もともに解放への努力と願望という点で少なくとも協力しなければならないということ、そうなるだろうということを示している。なぜなら二つの信徒の間に相違はないからであり、二つとも人間の真の本質の前で、自由の前で、ともに奴隷であることを告白しなければならないからである。ユダヤ人は割礼され、キリスト教徒は洗礼されて、人間の中にその本質を見ることができず、むしろ人間性を断念し、よそよそしい本質を持った奴隷であることを認め、その生活のための仕事の中で、生涯にわたって奴隷として行動しているのである。

われわれが、二つの信徒が解放への願望という点で協力し、結集しなければならないと述べる場合、たとえば、団結した力は分裂した力より強いというある共通の命題について語りたいわけではないし、ユダヤ人の解放への願望によって生まれる運動や議論が、なおさらキリスト教徒に自由への願望を覚醒させる機会になるということを語りたいわけでもなく、キリスト教徒が、品位ある行動をとり、これまでの生活に存在した監視から自由になりたいと望むとき、ユダヤ人の助けと行動をあてにしなければならないとか、あるいはあてにしてもいいということを語りたいわけではない。われわれがただいいたいことは、解放という事業、事業としての解放、解放一般が可能になり、確かなものとして遂行されるのは、人間の本質とは割礼でも、また洗礼でもなく、自由であるということが一般的に知られる場合であるということである。

むしろこの点で、われわれが探究したいのは、歴史が「あれかこれか」という選択の中で、今しかない好機だと決定しはじめてきた最終目標とユダヤ人がどう関係しているのか、歴史が勇気をもってこうした決定をしたことにユダヤ人は貢献したのかどうか、ユダヤ人はキリスト教徒以上に自由なのかどうか、キリスト教徒以上にこの世界と国家の中で、自由な人間生活をおくることはより困難なのかどうかということである。

ユダヤ人は、その宗教的倫理、すなわちその啓示的律法がすぐれていることで、よき市民たりうるということ、すべての公的な国家事業に参加する権利をもちえるということを証明するのだが、批判者にとってこうしたユダヤ人の自由への願望は、ムーア人が白くなりたいという願望以上の意味をもつわけではない。いやそれ以下の意味、すなわち不自由であるための要求しかもたないはずである。ユダヤ人をユダヤ人として解放することができると思うものは、ムーア人を洗って白くしたいと思う以上に無駄な努力をしているばかりか、不必要なわずらわしさの中で自分を惑わしているのである。ムーア人[1]に石鹸をつけようとしながら、乾いた脱脂綿で洗っているようなものである。一度として濡らしてはいないのである。

人はこういい、ユダヤ人でさえそういう。すなわちユダヤ人がユダヤ人として解放されるべきでないのは、彼がユダヤ人であるという理由からでも、彼が立派な、一般的倫理原則をもっているためでもない。むしろユダヤ人は、ユダヤ人であり、ユダヤ人であり続けるにもかかわらず、国家市民の背後にいながら、国家市民でもあるからだと。すなわちユダヤ人は、国家市民であり、一般的人間関係の中で暮らしているにもかかわらず、ユダヤ人であり、ユダヤ人であり続けるのだ。そのユダヤ的、限界的本質の方が、その人間的政治的な義務を乗り越えて、いつも勝利するのである。偏見は一般的な原則によって乗り越えられているにもかかわらず、依然として残るのである。しかしこの偏見が残ることで、むしろ他のすべての偏見が乗り越えられるのである。

外見上ユダヤ人は国家生活の中にただ洗練された形でのみ残ることができる。したがって、彼がユダヤ人のままでありたいと欲すればその単なる外見は本質的なものとなり、それが国家生活を乗り越えるのである。つまりユダヤ人の国家での生活は国家の本質や規則に対して、外見上の問題あるいは瞬間的な例外にすぎなくなるのである。

たとえばユダヤ人は、彼らの律法はナポレオンからの解放闘争においてキリスト教と同じ仕事を果たし、安息日でも戦うことを妨げないことを証明した。なるほど、その律法にもかかわらず、ユダヤ人が戦争の仕事を行い、戦ったことは真実である。彼らのシナゴーグ[▼2]とラビは、たとえそれが律法の禁止事項と矛盾するとしても、兵役のあらゆる義務を引き受けることに対してはっきりとした許可を与えた。だから、今や安息日では国家への労働と犠牲が例外としてのみ許されるということが述べられてもいて、一度例外的にのみ許可を与えたシナゴーグと、これらのラビは、最高の、神の律法によると本来認められるはずもない不確かな特権を与えられたにすぎない国家を、乗り越えてしまっているのである。

国家がその良心によって与えた業務は本来悪であるはずなのだが、今やけっして罪には見えていない。なぜなら、ラビが免除を与えたので、この業務を行うのはけっして罪ではなくなったからである（本来けっしていってはならないがゆえに、もう一度いわれることはありえないものである）。こうした業務が非倫理的なのは、それが良心によって拒否されるからである。この業務は律法によって禁止されているので、したがってそれはいつも現実には禁止されていて、どんな倫理的な共同体でも拒否されているので、不安定なものである。だから不確かな時代のときだけ、何か特別なものとなりえるのであり、完全で、全体的な人間を認識し、それを当然のものとみなされる時代には、それはまったくの偽善だと拒否されるのである。ラビを褒める人々も、事実の高みを確信できないとき、間違った内奥の過去をつうじてもたらされた不幸な遺物の犠牲者として、ラビに同情することができるのである。

ユダヤ人は、偽善を必然化する視点に背を向けるために、彼らを真の自由な人間性の高みにのぼらせることができなかった深淵を埋めるべく、何をしたのか。ユダヤ人はユダヤ人であることを望み、ユダヤ人としての世界で生きること以外何もしなかったのである。そうしたものとして自由な人間であることができると考えたのである。

危険な自己欺瞞、誤謬から人間を解放するために、キリスト教徒が宗教に対して向けた批判に、ユダヤ人はどう立ち向かったのか。ユダヤ人は、この闘争はキリスト教にのみ該当するものと思い、福音派の支配がどれほど苦しみと苦悩を与えたのかだけをユダヤ人は考えていたので、レッシング以来、つまりユダヤ人がキリスト教の活動について聞き始めて以来、キリスト教に対する批判が出てきたとき、たえず喜ぶことになったのであった。ユダヤ人はこのように狭い了見をもっていたので、他人の不幸を喜び、キリスト教、すなわち完成されたユダヤ教が没落したとき、その宗教も没落しなければならないことに気づかなかった。ユダヤ人は、今彼らのまわりで何が起きているのかもまだ知らないのである。彼らは宗教や人間の一般的状況に無関心で、参加もしていないので、批判に対して何もしないし、宗教的欺瞞のなかで隷属的にとらわれているので、教権主義や宗教に対する戦場を展開した大勢のものと一緒に闘わなかったのである。だれも批判において決定的な役割を演じたユダヤ人はいなかったし、批判に対して何かをなしたものもいなかった。批判に対して天上と地上で呪文を唱えるキリスト教の熱狂者も、キリスト教についてくりかえし批判されていることを、遠くから聞いて、喜んでいるユダヤ人よりも人間的である。批判に対する熱狂者の批判が示すところは、たとえ不和の状態であったとしても、彼らも根本においてこの批判に巻き込まれているのだということである。熱狂者がこれに対して闘わねばならないと考えているのは、この闘争の中で人間というものが問題になっていると感じているからである。しかしユダヤ人は自らのエゴイズムの中に閉じこもり、その敵、キリスト教のことを考えるだけであり、けっしてキリスト教に対して決定的な影響を与えることはなかったのである。

ユダヤ人がキリスト教に対して何もなすことができないのは、この闘争にある創造力が欠如しているからである。完成された宗教に対して闘争することができるのは、それに代わって真の完全な人間を賞賛できるそんな力だけである。キリスト教に対して闘いえるのは、この完全な人間だけであり、その理由は、キリスト教には、たとえ宗教的形態であっても、人間的本質の一般的概念、したがってその独自の敵が含まれているからである。ユダヤ教が宗教の内容としたのは、完全な人間、発展した自己意識、すなわち、何ものも窮屈に感じさせないという精神ではなく、その限界、とりわけ感性的、自然的な限界といまだ闘っている、とらわれた意識なのである。キリスト教はこういう。人間がすべてであり、神であり、普遍的なものであり、全能であると。そしてキリスト教は、唯一者、キリストは人間であり、全体であると述べる場合、こうした真実は宗教的に表現しているにすぎない。一方、ユダヤ教はたえず外の世界、自然と関係する人間だけを充足させ、外の世界意識に従属している。すなわち世界をつくったのは神であると述べるとき、その宗教的形態において自分の願望を充足させているのである。キリスト教はすべての物のうち、すべてのものの一般的本質のうち——宗教的に表現すれば——神のうちに再帰しようという人間を充足させるのだ。ユダヤ教が充足させるのは自然から独立したいと望む人間だけである。

キリスト教に対する闘争が可能であったのはキリスト教的側面からだけであった。その理由は人間を、意識を、すべてのものごとの本質として把握したのはキリスト教そのものであり、キリスト教だけだからであり、キリスト教によると唯一者だけがすべてであることで、人間のこの宗教的表象、本来人間全体を否定する表象を解体するにはじめて至ったからである。一方ユダヤ人は、感性的、宗教的仕事、その洗浄、純化、その宗教的選択、日々の食事の純化こそ彼らにとって義務となる、そうした自然的欲求の充足にむしろ従事することで、人間一般とは何かなど考えてもみなかったのである。ユダヤ人がキリスト教に対して闘うことができないのは、ユダヤ人がこの闘争の落ち着き先を一度として理解していなかったからである。

どんな宗教も必然的に偽善とジェズイット主義[3]と結びついている。どんな宗教も人間に対して、本来的なものである人間を、崇拝の対象として、何かよそよそしいものとして考察するよう、すなわち人間はそのようなものとして無であり、それ自体として完全な無であるかのように振舞うことを、要求するのである。しかし人間は、完全に抑圧されるわけではなく、信仰の対象を犠牲にしてその価値を絶えず復興しようとする。もっとも信仰の対象はつねに価値あるものとしてとどまってはいるのだが。

しかし、二つの宗教の内容について語られていることによると、キリスト教的ジェズイット主義とユダヤ教的ジェズイット主義、とりわけ現代のユダヤ教のジェズイット主義はいかに違うことか。キリスト教のジェズイット主義は一般的な人間的活動であり、今日の自由をつくり出したのである。キリスト教のわきにあったユダヤ的ジェズイット主義は、歴史や人間一般に対する何らの結果ももたらさず、はじめから内に向かって閉じていて、傍流的宗派のきまぐれにすぎない。

ユダヤ人は宗教のなかに欲求の充足と自然の自由を見ていて、安息日にはその宗教的な見解は行為ともなり、その自然に対する自由と距離は現実的な見解にまで進む。しかしその欲求はけっして宗教のなかでは本当に充足されないので、その欲求のために安息日でさえ思い悩む。現実の、平凡な、欲求でいっぱいの生活は、欲求を充足することすら必要のない観念的生活と矛盾する。律法にしたがっている、すなわち欲求に超然としているという外観を傷つけないで、欲求を充足させるためには、方策や方便を講じなければならなくなるのである。ユダヤ的ジェズイット主義は感性的利己主義のたんなる狡猾さであり、一般的なずるさであり、とりわけ完全な自然的・感性的欲求をいつも問題にするがゆえに、粗野で、不器用な偽善である。それは、不器用で、不快なものであるため、ひとは嫌悪感をもってそこから離れ、一度としてまじめにその問題を議論することもできないのである。たとえばユダヤ人は安息日にキリスト教の召使いか、隣人に明かりをつけてもらうとする。自らそれを行わなかったことに満足する。もちろんその明かりは、彼のみを照らすのだが。彼が凍えないよう見知らぬ召使いに部屋を暖めてもらったとする。もちろん安息日には火をおこしてはいけないという神の戒めは、寒さや凍えから彼を守らねばならないはずなのだが。もし彼が、取引所で事業を受動的に行えば安息日を汚していないと考えるとすれば、それは彼が積極的に事業を展開していないからである。一方で彼は相手に会うべく取引所に行き、取引を行うのである。最終的に彼が、安息日に彼の代わりに事業を行うキリスト教の共同出資者あるいは店員をもっていれば、彼らの仕事が、あたかも彼の企業とその財布にとって利益にならないようにしなければならないのである。——だから、それは偽善であり、その偽善に対して、とりわけきまじめな人間は抗うことさえできない。

たとえキリスト教徒が精神や自己意識の概念を宗教的に把握し、つまりまったくさかさまに理解しなければならないとしても、そして現実の自己意識がこうした転倒に反応し、それを捨て去ることがないとしても、そこから生まれるジェズイット主義はまったく違ったものであり、学問的な闘争が可能なばかりか、それは必然的に最高の人間の自由の誕生と発展の条件でもあるのだ。

ユダヤ的ジェズイット主義は狡猾である。その狡猾さによって感性的な充足は達成されるのだが、その理由は見せかけの、律法によって戒められた充足では十分ではないからである。ユダヤ的ジェズイットは動物的な悪巧みにすぎない。一方キリスト教的ジェズイットはその自由のために戦う精神の理論的な地獄の労働であり、すなわち不自由によって歪められた見せかけの自由と現実の自由との闘争であり、そこでは、その闘う、現実の自由は、闘う限り、とりわけ宗教的、神学的に闘うかぎり、たえず自分自身を不自由へと落としていく。しかし、この暗く恐るべき試合は、最終的には人間性を目覚めさせ、現実的自由を摑み取らせるべく刺激を与えるのだ。

本来のジェズイット主義、教会的秩序のジェズイットは自身、宗教的教義に対する闘争であり、軽薄さに対する軽蔑、啓蒙の行為である。したがって啓蒙や軽薄さが純粋の教会のなかで出現し、自由で人間的形態として出現しないがゆえに、矛盾多く、汚らわしいものなのである。

ユダヤ的詭弁家、ラビは、安息日ににわとりが産んだ卵をたべることが許されるかどうかを問うが、それはたんなる愚かさであり、宗教的な固陋性の恥ずべき結果なのである。

それに対してスコラ学者が、神は聖処女の胎内にいる場合には人間であるが、たとえばかぼちゃでもありうるかどうか、ルター派や改革派が神なる人間の身体は同時にあらゆる場所に存在しえるかどうかについて議論する場合、それは笑うべきことだが、そうであるのは、宗教的、教会的形式における汎神論についての議論であるがゆえにである。

したがってキリスト教徒は、宗教的ジェズイット主義を、彼ら自身の首を絞める不自由を、すべてが危険に晒され、不自由がすべてを掌握し、自由と誠実さが不自由による独裁の必然的結果とならねばならないところまで発展させたがゆえに、より高いところにいるのである。ユダヤ人たちは、こうした偽善の高みよりも、したがって自由のこの可能性よりもかなり下に位置しているのである。

キリスト教が成立したのは、衰えた時代のギリシア哲学の人間精神と古典教養の男性的神が、さかりのついたユダヤ教と混合した時であった。ユダヤ教にとどまったユダヤ教は、その果実を生み出した後、こうした混合と愛の抱擁を忘れてしまったのである。ユダヤ教はその果実を一度として認めることを望まなかった。それに対し、神なき、世俗的な哲学の支配的形態をたえず思い出にとどめ、それを望んだユダヤ教の方は、神なき人間の美しい人間的姿に対する思いにいつもとらわれ、けっして忘れることができなかったため、思い出の中で死に、その場所に現実的哲学が再び生まれるに至ったのである。その異教徒の愛と混合の中で死んだこのユダヤ教がキリスト教である。

キリスト教において、ほかのどの宗教よりも非人間性がより高くなり、最高の高さにまでのぼりつめるということが起きたのだが、それが可能だったのは、人間性という制限のない概念が把握され、それが宗教的理解の中で転倒し、歪められ、人間的本質を非人間的なものにしなければならなかったがゆえである。ユダヤ教では、非人間性がこのような高みにまでのぼらなかった。ユダヤ人としてのユダヤ人はたとえば宗教的義務、家族、種族、民族に所属しなければならなかった。すなわち一定の人間的利益の中で暮らさねばならなかったのである。しかしながら、こうした長所が基礎づけられ、明白になるのは、人間がその一般的本質、すなわちたんなる家族、種族、民族の一員以上の、人間というものをユダヤ人が知らないという欠陥の上でのことである。

したがって啓蒙は、キリスト教において真の所在をもつ。啓蒙はキリスト教においてその深い根をおろし、決定的なものになる。それが全人間にとって、あらゆる時代にとって決定的になるのは、自らの啓蒙を持ち、彼らの宗教の解体という事実から、新しい宗教が生み出される機会を与えた後のことである。ギリシア人とローマ人が崩壊させることができたのは、一定の、いまだ不完全な宗教、すなわち、宗教によろうと、そうでなかろうと、むしろ政治的、愛国的、人工的、いわば人間的利益とこんがらがった宗教であった。キリスト教は、完成された、純粋の宗教であり、宗教以外のなにものでもない。だから、人間と宗教一般の問題を規定するのは、キリスト教がつくりだし、キリスト教によって破壊された啓蒙である。しかしキリスト教がこうした決定的な啓蒙をつくりださねばならなかったのには、本来はひとつにしかすぎない二つの理由がある。それは、キリスト教は非人間性のきわみであり、純粋の、無限の、普遍的な人間性の宗教的表象であるからである。

同じ理由から、啓蒙や批判が純粋で完成されたものになるために、長い世紀が必要であったことも説明がつく。そこで人間の歴史の新しい時代をつくることが可能になるのである。まさにキリスト教が人間性の普遍的表象をもつがゆえに、その非人間性への攻撃に抵抗することができたのである。その攻撃は、非常に困難で、臆病なものであったのだが（今日なお多くの啓蒙の宗教の中にそれはある。啓蒙は、キリスト教的な人間一般への愛という戒め、自由と平等のキリスト教的律法によるところが大なのである）、その理由はそれが兄弟愛という宗教的戒めの念を想起させるものであったためであり、その戒めが宗教的であるがゆえに信仰を通じて愛を制限し、廃棄し、憎しみ、迫害をつくりだし、剣を動かし、薪に火をつけさせたことを想起させるには、ただ困難だったからである。二次的な宗教がそれ以前に崩壊することができたのは、人間の発展を妨げた障害が簡単に理解できたからであり、すなわちそれらが以前から、ある限られた人間性に対する理解に基づき、あまりにも早く啓蒙を挑発し、非宗教的になっていたからである。しかし、こうした啓蒙も同じように宗教一般にとって決定なものではないのである。なぜなら、啓蒙はある特定の、ひとつの限界だけを突き崩し、限界一般、偏狭さと不自由一般を突き崩さなかったからである。したがってまたこうした啓蒙が決定的なものではなかったのは、それが一度として特定の、なお不完全な宗教を、その幻想、本源、人間的生成を正確に説明するよう解体できなかったからである。幻想一般、もっぱら宗教を説明し、解決する啓蒙だけが、二次的宗教形態の本源と幻想を正しく説明するだろう。

こうした命題に正当性を与えるのはキリスト教自身であった。プロテスタント以上にカトリックの方が、宗教的監視から自分を解放するのは楽であったのだが、宗教一般を解消し、その起源を正確に説明することは困難であり、ほぼ不可能であった。その宗教的監視は、粗野で、皮相なものであったのであり、だからまた最終的には、攻撃にとって好都合な、外的口実を与えたのだ。それはより簡単に捨てられ、拒否されうるのである。なぜなら、それは内奥まで貫いておらず、全体としての人間を把握していなかったがゆえである。しかし、宗教的監視は同時に間違ったものだと説明され、粗野で、明白な欺瞞として告発されたのである。宗教の真の源泉、幻想、監視のもとでの自己欺瞞は存在しつづけたままであり、少なくとも存在しつづけることができたのである。特定の幻想の前から一度だけ自由になることができた啓蒙された人々をもう一度屈服させ、その過程で道を誤らせ、啓蒙に導いたのである。一方プロテスタンティズムの場合、幻想は、それが全人類を受け入れ、司祭的な、ヒエラルキー的な、教会的暴力一般といった外からではなく、自らの内奥から人類を支配するがゆえに、完全で全能なものになっていった。プロテスタンティズムにおいては、こうしたものとして、その純粋で最高の一般性という点での依存性、すなわちその全体的、絶対的制限の中での依存性が原理にまで高まっているのである。ここでこの感情によって人間の本質が形成され、人間は宗教的であるという点以外の何か別のもの、すなわち政治家、芸術家、哲学者ではなく、少なくともそうなることは許されてはおらず、人間が独自の、人間にとって唯一の、真の本質としてそれまで認識されてきた本質をつかみ、むしろ自らの非本質的なものとしてそれを突き崩し、否定するのに、より多くの時間を必要とするのである。しかし一度そうしたことが起きると、すべての時代、すべての人間にとって急進的なものとなり、事態が一度きちんと整理されると、もう一度闘争する必要もなくなる。しかし、とりわけ宗教的幻想が僧侶階級のたんなる欺瞞にもどるのではなく、人間性一般の一般的幻想として把握されるのである。

今日プロテスタンティズムは、達しえる、その最高の規定としての最高の段階に達しているのである。プロテスタンティズムは自ら、自らによって宗教一般を解体したのである。プロテスタンティズムは人間の自由のために犠牲になったのである。ではユダヤ教は何をしたのだろうか？　あるいは、むしろユダヤ人が一度も律法を捨てることさえなく、それを読み替え、自らの欲求と利益がなくなれば、律法は無意味であり、無効であると宣言するのだとすれば、何に貢献したというのか。人類のためではなく、ただ狭い感性的欲求を妨げることなく充足することだけに役立つのである。プロテスタンティズムとそれを含むキリスト教が自らを解体するときには、完全な、自由な人間、創造的、その最高の創造をもはや妨げない人間というものが出現するのである。ユダヤ人が律法を読み替えるとき、恋人あるいはある数の人間は、たとえ安息日であろうと、妨げるものもなく商売という事業を遂行し、自然が与えるものを食べ、飲み、暗闇で明かりをつけることが可能になるのだ。

啓蒙されたプロテスタントあるいは、いわんやキリスト教徒よりも、啓蒙されたユダヤ人の方がむしろ前に存在した。なぜなら、天上の欲求と葛藤するだけの律法を否定することは、奴隷根性を解体することより簡単であったからだ。奴隷根性の支配を基礎づけるのは、人間的自然の発展によるのであり、人間がその真の本質を認識するという高みにのぼったときにのみそれは崩壊するからだ。神的な価値をもつ律法があるにもかかわらず、感性的な欲求を満足させることは、従来の人間のあらゆる考えと対立し、生と死をかけた闘争を行わねばならない、人間の本質にたいする新しい、しかし真の理解を基礎付け、完成させることより簡単なことである。

ユダヤ人が自らの狭い律法を軽蔑するとしても、人間に何も与えない。キリスト教徒がキリスト教徒の本質を解体するとすれば、それはそこから彼が受け取ることができるすべてのものを人間に与えるということである。人間は今日まで失われ、実際には存在したことがなかったのだが、キリスト教徒はそれを自らに与え、もとにもどすわけである。ユダヤ人が自らのやり方で、すなわち感性的欲求のためにだけ律法に背を向けるとすれば、けっして安らかではないであろうし、良心の呵責に耐えられないであろう。その宗教的喪失の後自らを奪還した人間の方は、安らかな良心をもち、初めて真の純粋さと誠実さを獲得したのである。狭い律法を自分の都合で廃棄したとしても、力を伸ばすことはない。なぜなら、律法は簡単にしあげられているからである。それに対して、不自由一般と根源的誤謬に対する闘争は、人間にそのあらゆる力を、抵抗しがたい弾力性を人間に与えることで、これまで人間を狭めてきたすべての制限を乗り越えさせるのだ。

「したがって諸君の方からは、キリスト教の教育、キリスト教の啓蒙でさえ、ユダヤ人にどれほど負っているかということは認められないのだろうか？　そして、諸君たちの政治的解放への努力がユダヤ人の解放要求によって力を与えられ、支持を受けているのかということも、一度として認識しようと考えないのだろうか」。

斧が、斧を振り上げたものに対して、斧を振り上げさせているのは斧であるというのであろうか？

ユダヤ人が前世紀の啓蒙において影響力を与えたということ、あるいは啓蒙に創造的にかかわったということは真実ではない。ユダヤ人がこの領域で行ったことは、キリスト教の批評者が行ったことにはるかに及ばず、歴史の発展にとって意義をもつこともなく、キリスト教的啓蒙、あるいはキリスト教世界から生まれた反キリスト教的啓蒙によってユダヤ人に与えられた、刺激の結果にすぎなかったのである。

われわれがキリスト教に対する依怙贔屓に影響され、規定されているなどと、あえて非難するものはいないであろう。ユダヤ教が新しい自由への時代の努力に刺激を与え、それを支持したのだということを否定したからといって、こうした非難でわれわれをわずらわさないで欲しい。人々がユダヤ人問題を時代の一般的問題から切り離し、ユダヤ人だけでなく、われわれも解放を望むのだと考えないとすれば、ユダヤ教とキリスト教という二つの側面とも過ちの責任を受けねばなるまい。

ユダヤ人が解放を望みうるとすれば、それは全時代がそれを望むからである。ユダヤ人たちが心を動かされるのは、その時代の一般的な衝動と努力によってなのである。人々が、ユダヤ人が解放への願望によって、一八世紀全体を動かし、フランス革命の中でとりわけまじめに論議され、解決された問題を喚起し、支援したのだと主張したいと本気で考えているとしたら、笑止千万の誇張であろう。

進歩が問題であるところではどこでも、キリスト教の世界が頂点にあるということを発見すれば、したがってキリスト教こそ進歩への衝動であるとしても、こうしたものとしてのキリスト教が、自らのために進歩を望み、つくり出してきたのだなどとはいえない。まったく逆である。実際に自らのためにだけそうしたのであれば、進歩は不可能であっただろうから。むしろ、キリスト教が進歩をとりわけ力強く刺激するのは、進歩を不可能にするがゆえのことなのである。キリスト教が、真の人間性の発展の衝動であるのは、それが純粋の、最高の、もっとも完全な非人間性であるからである。一八世紀の精神を解放し、特権と独占のくびきを破壊したのは、こうしたものとしてのキリスト教ではない。それを行ったのは、キリスト教の内部で文明の頂点に立った人間であり、そこで人間はこの閉じられた世界でもっとも深い矛盾に入り、その宿命に身をおいたのである。キリスト教は、人間が、キリスト教の中に宗教的にとらわれる限界を打破したとき、すべてを凌駕しなければならない人間を完成したのである。ユダヤ人は、こうしたはげしい運動の後を追っかけただけであり、ユダヤ人は遅刻者であり、最前列の人間でも、進歩の指導者でもなく、もしユダヤ人が、あらたなる文化運動の内部の中へ、その教義の解体を向けようと期待していたとすれば、今いるところとは別のところにいたことであろう。こうした運動の中にいるためには、ユダヤ人は、まずすべてを破壊するキリスト教的な、そういいたければ、反キリスト教的な教育と啓蒙という毒に、いわば伝染しなければならなかったのだ。

ユダヤ教徒とキリスト教は、すでにそれ自身の中で、宗教として啓蒙と批判の形態であり、人間を支配することがその宿命であったのだとすれば、その宿命に、すなわち自らの中にある啓蒙の中に落ちていくのも、宿命の中で宗教的に麻痺している啓蒙を、その滅亡から解放させるのもその運命でもあった。いい換えれば、宗教的な形態の中にあった啓蒙が自らを破壊したのは、現実的、理性的な啓蒙になるために、宗教的形態を破った点にあったのである。

こうした視点から見ても当然ながら、再びキリスト教が頂点にいる。なぜなら、キリスト教とは、独自の啓蒙の中で没落したユダヤ教、すなわちユダヤ教自身にある啓蒙の宗教的完成以外の何ものでもないからである。

人間は人民の一員として生まれ、誕生をつうじて属することになる、国家の市民となるべく宿命づけられる。しかし、人間としてのその宿命は生まれた国家の限界を超えていく。人間を、国家生活の中に閉じ込められたもの以上に高め、個々の国家やあらゆる国家と関係を断つ啓蒙を、ユダヤ教はユダヤ教が憎む宗教的形態で表現した。すなわち、唯一者であるイェホヴァの前では、国家も人民もすべて正当なるものではなく、なんら生存する権利をもっていないと。ユダヤ教は、自らに対して、すなわち唯一の民族に対してだけはこの啓蒙をまじめに考えていない。唯一の民族は唯一正当なる者として存在し、したがってまさにもっとも狭い、もっとも冒険的な民族的、国家的生活が基礎づけられたのである。

キリスト教は、ユダヤ教が始めた宗教的啓蒙を最後まで進めた。キリスト教はまた唯一者のままとどまっている民族を諸民族のリストからはずし、まさに彼らを非難される民族として説明し、すべての民族と国家関係を廃棄し、全人類の自由と平等を宣言したのである。

キリスト教が掲げる宣言は、したがって、新しき啓蒙の作品、同時に創造者自身の作品、自由で無限の自己意識が、世界に対して告げる、あらゆる制限と特権に戦いを挑むそんな宣言である。自己意識は農民でも、市民でも、貴族でもなく、その前ではユダヤ人も異教徒も同じであり、フランス人でもドイツ人でさえもない。自己意識以上の、それ以下のものなどありえないということであり、それは戦争宣言であり、戦争それ自体である。さらにいえば、自己意識が現実の自己意識へと完成するのだとすれば、それは特権と独占を排他的に主張したいと望むすべてのものに対する勝利である。自己意識の破壊的な暴力に対して文句をいわないとすれば、自己意識は、諸君たちがそのために闘っているキリスト教が望んだものを望み、実現することである。キリスト教の遂行に間違いがあるとすれば、それはキリスト教が宗教的形態でやった場合だけである。

宗教的な廃棄が表面的になる場合があるとすれば、それは、宗教的廃棄が、解体する関係を内部の、その独自の弁証法、学問的、理論的証明をつうじてではなく、つまり、ただたんにそうした関係を乗り越え、粗野で無造作に否定する場合である。基本的には依然その関係を存続させ、しかも最悪の状態で存在させ、その関係とまったく手を切ることができなくなり、その関係を再び、しかも危険な形態で復活させるのである。宗教的廃棄は空中への、幻想への高揚であり、したがって自ら飛び出したいと思うものの幻想的な鏡である。したがってキリスト教が解体する結婚関係は再建されるのである。すなわち賞賛される共同体とその主との結婚、天上の花嫁と天との関係、修道僧の天上の処女への狂信、修道女と花婿への狂信といった形で。身分の相違は、召されただけの者、選ばれた者、全能者の神秘的な、勝手なおぼしめしによって宣告された身分として復活している。宗教的身分は、政治的身分同様自然の中、もちろんまぼろしのような自然にのみ基づいている。国家、そして専制国家は無意志に一人の主人に従う群衆の中に再現されている。国家と王国との対立でさえ、天上の王国と地上の王国との対立の中で復活し、諸侯が交戦するのは、天上の王と地上の王がたえまなく、いろんな場所で交戦する場合であり、人民の憎悪と敵対に再び火がつくのは、羊のような大衆と子ヤギの群集が、左派と右派に分かれて対立し、もっぱらお互いに敵対し、純粋の対立だと考えねばならないときである。

宗教は矛盾している。宗教は、その意志が探求するものをすべて否定し、否定したいと思うものを、わずかばかりでもとどめておき、与えようと約束するものを拒否しなければならないのだからである。なぜなら、宗教は秩序や人民の自然な相違を否定し、その相違をただ幻想的なものにし、その特権を廃止し、それを唯一者の排他的支配と、勝手に選ばれた選民という特権への特権として復活させる。宗教は罪を否定し、すべてのものを罪の中に入れ、宗教は罪を救済し、すべての人間を罪人にする。宗教は自由と平等を与えようとし、それを拒否し、不平等と不自由の制度をつくる。

宗教は否定しようと思うものを実際に否定することはできない。なぜなら、現実の自己意識ではなく、軽率で、熱狂的、したがって無力な意志と幻想によって、否定したいと望むものを攻撃するからである。宗教は与えると約束したものを与えることはできない。なぜなら、宗教はただ与えるだけであり、それを仕上げ、獲得しようとはしないからである。与えられただけの自由と平等は仕上げられてない、不自由と不平等である。なぜなら、自由と平等は、細工によってではなく闘争によって特権や隷属を廃棄することをしないで、むしろ存続させるからである。

完成された宗教はこうした矛盾に落ち込む。完成された宗教は特権と戦う平等を切望するが、戦争は一度として認めず、平等の敵をむしろ死なせず、神秘的なものにしてしまうという点で満足させることはない。完成された宗教は自由を与えようとするが、実際には与えないだけでなく、奴隷の鎖を与える。

完成された宗教が望み、喚起するものは、しかしながら人間の意志と人間の願望の対象である。だから、宗教は人間の意志が完成すれば、その独自の意志に従って没落しなければならない。しかし、その意志の完成は啓蒙であり、批判であり、解放された自己意識であり、自己意識は宗教のように逃避的ではなく、この世界の幻想的な反映の中に上昇するのでもなく、世界に突き進み、特権と限界に対する闘争を現実に遂行するのだ。

キリスト教は、人間に多くを、すなわちすべてを約束し、しかし実際多く、すなわちすべてを拒否した宗教である。だから、キリスト教においてもっとも大きな隷属と、最高の自由が誕生したのである。批判によるキリスト教の解体は、すなわちその矛盾の解体は、自由の誕生であり、それ自身人間が、獲得し、獲得しなければならなかった、宗教の完成に対する闘争の中でのみ獲得しうる、この最高の自由の最初の行為である。

キリスト教は、したがってユダヤ教をはるかに超えていて、キリスト教徒はユダヤ人をはるかに超えていて、その自由になる可能性はユダヤ人のその可能性よりはるかに大きい。なぜなら、人間はキリスト教徒であるという点に立つことで、徹底的な革命によって宗教が引き出すすべての悪を癒す点にまで到達するからであり、宗教がこうした革命に対抗する力の弾力性は無限だからである。

ユダヤ人はこうしたレベル以下にあり、全人類の運命にとって決定的である自由と革命といったこうした可能性から遠い。その理由は、その宗教がそれ自身歴史にとって無意味であり、世界史になることができず、ただキリスト教への解体と完成をつうじてのみ実践的に世界史的になりうるからである。

ユダヤ人は自由でありたいと望んでいる。しかしそこから、自由の可能性により近づくには、キリスト教徒でなければならないということは出てこない。ユダヤ人もキリスト教徒も、ともに下僕と農奴であり、啓蒙がユダヤ教もキリスト教も精神の奴隷であるということをかぎつけたとしても、今ではもはや遅すぎる。その場合、ユダヤ人も、洗礼によって自由人、国家市民となりうるという妄想と自己欺瞞はもはや可能ではなく、もはやまともにそれを考えることなどできないであろう。ユダヤ人はある特権を別の特権、すなわちもっとも不利な特権を有利と思える特権に移しただけである。しかし自由と国法はユダヤ人には与えられない。なぜならキリスト教国家でさえそれを知らないのだから。キリスト教徒の特権的地位と結びついている大きな利点によって、多くのユダヤ人はキリスト教国家における自らの地位を有利にすべく、洗礼をする気になる。しかし、洗礼しても彼に自由はないし、すべてのユダヤ人がキリスト教の信仰告白を行いたいと望んだとしても、キリスト教がそこからそれだけ力を得るわけでもないだろう。

遅すぎるのである。キリスト教は、もはや重要で意義ある征服など行わないだろう。キリスト教が、全人民を自らの仲間にした世界史的な獲得の時代は、永遠に過ぎ去ったのである。その理由は、キリスト教自体が信仰を失い、その歴史的使命も完全に終わってしまったからである。

ユダヤ人が自由でありたいと望むなら、キリスト教に改宗する必要はない。解体したキリスト教、解体した宗教一般へ、すなわち啓蒙、批判そしてその結果である自由人になればよい。

キリスト教の解体と宗教一般の解体を、完成された事実として承認し、宗教に対する勝利を人間に確信させる、歴史的運動は、もはやこれ以上待てないだろう。なぜなら、自由の自己意識は存在するすべての関係から離れ、そうした関係自身と完全に矛盾しているからである。たとえ存在する側から自己意識に対して与えられる未熟で無力な方法があったとしても、それはかろうじて新たなる勝利と征服を確信させるにすぎないものだからである。

この運動の頂点にいる人民は、すべての人間を罪の中に閉じ込めた唯一者の福音ではなく、人間性と、解放された人間の福音を、ほかのまだとらわれたままの人民を世界の一部にもたらすであろう。こうした運動に参加していない、人間に対する信仰を欲していない地域や人民は罰せられ、やがてあふれ、歴史の外に追い出され、野蛮で賤民的段階にいるということに気づくだろう。

緑の木で起こることが、枯れ木でも起こるだろう。したがって、いつまでもキリスト教にとどまりたいと望み、人間の発展からも追い越されてしまったキリスト教徒の未来が、非常に暗い情況にあるとすれば、いまだ従属的位置にいて、そこにとどまりたいというユダヤ人の未来はどうなるのであろうか？

ユダヤ人は自らその運命を見るだろうし、自ら決定するだろう。しかし歴史を馬鹿にしてはいけない。キリスト教徒の義務は、キリスト教の発展、キリスト教の解体と人間のキリスト教徒以上への高揚を正直に評価すること、すなわち人間であり、自由であるためにキリスト教徒であることをやめることである。それに対しユダヤ人は、その民族性、特権、幻想的で極端な人間の律法（ユダヤ人は自らを完全に廃棄し、ユダヤ人であることを否定しなければならないので、犠牲となることは非常に難しいだろう）の夢のような特権を、キリスト教の発展と解体の結果の犠牲にしなければならないのだ。ユダヤ人は別のある宗教のために自らの宗教を犠牲にするような矛盾に陥る必要はもはやない。しかしユダヤ人が行わねばならないことは、たんにある宗教を他の宗教にただ変えること以上に難しく、それ以上のことなのである。

キリスト教徒とユダヤ教徒は、自らの本質すべてと手を切らねばならない。しかしこうした断絶はキリスト教徒の方がやさしい。なぜなら、キリスト教徒はこれまでの本質の発展から直接その課題を引き出すからである。それに対しユダヤ教徒はそのユダヤ的本質だけでなく、その宗教の完成という発展から、つまりユダヤ人にとって遠い、何も寄与するもののなかった発展とも手を切らねばならないのである。それと同様、ユダヤ人はユダヤ人としてその宗教の完成を促進したわけでも、評価したわけでもなかったのである。キリスト教徒が宗教一般を乗り越えるには、宗教の一段階を乗り越えるだけである。ユダヤ人が自由に進みたいとすれば、それ以上に困難な課題をもつのである。

しかし、人間の前には不可能なものは何もない。

訳注

▼1　ムーア人。北西アフリカのベルベル人のこと。ドイツ語ではモール人であり、色黒のマルクスのあだ名はモールであった。

▼2　シナゴーグ。ユダヤ人の礼拝堂。ユダヤ教会堂。

▼3　ジェズイット。ある特定の宗教を流布する役割を負った宣教師。

■「パリからの手紙」『独仏年誌』*Deutsch-Französische Jahrbücher* から

書簡というスタイルをとっているが、実際には論文と考えてよい。モーゼス・ヘス（一八一二－七五）は一八四二年からパリに住み、『ライン新聞』に通信を送ったが、これも「パリ便り」という形をとっている。一八四〇年代のフランスの政治状況について語られている。モーゼス・ヘスは、『独仏年誌』の次の号で「貨幣体論」を掲載の予定であったが、廃刊になったため、『ライン年誌』に一八四五年それは掲載されることになった。『スイスの二一ボーゲン』には「社会主義と共産主義」を執筆している。著書に『ヨーロッパ三頭制』（一八四一）、『人類の聖史』（一八三七）などがある。一八六二年に『ローマとエルサレム』を執筆し、シオニズムの先駆者となる。

「パリからの手紙」　モーゼス・ヘス

一八四四年一月二日、パリ。

フランスの政治生活における水銀は、今寒暖計の水銀のように、氷点上にあり、議会が開催中であるため、もちろん秩序の方は保たれている。当地の革命は、夏だけのことだと知られていて、だから法律がつくられるのは冬だけである。数日前、すべては最高の状態にあり、国土は安寧であり、世界の平和は確証されるだろうということを語るかのように、議会が再召集された。不幸なことに、ある下院の古参議員は、過去を思い出しながら、別の状態、別の幸福のあることを夢見て、このように判断された国民の幸福に満足などしたくないと思っていた。しかしこうした幸福の代弁者は、このラフィットの抗議に対して反対したが、よく知られたドイツの弁証法的方法にしたがうと、否定の否定によって結局何も変わらなかった。旧いラフィット[1]の唯一の名誉回復の行為は、田舎の隠居暮らしをしていた栄光あるベランジェ[2]の訪問であった。それは、どうやって腐敗によってひとつの象徴が出現し、そして再び消滅するのかを認識させた、田舎の良心のほんの瞬間の出会いにすぎなかった。ベランジェは七月革命の良識ある天才であり、隠れて公的政治の動きを見守っている。冷静な好意的な薄笑いによって、この年老いた議員はその若い友人の公然たるつぶやきに十分報いたいと望んでいた。

フランスの不幸は、二つの革命的原理、自由と平等を代表する、二つの党の対立、自由党と民主党の対立にある。本来二つの政党の対立は現在では以前より激しくはない。われわれはここで急進派と穏健派との対立などは考えてはいない。われわれが自由派のもとで理解しているのは、たとえ保守的で、平和的、急進的革命的な方法であろうと、政治的自由のための改革を求めている人々のことである。それに対して民主派と名付けているのは、社会的平等だけを、あるいはそれを主として求め、自由派が自由に対しているように、平等に対して関係している人々のことである。それはせいぜい無関心か、時として敵対的ですらある。

最初のフランス革命において、存在していたのは、旧い錆び付いた体制に勝利を確信した進歩主義者だけであった。もちろん急進派と穏健派は区別されていたが、自由派と民主派は今日のような意味をもっていなかった。当時こうした対立は少なくとも人民の意識にもなかった。革命的創造の担い手である人民の熱狂は、こうした対立意識とともに生まれたわけではなく、こうした対立の意識は、たとえば最初のフランス革命が勃発した後、その情熱の火はすぐに消えねばならなかったのだ。自由的要素と民主的要素との間の相違は、社会的に形成されていない生活における自由と平等との対立以上のものではないが、むしろ革命の過程ではじめて発展したものである。共和制、そして執政内閣にいたるまで自由と平等は二つともまだ運動の原理であった。

一七九一年の憲法によって、能動的市民と非能動的市民の間の相違が初期の集会で生まれる。すなわちブルジョワと人民との相違、税金を支払っているものと、初期の集会参加においてまったく政治的権利を許されていない本来のプロレタリアとの間の相違である。選挙に関して、選挙演説会に入場できる条件がより大きな所有であるという点で、確かに憲法は人民代表制へと進む。しかし、それゆえ人々が国民議会を平等原理に敵対するものだと解したとすれば、それはまったくの間違いになろう。この栄光ある議会の功績はあらゆる封建的権利の廃絶であり、一七九三年の憲法は一七九一年の憲法の完成であった。人権宣言はあらゆる特権者に対する燃えるような抗議であり、自由と平等の明確な声明であった。しかしながら人権を表明した同じ議会が、後で再びいくつかの特権を認めたのだが、それは一七九三年の憲法が訂正しうると考えていた素朴な間違いであった。――議会は自らのやり方で、もっとも高い政治的権利のために、あらゆる財産相続さえ廃棄することによってそれを訂正したが、それは必然的にテロリズムに向かった。テロリズムは、社会的利己心の状態における平等の専制主義である。わが反社会的状態の中では、平等はあらゆる個人的自由、あらゆる個人的生活の否定という形態でのみ、抽象的、超越的統一、外的、絶対主義的権威の支配という形態、ようするに専制という形態でのみ出現する。こうして一七九三年の憲法は、ロベスピエールの独裁と最高存在（être-suprême）の復活を結果としてもたらした。今日の民主派はこうした必然性を十分意識している。しかし国民公会はその素朴さの中で、テロリズムをたんなる過渡的で、暫定的な処置だと考えた。国民公会は、今日のわが民主派のようにけっして原理的には自由を否定しなかったが、実際には自由を否定したのである。ルドリュ＝ロランは最近『ラ・レフォルム』への回答の中で教育の自由について、平等のために自由を犠牲にしたいと望む今日の民主派は、国民公会の原理に基づいているのだということを、明確に証明した。――平等の原理と自由の原理との間の対立はまず一七九五年の憲法においてはじめて出現した。能動的な市民と非能動的な市民との相違、さまざまな選挙資格の形態がここで再び出現し、しかも今日ではもはや国民公会の公平なやりかたではなく、テロリズムに対する反動として出現しているのである。――執政内閣において、一面的な平等原理に対する一面的自由原理が支配したように、後のボナパルト帝国においては、テロリズム的平等原理がまず意識的に自由原理に対して支配したのである。ロベスピエールの最高存在は、彼の後にはじめて出現したのである。それはナポレオンであった。ロベスピエールが最高存在（être-suprême）を知っていたとしても、彼はそれを表明もしなかったし、むしろそうした存在をギロチンにかけたはずである。――ナポレオンの崩壊以後、フランス国民は二つの革命原理をともに導入するという、より多くの不幸な試みを行った。復古時代はしかし、自由も平等も無関係であった。それは形としてだけ、この二つの大原理を実現したにすぎず、偽善的マスクが投げ捨てられたとき、崩壊した。七月革命はそのとき二つの原理の調停を行ったといえる。その代わり、七月革命の実現は、社会生活をしっかりと形成することがなければ不可能であることを証明した。七月革命の体制のもとで、二つの革命原理の対立がまず人民の意識に登場し、それ以来、自由党と民主党の外観を完全に区別できるようになったのである。

一月四日、パリ。

二つの革命的原理を一面的に代表する二つの党は今日までお互いに敵を一時的にしか打ち負かすことができなかった。一方が勝利した瞬間、他方は再び力をもたげた。なぜなら、すべての国民から疎遠になるには、一面性のみを示す必要があったからである。現在二つの原理は生と死の闘争の真最中である。すべてが囚われている旧い、非有機的な世界観の中で、すでに述べたように、一方のみが自動的な生命原理を表現する、自由と平等という二つの原理は、必然的に相互に否定しあう。なぜなら、非有機的社会生活においては、自由は一方による他方からの独立、すなわち非拘束的存在でしかないからである。しかし、それを構成するものが相互に影響しあうとき、有機的、すなわち間接的なものとなり、非有機的組織の自由は統一、平等、あらゆる個人の生命表現の均衡と敵対する。一方、平等は非有機的な視点から見れば、どんな自由とも矛盾する。なぜなら、平等はここではあらゆる個性の、個人の自由なそれぞれの発展の廃棄にすぎないからである。平等は、従来専制的な暴力がなければ、また個人のあらゆる自由な発展、あらゆる精神的、物的な自由を殺傷する暴力がなければ、けっして導入されえなかったのである。しかし自由はたえず私的利益の上で、エゴイズムの上で、腐敗の上で成り立たねばならなかったのである。一方の国民公会と帝国、他方の立憲君主制と執政政府が、この必然性を実際に証明している。そして今日、理論的にどちらかを貫徹しようとしても無駄である。現実的には実行できないのである。

しかし、人民の意識の中でブルジョワ階級（bourgeoisie）と人民（peuple）との対立が進み、それが一般に容認されて以来、もはやその結果としてのブルジョワ体制、すなわち自由原理の一面的支配はもはや隠されてはいないし、民主的方向もたえず大衆をとらえている。平等の原理が自由の原理と、同様に自由の原理が平等の原理と、やがて対立することが、誰にでも知られ始めると、ブルジョワ体制に対する憎悪によって、自由主義に対する反動が高まった。

しかしながらあらゆる調子で統一を賛美する民主党は、少なからず統一している。この党は、第一に私的所有を廃棄したいと考える、純粋の民主派、すなわち社会主義者と、所有を維持して労働を組織しようと望む民主派に分かれる。

ひとつの民主派である共産主義者は、数の大小にかかわらず支持者をもつさまざまなシステムは別として、さらに宗教派と唯物論派、平和派と革命派に分かれる。――そして反共産主義的民主派！　なんとわずかな少数意見だが！　パリや地方のいたるところで、民主的なジャーナリズムも、今現在ひろがっている。しかし、新聞は、純粋な民主的あるいは共産主義的方向にはない。それはまず新聞の土台をつくる経済的手段、必要な支援が欠けているからである。民主的ジャーナリズムは、自らの原理の作成、独自の内容の作成に一生懸命従事している。最終的に彼らはその原理を議会的な方法ではなく、文献的プロパガンダそして秘密クラブをつうじて拡大しようとしている。ついでにいえば、それは彼らの負担にはなっていない、負担になるとすれば九月法である。一方、共産主義は、システム、書物、冊子、定期刊行物によってフランス中に氾濫している。もうひとつの民主派と連係して、共産主義は、すでに揺れている社会秩序むしろ無秩序、公法や私法を破壊している。しかし、純粋民主派は、個人的自由という視点からはっきりと彼らに対する非難を無力にしようとしているが、自由を平等の中で理論的に基礎付け、それがなければ有機的な社会など考えられない有機的生命観を得るところにまでいたっていない。彼らに対して自由派が一面的に独自の原理を主張するのはけだし当然である。

純粋の民主派は二つ、あるいは三つのグループ、宗教的、唯物論的、そしてそのどちらともいえないグループに分かれる。後ろのグループはその人民大衆の基本原理をつくる手段として宗教を利用する。なぜなら宗教以上にいい手段を知らないからである。彼らを宗教的民主主義者のひとつに数えるとすれば、共産主義者の大部分は宗教的に染まっていることになる。一方、宗教をまじめに考えるグループでさえ、現実の宗教、たとえば、とりわけフランスの大司教の努力にもかかわらず人気があるとはいえないカトリックの信徒というわけではない。信仰者、宗教的民主主義者は、まさに理性主義者にすぎず、しかも古典的種類の理性主義者である。彼らは、神のように幸福なマクシミリアン・ロベスピエールの「精神と真実の中にある」「最高の本質」を敬い、聖書ではなく、カントの「純粋理性の限界内の宗教」に基づいて誓い合う。その教義は「サヴォワの副司教の信仰告白」を超えることはない。彼らは偉大な塗油をもつ世界の救世主の名前も語るが、キリストは彼らにとってそのほかの「勇敢なる人物」といった権威にすぎない。敬虔な民主主義者ペクールの最近出版された作品『神の共和国、宗教的連合』[3]は、とりわけ「イエス・キリストと孔子の道徳の一般的実践がかならず人間を救うだろうという信仰をもつもの！」に捧げられている。――民主主義者は人間をまとめ、私的利益のエゴイズムを超える同盟を必要としている。さらにいえば、彼らは個人的意志に限界を置く、ある権威を必要としているのである。もちろんエゴイズムの唯一で、自然な対抗物は愛であり、それは理性の恣意的対抗物でもある。こうした民主主義者の愛と理性だけは、まだ十分強化されておらず、その対立物になおとらわれ、自らを信頼するにいたっていない。それに対して、彼らは神の助けによってエゴイズムと個人的恣意を乗り越えようと期待している――しかし、宗教的であるばかりか、唯物論的でもある民主主義者はエゴイズムと恣意に対して外的な超人的な権威を要求する。なぜならその唯物論は有機的ではなく、原子的であるからである。人間生活において不足している統一を作り出すために、彼らは、人間の全生活を包み、その実践的遂行を委ねる原理の不足の中で、またすべてが欠陥をもつ教義的システムの中で、一般的な形で、個人的、民族的、風土的、地域的性格にしたがって方向付けるもの、したがって自由を委ねるものを、示そうと計画するのである。これまでのすべての民主主義者は、彼らが有機的人間生活の実践的統一ではなく、平等に敵対的であり、自由も押し殺してしまう超越的統一を望む点で同じである。ドイツ人の観念論と同じく、フランス人は社会主義において独自の実証的なものをもたらさなかった。社会主義の本質は有機的、人間的平等であり、それは観念論の本質が生き生きとした、人間的自由であるのと同じである。ドイツの哲学者が、まったく新しい、すなわちフォイエルバッハの哲学を例外として、その真理を人間の中ではなく、その超越的本質、「神」、「絶対精神」、あるいは生活からかけ離れた、切れた「論理」の中に見つけたように、フランス人は自らの心理を社会の中ではなく、その超越的本質、社会主義的体制なるものの中に発見しているのである。二つの人民がそのテーマにおいてどれほどの変化で奏でようとも、不調和的、神学的基本トーンは依然として残っているのである。唯物論的、宗教的民主主義者にとって社会生活は今なお一面的である。あるものは、社会生活を神に置き、あるものは、見つけられた実体の礎石である個人に置き、共産主義的立法家あるいは専制者に置く。要するに、外からの絆、超越的統一、権威であり、それは人間でも、人間的生活でもない。

一月五日、パリ。

そのほかの点ではすべて対立するすべての民主主義者も、はっきりとつかめる権威を願望する点では同じである。すべてに欠けているのが、心にある自己確信と人間的な自己への信頼である。すべて、例外なくすべてを特徴付けているのが、政治的、宗教的権威に対する敬虔的で、やさしい、女性的で、非男性的な、無原則な探究である。あらゆる民主主義者のうちで、もっとも絶対的に学問の自由を賞賛しようとするラマルチーヌでさえ、近い将来、あるいは遠い将来、その実現が期待される、観念としての神権政治（！）を同時に求めているのである。こうした精神状況に際して、ジェズイット的防護への評価の存在を不思議に思うことはできるだろうか？　――ひとは「あらゆる社会的絆の解体」の前で恐れ、同時に個人的自由が出現する「アナーキー」に対してわめきちらすのである。誰かが聖職者が見かけだけで許している学問の自由をまじめに要求するふりをするとすれば、諸君は民主的新聞が震えながらこう述べるのを聞くことになろう。「若者は数千の異なる教義、したがって懐疑主義にさらされるべきである！」と。この「懐疑主義」という言葉は、フランスの若い世代の嫌われもの（bête noir）であり、すべての人の上にのしかかる悪夢である。懐疑主義は、あるものを旧い宗教へ戻し、あるものを新しい宗教に誘う。懐疑主義はジェズイット誕生の場所であり、近代的世界の救世主誕生の場所である。懐疑主義は共和主義者たちを大皇帝の傷病兵にし、民主主義者をイエス・キリストの使徒にする。懐疑主義は人民の貧困を道徳的な自己卑下にし、富の所有者、権力の所持者は、民主主義者に対して堕罪の罪をあえて着せるかもしれない！その先行者の思想からほとんど逃げるように手を切った権威という信仰によって、今のフランス人は、その旧い自由を殺す要求を重要なものとしていて、ヴォルテールとルソーの子孫は、『哲学辞典』と『社会契約論』における欠落を福音書の文章で補おうと試みているのである。

確かにわれわれの体験では、民主派の人々は、その先行者たちに対して、一七八九年のどんな見解も認める「度を越した」、「アナーキーな」出版の自由を非難してきた。出版の自由が政府によって今日以上に強く抑圧され、無力になるとき、こうした知性から期待できるものは何なのか？　――ついでにいえば、すべては自己への信頼の不足ということである。共産主義者のカベーは、彼の『ル・ポピュレール』とならぶ共産主義組織など認めようとはしない。ルイ・ブランは出版の自由に対する自らの不快感を隠してはいない。『ル・ナショナル』の共和主義者、そして『ラ・レフォルム』の社会主義者は学問の自由に対して反対している。最良の人でさえ、「意見がアナーキーであること」を恐れているのである。それに対して、彼らは権威への信仰によってしか克服できないと考えているのだ。そしてジェズイット以上の何ものでもないという姿が、解決済みの謎でないとすれば、学問の自由という旗はうわべだけのものにすぎないということを彼らが前もって知らなかったということであり、こうした自由を真剣に考えているラマルチーヌとルドリュ＝ロランの喜劇的な立場こそ、自らの「自由思想」を十分に特徴づけているといえる。文書に見られるように、「フランス人の多く」、そして彼らが主張するように、すべての家長（pères de famille）たちに心身ともに従属しているこれらの宗教の先駆者たちは、学問の自由の現実の前で政府以上にますます驚いているのである。彼らが、ラマルチーヌ的、ルドリュ＝ロラン的提案に関して自らの困惑をいやいやながら隠しているかを見ろ！　そして彼らはこの瞬間にも心配する必要はないのである。実際、危険は彼らにとって大きなものではなく、彼らは対立派議員との闘争を、自らの特権を防御する民主主義新聞、大臣の『ル・グローブ』に信頼をもって委ねることができるのである。――しかし、国家が実にカトリック教会への豊かな寄付をやめ、教会の自由に任せるとき、彼らはまず何というのであろう？

エゴイズムの状態にある自由から生まれた弊害、別の言葉でいえば恣意から生まれた弊害によってフランスは自由に疑いをもっている。ずっと以前に克服された隷属状態を得るために競争と労働の間違った自由に反対するという、社会関係から生まれた反動によって、以前克服された信仰の自由を獲得するため現実の人間の自由にまでいたっていない個人の思想的自由に対して反対し、すでに獲得されたものを再び失うおそれがもたらされている。隷属に対する勝利を結果として得ることもなく、要塞の中に自らを投げ入れ、洗練された専制的市民を復活させはじめている。――こうした意味で、フランス的精神にはドイツ的精神の補完が必要であることがわかる。ドイツ精神は、三〇〇年の闘争の後、権威的信仰と宗教的ファンタジーの全体系を永遠に乗り越えたのである。

一月六日、パリ。

社会主義と共産主義のフランスの日刊紙への影響は、毎月増大している。旧い党は時代の流れを追い、にっちもさっちも行かないようになるために、それに順応しなければならない。今全新聞を二つのグループに分けることができる。それは旧いものと新しいもの、あるいは自由な新聞と民主的な新聞である。この半ば政治的、半ば社会主義的な新聞、これらはちょっと前まで非常に地味であり、中傷と罵倒に対して戦わねばならなかったのだが、今ではいかに生き生きしていることか、そして評価されていることか！

新しい、政治＝社会的方向をあわせもつ、二つの新しい党のうち、ひとつはすなわち保守的党で、『ラ・プレス』と『ラ・デモクラシー・パシフィック』、もうひとつは改革的あるいは急進的党であり、『ラ・ビアン・ピュブリック』と『ラ・レフォルム』に代表される。『ラ・レフォルム』と『ラ・デモクラシー・パシフィック』は進んだものであり、前者は急進的、改革的なもので、後者は保守的、平和的、民主的なものであり、これらの『ル・ビアン・ピュブリック』と『ラ・プレス』との関係を一般的に特徴付けるには、こういえる。すなわち前者は、後者が背後に隠し外交的にのみ語っているものを公に議論していると。保守的民主派の綱領は、改革的民主派の綱領のように本来その新聞『改革』と『平和的民主主義』というタイトルの意味にすでにある。後者は平和を望み、前者はとにかく改革をのぞむということである。どんな政府も、どんな王朝も、どんな宗教も、どんな政治も「平和的」であることに無関心である。なぜなら、それらは自らの知性に、自らの歴史性に、自らの賢明さに、自らの抜け目なさに、全幅の信頼を置いているからである。それを通じて彼らはすべてを最後には元通りにすることができると考えるのである。彼らはルイ・フィリップと正統派、ギゾーとラマルチーヌ、宗教と哲学に色目を使い、ひそかに陰でほくそえむからである。なぜなら彼らは確かに実際の力を獲得したのだから！　しかし、その知性は機械的で、表面的なものであり、衒学的な図式主義である。彼らはすべてを計算と活字で正当化する。彼らは、才能と労働、有機的、もっとも内奥の、もっとも自由な、もっとも人間的な行為を、パーセントと端数で、もっとも外的で、死せる、非有機的資本のように計算するのである。資本が多ければ多いほど、労働と才能は彼らの社会計算の上では多くのパーセントをもつことになるのだ！

それに対して改革派についていえば、すべては暖かい、熱のある生命力である。そこでは、世界を破壊する、世界を創造する、自然の中の自然 natura naturans という永遠の火、火山が煮えたぎっている。あちらではすべてが水であるが、こちらではすべてが血であり、あちらではすべてが非有機的であるが、こちらではすべてが有機的である。彼らはその灼熱を今日まで明るくするのみならず、暖めていることも確かである。しかし、その生命とその血管の中で脈打ち、その眼はいつか世界を明るくするという光の前で輝いている。――彼らはその暗やみの中で、自らの本質を冷静に知るというだけでなく、それを信仰していることも確かである。しかし、民族の天性は、たとえまだ隠れているとしても、彼らの中に生きている。彼らは自らが愛し、憎しみ、認識し、非難するものすべてを大真面目に考えている。ここには計算はなく、あるのはすべての知識にとってそれ自体の芽となる人間であり、一方では正しく計算することを望むが、こちらでは間違うことのほうを望む。――改革派はしばしば保守派の『ラ・デモクラシー・パシフィック』からは、彼らこそ非現実的であるといわれているにちがいない。われわれは、歴史の生き生きとした流れに従事している改革派が、人民の外にいる他のどのグループよりも実践的な要素の中で動き、しかも運命を導き、宿命を改善する意図をもっていると考えている。

さしあたって、「平和的民主主義者」の大きな貢献は、社会主義的要素を生活の場、出版、公的な意識へ導入したことである。その永遠の平和説法は、その教義の視点からもわかるように、その知性によってまさに九月法の監視者たちを納得させた。もしそうでなかったら、それは大逆罪に値する、終わりのない告発の裁判に導くようなことを語ることになったのである。彼らはこうした手を使って、こせこせしたやからと代議士に対して、恐れることなく社会問題の議論に耳を傾けることを習慣づけたのである。彼らは、こうした人々が慈悲深く笑みを浮かべるほどまでに、長い時間をかけて政府によいしょしたのである。やがて、彼らはますます自身たっぷりになり、最後には、そのキッド革の手袋を脱ぎ捨て反逆だと叫ぶ『ル・グローブ』の顔をあえて殴ることになったのである。——われわれは平和的民主主義者が数年来とってきた戦術については、以前の柔和なファランステール的戦術よりも信用はしていない。しかし、彼らが民主主義を、デュポティーの判決以来閉じられていたジャーナリスティックな道に再び導いたことはまちがいない。もうひとつの、ドグマや、永遠の知性などを問題にしないで、人民の中の平和的で、純粋な人々としてふるまう民主派は、一方で名誉毀損者でもある誠実なフランス革命の徒でもあるが、とりわけ『ラ・デモクラシー・パシフィック』をつうじて準備されたよき立場を、今後利用することになろう。

訳注

▼1　ジャック・ラフィット（一八六七－一八四四）銀行家で一八三〇年七月革命後のルイ・フィリップ下で首相。

▼2　ピエール＝ジャン・ベランジェ（一七八〇－一八五七）。フランスの吟遊詩人。

▼3　コンスタン・ペクール（一八〇一－八七）が一八四四年に出版した *De la république de dieu* のこと。

■「パリのヘーゲル学派」『ラ・ルヴュー・アンデパンダント』Revue Indépendante, 25, Fev. 1844 から

ピエール・ルルーやジュルジュ・サンドが編集する『ラ・ルヴュー・アンデパンダント』（『独立評論』）（一八四一－四八）に掲載された書評。このほかにもルイ・ブランによる『独仏年誌』の無神論に対する批判が掲載されている。執筆者はパスカル・デュプラ（一八一五－八五）であるが、実際には彼はルーゲの序文しか読んでいない。エティエンヌ・カベー（一七八八－五六）の編集する『ル・ポピュレール』でも書評が出る予定であったが、出ていない。デュプラの論調から見る限り、独仏協力には大きな隔たりがあったことがわかる

「パリのヘーゲル学派——アーノルト・ルーゲとカール・マルクスの編集による『独仏年誌』」

パスカル・デュプラ

本誌最新号にはルイ・ブラン氏による、フランスとドイツとの関係と、この両国の知的連合に関する長大な論文があった。★1 この論文の中で、ルーゲ氏と彼が、わが二つの偉大なる民族の実りある、有益なこの同盟を新しい大地で始めるべくパリで創刊するはずの出版が話題になっていた。このヘーゲル主義者は友人のマルクス氏と一緒に『独仏年誌』を出版することで、その計画を今遂行する。

マルクス氏とルーゲ氏の名前は、ここ数年のドイツ出版界の歴史の中でも輝かしいものに属している。マルクス氏は『ライン新聞』を、大胆にときに完璧に編集した人物である。ルーゲ氏は、本誌で何回か引用された、ドイツに関する哲学議論に新たな世界を開く貢献をした『ハレ年誌』と『ドイツ年誌』の主幹であった。

この二つの雑誌の精神は、この『独仏年誌』で問題となっている論文の中に生きているに違いない。だからこの雑誌の内容を理解するには、前の二つの雑誌にさかのぼることが重要である。この仕事は簡単ではない。それは、ドイツにおける政治・文学の歴史の真っ只中に入ることになるからだ。

『ハレ年誌』は一八三八年に創刊された。この雑誌の思想は、その名前を冠しているハレ大学と結びついていた。しかし雑誌はライプチヒで印刷された。雑誌の目的は、ヘーゲルの学説を流布することであり、それによってできるかぎりその成果を現在の学問的問題に応用することにあった。『年誌』の発行はやがてプロイセン政府の注目するところとなった。新しい支配体制は、この雑誌にとって不吉なものたらざるをえなかった。フリードリヒ四世はやがて表明される復古的思想の王冠をかざしていた。中世こそ彼の思想であった。『年誌』は、それとあまりにもかけ離れていたので災難が降りかかる。一八四一年中ごろ、その雑誌は禁止された。プロイセン国王はまだ人民の支持をかなり得ていた。フィヒテの声やヘーゲルの声がかわるがわる聞かれた国では、こうした政治的処置によって、忌まわしいものを隠す必要があった。だから、それがプロイセンの都市の名ハレの名をもっており、ザクセンのライプチヒで印刷されていたという理由で、『年誌』の禁止が宣言された。おわかりのように、これはプロイセンの主権問題であり、こうした問題が困難であるからといって、プロイセンの国王の鷲を非難することはできないのだ。

こうして国境までつれて来られた『ハレ年誌』は移民せざるをえなくなったのである。雑誌はライプチヒで印刷され、名称は『ドイツ年誌』となる。ヘーゲル哲学はこの移民の中で、当然ながら恨みと怒りをわずかながら集めた。ドイツの空に漂っていたこの思想、この静かな思想は、わがフランスでのこうした怒りの感情のように、動揺し、震えた。『年誌』の存在は生き生きとしたものであった。ルーゲ氏の論文、ブルーノ・バウアー氏とフォイエルバッハ氏の論文は一度ならず検閲を受けた。★2 結局一八四三年遅くとも一月『ドイツ年誌』の出版は停止せざるをえなくなった。ザクセンの大臣令によって雑誌は禁止されたのである。

ドイツでいわれているように、この衝撃はプロイセンからのものであったようだ。そう考えることは可能だ。『ドイツ年誌』は、とりわけフリードリヒ四世の君主制を徹底的に攻撃していた。発禁令がどんなものであったにせよ、それは沈黙で見過ごせないある種の動機に基づいていた。『ドイツ年誌』に対する非難は、『年誌』の解決法が法的秩序と妥協しがたい、現実的問題に接近するある種の学問領域を乗り越えた点にあった。『年誌』は、立憲君主制の制度を拒否したからといって、またフランスにあまりにも同感しすぎたからといって、彼らが非難している現実の政府ではなく、人民の真っ只中で動いている革命的感情に同感しすぎたからといって非難された。それから『年誌』の反キリスト教的傾向に対する不満も出ていた[★3]。ここでそうした議論をひとつひとつあげつらっていては、先が長くなってしまうだろう。ドイツで『ハレ年誌』と『ドイツ年誌』の役割が何であったのかを理解するために、これだけで言及をやめることにしよう。

『ライン新聞』もほぼ同じ運命をもっていた。『ライン新聞』も同じ行程をたどった。当然ながら、この新聞でもその内容の大勢は哲学と学問に少なからず関係するものであった。この新聞はとりわけ政治に注目していた。この関係で、この新聞は『年誌』に手を貸した。両『年誌』と同じく、『ライン新聞』は自らの方法で革命の旗を振ったのだが、そこでの旗はそのほかのものよりもより力強いものであった。なぜなら、ベッカー氏[▼1]がそれについてどう述べようと、まさにこの旗は、最悪の詩人が巧みにたぐるゲルマニアに対する素朴な愛に対してあまり歓迎していないライン地方で振られたからである。やがて『ライン新聞』はあまりにもフランス贔屓だからといって、またライン地方をフランスの影響下に置こうとしたからといって非難される。警告が与えられた。結局、一八四三年年四月、『年誌』同様禁止された。『ライン新聞』は一年しか続かなかったが、この短い存在の中でプロイセン政府に対して、根本的革命思想をエネルギッシュに示し、守るという役割を担ったのである。

『ライン新聞』と『ドイツ年誌』の原則は、すでに述べたように『独仏年誌』の中で再現されるだろう。マルクスとルーゲに有名な協力者が加わった。『生けるものの詩』の作者ヘルヴェーク氏[▼2]、非常に力づよい独創性をもった詩人ハイネ氏をあげるだけで十分であろう。ハイネ氏はバイエルン、プロイセン、ハノーファーの国王に対して、『アッタ・トロル』[▼3]の中に満ち溢れる彼の才能を捧げている。

さらに、この出版の性格についてもっとよく知るために、ルーゲ氏執筆による出版計画のいくつかを引用しよう。

このドイツの作家はこう述べる。「『独仏年誌』では重要な人物、制度、あらゆる現代の問題、公法、私法、社会経済、風習、文明に関する論文を掲載する。この論文の中で排除されるのは、天上で迷う中世のこうした宗教政策であり、それに代わって人間に関する実証科学を掲載する。現在の問題の中で考察された、新聞や雑誌のシリーズのレビューも掲載するだろう。そこに旧いドイツ文学の批判も加え、それによって毎日堕落していくこの旧いゲルマン精神の検証を行い、あらたに創られている、近代を含む、二つの民族の書物の批判も掲載する」。

この言葉の後で、ルーゲ氏はもはやまったく遠いものになってしまった『ドイツ年誌』の思い出を読者に語りながら、こう続ける。

「われわれの仕事は数ヶ月間中断させられていたが、新しい基礎の上でそれを再開する」。

「昨年、ドイツ政府が、昔の哲学の自由を圧殺し、近代思想を喧伝する著述を禁止したとき、この政府は人民の代表に支えられていた。群集の中にはいたるところ無関心しかなかった。ドイツでは哲学がまだ民族のものとなっていないことがこの事実によって十分証明された。哲学は民族のものとなろう。大衆の無関心、上層階級の中であまり教育を受けていない人々の抵抗も終焉を迎えるだろう。理性の勝利に対する大衆権力の抵抗は崩壊するだろう。人民が自由なのは、哲学をその発展原理にしたときであり、人民を知的水準に引き上げるのが哲学の義務である」。

「ドイツにおいては科学など生活と何の関係ももたない、とにかく科学の崇高さなど大衆と無関係であると主張する間違った、嘘の見解が支配している。非常に調整された社会の中では、科学はすべての人民のものとなり、意識と生活という二重の領域にある。しかしドイツでは、世界を変化させようとするすべての現実的思想、すべての言葉が、聖なるもの、人民の上に置かれたものに対する暗殺とみなされるのだ。ドイツでは、科学も君主制も神聖なものでありうるが、そこには自由も、人間的なものもない。人間の権利を叫ぶことは、あるもの、べつものに対する裏切りである。こうした裏切りを今取り除く必要がある」。

「すでにわれわれはそれを行わなかっただろうか。最近の事実は哲学、ドイツではいまだかつてなかった政治的意味を与えた。それらは同時に不幸なことに科学と芸術のオリンピアの神々が離れて暮らしている文学の世界に対する信仰を動揺させた。それらは地平線を越える孤独な知のこうした遠い雷鳴よりも、死せる文学の凍りつくような年誌の方に興味をもつ。人を動かすもの、それは頭の上に轟く現実の爆発であり、それはわれわれを取り囲む環境から動かされる平穏な運動であり、内部まで到達する要素をもつ闘争である。一言でいえば、自ら苦しむ、動くこの人間世界すべての命である」。

「この力強い利益のために働くこと、こうしたものが現在の能力あるすべての人間の役割でなければならない」。

ルーゲ氏はこうした視点を展開する。こうして民族に関心を示す実践的問題に到達する。彼はドイツの社会契約について語る。彼はこの大きな問題をこう問いかける。ドイツは今日何であるのか。どうあらねばならないのか。彼はまた人民にドイツの政治のテーマを示唆する。フランス人の栄光によってわれわれは眠ることができないのだ、と彼は同国民に語る。このように彼はフランスを評価し、フランスは、その革命的発意とその社会的傾向によってドイツのモデルとして役立つよう呼びかけられる。

「学問によって世界を明るくし、学問と政治を結びつけること、それはフランスと連合することである。フランスそして政治と敵対することは、同様に自由と敵対することは、その点ですべてのヨーロッパにおいて同じことである。フランスはヨーロッパにおいて人間の純粋で不変の原理のみを代表している。フランスは人権を宣言し、獲得した。フランスはある日、この貴重な獲得物を失ったが、やがてそれを再度獲得し、世界の中に革命が投じた偉大なる社会的原理の実現のために今も闘っている。この民族は世界市民的使命を担っている。その努力の成果は人類のものである。こうした国家に対する民族的憎悪は政治的自由に対する嫌悪に等しい。フランスを評価することで人間の知性と独立をドイツで図ることができる。あるドイツ人の精神は非常に困難で、その性格は従属的で、フランスに対して不正確な判断をしているとしよう。彼は自らのために、ヨーロッパのために世界が享受する自由をもたらした民族の偉大なる精神の中に不道徳しか見ないだろう。フランスを理解するすべてのドイツ人は、その点において聡明で、自由な人間であるということである」。

ごらんのように、わが国とドイツの一般的精神とのあいだには大きな距離がある。しかし、そうした距離があるとしても、それぞれのつながりが存在する。それを把握し、現実的な同盟を準備することが重要である。ルーゲ氏の話を聞こう。

「真の接触点、フランス精神とゲルマン精神の連合原理、それは人間のドグマである[★4]。二つの人民が接近し、こうした共通の信頼の中で結ばれるためには、それぞれの側の民族的憎悪がなくなり、それぞれの社会がそのすべての要素において相互に浸透しあい、理解しあうことである。とりわけ知的解放が問題である。フランス人はこの点でいまだわれわれより進んでいる。われわれを憎む多くの理由をもっていた時代にも、フランス人は寛大であった。彼らはわれわれから学び、われわれを評価し、われわれの形而上学の概念をその価値以上に評価し、ここ最近のわが思想の社会的傾向についてたとえ彼らがまだ知らないとしても、少なくとも近いうちに、ある共通の中心で結ばれることは確かだろう。われわれが自由に関しては遅れていることはありうるが、学問に関して遅れているはずはない。レッシングがフランス精神のくびきからドイツを解放しなければならない時代もありえた。しかし今日、われわれの多くの偏見を解くためには、エレガントで光り輝く生活の中で、われわれが学ぶ必要があるのはフランス精神である。それは、非常に嫉妬深い民族的感情という専制的で盲目的な要求に対する避難所となりうるし、同時にわれわれに欠如しているこうした公的生活の獲得を掻き立てることできる。二つの人民の非常に現実的な連合は、だから二つの文明の融合の中にあり、この連合は自由自身の勝利ということである」。

このヘーゲルの弟子の言及は、こうした一般的思想にとどまらない。彼は、ドイツの生活が、過去すなわちほこりのつもった旧い本の中に閉じこもっていて、こうした学問的没頭の中で、世界の未来にとって大きな重石である現代の問題を十分考えていないことを示そうともする。一方、活動において生き生きとし、力強いフランスも、非常にしばしば哲学的原理を忘れていて、そのことがフランスを感情的な興奮へと後戻りせざるをえなくしている。ドイツはフランスに哲学の原理、すなわち多少とも発展したヘーゲルの論理学を貸すことになるだろう。一方フランスはドイツに革命の本能と実践的衝撃を貸すことになるだろう。

ルーゲ氏はこう書く。「われわれを解放しなければならない、真の公共性がどこにあるのか探してみよう。ドイツ民族には、出版のためにすべてを動かそうとする、こうした悲惨な叫びをあげる良識もないがゆえに、われわれは昔のフランス人が行っていたように外国で書き、出版するのだ」。

「われわれドイツ人にとっての問題は、目の前に真の出版の自由を持ち、自らを指導し、支配する自由な思想、すなわち自らの本質と永遠の理性の法則以外にブレーキをもたない自由、憎しみも怒りもない、奴隷の慄きとはまったく無縁の自由を、獲得することである。そのためには世界を引き裂き、世界の頬をたたく必要もない。世界を獲得し、それを最高の世界に導くために働くことである。自由は美しさの中で調整され、その尺度と限界は真理の中で制限される」。

ドイツで彼らを迫害してきた人々にこう主張しながら、ヘーゲルの弟子は雄弁に続ける。「閣下、われわれが探している自由はそこ、そこにあるのだ。諸君は非常に長いことわれわれをつけまわし、諸君たちは非常に長いことわれわれを足元にひれ伏せさせてきた。同情もなく、われわれの仕事を否定してきた。諸君たちの無知と興奮した無作法さによって、われわれの怒りは、憤怒までに至った。諸君たちはわれわれが正当なる怒りの叫びをあげるまで捻じ曲げた後で、恥ずかしげもなく、諸君の出版検閲官が改竄した作品を指で示し、注意を促したのだ。それは闘いではなく、自由を奪われた囚われ人を殴ることであり、人間の権利と尊厳を大胆にも、弄ぶことであったのだ。われわれと諸君との間にある遊戯の中断。われわれは諸君たちにとって恐怖の対象なのだろうか。実際諸君たちはわれわれを恐れている。しかし、諸君たちは、われわれに与えた温情という配慮をこのように示してくれた後、われわれの何を恐れるというのだろうか。つまり、空気と太陽が今日では共有されているということだ。闘おう。われわれがあるがままにあるなら、われわれが変装によって諸君の検閲を満足させないとすれば、われわれには不利な情況の中で死ぬ恐れなど必要ないはずである」。

「出版の自由を見つけ、すぐにそれを実現することがわれわれには可能であり、検閲の目の下ではもはや何も書くことができないのだ。それは突然の、前代未聞の変化なのだ。屈辱的情況を栄えある情況に、完全な弾圧を完全な自由に突然移すことなのだ。これ以上に自然なことがあろうか。われわれが暮らしてきた旧い社会は、もうわれわれを支えてくれなくなった。なぜなら、われわれの頭の方がその限界を突破してしまったからだ。われわれは、明るい世界で盲目的になることなく、自由な世界で気分良く呼吸をするべく、ドイツの暗い母国で十分な力を獲得したのだということを証明する」。

ドイツ文学に親しんできたフランスの読者は、ドイツの作家の中には必ずしも多くの熱情と運動が見られないことを難なく認めるであろう。つまり、ヘーゲル主義の出版者にこうした熱情的で堅固な態度を与えたのが、フランスとの接触だというのであろうか。いいやそうではない。『ハレ年誌』を読めば、それはすぐに確信できることだ。言葉と出版のこうした熱情は、ルーゲ氏が友人の一人から借りている次の文章の中でさらにはっきりとしている。

「ごらんなさい。旧いドイツのすべての窓は屋根まで閉じている。哲学者の屋根裏でさえ、革命の太陽が人々の心を楽しませ、その知性を活気づかせることもなく一日を終えるべく、閉ざされているのだ。だから仕事を進めよう。暗い建物にかかる屋根をこじ開け、暗い奥まで光を入れよう」。

これ以上引用する余裕はない。この断片だけで、『独仏年誌』の思想が何であるかが十分理解できないといえようか。すでに見たように編集の目的は、ある種ライン河に橋をかけることであり、二つの国の連合の仕事をすることである。こうした偉大な契約を助けるのはヘーゲルであろう。われわれにはここでヘーゲル哲学は人間精神のすべての欲求を満たすのかどうか、革命精神と原理との間の真の論理的つながりが存在するのかどうかについて検証することなど必要はない。★5

たとえそれがどんなものであろうとも、この寛大な傾向に賞賛を送らざるをえないであろう。亡命は思想に与えられる迫害の結果であるとすれば、それはいつも栄えあるものである。それに学問的に地味な配慮をまぜ合わせることでさらに亡命は気高いものになる。こうした配慮は、すべてにとって実りであり、寛大な歓迎の最高の賞でもありうるのだ。だから、わがピエール・ベイル▼4そして彼同様迫害されたその同時代の幾人かは、かつてオランダにその恩義を受けているのである。

原注

★1　一八四三年一一月一〇日号を参照。

★2　*Anekdota zur neuesten deutschen Philosophie und Publistik*, Zürich, 1843.

★3　*Beschwerde über die Unterdrückung der Zeitschrift: Jahrbucher für Wissenschaft und Kunst*, von A. Ruge.

★4　ドイツ語のテキストではHumanismusとなっている。言葉よりも思想の内容の方を翻訳しよう。ここで問題になっている人間は、それ自身出発点である。学問も手段と目的であり、そこから個々の要素、内的なエネルギーを発展させることで満足しなければならない。こうした概念はヘーゲル学派に特有のものではない、それはフランスの一八世紀にもあり、もっと後に別の形式でカント、フィヒテ、ヘーゲルによって再生産された他の多くの思想と同じものである。

★5　クラウスの作品の中にヘーゲルに対する根本的批判があるが、ヘーゲル学派はまだそれに反論していない。*Grundwahrheiten der Wissenschaft*, pp.444-70 参照。

訳注

▼1　当時流行っていた「ラインの歌」の作者のことか。

▼2　ヘルヴェークの『生けるものの詩』は一八四一年に出版され、評判になった。

▼3　『アッタ・トロル』は一八四一年に書かれ、一八四三年に『優美な世界新聞』に連載された。著作としての出版は一八四七年である。

▼4　ピエール・ベイル（一六四七–一七〇六）は、オランダに亡命し、ロッテルダム大学の教授となった。

■「一八四三年の往復書簡」『独仏年誌』*Deutsch-Französische Jahrbücher* 前掲書から

『独仏年誌』のルーゲの企画の次に掲載されている往復書簡。ここで登場するのは、マルクス、ルーゲ、バクーニン、フォイエルバッハである。しかし、実名は伏せてある。内容は、『独仏年誌』を出版する理由についてである。マルクスの若々しいラジカルな意見に対して、まわりの人々が少しずつ説得されていく様子が描かれている。しかし、実際にはルーゲもバウアーもマルクスのラジカルさに手を焼き、最終的には別れることになる。『独仏年誌』に関するマルクスとルーゲの往復書簡は、一八四三年一月から始まる。Martin Hundt, hrsg., *Der Redaktionsbriefwechsel der Hallischen, Deutschen und Deutsch-Französischen Jahrbücher 1837–1844*, Bd. 2, Akdemie Verlag, 2010. も参照。しかも出版するために幾分書き加えられている

マルクス、ルーゲ、フォイエルバッハ、バクーニン「一八四三年の往復書簡」

MからRへ（マルクスからルーゲへ）

一八四三年三月Dに向かう引き舟の上で[1]

今オランダへ旅しています[2]。この地の新聞、フランスの新聞から多くを察するに、ドイツは深いぬかるみにはまっていて、ますます悪化するようです。オランダにいれば、民族的誇りを感じないものも、民族的恥辱は感じるだろうということは請け合いです。もっともつまらないオランダ人でさえもっとも立派なドイツ人以上の国家市民です。そしてそれが外国人のプロイセン政府に対する見方です！　そこには恐ろしい一致があり、だれもプロイセンの体系と単純な本質に対して思い違いをしていません。だからまた新しい学派が必要だったのです。自由主義の豪華なマントはずり落ち、いやらしい専制主義が世界の目の前でまったく裸体をさらしているのです。

それはまた啓示でもあります。もちろんその逆でもあるとしても。少なくともわれわれに、祖国愛の空虚さ、われわれの国家制度の異常さを知らせ、顔を覆うことを教えてくれる真理です。あなたは、私を笑いながら見て、「恥で何が得られるのですか。恥では革命はできません」と訊きます。私はこう答えます。恥はすでに革命であると。恥はドイツの愛国主義に対するフランス革命の勝利であり、一八一三年、恥が勝利したのです。恥はそれ自体の中にもどってくる一種の怒りです。そして、民族全体が実際に恥をかいたとすれば、これは跳ぼうとして下がって身構える、ライオンだということになるでしょう。私は「ドイツにおいては恥さえ存在していない。逆に、この惨めなものが愛国者である」と付け加えます。しかし笑うべき新しい騎士[3]のこの笑うべき体制がそうでないとすれば、どんな体制が愛国主義を追い出すのでしょうか。われわれのところで演じられる専制主義の喜劇は、それがかつてステュアート朝とブルボン朝にとっての悲劇であったように、この騎士にとっても危険なものです。そして、もしこの喜劇を長い間喜劇だとみなさないとしても、それもすでにひとつの革命となるでしょう。国家は道化芝居になるには、厳粛すぎます。おそらく、まったく愚かなものの船をしばらく風の向くままにしておくことができるでしょう。しかし愚かなものはこれを何も信じないがゆえに、その運命に船は進んでいくのです。この運命とは革命であり、それはわれわれの前にあるのです。

訳注

▼1　三月二〇日付の手紙、マルクスは三月一八日にケルンを発った。

▼2　マルクスは一八四三年春、オランダの親戚のもとへ向かった。Dはドルドレヒトであると考えられている。

▼3　一八四〇年に即位したフリードリヒ四世（一七九五－一八六一）。

RからMへ（ルーゲからマルクスへ）

ベルリン、一八四三年三月[1]

「それはきつい言葉であるが、それは真実であるがゆえに私はそういう。ドイツ人ほど分裂している人民を私は考えることはできない。諸君は職人であるが、けっして人間ではない、思想家であるが、けっして人間ではない、紳士であり、奴婢であり、若者であり、分別のある人々であるが、人間ではない。――これは、忘れ去られた生命の血砂の消えていく一方、手や腕、そして四肢がそれぞれ切り取られる、そんな戦場ではないか」。ヘルダーリンの『ヒューペリオン』[2]より。――これは私の気持ちをあらわす言葉ですが、残念ながらこうしたことは、新しいことではないということです。同じ問題が時代を経て人間には起こります。あなたの手紙はひとつの幻想です。あなたの勇気は私を少しばかりがっかりさせました。

　われわれが政治革命を体験するですって。われわれ、このドイツ人の同時代人のことですか。わが友よ、あなたは願望を信じています。おお、私にはそれがわかります。期待するにはあまりにも甘美で、すべての迷いを振り払うにはあまりにも苦い。疑うことは期待することよりも勇気がいります。しかし、それは理性の勇気であり、われわれはもはや思い違いをしないところまで来ています。今私はどういう体験をしていると思いますか。カールスバードの決議の第二版、約束された出版の自由のストップによる、検閲の約束による第二版、――政治的自由の試みの第二の失敗、今度はライプチヒもベルアリアンス[3]の失敗もなく、休む口実をつくるだけの努力だったのです。今われわれは回復状態から出て、旧い専制的警句のたんなる繰り返し、その文書の引き写しによってわれわれは静かになっています。ひとつの恥辱から別の恥辱へ落ちているわけです。ロシアがドイツの出版に厳しい検閲を命じたナポレンの征服の時代と同じ完全な屈辱と抑圧の気持ちをもっています。

そして、今日われわれが当時味わったのと同じ率直さを味わったことに、あなたが慰めを見つけているとしても、私にはそれは何の慰めにもなりません。ナポレオンはエアフルトで、わが君主とともに彼に話しかけた祝賀を祝うものに対して、「私はあなたの君主ではなく、あなたの主人なのだ」と述べたので、どよめく拍手で受け入れられたのです。そして、ロシアの雪が彼を歓迎したとき、ドイツの義憤はまだ眠っていたわけです。この恥知らずの言葉には血の報いがあるだろうなどといわないでください。偶然の報いが必然的に起こるだろうとか、むき出しの、あらわな専制主義が、完全にぼろを出すやいなや、すべての人民はそれから離れるだろうなどといわないでください。他の人民がいなくても、恥を意識する人民がいます。私は革命を勇気とはまったく逆のもの、人間の自由の尊厳に対する、まったく誰の支配にも属さず、公的な本質そのものである自由国家への手段に対する放棄だと名付けます。ドイツ人には何ももたらさないでしょう。ドイツ人は歴史的にずっと前から没落しています。ドイツ人はさまざまな戦場に行くだろうという証拠はありません。侵略され、支配された人民は自らを打ち破らざるをえませんが、外部の目的のために闘う闘牛士にしかすぎません。その君主が指図すれば、相互に殺しあうのです。一八一三年、プロイセン王は「人民がわれわれのためにいかに戦いあうかを見ろ」と述べました。ドイツは生き残った相続人ではなく、消え行く遺産である。ドイツ人は、戦う党によって数えられるのではなく、そこで売られるべき魂の数によって数えられるのです。

あなたは自由という偽善の化けの皮ははがれたといわれます。それは真実であるし、さらにそれ以上のことも起こっています。人々は不機嫌で、侮辱を受けたと感じていて、友人や知人がお互いに文句をいっているのが聞こえますし、ここかしこでステュアート家の運命について語り、不注意な言葉を語るのを恐れるものは、少なくとも、ある運動がその中で起こっていることを示そうと頭を震わせています。しかし、すべてただ語るだけです。自らの不機嫌が一般的なものだと感じるものさえいるのでしょうか。わが市民（Spiessbürger）とその不滅の羊の忍耐を見誤るほど愚かなものが一人でもいるでしょうか。――フランス革命後五〇年、そしてわれわれが体験してきた旧い専制主義のあらゆる恥の上塗り。一九世紀にはそれはもたないなどとはいわないでください。ドイツ人はこの問題を解決したわけです。彼らはそれに耐えているだけでなく、愛国主義でそれに耐えています。それに顔を赤くしているわれわれだけが、ドイツ人は専制主義に値していることを知っているわけです。われわれは、この身の切るような議論から沈黙へ、希望から絶望へ、人間的なものからまったく奴隷的な状態への復活が、人々の精神をいらいらさせ、各人に心臓への血をたぎらせ、義憤の一般的叫びを呼び出しているのです！　ドイツ人は、そのほかの人にとって農奴である人間がなんとか持ちうる精神の中での自由しかもっていなかったのです。そしてこれも今ではなくなっているのです。ドイツの哲学者は、もうかなり前には人間に仕え、議論していたのですが、命令で沈黙しました。カントはわれわれにその記録を伝えてくれました。しかしドイツの哲学者には抽象的な自由を説明するという大胆さは許されていたのです。今日ではこの自由、いわゆる学問の自由あるいは実現されないことに甘んじる原則的自由は、廃棄されてしまい、当然ながらタッソー[3]の信仰を説教する人々がかなりいるということになったのです。

「自由への激しき衝動がわが胸を膨らませるなどと、
信ずることなかれ
人は自由に生まれたにあらず
しかるに、気高い人にとって、すばらしき幸せは、信ずる君主に仕えることなり」

もし、彼が君主を尊敬しないで、異議を申し立てようとすれば、彼らは、彼は自由であるように生まれたのではないと答えるわけです。ここで重要なことは、彼の概念であり、彼の幸福ではないのです。だから、タッソーが、一人の人間に仕え、奴隷と呼ばれる人間も、幸福と感じうるし、高貴であるとさえ感じうるというのは正しいのです。歴史とトルコがそれを証明しています。だから、さらにいえば概念は人間と自由の本質ではなく、人間と奴隷であるとすれば、旧い世界は正当化されるわけです。

人間が奉仕のために生まれ、その生まれつきの主人の所有物であるという事実に対して、ドイツ人はまったく異議申し立てを行わなかったのです。ドイツ連邦において、ドイツの諸侯は土地と人々の私的な所有を再度作り出し、「人権」を再度廃止すべく協力したのです。それは反フランス的なもので、歓呼してそれを迎えたのです。今では理論が、こうした事実の後から出てきていて、ドイツはその理論を、怒りをもつことなく聞くはずはないのです。人間は自由になるために生まれたのではない、いやそうでなければならないという考えによって自らの運命を慰める以外ないのではないのでしょうか。

そして、こうした人々は実際自由になるべく生まれてはいないのです。人間の思考や感情でさえ検閲という秘密警察によって監視され、規制されるという、政治的に荒廃した、非常に屈辱的な抑圧の下での三〇年、ドイツは政治的に、すでにそれまであった以上に空虚なものとなったのです。あなたはこういいます。風と雲にもてあそばれている阿呆船は、運命から免れることはなく、この運命は革命であると。しかし、あなたは、この革命は愚かさの復活であることを付加していません。逆にそのイメージは没落の思考にのみ導きます。しかし私は第一になお期待されるはずの没落についても認めません。役に立つ人民は肉体的には滅びはしません、そして、精神的あるいは自由な人民としてのその存在に関しては、長いこと終わったままです。

　ドイツをこれまでの歴史から、現在の歴史から判断すれば、あなたもその全歴史は間違っていて、今日のすべての公共性は人民の本来の立場をまったく表していないということに異論はないでしょう。望むべき新聞をごらんになれば、われわれがもっている自由と民族的幸福を人が賞賛するのをやめない（そして検閲もやめることを妨げはしないことに同意されるでしょう）ことを認めるでしょう。そしてそのとき、イギリス人か、フランス人かあるいはオランダ人に対してさえ、これはわれわれの問題ではなく、われわれの成果の問題なのだと述べることになるでしょう。

　ドイツの精神がはっきりと出現するとすれば、それは陰険であり、ドイツ精神がそれ以外で出現しないとすれば、それはまったく陰険な性格に責任があると、何の躊躇もなく主張するつもりです。あるいは、あなたは、私的な精神の存在、その隠れた功績、その抑圧されない机上の論議、ポケットの中の握りこぶしを非常に高く評価することで、現在の状況の恥辱が将来の栄光によってもう一度洗い流されえることをお望みなのでしょうか。おお、このドイツの未来よ！　その種はどこに播かれるのでしょうか。たとえばわれわれが体験してきた恥辱いっぱいの歴史の中にでしょうか。あるいは、自由と歴史的栄光という概念を担っている、歴史の絶望の中にでしょうか。あるいは、外国人が、われわれに対して打ち明け、たとえきわめてよく語った場合でも、もっともわれわれを傷つけることになる蔑みの中にでしょうか。なぜなら、われわれが現実に落ちている、政治的無感覚と堕落の度合いについて外国人には想像さえできないでしょうが。プロイセンにおける出版の抑圧について『タイムズ』の記事だけでも読んでください。自由人がどのように語るか読んでください。自由人が、われわれがもってさえいないわれわれの自己感情をどれほど信頼しているか読んでください。そうすれば、あなたはプロイセンに同情し、ドイツに同情するでしょう。私は無論ドイツに属しています。私が一般的な恥辱から逃れようとしていることをあなたは信じてくれない。私が他の人以上のことをしていないといって私を非難してください。新しい原理で新しい時代を導き出し、自由の世紀を導き出す作家であって欲しいと要求してください、私も準備をしろと苦々しくもいってください。わが人民には未来がないとすれば、われわれの呼びかけにどんな責任があるというのでしょうか。

訳注

▼1 三月末ごろ。

▼2 ヘルダーリン（一八七〇－四三）『ヒューペリオン』（一七九七－九九）。

▼3 イタリアの詩人トルカート・タッソー（一五四四－九五）についてゲーテが書いた作品『トルカート・タッソー』から取られている。

MからRへ（マルクスからルーゲへ）

ケルン、一八四三年五月

親愛なる友人よ、あなたの手紙はすばらしい哀歌、息をふさぐ葬送歌です。しかし政治的に見ると現実はまったくそうではないのです。人民は、なにごとも疑わず、長い間ただ愚かに希望をもっていただけだったのですが、ときをへて突然かしこくなって敬虔なすべての願望を充たそうとしているのです。

しかし、あなたは私に火をつけました。あなたのテーマは十分論じつくされてないと私は判断したので、最後をつけくわえておきましょう。すべてが最後までいくとすれば、あなたも私に手をさしのべ、それによってあらためて始めることにしましょう。死者には死者のまま眠ってもらい、悲しんでもらいましょう[1]。それに対し、生き生きとした新しい生に進む最初の人間になることはうらやましいことであり、これこそわれわれの運命でしょう。

旧い世界が俗物のものであることは確かです。しかし俗物を、不安のあまり眼をそらしてしまうような化け物としてとりあつかうべきではないでしょう。むしろはっきりとそれを捉えねばなりません。世界のこうした主人公を研究することはやりがいのあることです。

もちろん俗物が世界の主人であるのは、蛆虫にたかる死体のように世界を自らの社会でみたしているからです。この主人の社会は、ある数の奴隷以上しか必要としませんし、奴隷の所有者も自由である必要もありません。彼らが、その土地と人間に対する所有をもつがゆえ、完璧な意味で主人と名づけられるのですが、彼らは大衆同様俗物です。

人間は精神的本質であり、自由な人間は共和主義的人間であるはずです。俗物的人間はその二つであることを望んではいません。それではこうした人々にはどうあり、どうあることが残されているのでしょうか。

人間が希望するもの、生き、生殖すること（ゲーテいわく、「それ以上は何ももたらさない」[2]）、これは動物も望むことであり、せいぜいドイツの政治家が付け加えるものといえば、人間は望むことを知っているということ、ドイツ人は思慮深いので、何も望まないということです。

人間の自己感情である自由は、この人間の胸の中ではじめてもういちど目覚めることになるでしょう。ギリシア人とともにこの世界から消え、キリスト教とともに天上の青いもやの中へと消滅するこの感情のみが、社会からふたたびその最高の目的である民主国家である人間の共同体をつくることができるのです。

それに対し、自分を人間と感じない人間が、飼育された奴隷や馬のように、成長してその主人のものとなるのです。生まれつきの主人こそこの社会の目的です。この世界は主人のものです。主人は、あるがままに理解し、感じるのです。主人は自らをあるがままに理解します。彼らは自分の足を置くところ、つまり彼らに「忠実で、親切で、覚悟をきめる」以外の規定は知らない政治的動物の首の上に身を置いているのです。

実利的世界は政治的動物の世界です。われわれがその存在を認めねばならないとすれば、われわれに残されることは、現状として単純な形を認めるだけのことです。野蛮な数世紀がその存在をつくりあげ、形成し、今ではその原理が非人間的世界である一貫した体系としてそこにあるわけです。もっとも完成された実利的世界は、わがドイツであり、当然ながら人間を再度復活させたフランス革命のはるかうしろに留まらねばならなかったのです。わが状態からその政策を推量しようとしたドイツのアリストテレスは、ほろよいかげんでこう書くでしょう。「人間は、社会的だが、まったく非政治的な動物である」と。しかし、アリストテレスは国家について、「ドイツの立憲的国法」の起草者である、ツェッフェル氏がすでにやったこと以上に正確に説明できなかったのです。ツェッフェル氏によると、国家は王朝と呼ばれるもっとも気高い家族に世襲的に、本来的に帰属する「家族の連合体」なのです。[3] この家族が子だくさんになればなるほど、人々はますます幸福になり、国家はどんどん大きくなり、王朝はどんどん強くなり、模範的専制国家であるプロイセンにおいてもまた、第七子に五〇ターレルの報奨金が与えられるのです。

ドイツは非常に穏健な現実主義者であるので、その要求と高邁な思想はすべてむきだしの生活を越え出るものではないのです。現実を支配している人々は、この現実をそれ以上受け入れているわけではありません。こうした人々も現実主義者なのです。彼らは、普通の士官であり、土地貴族であり、あらゆる思想から、あらゆる人間的大きさからかけ離れているのですが、かといって間違うわけでもなく、正当であり、この動物の王国を利用し、支配するのにまったく十分なのです。なぜなら、支配と利用は、ここでもどこでもひとつの概念なのですから。彼らが敬意を払い、この愚かな性格をもったうごめく人々に目をやるとすれば、それはベレジナ川のナポレオンの考え方に近いものではないでしょうか？　ナポレオンは大量の水死者に一瞥をたれ、家来にこう告げたといわれています。「このヒキガエルどもを見よ」と。この中傷はおそらく嘘でしょうが、しかしそうだからこそ、いっそう真実なのです。専制主義の唯一の思想は、人間軽視であり、非人間的人間であり、こうした考え方はとりわけ同時に事実であるという利点をもっています。専制者はいつも人間を無価値なものと見ているのです。人間たちは、彼の目の前で彼のために溺れ死んだのですが、彼らもまたカエル同様何度も出てくるのです。ナポレオンがその王朝をつくる以前にもっていたように、より大きな目的を可能にしていた人間でさえこのように駆り立てられるのだとすれば、まったく普通の国王はこうした現実の中でまったく理想主義者でいられるのでしょうか。

君主政一般の原理は軽蔑された、軽蔑的、非人間化された人間です。こうしたものに尊敬を与えるモンテスキューはまったく間違っています。彼は君主政、専制政、独裁と分けることでそれを擁護しています。

しかし、それらはひとつの概念の名称であり、せいぜい同じ原理だが、倫理が違うというものです。君主政がメジャーである場所では、人間はマイナーであり、君主政が疑問をもたれないところでは、人間は存在しないのです。プロイセン国王のような、自らが問題であるということについてチェックをしないような人間が、思いつきを遂行しないことなどないのではないでしょうか。彼が思いつきを行えば、何がそこから起こるのでしょうか？　矛盾する考えでしょうか？　そうだとすれば、そこには何もないでしょう。無気力な傾向でしょうか？　こうした無気力の傾向が、いまなお唯一の政治的な現実です。恥と当惑でしょうか？　ただひとつの恥があり、ただひとつの当惑があるだけであり、それは王の退位だけです。思いつきが続くかぎり、それは当然です。思いつきは、そこでは思いの通り、まったく移り気で、無分別で、軽蔑的なものであるかもしれません。思いつきこそ、まさに人民を支配するには十分なものです。人民は国王の意志以外の別の法律など一度も知ることはなかったのですから。私がいいたいのは、内においては無分別の体制と注意の欠如であり、外に向かっては何の結果も残さないということではなく、阿呆船の保険など引き受けないということです。転倒した世界が現実のものであれば、プロイセン国王は末永く時代の人間であるだろうと、私は考えます。

あなたがおっしゃるように、私はこの男に関心をもっています。プロイセン国王は『ベルリン政治週報』を何とか自分の機関にしたときすでに、わたしはこの人物の価値と使命を知っていました。ケーニヒスベルクの誓いは、いまやこの問題は純粋に国王の個人的な問題であるという予想を裏付けてくれました。プロイセン国王は自分の国家であるプロイセン領域の未来の国家基本法に対する彼の決意と心情を表明しました。実際は、国王こそプロイセンにおける体制なのです。彼が唯一の政治的人間です。彼が行うこと、あるいは誰かが彼にさせること、彼が考えること、誰かが彼の口でいわせること、それがプロイセンでは国家が考え、国家が行っていることなのです。したがって、今日国王がこのことをはっきりと表明したというのは、実際彼の功績です。

国王がどのような願望と思想を表現するだろうかということを高く評価する点でのみ、人はしばらく過ちを犯していました。このことで何も変わることはなかったのです。実利主義者は君主国家の素材であり、君主はいつも実利主義者の国王にすぎないということです。国王は、自らと臣民が今のままである以上、自らと彼の臣民をも自由な人間にすることはできないのです。

プロイセン国王は、その父[4]も実際にもたなかった理論によって、体制を変革しようとしました。こうした試みの運命は、周知のとおりです。試みは完全に崩壊しました。まったく当然です。一度政治的動物世界のところまでいったとすると、その反動はとことんいくしかありません、その基礎を捨て、民主主義の人間世界へ移行する以外にほかの前進はありません。

前国王は変わったことは何も望みませんでした。彼は実利的人間であり、魂の世界には何の主張もなかったのです。彼が知っていたのは、家臣国家と彼の財産には、平凡で、温和な存在だけが必要であるということです。若き国王は、活発で利口であり、彼の願望と彼の分別によってのみ制限をうける君主の全権を、より偉大なものだと考えたのでした。旧い固陋な家臣国家や奴隷国家に彼は対抗したのです。彼はこの国家を生き生きとしたものにしたいと考え、自らの願望と、感情、思想を完全に満たそうとしたのです。望みうるとすれば、それは彼の国家においてただ成功を望む場合だけでした。こうして彼の自由な演説と心の吐露が生まれたのです。旧い彼の臣民を統治するのは、死せる法律ではなく、生きた国王の心であるはずです。支配願望のために、長く育んだ計画のために、全身全霊を尽くそうと望んだのです。運動は実を結びました。しかし、他の人の心臓の鼓動は国王の心臓の鼓動と同じではなく、被支配者が議論するとすれば、旧い支配を廃棄することだけでした。不埒にも人間を人間にしたいと望む理想主義者は、言葉をつくりだし、国王が旧いドイツ語で空想をめぐらしているとき、新しいドイツ語で哲学する必要があると考えたのです。もちろんこれはプロイセンではこれまでになかったことです。一瞬、旧い秩序は、逆立ちしたように見えました。確かに人間的なものに代わる時代がはじまり、州議会で名前を名乗ることも許されていないのに、名前のある人さえ現れたのです。しかし、旧い専制主義の家臣はこうした非ドイツ的行いを終焉させてしまいました。偉大なる過去、坊主、騎士、農奴について夢想する国王の願望と、フランス革命の結果、つまり最終的には共和制、死せる旧い秩序に代わって生きた人間の秩序を望む理想主義者の意図とのはっきりとした闘いにいたるのは困難なことではなかったのです。こうした闘争がするどくなり、十分窮屈なものになり、癇癪もちの国王が興奮するようになったとき、以前にはことのなりゆきにたいして理解を示し、説明してきた家臣が彼のもとに現れ次のように語ったのです。国王は、家臣に不必要な話をさせるべきではなく、家臣も議論する人々の名前を把握することはできませんと。裏のロシア諸氏も、表のロシア諸氏の頭の中[5]での運動に不安になっていて、旧い落ち着いた状態の復活を望んでいました。そして、人権や人間の義務に対する、人間の思想や願望に対する旧い注意の新バージョン、つまり旧い固陋な家臣国家への復帰が生じたのです。そこでは奴隷が黙々と働き、土地と住民の所有者は、飼育された、静かで素直な奉仕によってできるかぎりの沈黙で支配していたのです。国王も臣民も、望むことをいうことができないのです。つまり一方は人間になりたいということができず、他方はこの国ではどんな人間も必要ではないということができないのです。従って沈黙こそ、唯一の逃げ道なのです。家畜は沈黙し、身をかがめ、胃の欲望にしたがっている（Muta pecora, pron et ventri obedientia）[6]。

これは実利主義的国家をその基礎の上で廃棄するという試みの失敗です。結果として、全世界の専制主義にとって野蛮さは必然的であり、人間性は不可能であるということがはっきりしたわけです。野蛮な関係は野蛮さによってのみ完全に維持されます。そしてここで私は、実利主義者とその国家とをしっかりととらえるというわれわれの共通課題を処理しました。あなたは、私が現在を高く評価しているなどとはいわないでしょう。しかし、現在を疑っていないとしても、私の希望を満たしてくれるのは、その現在の疑わしい状態なのです。私は、ここで主の無能力について、家臣と臣民の、すべてを神の思し召しのように自由にさせている、無関心について語っているのではありません。しかしながら、破局へと導くにはこの二つの問題ですでに十分でしょう。ここであなたに注意してもらいたいのは、実利主義の敵、一言でいえば考え、苦しむ人間たちが、以前にはまったくその手段がなかったのに、ある了解にいたったということです。旧い臣民の受動的な生殖体制ですら、毎日新しい人間の業務のために新兵を募集していることになっているのだという了解です。商業と取引、人間の所有と搾取の体制のほうが、人口増大によって今日の社会の内部に崩壊がもたらされるよりも早く、崩壊をもたらすということです。旧い体制が維持できなくなるのは、創造や治療ができなくなり、ただ存在し享受するだけの体制となるからです。考え、苦悩する人間の存在、そして抑圧され思考する人間の存在が、実利的人間の受動的で、無思慮に享受する動物世界に対して、必然的に耐えられなくなり、消化できないものとならねばならないのです。

　われわれの側から、旧い世界を明るみに出し、新しい世界を積極的に形成していかねばなりません。出来事が思考する人間の成果に考える時間を長く与えれば与えるほど、苦しみが人間に力を与える時間が長くなるほど、現在がその母体に宿している、世界における結実はより完全なものとなるのです。

訳注

▼1　『聖書』「マタイによる福音書」第八－一二章。

▼2　ゲーテ『ベネチアのエピグラム』。

▼3　Heinrich Zöpfl, *Grundsätze des allgemeinen und consitutionell-monarchischen Staatsrechte*, Heidelberg, 1841.

▼4　フリードリヒ三世（一七七〇－一八四〇）。

▼5　プロシアのproを表のロシア、ロシアを裏と考えている。
▼6　ローマの歴史家、ガイウス・サルスティウスの言葉。

BからRへ（バクーニンからルーゲへ）

一八四三年五月、ビール湖のペーター島[1]

ベルリンからのあなたのお手紙を友人のマルクスに伝えました。あなたは、ドイツについて不平をもってしまったように見えます。あなたは、あらゆる思想や願望を一緒に狭い家の中に押し込み、自らを誘う春のことを信じない、家族や実利主義者だけをドイツ人の中に見ています。親愛なる友よ、信頼を失わないでください。あなただけでもそうしてください。私や、ロシア人、野蛮人でさえ信頼を捨てないということ、私でさえドイツを見捨てていないことを考えてみてください。運動の中心におられるあなたが、運動の始まりを体験されてきたあなたが、突然の飛躍で驚きを与えたあなたが、それがまだ有効であった間はまったく信頼していた、その同じ考えを今では無力だと判断なさろうと望んでいるのだということを考えてみてください。私はこう考えます。ドイツは一七八九年からはまだ遠いと！　ドイツ人は一〇〇年前には戻ってはいません。しかし、今は手を膝においている時代ではありませんし、臆病を疑う時代でもありません。あなたのような人々がドイツの未来を信じないとすれば、そして未来のために働かないとすれば、誰が未来を信じ、誰が動いてくれるのでしょうか？　私はこの手紙をビール湖のルソーの島で書いています。[2]ご存知のように、私は幻想や言葉の中だけで生きていません。しかし、今日こうした対象について手紙を書く場所としてこの地を選んだことを考えると、心底胸が痛みます。おお、まさに専制者と坊主に対する、人間の勝利に対する私の信念は、偉大な追放者ルソーが数百万人の心の中に注いできた信念と同じものであり、ルソーはこの地にそれを撒いたのです。ルソーとヴォルテール、この不死なるものはもう一度復活するのです。ドイツ国民の才能ある頭の中で、彼らはその復活を祝うのです。彼らの原理は、最終的には実際の人間であるヒューマニズムと国家にとっての偉大な精神、僧侶に対する、あらゆる人間の偉大さや真実に対する軽蔑に対して、光栄ある憎悪が再び世界に出現するのです。哲学がフランスにおいて栄光に満ちていった役割をもう一度担うのです。そして、哲学に対して証明されることは、哲学の力と実りが、哲学それ自身より早く、その敵に対して明確のものになったということです。哲学は素朴であり、戦いも迫害も期待しません。なぜなら、哲学はすべての人間を理性的な存在としてとらえ、理性こそ哲学の無限の主人であるかのように、その理性に向かうからです。われわれの敵は、ずうずうしくもわれわれは非理性的であり、そうありたいと望んでいるのだと述べるのですが、その彼らが非理性的な方法で理性に対する敵対の道を開こうとするのは、まったく当然のことです。こうした状態は、ただ哲学の優越性を証明するだけであり、哲学に対する悲鳴はすでに勝利です。ヴォルテールはかつてこう述べました。「小国では諸君たちに小さな権威が与えられている、小さな仕事をもつ小人よ。諸君たちは哲学に対して叫ぶのだ」。われわれはルソーやヴォルテールの時代のドイツに生きていて、「わが労働の果実を体験するに十分若いわれわれの何人かが、偉大な革命と、努力に報いる時代を見るために生まれるだろう」。われわれにはヴォルテールの言葉を恐れることなくもう一度繰り返す必要があります。「二度目よりも、一度目が歴史によって確証される」と。

　今日フランス人はなおわれわれの教師です。彼らは政治的な点で一世紀先にいます。だからそこからすべてが始まるのです！　われわれが遠くから眺める、この激しい文学、この生あふれる詩、造形芸術、全民族のこの発展と精神化！　われわれはその埋め合わせをしなければならないのです。世界を豊かにしないわが形而上学的うぬぼれを罰しなければならないのです。われわれは学び、日々働き、人間とともに生きる人間になり、自由に生き、自由に活動するようにならねばなりません。——わが思想をもったわが時代を自分のものにするところまでつねに私は戻ります。未来を前もってつかみ、自由と美の新しい世界を、われわれをとりまく没落と腐敗の荒野の中に打ち立てることこそ、詩人と思想家に認められていることです。

　時代がその膝元から生み出しつつある永遠の力の秘密に通じたこうした事実に対して、あなたは疑いをもちたいと思っているのでしょうか？　ドイツを疑えば、ドイツ自身を疑うだけでなく、あなたが貢献してくれた真実の力を諦めることになります。まったく過去を振り返ることなく、解放された真実の活動や作用に身を捧げるほど気高いものなど存在しません。ほとんどのものが同時代の、精神と頭脳のこうした運動に参加することもできないでいるのです。しかし、一度自由の口に到達し、そして世界をその声の銀色の音色で包み込んだものは、その事実の勝利として市民権をもつことになるのです。市民権をほかのものがもとうとすれば、それは同じだけの労働と同じだけの成功をつうじてしか可能ではないのです。

　いまここで付け加えます。われわれは自らの過去と手を切らねばならないと。われわれは打ちのめしたのであり、思考や詩の運動の妨げるのが粗野な暴力だけだとすれば、学術的理論を天上の離れた生活などにしないで、人民をわれわれの側にもてば、こうした粗野さは不可能となるでしょう。われわれは自らの問題を人民とともにもったことはありませんでした。フランス人は違っています。可能ならば、その解放者もおさえつけたことでしょう。

　私は、あなたはフランス人が好きだということ、フランス人の優越感を信じていることを知っています。強い意思にとって、そのことは、彼らと張り合い、彼らのところに到達するには、こうした大きな問題の場合十分です。感情はどうでしょう！　名もない至福、こうした努力、こうした力はどうでしょう。私はあなたの仕事が何とうらやましいことでしょう。そしてあなたの怒りさえもです。なぜなら、怒りもあなたの人民の中にあるあらゆる気高さの感情だからです。私ができることはそれに力を貸すことだけです！

人民の解放のために私の血と命を！　私を信じてください。私の血と命は燃え上がり、人類史の日の光に到達するでしょう。あらゆる専制者の最良の下僕になるというゲルマン人の恥辱は、必ずしも誇りをもったものではありません。あなたはゲルマン人を、自由ではない、たんなる私人であるといって非難します。あなたはゲルマン人が何であるかだけを語ります。それが何かになるだろうことをどうして証明しないのですか？

フランスでも最初から同じ状況にあったのではなく、全フランスが公的な存在となり、その息子たちが政治的に人間になったからです。われわれはたとえ人民がそれを忘れようとも、事実を見捨ててはなりません。こうした俗物はわれわれから離れ、われわれを追うのです。それだけ彼らの子供がわれわれの事実や誠実さに没頭することになります。その父親が自由を殺そうとすれば、子供たちは自由のために死ぬのです。

そして、われわれは一八世紀の人々を前にしてどれほど優越しているというのでしょうか。われわれは、一八世紀の思想の巨大な結果を生き生きと目の当たりにしていて、その思想に現実に接触することができます。フランスに行き、ライン河をまたぐと、ドイツではいまだ生まれていない、新しい要素の中心に立ち入ることになります。社会のあらゆる領域への政治的思想の普及、全人民の力をあらゆる決定的な言葉に感じ取るがゆえに、突出した頭脳の中でのみ爆発する思想や演説のエネルギー、こうしたものをすべてわれわれは生身の人間世界の中から知るようになりうるのです。フランスへの旅と、そしてパリでのよりながい滞在が、われわれにとってもっとも必要なものでしょう。

粗野な神学者とおろかな土地貴族が、狩猟犬のように耳を振り、その道筋を教えているとき、ドイツの理論は、今日生じている、こうしたあらゆる天上から地上への落下を十分に理解したのです。こうした落下が理論のうぬぼれを癒すとすれば、それはそれとして結構なことです。ドイツの理論が、暗くわびしい高みの中では捨てられ、人民の心の中に置かれてのみ意味をもつのだという教訓を、その運命から引き出すのかどうか、それは理論次第です。「人民をつかんでいるのは、われわれなのか諸君たちなのか」と、この怪しげな宦官は哲学者たちに呼びかけています。こうした事実はなんと恥ずかしいことでしょうか！しかし、また人間性という課題に勝利を導く人々に栄光と安寧あれ。

ここではじめて闘争が始まります。そしてわれわれの課題は非常に大きいので、ちらばった手を縛られている少数の人々が、あらわな雄たけびによって、多数の人々を震え上がらせているのです。「さあ、よしきた。わたしは諸君の同盟を解体しよう。諸君たちゲルマン人は諸君のギリシアになりたいと考えるなら、わたしはスキタイ人になりたい」。どうか私にあなたの作品を送ってください！　ルソーの島でそれを印刷し、熱気を帯びた活字によって、もう一度歴史の天上にこう書きます。「ペルシア人に敗北を！」と。

訳注

▼1　スイス西南部ビール湖のザンクト・ペーター島。

▼2　ジャン＝ジャック・ルソーが数カ月過ごした島ザンクト・ペーターを指している。ジュネーヴにあるルソー島ではない。

RからBへ（ルーゲからバクーニンへの手紙）

ドレスデン、一八四三年六月

今日はじめてあなたからの手紙を受け取りました。しかしその内容はすぐに古びるようなものではありません。あなたは正しい。われわれドイツは現在相当後ろを向いていますので、今一度世界を理論的に獲得すべく人間的作品を仕上げなければなりません。やがて世界はそれによって行動することになるでしょう。おそらく、フランス人とさえ共通の出版を企画することができるでしょう。それについて友人に通信しようと考えています。さてあなたは私がベルリンでうまくいかなかったことを心配してくれましたが、それは正しくはありません。不調に終わったこと以外はすべて、満足するものとなっています。先頭に立つベルリン人の国王自らが満たしたいと考える唯一の願望とは、まったく不均衡なこの世界を埋め合わせることです。私が彼の願望を誤解しているなどと考えないでください。しかし、たとえばキリスト教はいわばすべてになっています。今キリスト教は復活し、国家がキリスト教的、修道院的なものとなっていて、しかも国王も非常にキリスト教的で、王の家臣たちもまったくキリスト教的です。付け加えれば、こうした人々の信仰が深いのは、彼らが一人の人間に対する隷属だけでは十分でないからだけです。地上の宮廷の業務に天上の宮廷の業務を付加しなければならないのです。隷属はその業務であるだけでなく、その良心でもあるはずなのです。そして北アメリカの荒野がその罪を自らうちのめすとしても、私としては人民による天上のこうした犬どもに対する訴訟が行われることを期待しています。しかし、今のところ、神の国がうまくいっているなどと誰も考えていません。私は、幻滅した不均衡のほうが、幻滅した自己満足よりもずっとましであると考えてきたわけではないのですが、一般的な栄光に対しては確かにはっきりとした同感の念をもっていたのです。せまり来る山の前で不機嫌に陥っているオイレンシュピーゲル[1]を読み、それを私が役立たせようとしているのだと、あなたはいうかもしれません。ベルリンの人々もそれを読んだし、今も読んでいるのでしょうが、しかしその物語を読んでも役には立ちません。役に立たないのは、彼らのオイレンシュピーゲルがたんなる冗談であったからです。彼らはキリスト教に対してさえも、それをよき冗談と考え、その天才的表現形式にだけ興味をもっているにすぎません。迷信のさまざまな狂気に帰依し、聖衣を担ぎ出すことは、刺激的なことではありません。聖なるローマ帝国スタイルで「まずは敬礼と握手」によって行われる演説を聴くことは、あるいはこの聖的でない時代において何らかの聖なる日々の日付を刻印していくのは、刺激的なことです。そして、たとえばラテラノ宮殿の聖ヨハネ聖堂や、ヴァチカンのような聖なる場所から来ていないがゆえに、聖的ではないフリードリヒの城から、慈悲深い尼僧の復活教書、聖アデルベルトのチャペル創設の教書を発行するのは刺激的なことです。

しかし、パームツリーの下に潜む危険を再度指摘する気はありません。幻想の中に住む気はありません。さようならベルリン。私はドレスデンを称えます。プロイセンが、公的に冗談を実行に移すことで獲得できないものが、ここではすべて存在し、ここではすべてが享受されています。身分、ギルド、古い法律、世俗性と並んで宗教性、帝国議会におけるカトリック的高位聖職者、ルター派の短いズボンと黒いストッキング、この場合、宗教的慰めと宗教会議権力からの離脱、日曜の礼拝と、仕事をして安息日を汚したものすべてに対する一六グロシェンから五ライヒスターレルの罰金、動物虐待に対する協会、しかしそこには煙突掃除夫に対する虐待協会も、人間を無視する行為に対する虐待協会もないのです（もっともそれは不公平でないためにないのですが）。こうして想起しなければならないのは次のことです。すなわち厳格なヒューマニズムをもち、非常に才に富んだ方法で貧民の児童虐待を一部廃止する、光栄あるキリスト教は、その能力においてではなく、すでに存在する卓抜さにおいて崩壊してしまったということです。ザクセンでは、過去の時代のあらゆる栄光が城の中で復活されています。古い法学と神学のこの桃源郷、ミニチュアのこの聖なるローマ帝国のことについて、まだ十分研究されていません。そのさまざまな郡と中央の官僚役所組織はおおかた相互に独立したものであり、ライプチヒ大学は長いことヨーロッパはともかくも、広いドイツの中の知的教育のくだらない流れから独立していたのです。しかし、ザクセンの人民が進歩をしていないというのは確かではありません。その歴史を語ってみましょう。ユダヤ人は悪いキリスト教徒であり、したがって、ユダヤ人は、彼ら以外のザクセン人の自由を享受していませんし、結婚の権利ももたず、洗礼したキリスト教徒によって行われる義務の遂行は許されていません。ドレスデンには、ブリュールリシュ・ガルテンのブリュールリシュ・テラスというものが以前ありました。そこに、今では階段になっている橋のそばに、切り立った石の壁があり、一方が閉じられていました。いつも一人の歩哨がいてユダヤ人と犬以外を通していました。ある日将軍夫人が手に一匹の犬をもってやってきたのですが、犬を連れているので戻りなさいと歩哨にいわれました。彼女は怒って将軍である夫に不平を述べました。犬に対する歩哨の指示を無効にする命令が発せられました。犬は今ではときどきブリュールリシュ・ガルテンの庭を散歩することになりました。しかしユダヤ人はといえば？　NOです。ユダヤ人はいまだに入園禁止なのです。今度はユダヤ人が不平を述べ、犬と同じ立場であるべきだと主張しました。将軍はまったく困惑してしまいました。その革命的結果を予測できなかったこの命令を将軍は撤回すべきだったのでしょうか。彼の妻は、犬という彼女の友人の権利に基づいて要求したのです。事態はすでに道徳の問題となり、目の前に将軍がいれば、ユダヤ人は、全中世を通して享受されてきた犬の特権が、一九世紀の今日ユダヤ人に許されないとすれば、それはおかしなものだと叫んだことでしょう。こうして将軍は、自らの責任において、宮廷の人間が出席するため門が閉められていない場合、ブリュールリシュ・ガルテンにユダヤ人も入ってもいいと決定したのです。それに対する不満は大きなものであったのですが、古い戦士が反抗心を燃やしたのです。次はロシア人がやってきました。執政官レプニンは一八一三年、宮廷の人間がそこにはまったくいないことに気づきました。彼はだれももう戻ってこないだろうと考え、ブリューリシュ・ガルテンから大きな階段のあるブリューリシュ・テラスに上り、今日もある門を自由散策しました。このことは一般のザクセン人の心を逆なでにしました。ロシア人はプロイセン人ほどザクセンでは人気がなかったので、怒りが爆発したのです。人民は怒り、大きな庭の高価な雉を撃って殺し、以前雉のためにとっておかれた散策をロシア人に開放したことについて、我慢したのです。全ザクセン人の中のもっとも模範的人物の一人である、まだ健在の選帝侯枢密顧問官は、ロシア人の場所をわきまえない、あらゆる破壊的な、新しがりやの行為を忘れはしなかったのです。彼はブリューリシュ・テラスも、大庭園も認めません。彼は「ロシア階段」をけっして行き来することもなく、いつもかつての「ブリューリシュ・ガルテン」の正規の門を通過し、一匹の犬も、一人のユダヤ人も連れることなく、中道以外の「雉小屋」にも立ち入ることもしません。この中道は古きよき時代、雉が孵化するとき以外、散策する大衆にも開かれていたところです。

　確かに保守的キリスト教は理性的であり、全ドイツ人は模範的ザクセン人であり、ときとして散策のためにやってくるロシア人もいないし、イエナで髪を切るフランス人もいないし、そのキリスト教的、多神教的国王の頭の中にはプロイセン人も、新しがりやもいないでしょう。ドレスデン以上に安らかに暮らせるところはなかったのです。しかし、われわれの故郷ザクセンは、内部の栄光とさらには外部の大きな衝撃を恐れねばならないのです。

　世界は、人間がその苦しみとあいたずさえていないところで完成される。▼2

訳注

▼1　『オイレンシュピーゲル』はドイツの民話。

▼2　フリードリヒ・フォン・シラーの『メッシナの花嫁』の第四部七幕。

FからRへ（フォイエルバッハからルーゲへ）

一八四三年六月、ブライルベルク[1]

お送りいただいた手紙と、その計画に大変感謝しています。私は孤独なので、こうした計画を必要としています。怠けることなく、あなたの便りに返事を書くことにします。『ドイツ年誌』の廃刊はポーランドの滅亡を想起させます。数人の人々による努力も、腐敗した人民生活の沼の中で無駄なものとなってしまいました。

ドイツでは、けっして緑の芽がすぐに芽生えることはないでしょう。すべてはいたるところで腐っています。あるものはここで、ほかのものはあそこでといった具合にです。われわれには、新しい人間が必要です。しかし民族大移動のときのように沼から森から新しい人間は現れません。われわれ自身の中からそうした人間をつくり出さねばならないのです。そして新しい世界によって、新しい種が思考や詩の中に生まれねばなりません。すべては根本からつくり出さねばなりません。多くの一致団結した力による大事業です。古い統治に新しい糸はまとわりつかないでしょう。「新しい愛、新しい生活」とゲーテはいっています。[2]われわれは、それを「新しい教義、新しい生活」と呼びます。

頭脳は、前もっていつもあるわけではありません。それはもっとも活動的であると同時に、もっとも鈍重なものです。頭脳の中に新しいものが生まれるのですが、頭脳の中には古いものがずっと長くとどまってもいます。手と足は、進んで頭脳に屈服します。とりわけ、頭脳の方は、一掃され、追放されるのです。頭脳は、理論家で、哲学者です。頭脳は、われわれが引きずりこまれている実践の中では苦いくびきだけを担い、現実の世界においては活動的な人間の肩の上に依存しなければなりません。これは生活方法が違うだけにすぎません。理論とは何であり、実践とは何であるのか？　その相違はどこにあるのか？　理論とは、私の頭脳の中にかろうじて隠れているもののことであり、実践とは多くの頭脳の中でさげすまれているもののことです。多くの頭脳を統一することができるものが集団をつくり、さらに大きな世界にその場所を持つのです。新しい原理のために新しい組織をつくれば、実践は失われることはないのです。

訳注

▼1　ニュールンベルク近郊のブリュックベルクの間違い。わざと地名を変えたと思われる。

▼2　ゲーテの詩『新しい愛、新しい生活。詩集』第一部。

RからMへ（ルーゲからマルクスへ）

一八四三年八月[1]、パリ

新しいアナカルシスであり、新しい哲学者が私を確信付けました。ポーランドが消えても、ポーランドが失われたわけではないということは真実です。ポーランドは廃墟の中からたえず持続的に噂され続けていて、自らの運命を教訓に役立たせ、理性と民主主義を抱きしめようと、すなわち当然ながらポーランドであることをやめようと望んでいて、それはおそらく助けとなるでしょう。「新しい教訓、新しい生活」。確かにそうです。ポーランドがカトリック的信仰と貴族的自由を救わないように、神学的哲学と高級な哲学も私たちを解放することができないでしょう。われわれが過去を継続しうるのは、過去と徹底的に分離することにおいてしかないでしょう。この雑誌は消えましたが、ヘーゲル哲学は過去に耳を傾けています。われわれはここパリでひとつの組織をつくり、そこでわれわれ自ら完全にドイツから自由になり、慈悲のない率直さでものごとを判断したいと考えています。それだけが現実に若返ることであり、新しい原理、新しい立場、民族主義といった狭い了見からの解放であり、ナポレオンという専制者とともに革命の人間主義をふさいでしまった荒廃した民族巨魁の野蛮な反動に対する鋭い反撃です。哲学的かつ民族的限界、雑誌のタイトルと名前においてのみこの二つを一緒にするにはどうやったら可能でしょうか？　もう一度いえば、ドイツ連邦は『ドイツ年誌』の復活をはっきりと禁止しました。「復活はない！」ということです。なんと合理的なことでしょうか。とくに何かをしたいと思えば、新しいものを企画しなければならないというわけです。私は商人主義的にことに従事しています。それを当てにしています。同封する新しい雑誌の計画についてのあなたの意見を私にください。

訳注

▼1　八月半ば。

MからRへ（マルクスからルーゲへ）

一八四三年九月、クロイツナハ[1]

あなたが過去から、新しい事業へとお考えを進められたこと、そして決定されたことを喜んでおります。哲学の古い大学（absit omen ——桑原桑原）でもあり、新世界の新しい首都である、やはりパリにおいて。必要なことは、うまくいくでしょう。だから、見誤ることのない障害もすべて解決されるだろうことを疑ってはいません。

しかし、この企画が実現されるか、されないかにかかわらず、私は今月の末にパリにいることでしょう。なぜならこちらの空気は奴隷的なもので、ドイツにおいては、私は自由な活動の場をまったく見ることができないからです。

ドイツではすべては暴力的に抑圧されています、精神の真の無政府状態、無知の支配がやってきて、チューリヒはベルリンからの命令を聞いています。現実に思考し、独立した頭脳の新しい集合場所が求められねばならないということが、ますますはっきりしています。私は、われわれの計画を通して、現実的な要求が可能となり、しかもそれが実際に満たされることを確信しています。したがって、真剣になされるかぎり、この計画に疑いをもっておりません。

外的な困難以上に、内的な困難のほうがより大きいように思われます。なぜなら、「どこからやるか」ということに疑いはないとしても、「どこへ向かっていくか」ということについてはそれだけにより大きな困難があるからです。改革者の中にある一般的な無政府性が芽を出しているというだけでなく、いかにあるべきかという正確な見解をもっていないということを、誰もが告白しなければならないという状態なのです。この点で、われわれはドグマ的に世界を予測するのではなく、まずは古い世界の批判から新しい世界を発見することを望むのだということが、まず優先されるべき課題です。これまで哲学者たちはあらゆる謎の解決を机にしまっては、無知な外の世界については口を開けっ放しにして、絶対的な学問という焼き鳥が口の中に落ちてくるのを待っていただけでした。学問は世俗化してきたので、そのための決定的証明こそ、哲学的意識自体が闘争の苦しみの中に外的にも、内的にも巻き込まれているのだということです。未来を建築すること、あらゆる時代にとって完全なものは、われわれの課題ではありません。われわれが今なさねばならないことがますます確かなものになっています。だから、私は存在するものすべてに対する徹底した批判を考えています。批判はその結果を恐れない、存在する権力との闘争にも恐れないという意味において、「存在するものすべてに対する徹底的な批判」を主張します。

だから、われわれは逆にドグマ的な旗を掲げるのには賛成しません。われわれは、ドグマ主義者がその文章を正確に描けるように、手助けしなければなりません。だから、すなわち共産主義はドグマ的抽象であり、私が考えるような想像上の、可能な共産主義ではなく、カベー、デザミ、ヴァイトリングなどのような現実の共産主義をある意味教えねばならないと考えます。この共産主義は、その対立物である私的制度にまだ感染している、人間主義の原理に感染した現象にすぎません。私的所有の廃棄と共産主義はけっして同じものではなく、フーリエ、プルードンなどのような別の社会主義学説があって、偶然ではなく、必然的に相互に対立しているのです。なぜなら、共産主義それ自体は、統一的な社会主義原理の実践だからです。

そして全社会主義的な原理も真の人間的本質の現実性に関するひとつの側面にすぎないのです。われわれは人間の理論的な存在に気を遣うもうひとつの側面、すなわち宗教、学問などにわれわれの批判の対象として関心をもたねばなりません。われわれはとりわけわが同時代人、ドイツの同時代人に影響を与えねばなりません。いかにそれを行うかが問われています。否定できない二つの方法があります。ひとつは宗教で、もうひとつは政治、それらは今日ドイツの主要な関心をかたちづくっている対象です。それがまたどのようなものであろうとそれを考慮しなければなりません。たとえば『イカリーへの旅』のようなおしきせの体系をそうしたものに対置させるべきではありません。

理性はいつも存在してきましたが、つねに理性的な形態でそうだったということではありません。だから批判家は、理論的かつ実践的意識のあらゆる形態を結びつけ、存在する独自の形態からそのあるべき姿、その最終目的としての真の現実を発展させることができます。今現実の生活に関して言えば、政治的国家は、社会主義的要求を意識的な形では満たせない場合、そのあらゆる近代的形態で理性の要求を直接もっているわけです。政治的国家はそこにとどまりません。どこでも政治的国家は実現されたものとして理性を前提にするのです。しかし、政治的国家は、いたるところで現実の前提とその観念的規定との矛盾の中に入っているのです。

したがって、政治的国家それ自身の闘争の中から、いたるところで社会的真実が発展できるのです。宗教が人間の理論的闘争の目次であるように、政治的国家はその実践的闘争の目次です。したがって政治的国家はある特殊な共和国として（sub specie reipublicae）の形態から見て、あらゆる社会闘争、欲求、真実を表現しています。したがって、もっとも特殊な問題（たとえば、身分制的な体系と代表制的体系との相違）を批判の対象とするということですが、それはまったく原理の水準（hauteur des principes）以下の問題ではありません。なぜならこの問題は政治的な方法においてのみ、人間の支配と私的所有の支配との相違を表現しているからです。批判家はしたがってこうした政治問題（粗雑な社会主義者の見解によるともっとも価値あるものですが）に介入することができるのみならず、そうしなければならないのです。批判家が、代表制の体系を身分制的体系より優位であると展開する点において、彼は実際大きな党派の関心をえるわけです。批判家が代表制の体系をその政治的形態から一般的形態に高め、基本にある真の意味を重視する点において、彼は同時にこの党派を超えて進まざるをえないのです。なぜなら、その勝利は同時にその喪失だからです。

したがってわれわれの批判を、政治の批判、政治に対する党派的参加、したがって現実の闘争に結びつける、それらと一致させることを阻むものは何もないのです。その場合、われわれは世界に対して、新しい原理「ここに真理があり、それに跪け！」といってドグマ的に対抗させるのではないのです。われわれは世界に対して、世界の原理から新しい原理を展開するのです。われわれは諸君たちに「諸君の闘争から手を引け、それがくだらないものだから」とも、「われわれは諸君に闘争の真の言葉を叫びたいのだ」ともいいません。われわれは諸君に諸君が本来なぜ戦うのかという理由だけを示すのです。そして意識とは、諸君がそれを望もうとしなくとも、つかまねばならない事実であるのです。

意識の改革は、世界にその意識を気づかせること、世界を夢からめざめさせることは、自らの行動を自らのものだと宣言することにのみ存在します。われわれの全課題は、フォイエルバッハによる宗教批判の場合のように、宗教的政治的問題を自己意識の人間的形態として問題にすること以外にありえないということです。

われわれのスローガンは次のものであるべきです。つまり、ドグマを通じてではない、神秘的なそれ自体不明確な意識（たとえ宗教的、政治的であろうと）を分析することをつうじた意識改革です。やがて、世界は長い間事実について夢をもっているが、世界が現実のものとなるには、世界は意識をもつだけでいいことが理解されるでしょう。ここで問題なのは、過去と未来との間の大きな思考の線ではなく、過去の思想の実現だということが示されるでしょう。最終的に、人間は新しい仕事を始めるのではなく、意識によって古い仕事を現実のものにすることだということが示されるでしょう。

こうして、われわれの雑誌の傾向をひとことで把握することができます。闘争と願望についての、時代の自己了解（批判的哲学）だということです。このことが世界とわれわれの仕事です。この仕事は一致団結した仕事でしかありえません。問題は告白であり、それ以上の何ものでもありません。罪を許してもらうには、人間は罪をあるがままのものとしてのみ説明する必要があるのです。

訳注

▼1　マルクスは六月クロイツナッハで結婚し、一〇月パリに移動するまでそこにいた。

■カール・マルクスの父ハインリヒ・マルクスのプロイセン政府に対する論文「我が国とプロイセン王国との幸いなる併合の際の一八〇八年三月一七日のナポレオン令に関するいくつかの注意書き」とその発表願い（書簡）

Adolf Kober, Karl Marx, Vater und das napoleonische Ausnahmegesetz gegen Juden1808, *Jahrbuch des Kölnischen Geschichtsvereins*, 14, 1932より訳出）（ハインリヒ・マルクス（一七七七―一八三八）がトリーアで弁護士生活を始めた頃に書いた論文。ハインリヒは、ナポレオン崩壊後、プロイセンに併合されるラインラントで、ユダヤ人の解放を願っていた。その解放の基準は一七九一年のユダヤ人解放令であり、ナポレオン体制が崩壊すれば、この基準にもどるものだと考えていた。しかし、実際にナポレオン以後の各地域の法律は、ナポレオン時代の法律が優先されるという形で進む。ラインラントはフランス領であったためにナポレオンの一八〇八年の法令が意味をもつことになった。これはとりわけユダヤ人に対して差別するものであったため、ユダヤ人社会の意を受け、ハインリヒはプロイセン政府の意を受けているケルンの州政府にナポレオンのユダヤ人差別批判の論文を発表することを願い出たのである。詳しくは的場昭弘『トリーアの社会史』未來社、一九八六年を参照。

ハインリヒ・マルクスの書簡

トリーア、一八一五年六月一三日

尊敬申し上げます、州知事閣下、枢密顧問官フォン・ザックス閣下

閣下の政策には、人類の福祉に対するもっとも気高い熱情が表れております。こうしたおかげで、我々は近隣の人々の一般的な気分を知ることができます。つまり、彼らが我々より早く、ドイツの最高の家系の同胞になるという、最高の国王の臣民になるという、市民の幸福をその目的としている啓蒙的官僚の臣民になるという幸福をえた気分についてです。このような名声を考慮いたしまして、あえて私は、ささいな感情ではありますが、また拙いものではありますが、閣下にナポレオン令に注目していただきたくお願い申し上げます。この法令は、けっして一人の独裁者（その狭量さからユダヤ人への憎しみへとそのかされていったのですが）が起草したものではありません。フリードリヒ・ヴィルヘルム国王の意志からすれば、その名前でこうした勅令を支持し、認めるということなど不可能でありましょう。しかしながら、同封いたしました論文を印刷するとしても、まずはそれについて閣下のご感想をお聞きせざるをえませんし、その気高き御許可を得ざるをえません。わが信仰の同志が市民となる光栄に値するためには、どんな罰も必要としないなどと主張するつもりはもうとうありません。しかし、人が誇るべき目的に到達するに

は、恥ずべき行為をしたからといって善の芽をすべて摘み取るべきではないと思われます。逆に善を励まし、悪を根こそぎにしなければならないはずです。しかしそれが可能であり、そうなる場合は、父性的な政府の場合だけです。私はただ自らの力のみで人間となり、貴重な経験を通じて、そして必ずしも安らかではなかった人生の中で、すでに根付いてきた多くの損害の、本来の存在根拠を知るようになりました。ここで私は、党派に与することもなく、文書によって自分の意見を述べたいと考えております。わが信仰の同志を有益な市民にし、気高き君主の寛恕に値させるために何か寄与できれば、私としては最高の喜びでありましょう。閣下におかせられましては、心からの畏敬と忠節を寛大にお許し願いますことを。

閣下の忠節で忠実な役人

ハインリヒ・マルクス

弁護士

「我が国とプロイセン王国との幸いなる併合の際の一八〇八年三月一七日のナポレオン令に関するいくつかの注意書き」

ハインリヒ・マルクス

数世紀来多く議論され、述べられてきた問題について述べるのはとりわけ難しいことです。おわかりいただけるように、わが信仰の同志の擁護者として、私が登場する今回の場合とてこのことは同じです。しかも、けっして資料を十分汲みつくしているわけでもありませんし、とくに新しいことを情熱的に語るというわけでもありません。しかしながら、人々は数千年にわたって物理学や形而上学について書いてきました。それでニュートンは重力の法則の体系を見つけ、カントはその超越的直観によって哲学の境界を示したのです。そして今私は、この気高い天才たちの力に鼓舞され、同志のためにきちんとした論文を書く気になったのです。しかしこうした論文でも弁護にはなることでしょう。原告がいないとすれば、この論文はどうなるのでしょう。寛容という問題が確かに日程にのぼっています。一九世紀において、ユダヤ人に不寛容でいられる人はいるでしょうか？　その理由はなぜでしょうか？　たとえば、ユダヤ人が割礼をしていて、復活祭で種なしパン（無酵母のパン）を食べるからでしょうか。▼1　それは滑稽なことでしょうし、弱々しい精神は、滑稽というよりは、陰険であることを望むようです。このフランスの原理は効力をもたないドイツの大地に完全に移植されたのです。しかしながら、穏やかな割礼と食欲をそそる復活祭のパンは許されているのです。もちろん、おそらくこの面から恐れるものは何もないでしょう。しかし、おそらくそれ以外からも、少なくともそれを期待するものがあるはずです。人間性こそ一般的な解決です。だがそれは、誤解のない、偽りのない神聖なものなのでしょうか？　市民的な意味での、人間の幸せはすべてのものの口にのぼるのですが、こうした人々は、無力な寡婦や孤児を犠牲にして富を集め、正直で勤勉な家族の貧困を犠牲にしてきたのです。羊の皮を着た狼の多くこそ、イスラエルの同胞を無慈悲にののしるものたちです。人が彼らを信じたいと望んでいるとしても、彼らの憎しみの唯一の動機は、イスラエル人の人間性が低い段階にあるということであり、彼らの心が唯一望むことはその再生なのです。しかし、彼らはもともとヤコブの末裔にまったく悪い印象をもっているのです。その理由は、彼らは道すがらあちこちでユダヤ人のやっかいものに会い、おそらく彼らと一緒にならねばならないからです。

魂も、心もなく、フランス革命が荒廃した時代に成功したいと考えたフランスの議員が、アルザスのユダヤ人の金庫に魂を吹き込まねばならなかったのだと考えるなら、一八〇八年三月一七日の奇怪な法[2]の成立は、このように簡単に説明されるかもしれません。しかし、精神や魂に代わるはずの金属は、高価な富であり、あまりにも高価であがなえないものです。これ以外の富をもつことを望まないユダヤ人は少なくともそう考えたのです。しかし、今デマゴーグが野心ある目的に到達したのだとすれば、その理由は彼がその共犯者のことを忘れてしまったからです。彼は耐えてきた屈辱だけを覚えていて、復讐を行ったのです。非人間性を言葉で飾るデマゴーグは、自分たちの学校で見事に学習し、議員の悪意と選帝侯の父なる心とが対立しない地域に吹き寄せられているのです。しかし、ともかくもこの変装した悪者は、われわれを人間以下にさげすむことができるのです。私としては、彼らと闘うつもりはありません。なぜなら、われわれ人間は無限の恩寵のおかげで永遠のものであったし、今もそうであるからです。さらに、われわれは決して奴隷の地位に落ちることはなかったのです。こうした長い圧制の中で堕落しなかったものはだれも、気高い人間性という底知れぬ印をもっているものです。心に根絶しえない徳がやどり、その精神には神の後光が吹き込まれています。ここで告白する問題は私にとって真実のことであり、大変な喜びです。

この喜びがある程度率直なものであれば、それはわが祖国にとって利益であるというだけではありません。キリスト教の穏やかな精神も、時に狂信主義におおわれることもありえましたし、福音主義の純粋な道徳も無知の僧侶によって汚されることもありえました。最悪の時代にはまた、穏やかな教えに対する穏やかな教師を見つけることができなかったことも間違いありませんし、狂ったペテロ（隠者）に対して、ラス・カサスが言及されることもあったことも間違いありません。こうしてわれわれは道徳的にまったく堕落するなどできなくなったのです。今では、狂信主義は不合理なものとなり、徳の高い福音主義の教師が宗教をもっとも純粋な道徳と結びつけている以上、ヨーロッパの領主が、人間の幸福を求め、幸福な市民をもつことだけを目標としている以上、そして平和の神をモロク神[▼3]の犠牲にしない以上、すべてを同じ道徳の上に置くドグマによって、譲渡不可能な人権が失われるなどと考えることは、無駄な恐れになりましょう。したがって、人が進んで分け与えるような場所で、何かを要求するというのは、侮辱的なことでしょう。とりわけ、われわれは、知性、良心、祖国の感情が継承されている、この高貴な王室の手の中の神意に、その運命を委ねているのであり、こうした幸福を無価値なものだとしないかぎり、恐れることもないでしょう。だから、私としては、わが未来の運命などあまり気にかけず、わが信仰の同志の幸福に値するものであること、そしてプロイセン人であることを願い、わが新しい栄光ある政府に、ナポレオンによる専横の遺物であるこの法令に注目していただくことだけに、話を限定したいと思います。その法令とは、一八〇八年三月一七日の法令のことですが、この法令は不当であり、目的もはっきりしないものであり、認められないものであり、道徳的退廃とでもいうべき法令です。もしこの法令が正しく、承認できるものだとすれば、一般的な法律とそれが完全に調和していなければならないはずです。もし、いくつかの補遺の中において不調和が避けられないものだとすれば、法の限界をはっきりと示すような、あらゆる混乱に対して予防がなされねばならないでしょう。すでに神託に等しいものになってしまったような法学の警句のようなものは、まさかの異常事態の時にしかその逸脱はありえず、その場合でもより大きな慎重さが要だということです。

刑法についていえば、実際に違反を行った犯罪者だけが罰せられるべきなのです。刑法は、その規定を通じて将来に起こりうる同じような悪をすべて予防しなければなりません。なぜなら、法が簡単に捻じ曲げられるか、法の中に考えぬかれた違反が生じるとすれば、法律に必要な畏敬の念が損なわれるがゆえに、まったくの沈黙が支配することになりましょう。

被告人は自らを弁護する可能性を保障されねばなりません。――被告がその潔白を証明するのに、道徳的に見て不可能な証明が要求されれば、そこでは正義にもとる滑稽な判決が下されることになるでしょう。結局こうした法律は、悪の根絶のために存在しなければならないのであり、あらたな悪を生み出すためにあるのではありません。そして一人の犯罪者を罰することは、何らの危険もおかさず、数百とはいわないまでも罪の試みを廃棄させることになります。ここでよき法律とは何であるかについてくどくどと申し上げる気などありませんが、実際に説明されたそれらの内容を否定するものもいないことでしょう。これまでに取り決められている原理にしたがって、その法令の内容を精査すれば、それはわれわれの当面の判断が正しいことを正当化してくれるでしょう。フランス帝国の憲法によると、当時皇帝に許されていたのは、実定法を解釈することであり、それをひっくり返すことではなかったのです。しかし、この法令の裁量権は、神聖な法原理と民法の第二条に反して、無限に作用する力をもっています。この法令の第四条は、民法第一三四一条で一般的に述べられている文章「文書内容に対してはまったく証明の必要はない」という内容を否定しています。間違いなく、この法律は天使のためにつくられたものではありません。だからこそ、そこでは誠実さに対して一五〇フラン以上が課せられねばならなかったのです。もちろんこうした矛盾は、この第四条が何ら債務者側からの証明をまったく要求しないで、ただ彼を無条件に信じるという条件で帳消しにされたのです。この場合、この条項は英国の陪審員のある判決と比べると意味があるでしょう。その判決によると、一人のたばこ業者は、たばこの葉が彼の製品には全く使われていなかったことを前もって知っていたがゆえに無罪になったというのです。なぜなら法律は、たばこの葉とほかの植物との混同について語っているにすぎなかったからです。しかし、導入された法律はもう一度傷つけられたのです。ある程度一貫性をもたせるためにだけ、立法者は債務者に、高く吹っかけられているのだという証明を課せねばならなかったのです。すなわち、公証人と商人の前で作り上げられる文書によって、債権者が高く吹っかけたのだということが推測できるそうした文書によってそれを行うのです。しかし、けっしてその証明は債権者に課せられているのではないのです。それはどう見てもすでに困難であり、少なくともその証明は可能性でしかありえないのです。実際それは可能なのでしょうか。先に述べた法律の第四条の最後で法律はこう述べています。「所持者が、その価値が完全に提示され、それが詐欺でないということを証明しないかぎり」と。つまり、全額がはっきりと支払われるべきものであることを第一に証明しなければならないというのです。私文書に関して、いかなる証人もおらず、すぐにその文書作成について誰も監視する必要がないと考えられる場合でも、いずれにしろ証明は可能なはずです。一方で、どんな欺瞞も行われていないということを、証明する必要があるのです。しかし、多くの詐欺があっても、それを選べるのは債務者だけだというわけです。だからたとえば、債務者が証拠もなくいい立てさえすれば、債務者は、契約の前に、債権者の手にあった契約された額の大部分を蓄積したといえます。当然のことながら、再度それに対する反証を債権者が行うべきでしょう。ではそれはどうやって可能なのでしょうか。われわれはその可能性を取り出してみることにします。その前提として、第五条の二項はこう述べています。「もし資本に与えられる利子が一〇パーセントを超える場合、債権は高利だと宣言され、そうしたものとして破棄される」と。したがって、利子が一〇パーセントを超える場合、債務はまったく破棄されるのです。こうした一般法則が将来起草されるとすれば、それはきわめて厳しく、まったく不公平でさえあると私には思われます。なぜなら、犯罪と罰との間にどんな関係があるというのでしょうか？　債務者が、他人の損失によって豊かになってもいいのでしょうか。ローマ人は少なくとも、実定法的に不公平でない取引の場合、受取人が他人の損失で豊かになってはいけないという法を作成しています。フランスの立法者は、この法律を奇妙なものではないと考えているようです。こうした処置はどれほど不当なことでしょうか。なぜなら、今まで罪として認められていないか、少なくとも何の罰則も与えられてない、そんな罪が問題になっているのですから。たしかにすでに述べた文章からさえ、立法者は、そこに含まれている内容を罪（Delit）とみなしていないばかりか、詐欺（Fraude）とさえみなしていないということがいえます。そこにどんな詐欺も存在しないということを、債権者は第四条にしたがって証明しなければならないわけです。この文章は、すでに先に述べたように、第四条で要求されている、証明の準備という前提の中で問題になっているのです。したがって、一度も詐欺ではないと反証しなかった場合、債権者はその所有を失うのです。その理由は、法律で禁止されている利子を取ったからなのです。こうした不当性について立法者は、第六条の最初の部分を次のように、まったく不十分な形で締めくくっています。「高利ではない、普通の合法的な債務のために、わが裁判所は債務者に対して、公平に遅延を与えることを認める」。ここで主張されていることは、立法者が債務者のことを考えて適当な支払い期限を認める権利を与えるということではありません。なぜなら、それはすでに民法第一二四四条に一般的な規範としてあるからです。おそらくそこでは、うまみのある特権が問題となっているというわけではないのです。「この場合私は仕事の必要上裁判官のところへ行くことを免除される」ということ以上に、立法者はここで何も語っていないのです。裁判官に許されていることは、支払い期限それ自身が不法なものだと承認することでしょう。たとえば、その理由は詐欺や高利貸しが行われたというからではありません。なぜなら債務は合法的であり高利ではないからです。そうではなく私がユダヤ人ではないという理由からなのです。「そしてこのことこそ私が公平と呼んでいるものなのです」。――将来に対する処置を含む次の条項は、それが好意的な人間精神をもち、高貴な目的を表している場合、有用なものでありましょう。しかし、人々の名誉や、いわばもっとも誠実な人間の存在が、その市議会の意志に委ねられている場合、ただ不快なだけであり、改善されることなどないでしょう。知られていることですが、小さな地域では多くの場合こうした役人がどれほど力をもち、彼ら小さな専制者はどれほど楽しんで自らの力を行使することでしょう。わが県でかつて起こったことですが、証明書の発行の際（第七条二項によって要求されていることですが）、太鼓で農民を市庁舎に呼び集め、高官の前に出頭させ、彼らがユダヤ人に対して前もって密告したいと思っていることを説明させたのです。こうした乱用から起こることは、一方での侮辱、他方での隠された復讐心以外の何であるというのでしょうか？　こうした芽に豊かな果実などが実りえるのでしょうか？　善も悪用されることがあるとしても、その内的本質において悪の種を含んでいるのは悪だけです。――もっと続けましょう。罪人のみが罰を受けるべきであると主張される場合、それ以上の説明など不要です。雷のような激情の中で法をつくることなどない賢い立法者は、罪人に行き着く手段を簡単に見つけることでしょう。たとえ見つけられないとしても、数千人の臣民を永遠の罰に貶めることなく、この悪から罪人を救えるでしょう。この法律は例外規定ではありません。しかし、すべての宗教に関する罪は、動機に対するまったく憎むべき不寛容になりえるのです。こうした法律は、名目上の利益の中でつくられる、外見上の理由からいつくろうことが可能なのです。すべての宗教が罪を犯すとすれば、それは宗教という面が問題になるということです。わが信仰の同志に対する高利貸しという多くの批判が、どれほど的を射ないものであるかについて、私はここで探求することができませんし、そのあらゆる原因をかつての政治的状態の中に見出すこともできません。あまりにも党派的であると、私を非難することもできましょう。しかし、その批判が本当だとしても、どうして法の厳密さにしたがってわが同志は裁かれないのでしょうか。しかし、もちろんその場合、高利貸しに対する厳密な法律が存在しなければならないでしょう。こうした法律については先に述べたのですが、多くのキリスト教徒にとっても、神聖な抑制手段であるのです。しかし、そうしたものは先に述べた法令の起草の際には存在していませんでした。誓ってそのことを述べますが、神聖な祭壇は君主の役に立つのです。なぜなら、君主はむやみに獲得しようとする高利貸しの悪に課税してきたのですから。しかし、賢明な君主なら、一般的な悪習を根絶するには、一般的な法律をつくるでしょう。そしてこうした性格をひとつにあわせもつような賢い君主なら、その臣民の心にある悪習と、堕落した不誠実さを、自分の手であおるようなことはしないでしょう。神によって与えられた模範であり、祖国の父である君主こそ、誠実な市民を統治するにもっともふさわしいのです。なぜなら、君主にごまかしなど考えられないからです。しかし、こうした成果がこの法令をつくりあげたのです。悲惨な時代においてあらゆる種類の罪にあまりにも委ねられていたため、普通の人々が見出したものは、この法律には、罰せられない不誠実もありうるということでした。もっとも神聖な契約が踏みにじられたのです。神聖な契約に関して、ユダヤ人法は正義なのかどうか、合法的であるのかどうかについて、もはや問いただすこともなく、問いただしたのは、それが利用可能かどうかという点だったのです。厳密な裁判官に助言を求めることなどまったく考えなかったのです。この法律はいわばもっとも名誉を汚す背信を要求したのです。この法律は、危機に陥り、最低の金ももたない友人を無罪にしたのです。そして、立法者がこのように泥棒に都合よい理由を与えていても、道徳や義務について考察する余裕などまったくないような普通の人々は、心の中でそこから誠実さや、良心の呵責を芽生えさせることなどほとんどないのです。この表現はきついのですが、真実です。それが正当である例を私は示すことができます。その場合の私の目的は、人々に反対し、ある点でわが信仰の同志のために弁護することですが、しかし私の唯一の目的は、いまだ法としての効力をもっている非常に不自然で、残酷なこの法令を、わが賢明で、良心的な君主の前で、それがまったく悪法であることを示すことであり、この課題を全うしたことを自負しております。なお一点説明することが残っております。すなわち、厳しさや、非一貫性や、明確な不当性についてさえ、明確に最終目的を述べることによって、それらが正当化されうる場合があるのです。しかし、ここでの問題がそうだといえるのでしょうか。すなわちユダヤ人の改善が目的だったとすれば、とられた処置は目的にかなったものであったのでしょうか？　われわれは、特殊であるがゆえに、そうした純粋の目標を受け入れたいと望んでいたのです。改善目標はこうした形で、実現したのでしょうか？　年長者はこれらの影響を受けることができませんでした。家族の父親が、芸術、学問、手工業に従事することなどできなかったのです。したがって若者たちがその主題とならねばならなかったのです。しかし、若者たちを獲得するために、人々はその父から若者たちの財産を奪い始めたのです。こうしてすなわち、子供たちの心に、復讐の精神が芽生えたのです。こうした目的のために、国家の基本法が傷つけられ、一度として通常の形式など利用すべきでないと考えられたのですが、若者は当然のことながら、その国家市民としての権利に疑いをもち、旧習の中においてのみ自らの存在の確証を認めなければならなかったのです。なぜなら、品位を落とした状態の中で少なくとも同情が掻き立てられたからです。結局すべての宗教が軽蔑された点において、尊敬という感情の芽がすべて消えねばならなくなったのです。この必然的結果が、法外に示されたのです。頭のいいものは、自分の人生を見て、それを捨てたのです。そして、人生を賭けようというしっかりとした能力を持つ少数のものも、最後には年を重ねる中で絶望の中に沈んでいったのです。その理由は、支配的な時代精神に逆らうには、彼らが十分強くはなかっただけなのですが、それがずっと後に理解できたからです。

ここで、心よりお礼を述べ、賢明で、正義の君主の手にわれわれの運命を委ね、終わりにすることにします。君主は子供たちすべてを、その父なる御心の中に包括されるでしょう。君主の脇には正義がそびえています。君主は臣民の善と幸福を望まれます。賢明なる法をその違反によって復讐するような冒瀆には、その罰の棒が下されるでしょう。しかし、父の監視がある限り、よき市民は自らの道を安らかに、落ち着いて歩むでしょう。

訳注

▼1　種なしのパン、すなわち酵母を使わないパンとは、過ぎ越し祭の際に食べるマツァのこと。酵母のパンは食べてはいけないとされる。

▼2　一八〇八年のナポレオン法のこと。一七九一年九月一七日のユダヤ人解放令を一部制限する法律。この法律はユダヤ人社会を完全に国家によって組織するというものであった。その内容はユダヤ人の徴兵、ユダヤ人の高利貸しの規制などであった。

▼3　中東にあった、人間を神にささげた宗教。

第四編　研究編

青年マルクス

第一章　マルクスとユダヤ

はじめに

ユダヤ人（Jude, Juif, Jew）とユダヤ教（Judentum, Judaïsme, Judaism）という言葉は、微妙なニュアンスを持つ言葉である。前者は、ヘブライ人、イスラエル人といった民族、人種を表現するとともに、ユダヤ教を信奉するものを表現している。しかし、キリスト教徒、イスラム教徒、仏教徒はあっても、キリスト人、イスラム人、仏教人という言葉はない。後者も、ユダヤ教という宗教を表現するとともに、ユダヤ性といったユダヤ的意識や思考を意味する場合もある。

「マルクスとユダヤ」という表題は、このいい表しにくい言葉を表現している。もちろん、日本語だから表現しにくいというわけではない。あえて表題にユダヤ人ともユダヤ教徒とも置かず、ユダヤ（Judéité）と置いたのはこの微妙な状況を表すためである。

マルクスが一八四四年に小論「ユダヤ人問題に寄せて」［15］を出版したとき、彼自身がもっとも悩んだのがユダヤ人とユダヤ教という微妙な言葉の差の問題であった。マルクスは、ちょうど六歳になった年の夏一八二四年故郷トリーアの町で、姉弟とともにプロテスタントに改宗している。だからユダヤ人という表現がユダヤ教を信奉するという意味ならば、マルクスはそのときからユダヤ人ではない。

しかしそれが人種や民族ということを指すならば、改宗しようとユダヤ人であることに変わりはない。ユダヤ人はひとつの場所に住むいわゆる国民国家の民ではない。むしろ各地に離散し、マイノリティとして独自の生活と信仰を持つ人々である。とはいえ、紀元一世紀におけるローマ軍によるユダヤ人の第二の寺院の破壊によって国を失ったものの、このパレスチナのユダヤ人は各地に離散しつつも、自らのアイデンティティを強く守りながら、民族的痕跡を残してきたともいわれる。その意味で、ユダヤ人という人種的特徴がことさら強調され、ユダヤ教徒にはユダヤ人としての人種的外観が残るとされる。さらにそれにユダヤ人らしい家庭教育や生活様式が加わり、外面的な宗教の帰依とは別に、ユダヤ的特徴が連綿と保持されてきたというのである。

たとえばフランスのラフォン社の出している『ユダヤ教百科事典』（一九九六）で、「ユダヤ人」（Juif）と「ユダヤ教」（Judaisme）という項目を引いてみよう。それによると「ユダヤ人」とは、ユダヤ人の母に生まれ（ユダヤ改革派によるとユダヤ人の男性でも可）、「ハラカー」（ユダヤ教の宗教的義務についての教え）で定められた聖なる水で清められたものということになっている［2,pp.548–550］。マルクスの場合、少なくともこの二つの条件は、改宗した後ですら十分満たしている。

「ユダヤ教」という項目を見ると、それは一方で宗教、他方で民族を表現するものとなっている［2,pp.528–533］。そして、宗教とともに生活風習も表している。この基準に従う限り、ユダヤ教を捨て、他の宗教に改宗することは容易なことではない。身体や精神に刻印されたものがユダヤ教であれば、どんな宗教に属しているかどうかという表面上の帰属の問題はほとんど意味がない。

スターリンやトロツキーについての浩瀚な研究書を著したポーランド出身のアイザク・ドイッチャーには、彼の妻が編集した『非ユダヤ的ユダヤ人』（一九六八）［8の一章］という書物がある。ドイッチャーはその中で、改宗したユダヤ人を「非ユダヤ的ユダヤ人」と表現している。

マルクス、スピノザ、ハイネ、トロツキー、ローザ・ルクセンブルクを挙げながら、彼らをどの文化にも属さない、民族自体を超えた人々であると述べている［8,pp.35-36］。彼らはユダヤ人でありながら、ユダヤ人を超えることで、その時代の普遍的な世界を理解しえた人々である。その意味で、いずれも特殊なユダヤ的なるものには批判的な人々である。

だから、彼らは正統派ユダヤ人ではない。また改革派ユダヤ人でもない。ユダヤ教に距離を置き、時にはむしろアンチ・セミティストのようにユダヤ教に批判的であったりする。

ドイッチャーはマルクスの「ユダヤ人問題に寄せて」に関連させて、ユダヤ人と非ユダヤ人をこう区別している。非ユダヤ教徒たるキリスト教徒は、ユダヤ人が作り出した貨幣経済の後を追いユダヤ的な市民になった。その意味で、キリスト教徒は宗教的ではなく、実践的な意味でのユダヤ人である。その意味で、キリスト教徒もユダヤ的である。しかし、改宗したマルクス、すなわちキリスト教徒になったマルクスは、こうしたユダヤ化したキリスト教社会を批判の対象とし、そこからの人間的解放を願ったのだという。

マルクスのような改宗ユダヤ人は、もともとユダヤ人であることによって、ユダヤ人のもつ狭隘さに愛想がつき、その狭隘さの象徴でもある資本主義精神を批判しえたのだ。その限りにおいて、マルクスは徹底したアンチ・セミティストでもあった。しかし、他面でユダヤ人の持っている普遍的精神、世界精神、法則性、現実的精神を最大限に生かし、その普遍的精神はとことんまで究めることができた。世界精神と法則性が、ユダヤ人の作り上げた成果であるとすれば、ユダヤ教への批判は、否定とポジティブの二面性を持っていることになる。

1　「ユダヤ人問題に寄せて」のこれまでの研究動向

かつて、マルクスの「ユダヤ人問題に寄せて」は、マルクスの宗教批判、とりわけアンチ・セミティズム（反ユダヤ主義）的観点から語られてきた。ソヴィエト・ロシアにおけるユダヤ人への厳しい弾圧は、ロシア時代におけるユダヤ人弾圧の流れと相俟って、奇妙な状況を作り出す。

一九世紀半ばにはロシア地域には三〇〇万人以上のユダヤ人［1,p.485］が暮らしていた。しかし、ロシア政府はキリスト教への同化か、追放かの選択を迫ってくる。アレクサンドル二世の暗殺後、ポグロム（殲滅作戦）が起こる。こうして多くのユダヤ人がロシアを捨てる。

一九一七年の革命にはトロツキーやジノヴィエフなどの多くのユダヤ人が参加した。しかし、ソヴィエト権力は、キリスト教とユダヤ教ともに宗教を弾圧することで、宗教自体を抹殺しようとした。貨幣的資本主義の元凶がユダヤ教ならば、資本主義の廃棄とともにユダヤ教も消滅する。皮肉なことに西側では、社会主義革命はそれに参加したユダヤ人の多さからユダヤ教の陰謀であるという風説が流れていたのだが、ソ連ではユダヤ人への弾圧が進む。

まさにそうしたソ連の状況の背景に、マルクスのアンチ・セミティズム的批判があったことは間違いない。ソ連の公認のマルクス伝では、マルクス家の改宗は、ユダヤ教への嫌悪という点からもっぱら説明されてきた。その背景に、「ユダヤ人問題に寄せて」におけるマルクスのアンチ・セミティズム問題があった。

マルクス家が、ユダヤ人、それも名高いラビの一族であったことは隠すことができない話であるが、フランス革命に触発されたマルクスの父ハインリヒは、キリスト教の啓蒙思想に感化され、進んでキリスト教徒になったのだとされていた。だから、マルクスの家庭での教育、親戚との交流などはまったく無視され、マルクスはプロテスタント教育の中で、完全なキリスト教徒として育ったのだということになっていく。マルクスのユダヤ人嫌いの典型的な文献として位置づけられたのが、「ユダヤ人問題に寄せて」であった。確かに表面的に読む限り、そこで展開されている内容は、ユダヤ教への痛烈な批判である。一八四四年の

『独仏年誌』に掲載された「ヘーゲル法哲学批判‐序説」には有名な「宗教は阿片である」［15,72］という文章があるが、単純な類推で読む限り、そこには宗教への批判、そしてユダヤ教への痛烈な批判があると読めたのである。

マルクスとユダヤ教との関連についての研究、とりわけ幼少期のマルクスやマルクス家に関する研究が長年遅れていた以上、マルクスのアンチ・セミティズムについて、再考の余地はなかった。マルクス家の祖先の詳しい内容がわかるようになったのは、一九五八年、ブリリンクが、トリーアのユダヤ人社会のプロトコールを公開して以降にすぎない［詳しくは、12の三章］。しかしながら、もっぱらトリーアの郷土史のアマチュアの歴史研究家たちによって達成されたこうした成果が、マルクス主義を研究する世界の研究者たちに顧みられる機会は多くはなかった。

とりわけこの分野に大きな足跡を残したのは、マインツの弁護士、郷土史家のハインツ・モンツ（Monz）である。一九六五年に書かれた『カール・マルクスとトリーア』（*Karl Marx und Trier*, Trier）、そして大幅改訂増補された一九七三年の『カール・マルクス　その生活と著作への足がかり』（*Karl Marx, Grundlagen der Entwicklung zu Leben und Werk*, Trier）は、これまでのマルクスのイメージを大きく変えた。

そうした成果を受けた、非常にバランスの取れた伝記は、イギリスのマクレランの『マルクス伝』が最初である。そこでマクレランは、マルクスをアンチ・セミティストとして位置づける解釈についてやんわりと批判している。その論拠に、ケルンの『ライン新聞』時代に起こったある事件が論証として出されている。それはマルクスのもとを訪れたユダヤ人会の会長の嘆願に対するマルクスの支持である。まさにこの嘆願こそ、マルクスが「ユダヤ人問題に寄せて」を書く直接のきっかけとなるのだが、彼はそのときの心情をこう述べていた。

「ユダヤ人の信仰はどんなにいやなものであろうと、バウアーの見解はあまりに抽象的だと思いました。

問題はキリスト教国家の中にできるだけ多くの穴を開け、できるだけ多くの理性的見解をもちこむことです」[11,81]。

このことから理解できることは、マルクスは、資本主義化された世俗的宗教としてのユダヤ教、すなわちユダヤ人の吝嗇には不快の念を示していたが、宗教の自由やユダヤ人の精神や生活には何ら不快感をもっていなかったということである。

わが国においても、一九七〇年代、廣松渉、良知力などによって、マルクスの時代背景をめぐる研究が進む中、次第にマルクスを単純なアンチ・セミティストとして位置づける見方は消えていく。

しかしながら、積極的にユダヤ教とマルクスとの関係、いやもっと言えばマルクスの思想全体を貫くユダヤ教的部分についての言及などが、語られるようになるのはもう少し時が必要であった。

その意味で、アンチ・セミティズム的深層心理を徹底して分析したキュンツーリの『カール・マルクス——心理学的伝記』（Künzli, A., *Karl Marx, Eine Psychographie*,1968）は、マルクスのユダヤ嫌いを強調する作品の代表格である。キュンツーリは、マルクスはユダヤ人であることを徹底して否定したいと望んだのだと主張する。すべてを金銭に還元するユダヤ精神の自己否定こそ社会主義であり、その意味でマルクスの思想それ自体、ユダヤ的世界の自己否定であったというのである。同年に出版されたポリアコフの『反ユダヤ主義の流れ』の第三巻は、早速この書物をとりあげ、少なくとも部分的にはこの説に賛意を送っている。ポリアコフは、幼少期の研究が乏しい時代の書物を参照しており、それゆえマルクスをアンチ・セミティストに分類せざるをえなかったのだが、それでもいくぶん留保を置き、マルクスの中にあるユダヤ性については、終末論との関係で認めていた[10,p.566]。まさにこのポリアコフの留保した問題が、今新たに重要な問題となりつつあるのだ。

一九七〇年代までの研究の多くは、マルクスのアンチ・セミティズムをことさら批判するか、そうでなければ、ユダヤ教批判の線にはとりあえず触れず、マルクスの人間的解放だけに焦点を当てるというものであった。マルクスが批判の対象としているのは、あくまで一般的な人間の解放であり、キリスト教徒ですら解放されていない状況を説明するための一種のダシにユダヤ教批判が使われているのであり、ユダヤ教だけでなく、キリスト教も批判されているのだという見解であった。ユダヤ教の固陋さについてのマルクスの批判が問題にされることはなく、宗教一般の批判として、マルクスはユダヤ教のみならず、キリスト教も否定することで、人類一般の解放という思想に至ったのだということになっていた。

この見解にしたがうと、ユダヤ教もキリスト教もひとしく批判され、人間社会の解放のもとでは宗教一般が不要になるという結果にある。その意味でマルクスは無神論者の系譜に立ち、それゆえマルクスは徹底した無神論的科学主義の人物として描かれていた。もちろん、こうした見解も、広い意味ではアンチ・セミティズムの議論に入れてもいいのかもしれない。

2 「ユダヤ人問題に寄せて」の最近の動向

これらのアンチ・セミティズム的見解に対して、真っ向から批判し、むしろマルクスとユダヤ教との関係を積極的に見ようという考えが一九八〇年以降現れてくる。その典型が先のハインツ・モンツ『カール・マルクスにおける正義とヘブライ聖書における正義』（一九九五）［4］と、デニス・フィッシャーマン『亡命の政治論――カール・マルクスとユダヤ人問題』（一九九一）［3］、ウルフソン『ユダヤ人マルクス』（新評論、一九八二）［6］、植村邦彦『同化と解放』（平凡社、一九九三）［5］である。

最初の二つの書物は、マルクスの中のユダヤ性を強調することによって、マルクスの思想の中に新しい側面を見ようとする研究だが、後の二著はこれと対照的である。ウルフソンの著書は、マルクス自身あまりにもユダヤ的であるがゆえに、それが自己嫌悪を生み出し、そのユダヤ性によってマルクス体系が崩壊すると主張する。また植村は、一九世紀のユダヤ人解放をめぐる思想史の中でこの問題を捉えなおし、マルクスのユダヤ性については直接触れず、「ユダヤ人問題に寄せて」の落ち着きどころを模索する。

そもそもマルクスがユダヤ人問題を書くきっかけとなった当時の大きな世界的事件は、一八四〇年二月に起こったダマスカスにおけるカプチン会修道士殺人事件であった。カプチン会修道会は、犯人は「過越しの祭り」のために血を必要としたユダヤ人であると主張することで、フランス領事とトルコ総督は、ユダヤ人の理髪店主シュロモ・ネグリンを拷問にかけ、暗殺を企んだとされたユダヤ人を告発した。そのうち二人が拷問で死に、多くのユダヤ人が巻き添えをくった［7,pp.27–28］。

この事件は国際問題へと発展する。イギリスのユダヤ人モンテフィーレは、イギリスのユダヤ人をまとめ政界に働きかけ、エジプト、シリアの支配者モハメド・アリに会うために現地に赴いた。そこでユダヤ人に対するむやみやたらな逮捕を禁止させたが、この問題はエジプト、シリアを擁護するフランスと、それに対抗するイギリスおよびプロイセン、ロシアといった敵対関係に発展し、一八四〇年の独仏戦争の危機を演出する。

この独仏危機は、ヨーロッパにおいてはフランスに楔のように打ち込まれたラインラントの領有をめぐる問題へと発展し、独仏の思想家の議論を喚起する。この議論をジャーナリスティックにつかみ、独仏の思想家を一緒に議論させるという雑誌の発行を試みたのが、アーノルト・ルーゲとマルクスであり、その雑誌の名前は『独仏年誌』と名づけられた［詳しくは13の二章、三章参照］。

「ユダヤ人問題に寄せて」は、「ヘーゲル法哲学批判－序説」とともに、この雑誌に掲載される。まさに独仏危機の原因となったユダヤ人問題がそこで扱われたのである。

こうした危機を反映してユダヤ人解放への動きは大きな議論を国際的に喚起する。ウジェーヌ・シューの『さまよえるユダヤ人』（上下巻、小林龍雄訳、角川文庫、一九八九）の新聞への連載は一八四四年から始まるが、この作品は五つのメダルをめぐる話を挿入させながら、中世から敷衍していたユダヤ神話、金に狡《こ》すからいユダヤ人のイメージを払拭させる内容であり、爆発的人気をさらった。ちょうど同じころ、イギリスでは首相となる改宗ユダヤ人、ディズレリーが『コニングスビー』（*Coningsby*）を発表した（一八四四）。この書物で彼は、ユダヤ人にはマラノ（スペインの改宗ユダヤ人）をはじめとした多くの優秀な人物がいることを強調することで、ユダヤ人への正しい認識を喚起する。

ダマスカス事件で問題となったのは、キリスト教徒のユダヤ教に対する古典的イメージであった。そこには、ユダヤ教の中にあるメッシアの到来や割礼の儀式といった問題から始まり、『聖書解釈』（トーラー）の問題、ユダヤ的生活様式（たとえば食習慣など）、高利貸しとしてのイメージなどが含まれていた。すでに一八三〇年代にユダヤ教の学問的研究を目指すユダヤ学（Judentum）も出現し、キリスト教社会への適用を考える改革派も出現しつつあった。とはいえ、巷ではユダヤ教は、この事件に見られるような血の儀式を遂行する野蛮な集団という認識もあった。

こうした状況の中で、ユダヤ人の解放問題がヨーロッパ全体で議論の対象となる。フランス革命以後ユダヤ人の解放は、一七九一年のユダヤ人解放令によって始まった。とはいえ、ユダヤ人の解放は何度も後退を余儀なくされながら、ヨーロッパ全体までなかなか広がっていかなかった。フランスに併合されたプロイセン領のライン左岸ではユダヤ人の解放が急激に進んだが、ナポレオン体制崩壊後再びもとに戻る。こうして解放とは別に、ユダヤ人のキリスト教への改宗の動きが促進される［12の三章参照］。

特に一八四二年にユダヤ人の差別化をより強化するフリードリヒ・ヴィルヘルム四世のユダヤ人法案が明らかになると、ヘーゲル左派を中心として大論議が起こる。ブルーノ・バウアーの『ユダヤ人問題』

（一八四三）［9に所収］が先陣を切り、その後それを批判する形でマルクスの「ユダヤ人問題に寄せて」が執筆される［野村真理「ユダヤ人問題」14,pp.508−509］。

第一の改宗の波はナポレオン崩壊直後一八一六年－一九年に起こる。マルクスの父もこの時期に改宗したと思われる。第二の波は一八二〇年代で、マルクスと姉弟、そして母はこの時代に改宗している。こうした改宗は、あくまでも生活上必要なものであり、スペインのマラノが一五世紀に緊急避難的に改宗した状況と似たようなものであった。

もちろんこうした改宗者は、表向きはキリスト教徒となり、キリスト教の学校に通った。マルクスは、父自らが寄付をして建立したユダヤ人学校には行かなかった。しかし、ユダヤ人の友達や、共同体との関係は相変わらず続いていた。当然ながらトリーアのような豊かなユダヤ人の少ない地域にも、ユダヤ教への宗教的嫌悪はあった。しかし、後にマルクスが批判するような、ユダヤ社会に潜む、高利貸し的ユダヤ教に対する嫌悪が強くあったわけではない。

しかしながら、イギリスのナポレオンに対する勝利で巨万の富を得たロスチャイルド家をはじめとするユダヤ人のイメージは、ユダヤ教への新たな嫌悪として登場してくる。ユダヤ教自身、改革派を中心に、ユダヤ教の簡素化、世俗化が進んでいく。そうした中で、ユダヤ教自身の中にある伝統的思想と世俗的金儲け主義が分離し始める。そこで、ユダヤ教の中に、ユダヤ的伝統を固執する古いタイプと、宗教としてのユダヤ教を放棄しつつも、思想としてのユダヤ性を信奉する新しいタイプ、すなわちドイッチャーが「非ユダヤ的ユダヤ人」と述べているユダヤ人が出現する。マルクスやハイネはまさにこうしたタイプに属する。

この両者は、ともに金儲け主義としてのユダヤ教の世俗化に反対する。もちろん反対の仕方はまったく異なる。前者はユダヤ教的アイデンティティを確保すべく、トーラー、タルムード、ミドラシュなどの経典解釈や生活規則の遵守を訴える。後者は、こうした経典解釈それ自体を否定しつつ、経典解釈の方法をキリスト教が生み出した近代的学問に接合し、近代社会の批判、とりわけ資本主義社会に対する批判に向かう。

こうして、ユダヤ人の中に、資本主義的色彩に塗られたユダヤ主義者と、資本主義的色彩を批判克服しようとする人々が混在してくる。ユダヤ人の中に多くの社会主義者（マルクス、ラサール、トロツキー、ローザ・ルクセンブルクなど）が輩出するという奇妙な現象は、非ユダヤ人的ユダヤ人としての彼らの批判的姿勢にある。

それとともに、本来の離散した「ディアスポラ」としてのユダヤ人、貧困に耐え抜き、マージナルな世界で生き抜く賤民（パーリア）としてのユダヤ人を意識的に引き受け、プロレタリアをパーリアと考え、苦しみぬくことで地上の世界に新しい世界をつくることを考える人々が出現する。しかし、こうした思想は、苦しみを受ける人々がユダヤ人に限られるとすれば、非常に閉じた思想、いわゆる選ばれたものの思想、選民思想になりかねない。

一方でユダヤ教から宗教的に改宗したユダヤ人は、こうした選民思想から免れている。改宗した人々が向かったキリスト教のように、全人に開かれた思想を目指しながら、他面ユダヤ教の中にある地上に新しい世界を作ろうという千年王国的思想を受け継ぐ、特異な人々が現れる。ユダヤ教の共同体思想は、私的所有批判となり、ユダヤ教の中にある他人の幸福が自分の幸福であるという思想は、利他的思想へと変貌していく。

キリスト教社会がますます思想性を失い、資本主義へ進む中、また資本主義の先駆をなしたユダヤ的世界が、ますます思想性を失い、金銭的宗教へと進む中、非ユダヤ的ユダヤ人は、ユダヤ性の復興を目指すこと、言い換えれば、ユダヤ性を資本主義批判のひとつとして昇華することで、社会批判を展開する。

彼らの批判は、ある面で資本主義批判であると同時に、またある面では、アンチ・セミティストであるという二面性をもっている。パリ時代のマルクスの友人ヴィルヘルム・マールが、社会主義者であると同時にアンチ・セミティズムの創始者であるという問題、また同じくマルクスの友人モーゼス・ヘスが社会主義者でもあり、シオニズムの創始者でもあるという問題は、まさにこの非ユダヤ的ユダヤ人という状況からある程度説明がつく。

最近の「ユダヤ人問題に寄せて」の研究、さらにはマルクスとユダヤとの関係をめぐる問題は、こうした脈絡の上で展開されつつある。ユダヤ教の経典を学び、一三歳で行われる成人の儀式バル・ミツヴァの中での厳しいラビとの討論の経験もないマルクス、またヘブライ語も十分に学んでないマルクス（ギムナジウムで授業をとっていた）が、本当にユダヤ的精神を受け継ぐことができたのかどうかについては、いくつも疑念は出されよう。

しかし、一方でユダヤ人の母によって幼児期に教育を受けたものはそのユダヤ性を抜け切れないという点においてマルクスは十分ユダヤ的であり、ラビの家系に生まれ、父の兄弟がラビであり、兄弟の嫁ぎ先の多くがユダヤ系である点からみて、まさにマルクス家はその後もユダヤ人一家である。ザルツボンメルの叔父フィリップスに対して、ユダヤ人の世界のことを「われわれ」といって憚らないマルクスが、たとえユダヤ教は放棄していたとしても、自分を非ユダヤ人であるとまさか考えていたわけではないだろう。

引用文献

（1）Attali, J.,*Les Juifs, le monde et argent*, Fayard, 2002.

（2）*Dictionnaire Encyclopédique du Judaisme*, Lafont, 1996.

（3）Fischermann, D., *Political discourse in Exil,Karl Marx and the Jewish Question*, University of Massachusets Press, 1991.

（4）Monz, H., *Gerechtigkeit bei Karl Marx und der Hebraische Bibel*, Baden-Baden, 1995.
（5）植村邦彦『同化と解放　十九世紀「ユダヤ人問題」論争』平凡社、一九九三年
（6）ウルフソン、M.『ユダヤ人マルクス』（堀江忠男監訳）新評論、一九八七年
（7）ジョンソン、P.『ユダヤ人の歴史』（石田友雄監修）下巻、徳間書店、一九九九年
（8）ドイッチャー、I.『非ユダヤ的ユダヤ人』（鈴木一郎訳）岩波新書、一九七〇年
（9）ヘーゲル左派論叢第三巻『ユダヤ人問題』（良知力、廣松渉編）御茶の水書房、一九八六年
（10）ポリアコフ、L.『反ユダヤ主義の歴史』（菅野賢治訳）第三巻、筑摩書房、二〇〇五年
（11）マクレラン、D.『マルクス伝』（杉原四郎他訳）ミネルヴァ書房、一九七六年
（12）的場昭弘『トリーアの社会史』未來社、一九八六年
（13）的場昭弘『パリの中のマルクス』御茶の水書房、一九九五年
（14）的場昭弘、内田弘、石塚正英、柴田隆行編『新マルクス学事典』弘文堂、二〇〇〇年
（15）マルクス、K.『ユダヤ人問題によせて　ヘーゲル法哲学批判序説』（城塚登訳）岩波文庫、一九七四年

第二章　マルクス家とユダヤ教

1　フランス下でのユダヤ人解放から改宗まで

カール・マルクスはユダヤ教のラビの名家の出身である。しかし、一八二四年、六歳の時に兄弟とともに洗礼を受け、プロテスタントに改宗している。そもそも改宗は父の仕事上の問題に端を発している[3.p.221]。

父ハインリヒ・マルクス（一七七七－一八三八）の青春時代はフランス革命の時代であった。一七九一年九月二七日のユダヤ人解放令によってフランスではユダヤ人が解放されていたが、一七九四年にトリーアはフランスに併合される。そのためトリーアのユダヤ人もこの法令の適用を受けることになった。こうして父ハインリヒはユダヤ人に許された商人の道ではなく、弁護士の道を歩むことになる。

ナポレオンに治世が移ったのち、ユダヤ人解放に対する暗雲が立ち込める。すなわちユダヤ人に対する人々の偏見を利用し、ナポレオンがユダヤ人に対する制限を行おうと計画したからである。ナポレオンはユダヤ人を国民として組織すべく、ユダヤ人社会を統一化しようとした。まず一八〇七年二月、パリで大サンヘドリン会議（最高法院――ユダヤ人社会の最高決定機関）を招集した。ナポレオンが反ユダヤ主義者であったのかそうでなかったのかについては諸説があるが、いずれにしろナポレオンがユダヤ人を組織化するために、ユダヤ社会の因習を破壊する必要があったことは事実である。

このパリの大サンヘドリン会議には、ハインリヒの兄ザムエル・マルクスがザール県のラビとして参加した［3,pp.244–5］。まさにこの大サンヘドリン会議で問題になったことはユダヤ人がユダヤ人として国民すなわち公民になれるのかという問題であった。最初にパリの市庁舎のチャペル、サン・ジャンでユダヤ人の長老を集めた。ここで一二の質問に回答することが課題であった。それは、宗教と公民との関係、一夫多妻制の問題、離婚問題、ユダヤ人とキリスト教徒との結婚問題、高利の問題、ラビの問題などであった［1,p.405］。

そしてナポレオンは、大サンヘドリン会議は二月から一カ月間開催されたが、会議は解放を維持することで一致していた。この会議でガス抜きをしたナポレオンは、一八〇八年三月一七日にユダヤ人に関する三つの法令を発表した。最初の二つはユダヤ人組織に関するものであったが、ユダヤ人にとって致命的な差別のもととなったのは第三の法令であった。これはユダヤ人のみを差別する例外法とでもいうべきものであった。ユダヤ人から受けた債務を帳消しにするという内容が盛り込まれていたからである。さらには居住の制限、移動の制限、職業の制限なども含んでいた［1,p.407］。

ユダヤ人二〇〇〇人を単位としてそこに宗教会議を置くことが決定され、ナポレオン政府がつねにユダヤ人社会を監視できる法律が成立した。こうしてフランス下で実現したユダヤ人の解放に制限が加えられた［2,p.485］。

一八一四年、フランス併合が解かれ、プロイセン領となるユダヤ人は、この差別を撤廃してもらうことを要求したが、それ以上に厳しいプロイセンによるユダヤ人差別に遭遇することになる。一八二〇年に起こった反ユダヤ主義の運度「ヘップ・ヘップ運動」によってユダヤ人に寛容な人々の意見が封印され、反ユダヤ主義がはびこる。反ユダヤ主義に対して、後にカール・マルクスが師事するベルリン大学のガンス教授を中心にユダヤ人同盟が結成された。しかしユダヤ人に対する差別は終わることはなかった。

そこで改宗という動きが生まれる。一八一六年から一八一九年に最初の改宗の波が来る。このときハインリヒ・マルクスは改宗している。カール・マルクスは第二次の波のとき、すなわち一八二〇年代の波のときに改宗させられた。当時プロイセン政府が改宗をむしろ奨励していた。フリードリヒ・ヴィルヘルム三世が名付け親となり、奨励金を与え、改宗を奨励していた。ハインリヒがコブレンツ、ベルリンで学業を終え、弁護士として仕事を始めたのは一八一六年であったが、そのころ内務大臣令によって職を失いかけている[3,p.329]。ハインリヒがいつ改宗したのか具体的なことはわからないが、一八一七年ごろ改宗したことは間違いない。

2　マルクスとユダヤ人社会

代々トリーアのユダヤ人社会のラビはマルクス家がつかさどっていた。最初にトリーアにやってきたのは、ヨーゼフ・イズラエルである。それは一七世紀のことであった。その家系のひとつにコーヘン家があるが、この家族はポーランドのクラクフ出身であり、代々学校長をしていた学者一家でもあった。その祖先にはパドヴァで学校長をしていた人物にもたどり着く。ハインリヒの父、すなわちマルクスの祖父のモルデシャイ（マルクス・レヴィ）は一八〇四年に亡くなるが、ハインリヒの兄ザムエルがその後を継いでいる。

母ヘンリエッテ・マルクスは、オランダ出身である。オランダのナイメーヘンの出身であった。名前をプレスブルクという。その父イザク・プレスブルクは、一七四七年に現在のスロヴァキアの首都であるブラティスラヴァ（ドイツ名、プレスブルク）に生まれた。祖先はこのブラティスラヴァのユダヤ人ラビであった。その家系の一部がウィーンに移り、ハインリヒ・ハイネにつながっていく。マルクス家とハイネ家は遠い親戚である。そしてヘンリエッテの妹ゾフィーは、ザルツボンメルのリオン・フィリップスと結婚する。その家系に電機会社フィリップスの創始者が生まれる。

ハインリヒ・マルクスは、ヘンリエッテ・プレスブルクと一八一四年に結婚している。その後ハインリヒは改宗したが、ユダヤ人社会との関係を絶つことはなかった。つねに世話役として宗教会議には出席していた。兄ザムエルが一八二七年に亡くなって以降は、ユダヤ人社会の中心人物となる。未亡人やその子供たちの面倒をみている。彼の書斎にはユダヤ教関係の本があった。

ヘンリエッテは子供たちより遅れて一八二五年に改宗するが、遅れた理由は父イザクが彼女の改宗に頑強に反対したからであった。一八二七年六月三日、福音教会で開催された聖餐式で、ハインリヒは「私が生まれながら結びついている宗教は、ご存知のように、皆さんに信頼されているというわけではなく、この地方でもこの宗教に対して寛大ではありません」［3,p.240］と述べている。この宗教とは当然ながらユダヤ教である。一世紀後の一九二七年、トリーアを訪れたあるユダヤ人がベッカー夫人というユダヤ人を訪ねた。そこで彼は、マルクス家の人々がユダヤ人と深い関係をもっていたことを記している［3,p.240］。この夫人はヘンリエッテ夫人やその子供たちと親しい関係にあったのである。

マルクスの姉妹の嫁ぎ先の多くがユダヤ人であること、しかもそれがオランダの母方のユダヤ人と関係していることにも注目すべきであろう。姉ゾフィーはマーストリヒトのユダヤ人ヴィルヘルム・シュマルハウゼンと結婚した。ほかの妹もそうであった。

トリーアのユダヤ人は、一六世紀の末に街の中での生活が許されるまで外で暮らしていた［3,p. 228］。ユダヤ人の生活が許可されたのは、トリーアの選帝侯が彼らを利用しようとしたためであった。市民からはユダヤ人は忌み嫌われた。高利貸しによって飢えた貧民を食いつぶそうとしているとみられたからであった。当時彼らに許されていた職業は高利貸しと商人だけであった。彼らは市民権をもたず、税を一方的に徴収されるだけであった。

マルクスの祖先がトリーアに住み着く一七世紀後半ごろからユダヤ人への同化政策がとられていく。キリスト教の大司教にしたがうことが義務付けられてくる。ナポレオンの時代には、二〇〇人のユダヤ人が住んでおり、ザール地区の宗教会議の中心であり、その下のコンジトリウムを形成していた。その頂点にいたのがザムエルであった。ナポレオン時代にできた一八〇八年の法令によって、ユダヤ人の職業は制限され、貸与したお金も回収できない状態となる。

当時ハインリヒ・マルクスを含めてこの問題に頭を悩ますことになる。この問題の経過について、後にユダヤ人とキリスト教徒の平等をケルンのライン州議会に提訴するカール・ヘルメスはこう語っている。「市民権に関して、キリスト教徒とユダヤ人とを平等に置くことが私の要求です。――そのためになされた進歩は一八一二年三月一二日の法律でした。すなわち――いわゆる一八〇八年のユダヤ人法は、すべての地区に拡大したわけではなかったのです。それは次の場合には廃止されるという過渡的な規定をもっていたにすぎません。その場合とは、それが施行されて一〇年間更新されなかった場合です。王政復古の後フランスでは廃止されてしまいました。そのときまでユダヤ人は構成員として選挙権をもっていたわけです――それ以来事実はどうなっていったでしょう――一八一五年四月の占領勅令の中で、皇帝陛下は地方のすべての住民に、その下にいるユダヤ人も含めて、次のお言葉をかけられたのです。『諸君の宗教、それは人間が信頼する神聖なものである以上、それを尊重するであろう』と。――最高の権利である内閣の一八三〇年八月九日の勅令は、占領の際、ライン地方のユダヤ人の権利のいっそうの拡張を命じましたが、それにもかかわらず。一八一八年頃から有名無実のものとなっていました。――われわれは内閣の条例を読みました。それは一八三〇年の勅令とまったく矛盾していて、第三者的な立場から、ユダヤ人の法的立場を廃止し、ユダヤ人が法に携わる道や、弁護士になる道を閉ざしてしまおうとしています――一八二六年の州議会は、ユダヤ人の状態改善について、専門家の鑑定を与えるように要求しました。また、地方におけるユダヤ人の市民的・法的関係を考慮して、どういった提言や要求がなされねばならないかを調べるように要求されました。――この鑑定は報告され、一八二七年七月一三日の州議会の議事の中で、その問題のはっきりした結論が考慮されることになっていました。――それ以来一六年がたちました。この結論はまだ出ていません。――それ以来多くのことがなされ、状態は改善されています。しかし、この仮協約はあのユダヤ人法を基礎にしております。こうした曖昧な状況をなくさねばなりません。そしてユダヤ人の運命をはっきりさせるべきです」[3,pp.230-231]。

ヘルメスはユダヤ人ではない。むしろカトリック教徒である。カール・マルクスは『ケルン新聞』に掲載されたこの論文に対して批判を行っている。彼のキリスト教観はどうあれ、ラインにおけるユダヤ人に対する政策について彼の論文は明確である。

トリーアのユダヤ人社会もそれなりの処置を行った。（1）ユダヤ人が非ユダヤ教徒に対して詐欺を行う場合、三カ月間のユダヤ人のシナゴーグへの出入りを禁じること、（2）悪い行いをしたものは一一カ月間名前を張り出す、（3）大審院の権限で監視をつける[3,p.231]。しかし、商業が制限され、貸付が滞っていたユダヤ人社会は貧窮を極めることになった。

こうした状態の中、ハインリヒ・マルクスはユダヤ教を捨てざるをえなくなる。一八一六年、一八一八年ユダヤ人の公職追放が打ち出され、役員、弁護士、士官、判事、医師になることができなくなる。もちろん、ハインリヒ・マルクスは、つねにユダヤ教のために上申書を送ったりして活躍するのだが、改宗は急務であった[3,p.232]。

3　ハインリヒ・マルクスと改宗

ハインリヒ・マルクスは職業選択の自由を初めてもった世代であった。そもそも兄ザムエルとハインリヒはトリーアのシナゴーグに住んでいた。そこにはほかの家族も同居していたためけっして豊かな生活ではなかった。父はラビであると同時に、商人であった。ラビという地位は職業にはならなかったのである。すでに成人していたハインリヒはユダヤ人のシナゴーグで書記の仕事をしていたが、未来に対して不安を抱いていた。ハインリヒ・マルクスは、こうした状況のもとユダヤ人に開放された仕事につくことを志す[3,p.327]。

法学校がフランス各地区につくられたが、トリーアにも創設された。しかし彼が選んだのはコブレンツの法学校であった。すでに三〇歳近い年齢であったが、ほかのユダヤ人への奨励ということもあり、学校へ進む。一八〇八年、この法律学校は大学となるが、三年間の学業を終え、最終試験に受かる必要があった。そしてさらに一年通えば博士の称号を得ることができた。一八一三年に試験を受け、一八一四年に代訴人になっている[3,p.329]。しかし実際に彼は弁護士資格をそこで得たわけではない。その後、彼はトリーアの裁判所で弁護士として活動し始める。実はそれ以前一八一〇年ベルリン大学の聴講生にもなっている[3,p.331]。後にカール・マルクスをベルリン大学法学部へ転学させるのは、ベルリン大学について彼が詳しく知っていたからであった。とりわけプロイセン法の研究の必要性があると思われたのである。正式の弁護士となるのは、一八二〇年代であるが、彼が改宗したのは正式の弁護士になるための手段だったことがここでわかる。

ハインリヒは、長くユダヤ人問題にかかわってきた。とりわけ彼の思想を知る上で重要なものは、「ナポレオンのユダヤ人令」（一八一五。本書で訳出）、「商業審査の価値について」（Über den Wert der Handelsgerichte1817,Heinz Monz, Die rechtsethischen und rechtspolitischen Anschauungen des Heinrich Marx, *Archiv für Sozialgeschichte*, VIII,1968 所収）、「ケルン教会闘争」（Über den Kölner Kirchenstreit, *Marx Engels Gesamtausgabe*, IV/1 所収）（一八三八）（全体の解説は［1,pp.335–341］を参照）がある。

本書で訳出した最初の論文は、まだ駆け出し時代の論文である。ナポレオン体制が崩壊し、ラインラントの帰属が不分明であり、なおかつナポレオン時代の法律がどうなるかが不明のときに書かれている。弁護士をはじめてすぐの頃のことである。

この論文は権威ある人物に出されていること、そして彼の職業の問題でもあることから、難解な言い回しで書かれている。内容はこうである。どんな神聖なものも、その執行者によって汚される。ナポレオン法も、神聖な革命原理がおろかな狂信主義者によって汚される例のひとつである。だからこれは特殊な例外的な法律であり、一般的法律ではない。この法律はユダヤ人のみに制限を強いているが、市民法は市民一般に制限を強いている。われわれに必要なものは、ユダヤ人に限定する法律ではなく、市民一般を規定する法律である。特に高利の問題については、ユダヤ人も市民一般として扱われるべきである。

次の商業審査に関する論文は、フランス社会で行われている独特の商業審査制度に関する批判に対する批判である。この論文は名前、身分、出身地を秘密にして公開された論文である。ちょうどこの論文を書いている時期にハインリヒはユダヤ教からプロテスタントに改宗するのである。発表前に当局と事前調整の手紙を書いているが、発表が許された理由は一般の論議を喚起できると判断されたからであった。商業審査はフランス独特の制度であった。これは仲買人、銀行家、商人の間でトラブルが発生した場合、一〇〇〇フラン（二六二ターレル一六ジルバーグロシェン）以下の場合、商人で構成する委員会がこれを裁くといったものであった。これはユダヤ人に対して大きな差別をなしていた。なぜなら委員会の構成員の多くがユダヤ人に偏見をもつ都市ギルドの商人であったためである。彼らは特にユダヤ人への嫌悪をむき出しにしていた。またこの委員会は法律的知識もなかったので、ユダヤ人に対してとりわけ不利な裁定が下されていた。ハインリヒ・マルクスはこの差別を問題にしたのである。

彼はこう批判する。封建時代にはこのような制度が機能してきたとしても、現在ではほとんど意味のないものとなっている。この裁判は例外的規則を主張している。すなわち本来裁判官が行う業務を、例外として法律の知識のない商人に委ねることで、大きな問題を起こしている。たとえばトリーアのような小さなところでは、大商人はおらず、小商人が委員会を構成している。しかも彼らには裁判に関する俸給がないことから、裁判所に出席することもない。どうにか都合のついた商人が適当に処理していることが現実である。商業慣習に意味があるとしても、商人には裁判官の能力がない。一般の裁判所で法によって裁判官が裁くのが好ましい。

ここでとりわけユダヤ人の問題が語られているわけではないが、裁判の現状から見る限り、これはユダヤ人、とりわけハインリヒ・マルクスのユダヤ人の知人の裁判が問題であったことは間違いない。

最後の論文は、ハインリヒが亡くなる直前の論文である。ここで問題になっているケルン教会闘争は、カトリックとプロテスタントの宗教対立の問題である。ナポレオン時代、フランス革命で破壊されたカトリックがすでに息を吹き返していた。プロイセンに併合された後、カトリック勢力は衰退する。その機縁となったのがヘルメス主義であった。それは教会のドグマや権威を否定し、理性に基づく信仰を行うという立場であった。寛容によって、ローマ法王の権力を弱めるという政策であった。これによってプロテスタントのプロイセンとの対立を避けようというものであった。

カトリックは国王以上にローマ法王の支持を仰ぐ。そうなるとプロイセン国王の命令に従わないことになる。こうしてプロイセンはラインラントを併合した際、カトリックを国家が管理し、国家の承認で結婚式、出生などを管理しようとしたのである。これともうひとつの問題があった。それはカトリックとプロテスタントとの結婚の問題であった。混合婚によって生まれた子供の宗教はどちらに属するかという問題がこれである。プロテスタントとの結婚を承認しないで、なおかつその子供もカトリックにしようというウルトラ・モンタン派というカトリックの過激派のドロステという人物が、ケルンの大司教に選ばれたことがこの問題の始まりであった。

プロイセンはこの大司教を逮捕することになる。カトリックはこれに抗議し、ローマ法王―プロイセン国王―ケルン大司教という三つ巴の争いになる。

ハインリヒの論文はこの問題を扱ったものであった。次のように展開する。国家にとって平和が続くことはプラスであり、そこにおいてのみ治安が存在する。平和がなければ法や治安などないに等しく、国家そのものも存在しているともいえない。だから国家は平和を乱したものに対しては、法を超えた権力で処置を与えねばならない。その場合、法的処置を議論することは意味がない。だからこの論文は法的議論を問題にしているわけではない。問題は国家の存亡の危機の問題である。国家が危機にあるとき、法律を無視した処置をとっていいかどうかということが問題である。国家の安全こそ、統治者の第一の法であり、安寧と安全を脅かす危険を排除することこそ、統治者の義務であり、統治者だけがその危険を知り、対処することができるのである。通常の法で不十分であると思えば、非常処置をとることが許されているし、そうしなければならない。

4　マルクスと父ハインリヒとの同一性と差異性

最後の論文の論点は、まさにマルクスが、「ユダヤ人問題に寄せて」の中でオーギュスタン・ロベスピエールを使って問題にしていることと非常に似ている。もちろんマルクスは、平和が危機に陥った時の問題について否定的に展開しているのであるが、国家危機という概念は同じである。国家が危機にさらされることは、ハインリヒにとって法が無視されることであり、マルクスにとって人権が無視されることである。そうした場合、法も人権も完全なものだとは言えないことになる。

異常な事態につねに遭遇してきたユダヤ人としての特性かもしれないが、通常の世界を超えたことを前提にすることで、そこにすべてのものの存在が刹那的なものとして措定される。完全なものと見える人権には、大きな落とし穴がある。それは、その人権が守られない危機的状況に対してどうするかということである。私的所有という問題の設定もまさにそうしたところに焦点がある。国家というものの存在が確保されているうえでの私的所有と、国家が消失したときの所有の問題である。

ハインリヒ・マルクスは、動乱から安定した時代に生きたことで、安定した時代の法律のために国家権力の必要性を説いている。しかしカール・マルクスは、逆に安定した時代に生きていたため、不安定な時代に興味をもち、それによってすべてが変化するという思考をもっている。この点で二人は対照的である。

ユダヤ人に関する法律に対するハインリヒ・マルクスとユダヤ教に対するカール・マルクスを比べると、ある共通性に気づく。それは、二人とも宗教を私的なものだと考えている点である。だから、ユダヤ人だけに市民社会の法律とは違った法律が適用されることに対して批判している。ユダヤ人の宗教が私的なことがらで、公的なことがらでない以上、ユダヤ人に対する特別な法律などないはずである。

ここで一般的と特殊的という分け方が出てくる。特殊的な法律が適用されるとすれば、それは彼らが公民ではないということを意味する。外国人であるということである。そうでない以上特殊な法律が適用されるはずはない。ナポレオンが施行した法律は、公民であるユダヤ人にのみ適用されることで、すでにユダヤ人を公民の外に置いていることになる。そうなるとこの法律は法律として体をなさない。マルクスは、ユダヤ人問題はもはや宗教的問題ではないと述べたとき、まさに同じ問題に遭遇している。ユダヤ人問題は公民の問題であるということである。ユダヤ人が公民でないとすれば、なにゆえに公民でないかを説明しなければならないのであるが、その論拠をユダヤ教の特殊性、たとえば安息日などをもってきても意味がない。安息日が公民としての権利のどこを阻害するかが語られてないかぎり意味がない。宗教儀式はそれ自身尊重されねばならないとすれば、安息日を妨げるものはない。ただ公務を妨げない程度に行えばいいわけである。これはユダヤ人だけの特殊性ではない。キリスト教徒の礼拝もすべて同じ問題を含んでいる。

ハインリヒ・マルクスにとって、ユダヤ人の具体的な問題を擁護することが急務であり、ユダヤ人とキリスト教徒を公民として同じ法で裁くように述べている。カール・マルクスは、ユダヤ人を擁護することはしていない。むしろ批判さえしている。ユダヤ教徒とキリスト教徒を徹底して公民にした後で、むしろキリスト教徒もユダヤ教徒も私的所有にこだわる点で、公民としての義務を忘れ、私的問題にのみ関心をもつことを批判している。その点で二人の観点はまったく違っている。

ハインリヒは、ユダヤ人もキリスト教徒も、ともに公民であるから、公民としても問題を取り扱うべきだと述べるのに対し、マルクスは、私的問題はそれ自体として自由な領域であることを認めながら、なぜ私的領域になることによって、むしろ公的領域への関心が薄れるのかということを問題にしているのである。

引用文献

（1）Germa Antoine, Benjamin Lellouch, Évelyne Patlagean ed., *Les Juifs dans l'histoire*, Champ Vallon, 2011.
（2）Abraham Leon Sahar, *A History of the Jews*, 1958. ザハル・アブラハム『ユダヤ人の歴史』（滝川義人訳）明石書店、二〇〇三年
（3）的場昭弘『トリーアの社会史』未來社、一九八六年

第三章　『独仏年誌』と独仏関係——ラインラントをめぐって——

はじめに

領土問題は、ドイツが統一される以前のフォアメルツの時代にあってもやはり存在していた旧い問題である。領土問題は、近隣諸国の人々に思わぬ誤解を与え、両国民を反目させる。一八四〇年代の独仏の知識人にとってもライン問題は思わぬ誤解のもとを作ってしまうことになる。特に領土に関する意見の相違が、雑誌の意図を失敗させてしまい、独仏の知識人の亀裂をもたらした例に『独仏年誌』がある。

ルーゲとマルクスは、ドイツとフランスの知的同盟を目指して、フランスで『独仏年誌』を発刊しようとしたが、ラインラント（プロイセン領のライン左岸を中心とするケルン、ボン、トリーアなどの都市を含む地域）の領有をめぐる彼らの見解が、彼らが協力を得ようとするフランスの人々の見解と大きく違っていたため、『独仏年誌』の当初の計画、すなわちドイツ人とフランス人の自由の国を目指しての同盟運動は挫折せざるをえなくなってしまった。『独仏年誌』の知的同盟の失敗については、マルクスとルーゲとの意見の対立、彼らヘーゲル左派の無神論がフランスの宗教観と違ったという点などがあげられているが、本章では、その問題を領土問題、特にラインラントの帰属問題に論点を絞って分析することにする。

1　ルーゲの独仏同盟の思想とライン領土問題

『独仏年誌』の序文（第三編資料編参照）で、ルーゲは次のように独仏の知的同盟について語る。「フランスは政治的原理、ヨーロッパにおける人間的自由の純粋の原理であり、フランスのみがそうである」[20,S.90]。自由を体現した国民の自由への闘争は、すべての人民にとっての自由への闘争であり、そうしたコスモポリタン的なフランスへの憎悪は政治的自由への反抗であるから、ドイツ人の中でも知識階級はそのことを熟知し、フランスの自由への闘争に参加しなければならない。そのことは、知的レベルでの二つの国の同盟であり、「ドイツとフランスの精神の同盟を実現することこそ、ヒューマニズムの原理の出会いとなる」[20,S.91]。

以上のようなルーゲの思想の根底には彼のフランスへの憧憬がある。「我々ドイツ人が専制のために、世界史の偉大な行為である革命と闘った時、自由に対する深い罪に陥ってしまった。だから今日ドイツ哲学が、フランス精神の魅力に屈するとすれば、それは贖罪となろう」[22,S.94]。もちろんルーゲのやや過剰なまでの世界市民、フランス人への期待は、ドイツの哲学と合体することによって一層高められる。「フランスは、革命以来哲学の実践のために働いた国であり、フランスは完全に哲学的国家である」[20,S.95f]。

以上のように、『独仏年誌』でのルーゲの主張はフランスへの思い込みに溢れている。こうした親仏的感情は、すでに彼がパリにやって来た時にも現れている。彼の語る興奮の言葉は、それを如実に示している。「フランスへの道、それは新しい世界への門である。それは我々の夢の実現であろう。我々の旅の最後には偉大さがある」[22,S.4]。「ここに（パリ――筆者）しか、ヨーロッパ精神の焦点、世界史の中心は存在しない」[21,S.48]。「ヨーロッパ史の将来もやはりなおパリの歴史の中にある」[21,S.58]。このようにルーゲに幻想を抱かせたのは、彼のフランスに対する知識の源泉にあった。メスマー＝シュトルプは、「一八四三年夏にパリに来る前、ルーゲは仲間になることを期待していた作家の誰とも個人的な関係を持っていたわけではなかった。フランスの関係者に対する認識を得たのは新聞や雑誌からであった」[14,S.101]と述べているが、ルーゲの幻想を作りだしたものこそ、これらの雑誌や新聞、具体的には『ル・ナショナル』『ル・シャリヴァリ』『両世界評論』『独立評論』などであった。

こうしたルーゲの思い込みも、フランスの人々との交流の中で次第に変貌してくるが、その原因のひとつにライン左岸の領土問題があった。ルーゲがこの問題について触れているのはルイ・ブランの著書『一〇年史』の翻訳の序文である。そこでも、フランスの方が人間的な社会を築こうとする点で、神に哲学の実現を求めるドイツより「かなり健康的である」[22,S.716]と述べ、フランス側の長所を強調するが、ルイ・ブランのライン領土問題に言及するあたりで、フランス側の一方的な考え方に対して、厳しい批判を向けている。フランス人が、自らの自由のための行動で得たアルザスと同様に、ラインを再獲得しようとしたら、それは間違いであるとはっきり言い切っている[22,S.717]。

「専制君主でエゴイストのナポレオンによる侵略はドイツ全体ではまだけっして忘れ去られてはいない。そして、新しい侵攻も民族蜂起なくしては不可能であろう」[22,S.717]。こうした、彼のナポレオンに対するイメージは、幼い頃のイメージと重なっている。彼は、自由の祖国というイメージとは別に原像として、歓迎すべからざる客[14,S.10]というイメージを抱いていた。

ルーゲにとって、フランスの自由の侵攻と、領土の拡張とは別のものであった。その問題を解決するものこそ、独仏の知的同盟となるのである。ナポレオンが行ったのは、暴君支配であり、ヒューマニズムの伝播ではなかった[22,S.720]。本来は、自由を期待するはずのドイツ人がフランスに全幅の信頼をおけないのも、そうしたフランスの二面性にあるというわけである。そのため、同盟を結ぶということは「内外の野蛮に対する自由で文化的な国民の精神統一」〔22,S.722〕のことを意味するわけであって、領土の問題ではない。ドイツの体系とフランスの新しさ、ドイツの普遍主義とフランスの大胆さが手をとりあった時〔22,SS.721-723〕同盟は結実するであろう。それでは、国境問題はどうなるのか。「確かに国境の柱は倒されるべきであるし、それを倒す力も我々にある。ラインやヴォージュも新しい国境であるべきではないし、それはわれわれ自身の精神的国境でしかない。その廃棄こそわれわれ共通の課題であり、歴史の仕事となろう。……そのことは明快ではなかろうか。われわれがアルザスを再び獲得するとしても、一体何か得られるのか、今では問われるであろう」〔22,S.724〕。「人間の目的、人間性の目的は自由である。数千ターレルのお金と土地がそのための条件というのであれば、それを得るべきであろうが、そうでないのならそれを得ることは外的なことである。……自らの自由を獲得する民族のみが世界を獲得する」〔22,S.726〕。

つまりルーゲは、お互いに領土のことをとやかく言うことはくだらないことで、自由を実現することにすべての真理があると主張していて、ライン領土に関しても、すでに精神的にはフランスであると考えている。「ライン地方は精神的にはフランス革命の原理をすでに受け入れていた。ライン地方は、その自由な裁判制度や、心の内奥で世界市民的な運動を感じていた時代の思い出を持つことによって、堕落してしまったドイツの中での、唯一の自由の酵母であり、対仏戦争に対する決定的な妨害物になっている」〔22,S.726〕。ここでルーゲが主張していることは、精神的な意味での独仏の国境消滅であり、その延長線上に独仏の知的同盟がある。この点でドイツのライン領土の主張も、フランスの主張もともに意味を失っている。しかし、特に懸念すべきは、フランスの拡張主義よりドイツの偏狭な民族精神であり、この力こそ『ライン新聞』『ドイツ年誌』を廃刊に追い込んだ力である〔22,SS.728-730〕。こうした点でも、「フランス人とドイツ人が実際に友情を持つこと以上に彼らにとって恐いことはない」〔22,S.730〕という形で独仏同盟が出てくる。

以上のルーゲの展開から見るかぎり、フランスのライン領土への主張は野蛮な行為であり、ドイツ人に領土問題は任せるべきで、問題はフランス人がこの地に精神的な自由を与えることであり、そのためにこそ独仏の知的同盟は必要であるということになる。さて、こうしたルーゲの主張ははたしてフランス人に受け入れられるのであろうか。

2 フランス側の反応

i ルイ・ブランの見た独仏同盟とライン領土問題

ルーゲは、ブランの『一〇年史』の独訳を行うとともに、ブランのもとを訪ね、独仏の知的同盟への賛同を要求する(一八四三年、九月六日の妻への手紙［19,S.333］)。ところが、ルイ・ブランのみならずほとんどのフランス人は、この計画に乗り気ではなかった。その原因の第一は、ルーゲ自体いくつかの雑誌で彼の名が登場していたとしても(到着以前に『ラ・デモクラシー・パシフィック』『両世界評論』『独立評論』『ラ・レフォルム』などでは度々登場している。到着以前のマルクスに関しては、筆者が知る限り、ドイツ人ヴァイル［35,p.536］の記事と『ラ・デモクラシー・パシフィック』［14,S.105］のみである)フランス人の間ではあまり知られていなかったこと、第二に彼のフランス語の能力は読むことにはたけていたが、会話能力に問題があったということである［14,S.101］。特にブランは、独仏同盟の構想については、厳しい批判を『独立評論』に掲載する。

ブランの発想は、ルーゲと根本的に異なっている。ルーゲは「まず自由、次に統一と考えているが、ブランは統一、次に自由だと考えているからである［1,p.40］。その根拠はプロイセンやオーストリアに、運命を握られている地域で自由を語ることは危険だからというものである。それでは統一とは何か。多くのドイツ人が誤解していることがある。すなわち「多くのドイツ人にとってドイツを統一することは、連邦的なつながりを再び獲得し、異なる国家の政治制度を同質化し、ある種の自由の水準をつくりあげることである」［1,p.47］と思っていることである。つまり、そうした政治形態とは連邦国家ということである。ところが、こうした連邦国家には、常に全体を引き付けるものが必要である。つまり戦争である。連邦国家という安息には、つねに戦争という悲惨さがつきまとう。問題の解決は、そこにはない。それを解決するには中央集権的な力しかない。

ブランはここで、管理的な中央集権と、政治的な中央集権とを分け、管理的な中央集権は最悪であると考えている。「広範で根本的な改革のイニシアチヴを国に集めることによって、産業の中心にすえることによって……政治的中央集権は力と調和をつくり出す。……逆に明らかに特殊な性質の利益を単一の中心に導くことによって、国家を地方の生活のすみずみまで染み込ませることによって、管理的中央集権は仕事を不可能にしてしまう」［1,p.49］。ルーゲのようなドイツ人は、フランスにある後者を見て、ドイツに中央集権を導入することを恐れているが、ドイツ統一の可能性は中央集権にしかない。中央集権の可能性は、安息を望むオーストリアにはない。むしろ躍動的なプロイセンにある。プロイセンこそドイツ統一の鍵を握っている。

ルーゲなどの主張する無神論についてブランが厳しいのは、無神論が強力な国家を否定し、ドイツの統一を混乱させるからである。「たとえそれがどんなものであろうとも、アナキズムになってしまう」［1,p.60］。ドイツで一部のものが始めようとしていることは、すでにフランスではディドロやドルバック時代に語られたことであり、一世紀も前の問題である。

「絶対的個人の権利の使者こそ一八世紀の百科全書の息子たちであり、個人の権利は絶対的という点で民主主義の基礎たりえない」[1,p.60]。「フランス革命は、もしそれを内的行為の中で考察することに限定すれば、モンテスキューと結び付いた百科全書から出る自由学派と、社会契約から出る民主学派との絶望的な闘争そのものであった」[1,p.61]。ブランは、ルーゲなどの思想は一世紀前の国家の力さえも否定した自由主義思想、すなわち自由学派の伝統にあり、時代は国家の力を必要とする設計思想、すなわちルソーの民主学派に有利に働いていると考えている。「一八世紀的友愛と統一に基づく民主主義の代表者はルソーであったことをドイツ人は今思い出して欲しい」[1,p.62]。

こうした観点からして、ルーゲたちのまちがった自由主義は、ルソーの思想、民主学派の思想によって再編成されなければならない。実はそのためにこそ、ブランは独仏の知的同盟を提案するのである。ブラン自体は独仏の知的同盟に反対しているわけではない。むしろ賛成しているのであるが、その前提がルーゲとはまったく違っているわけである。しかも、ラインの領土問題こそこの問題と深く関係しているのである。

ルーゲの独仏同盟をフランス人から遠ざけているものこそ、ライン左岸の問題である。ブランは、もちろんライン左岸を軍事的に侵略しようとしているのではない。「軍国主義は野蛮であり、侵略精神は反哲学的である」[1,p.63]。フランスが侵略を考えれば、品位を落とすことは眼に見えている。そのことは、ドイツ人にとっても同じである。この領土問題は、ドイツの統一とそこから生まれるフランスの防衛能力から考察しなければならないとブランは主張する。それはまたフランスの存在、すなわち自由と統一の存在によって生まれるドイツ統一国家の存在そのものの防衛でもある。「敗北したフランスは、オーストリアとプロイセンの専制によって抑圧される形で分割されたドイツであった」[1,p.64]。「ライン左岸の問題はフランスにとってけっして拡張問題ではなく、国民の防衛問題である。ここには侵略の心はない。ただ安全ということだけである」[1,p.64]。

ここでいう防衛理論とは、ライン河という自然の要塞により、フランスを守ろうというもので自然国境説である。ライン左岸を手中にいれることは、ライン河という天然の要塞を獲得することを意味している。それは別の角度から見ると、自由の祖国フランスが中央集権の国家として存在している以上、ドイツ統一の鍵を握るプロイセンが軍事国家として拡大をすることは不可能であることでもある。むしろ、プロイセンの国家統一をフランスのような自由な国家として果たすためには自由なフランスの存在が重要である。自由で、かつ中央集権的な国家を思考するためにも独仏同盟が必要とされるのである。もし、ライン左岸がフランスのものでないとすれば、プロイセンによって軍事国家となったドイツが攻めてくるのを防ぐ自然の防波堤は存在しなくなる。そのため、自由の中心地パリは、みずから城壁を作り、敵の侵入に備えなければならない。そうなると、自由はパリだけに押し込められ、自由の世界への伝播は阻止されてしまう。こうなると独仏同盟の意義など消えてしまうことになる。「民主的フランスのための力は、ドイツの自由でもないのか」[1,p.66]。

ブランは最後に次の言葉で結んでいる。「ドイツは統一によって自由へ進まねばならない。ドイツが自ら統一をなしうるために真に自由となりうるためには、おそらくフランスが必要であろう。したがって、二つの人民の知的同盟はとりわけ必要なことである。しかし、こうしたふさわしい同盟が成果をもつには、ドイツの愛国者たちが我々にもっと信頼を示し、我々にとっての力が、彼らにとっての自由であることを納得する必要がある」[1,p.67]。しかし、ルーゲの立場からして、これに納得することはできなかったであろう。

ii　その他の人々の独仏同盟とライン領土問題に関する考え

ルーゲとマルクスの『独仏年誌』は、フランスではさほど反響を及ぼさなかった。それでも、ブランがルーゲに返答を書いた後、すなわち『独仏年誌』が出版される前に『独立評論』にパスカル・デュプラの書評（本書所収）が「パリのヘーゲル学派」という題で掲載された（期待されたカベーの『ポピュレール』でも言及されなかった［14,S.104］）（第三編資料編参照）。もちろん、ここで言及されているのはルーゲの序文だけであり、その他の論文について読んだ形跡はない。デュプラはルーゲの意図を手際よくまとめ、ドイツは世界市民たるフランスと連合することによって、自らを解放できると考えており、ルーゲがドイツとフランスの連合についてはかなり楽観的であることを指摘する［6,p.484］。

ところがデュプラは「ドイツ精神とわが国の一般的な精神とはかなりへだたりがある」［6,p.484］と考え、ルーゲが主張するヒューマニズムとは、フランスでは一八世紀のものであり、連合をつくりあげるヘーゲル哲学についての批判の論文を注であげたりしている［6,p.486］。デュプラの論調は基本的にはブランの論調であり、その方向からルーゲの意図は高く買うものの、基本的な点ではなお大きな隔たりがあるという考えであった。そこにライン問題が絡んでいたことはいうまでもないであろう。

いうまでもなく、ルーゲがパリで交渉した人物、カベー、ルルー、コンシデランなども『独仏年誌』の意図に賛成することはなかった。それればかりか、ドイツ人の側からも、『独仏年誌』に関しては期待された評価は生まれなかった。たとえば、パリで週二回発行されていた『フォアヴェルツ』は、『独仏年誌』の独仏同盟の原理が、かなり手ぬるく、むしろ両国は同盟（Alliance）ではなくアソシアシオン（Association）であるべきだと主張した［34,13,Avril,1844］。これは、フランス側からすれば迷惑な議論であるが、ルーゲにとってもかなり行き過ぎの意見であったであろう。それはルーゲの意図はあくまでも知的同盟にあり、具体的な両国の統合や併合にはなかったからである。

すでに、ルーゲよりも前に、独仏同盟に関心を示した人物は何人かいた、たとえばヤコブ・フェネダイ、ヴィルヘルム・シュルツがそうである。しかし、彼らの場合も、フランス人の賛同を得ることができなかった。

フェネダイは、一八三九年にパリでルーゲと同じような試みを開始した。しかし、フランス人のドイツ人を見る眼は、意外に冷たかった。多くの場合、尊敬していた彼らの心の中に、ライン地域獲得への欲望を見なければならないのは、彼には悲しいことであった［32,S.108］。そこで、彼は『フランス、ドイツそしてライン地方』をフランス語で書き、フランス人の誤解を解こうとした。

ところがこれはフランス人をいたく傷つけることになり、再度『フランス、ドイツそして人民の神聖同盟』(*La France, l'Allemagne et la Sainte Alliance des peuples*,1844) を書く。さらに一八四二年になって『ファランジュ』で、フランス語で書かれた匿名の作品『プロイセンとその支配』(*De la Prusse et de sa dominance*) の書評を行い、そこで再度独仏同盟のためにはライン地方に対するフランス人の考えを改めさせる必要があることを訴えている［33］。彼は、独仏が人間的立場から協力し、同盟を結ぶならば、それが結果的にヨーロッパの連合へと進んで行くであろうと主張する［33,p.109］。ところが、当面の最大の障害はフランスのラインへの侵略である。彼の考えでは、ドイツがアルザスを捨てる代わりに、フランスもラインを捨てるべきであった。

これに対してフランス人のアラゴは、両国が同盟すれば国境の軍隊は不要になるが、しかしいつ再び敵となって攻めてくるかもしれない。そのためには、武装解除しても侵略できない地理的な国境をつくるべきであり、その国境線はライン河であると主張する［32,S.112］。フェネダイはそれに対して、ラインを渡ることは簡単であり、そうした自然国境説は根拠がないと反論する。またドイツ人亡命者の尊敬を集めていたラムネーもアラゴと同じことを主張し、フェネダイはラムネーとも決裂することになる。フェネダイが独仏同盟を考えたのが一八四〇年のライン危機の時であったことを割り引いても、フランス側の主張との隔たりは大きなものであった。結局南ドイツの自由主義者ロテックを偲ぶ会のときに関係の修復を図ろうとするが、ラインを仏領と考えたモンタランベールは出席を拒否し、ルーゲの時と同じようにドイツ人だけの会となる［32,s.116］。

シュルツも『ヨーロッパにおける国民的均衡の創設のためのドイツ人とフランス人の同盟』を書き、独仏同盟のためにはラインをドイツがとることは重要で、フランスが攻撃してくる場合にはアルザス、ロレーヌも獲得すべきであると主張する［31,s.146］。もちろん、フランス人にとってシュルツの意見も受け入れるわけにはいかないものであった。当時のドイツ人は、ロシアの脅威から身を守るために、独仏同盟を求めたが、シュルツの場合も、ラウシェンプラート［37,s.173f］の場合もそうした立場から同盟を求めていた。

ドイツの人々の多くは、国境は地理的な自然環境に基づくものではなく、政治的な判断に基づくか、民族に基づくものであると考えていた。それに対してフランスの人々は国境の安全のための自然国境論であった。レーフエスは「存在する国境は尊重すべきである。なぜならそれは有効な条約によって設定されているからである。自然国境という考えは、こういう国家把握に関しては無意味である」［31,s.139］と主張し、自然国境説に対抗した。当時流行ったN・ベッカーの「ラインの歌」(Rheinlied, 一八四〇年九月一八日『トリーア新聞』に登場) も、民族的概念を使い、言語、風俗、起源、歴史の伝統からラインをドイツであると主張した。

一方自由派のコルプは『国家学事典』の項目の中で「自然国境」について触れ、自然国境はフランスの言うように、山や河ではなく、生きた自然である言語のことであり、言語を基準とした国境設定を主張した［10］。シュルツもフェネダイも基本的にはこの立場である。保守派の方は、「ラインの歌」のように、「強い民族のみ自由となりうる。自由は国民の利益の後にはじめてやってくる」(*Oberdeutsche Zeitung*)

[31,s.184f]という考えであった。

この立場は、ブランが主張するように民族統一が先で、自由はそのあとに来るという立場である。急進派は言語的国境確定を主張し、そこから自由によるドイツ統一、さらには独仏同盟を要求するが、国境問題がフランス側の偏狭さによって片付かない以上、独仏同盟は不可能であると考え、フランス人の説得に乗り出す。

iii　フランスの世論

一八三〇年から一八四七年にかけてフランスで出版されたドイツの政治に関する本は、四〇冊にのぼる[36,s.95]。とくに、一八四〇－四二年で一三冊あり、ライン問題にいかに関心が高かったかを示している。しかし世論を作る役割は雑誌や新聞にある。大手の『ラ・プレス』『ル・シエクル』『ル・ナショナル』などはドイツにあまり関心を払っていない[2,p.56]。ドイツに関する紹介論文を数多く掲載したのは『両世界評論』など少数の雑誌であった（詳しくは[9,13]を参照）。この雑誌には、キネ、レルミニエ、クーザン[5]、テランディエ[26,28,29,30,31]、カザレ（一八〇四－七六）[4]、レブル[11]、カルネ[3]などが寄稿し、独仏の同盟問題、ライン問題について世論をリードする役割を果たしていた[38,pp.115-120参照]。

ドイツに長く滞在し、ドイツのことに詳しいはずのキネも、プロイセンの狂信主義を非難し[18]、プロイセンが民族主義的偏狭さからアルザス、ロレーヌ地方を再獲得する懸念があり[17,s.20]、近代文明フランスを守るためにはラインの領土の確保が必要であるとフランス人を煽っていた。そこには、ラインの人々はフランス思想の洗礼をナポレオンによってすでに受けているのであるから、世界市民としてのフランスを歓迎するであろうという楽観的な前提があった。こうした前提は、当時のフランスの知識人のなかには少なからずあった考えで、七月革命の輸出とフランスの領土拡張が混同されて同義語として使われていた。

しかし、同じように人類の闘争におけるフランスの役割を強調するミシュレの場合は［16,p.4］、ライン地域、さらにはアルザスでさえもドイツの領土であると考えていた［25,SS.169-175］。結局、フランスの世論を煽ったものは、むしろキネのような考えであり、フランスの世論の多くはこうしたライン領土の要求という考えで進んでいく。たとえば、カザレは『両世界評論』で、ラインの人々は、本当はフランスへの併合を望んでいるのであるが、新聞が検閲されるためにそのことが正しく伝わっていないと不満を述べ、ラインの併合を主張する［4,pp.662-65］。とりわけ、ドイツ人にショックを与えたのはドイツでは詩人として高名であったラマルチーヌとヴィクトル・ユゴーの主張であった。二人とも、ラインはフランスのものであると声高に叫んだからである。

『両世界評論』でキネと並んでライン領土併合を叫んだのはレルミニエであったが、彼の場合、その要求はあくまでもライン人の意見を尊重するというものであった。彼は「ライン左岸地域は、偉大な国家の保護の下で多くの町を繁栄させなければならない。この保護者は誰であるのか。それはフランスであるのか、プロイセンであるのか、パリであるのか、ベルリンであるのか、それが問題である」と主張する［12,p.613f］。「真の政策はものごとの自然に従うことである。小さな国家は大きな帝国に必要な衛星である。ザクセンは不可避的にプロイセン支配の傾向を持つ。ドレスデンもやがてベルリンに従わねばならない。同じ原因によってハノーファーもそうなるであろう。同じ理由で将来フランスにベルギーを与え、ブリュッセルはベルリンにとってのドレスデンと同じようにパリに依存しなければならないのである」［12,p.615］。ラインは自然に従えば当然フランス領土であるということになる。

しかし、彼は戦争によって侵略することには否定的であるし、むしろラインをドイツとフランスの中間地点にするという考えであった。その根底には将来の独仏同盟が構想されていたからである。こうしたラインの中立化は、独仏同盟を構想する人々の意見には多く見られた。ルイ・ブランの構想も基本的にはラインの中立化であった。

フランスの中にもライン領土を主張しなかった人物がいる［8,p.63］。サン・マルク・ジラルダンは、すでにドイツとフランスとは文学的な共同体を作っており、それを政治的同盟へと発展させるだけでよく、そのためにはラインの併合はほとんど問題にはならない［24,Bd.I,p.298］。その根拠は、プロイセンの力よりも、ロシアの脅威が問題で、ロシアの脅威から早く逃れるためには独仏同盟しかないと考えたからである。もし、ロシアとの関係が改善され脅威にならなくなったら、やはりサン・マルク・ジラルダンといえども、ライン領土を要求するつもりであった。しかし、当面の状況においては、ドイツ側の主張を呑める形で対応できるのはサン＝マルク・ジラルダンだけであった。ドイツ人のヴィルトは、独仏同盟は、フランス側の領土要求によって不可能であると一八四一年に述べているが［31,S.202］、確かに領土要求を引き下げるフランス人の数は少なかった。

3　ライン危機とライン領土の問題

さて、なぜフランス人はドイツ領土と思われる地域をこれほどまでにしつこく要求するのであろうか。こうした要求が続く限り、両者の接近はほとんど不可能であり、ルーゲとマルクスの知的な意味での独仏連合などという考えもまったく夢物語となる。この問題を知るには、フランス革命とライン領土の問題、一八四〇年のライン危機の問題を知る必要がある。

i　フランス革命とライン領土

一八一四年のウィーン会議によってラインラントは、プロイセン領となった。しかし、一八二二年にフランスのスペイン侵攻が始まり、再びフランスが列強の仲間入りをすることになり、ライン左岸の獲得要求が出てくる［15,S.26］。それ以後一八三〇年の七月革命の時も、ライン危機の時も常にライン領土の要求は登場してくる。なぜフランスは、ラインをフランスと考えるのであろうか。

問題はフランス革命に遡る。フランス革命以前この地域は、独立した地域であった。選帝侯やそれ以外の支配を受ける二つの地域に分かれ、その体制は選帝侯国が握っていた［23,pp.26-36］。事態を一変させたのが、フランス革命で、多くのフランスの僧侶、貴族がこの地域に逃れ、やがて彼らは反革命軍を編成した。フランス軍は彼らとの戦いの中でライン地域を占領することになる。すでにフランス革命の精神がライン各都市の知識人にひろまっており、たとえばマインツのような都市ではゲオルク・フォルスターのような人物によって歓迎をもって迎えられた。彼は、ラインはフランス共和国の自然の国境であると主張し、ライン地域のフランスへの併合を望んだ［23,p.79f］。それは、ちょうどフランスの自由主義者のライン領土要求と同じ論理であった。

もちろんこうした自由派の考えとライン人一般の考えを一緒にしてはいけない。ライン地域の歴史家の中にも、ライン人のフランスへの抵抗とプロイセンへの共感を主張したりするものもいるわけであって、単純ではない。サニャックは、ラインのフランスへの統合はすべてのライン人の同意のもとに行われたとしているが、この意見もやはり一面的であるといえよう。この意見の延長線上に、実はフランスの自由派のライン領土再獲得論があるわけであって、この意見が肯定されるならば、ドイツ側の反対議論は意味を失うことになってしまう。

たとえばグラープの場合、ラインの独立を要求したライン・ジャコバン派の動きに注目している。ラインのジャコバン派は、教育を中心としたゆっくりとした革命を考え、必ずしもフランス流の革命を考えず、したがってフランスへの併合を望まなかった。特に、ヤコブ・フェネダイの父ミハエル・フェネダイやゲーレスなどは［7,S.47］、ライン独立を主張した。

ライン人の心の動きについては推し量ることはなかなか難しい。ラインの反フランス感情についてたとえばトリーアの場合、一七九八年のフランスへの併合祝賀会への参加拒否［40,p.52］や、フランス軍による強制労働［40,p.50］や、フランス軍への兵士としての徴発［40,p.56］などをあげれば、確かに存在したといえないこともないが、多くの市民はフランスに対していい感情を抱いていたように思われる。特にフランスの自由の精神に魅せられたものは多く、この点についてはルーゲの時代まで変わっていないといえる。その原因はフランスの諸制度にあったことはいうまでもない。

しかし、歴史は変わっていく。プロイセンに併合された後、プロイセンへの共感、フランスへの反感が生まれないともかぎらない。しかし、プロイセン法の導入はラインではすこぶる不人気であり、マルクスの父ハインリヒが担当した木材の窃盗法の問題などを見るとわかるように（［41］参照）、プロイセン法がラインでは非常に不人気であったことがわかる。さらに、ケルン教会闘争の問題（［40］参照）などでわかるようにけっして親プロイセン感情などが生まれたとは思えない。反フランス感情の高まりをむしろ主張しているフェイト＝ブラウゼ［31］の場合、むしろそれが親プロイセン感情の増大となってないことに注意するべきであったと思われる。

ii　一八四〇年代のライン危機

しかし『独仏年誌』の時代のライン問題を決定づけたのは、古くからある領土問題ではなく、オリエント問題に端を発するフランスの防衛戦略問題であった。オリエント問題とは、フランスの支持を受けたエジプトのモハメド・アリのシリアへの侵攻を、その他ヨーロッパ諸列強の支持を受けたオスマン・トルコが封じ込めるという問題であった［31,S.6］。一八四〇年七月一五日のロンドン条約によって孤立したフランスは、その打開策として戦争を考えるところまで来ていた。そこで問題になったのは、プロイセンがフランスに対してくさびを打ち込んでいるライン左岸であった、この地域がプロイセン側にある以上、戦争の形勢は不利である。そこで開戦という世論の声が高くなる中で、ライン領土の再獲得という声が出てくる。これはあくまでも防衛上の問題である。

もし、ライン河を国境とすれば、プロイセン人はラインの向こうにいることになり、おいそれと河を渡ってフランスへ侵入してくることはない。しかも、直接フランスへ侵入してくる前に、ライン地域でかなり疲弊するであろうから、フランスへ入ってくる頃には十分叩くことができるわけである。つまり、ラインはフランスのプロイセンに対する大きな城壁、要塞の役割を果たすことになる。戦略上の関係だけでみれば、冷戦の真っ只中にいるライン人にとって大変迷惑な話であって、その限りでは、とても受け入れられるものではない。ライン河に自然の要塞がないとすれば、フランスは各都市にヴォーヴァンの作った要塞以上のものを築かねばならない。特に首都パリを守るには簡単な要塞では十分ではない。かなりの出費にもなるし、戦略的には点を中心として戦わねばならなくなる。

しかし、この問題は、たんに防衛上の問題という形ではなく、革命の防衛の問題という形で自由派によって、あるいは社会主義者によって問題が変えられていく。自由の祖国フランスを守ることは、自由そのものを守ることである。フランスの防衛は、たんにフランスの問題に留まらず、自由を信奉するすべての人々の問題である。特にフランス革命の後、自由の洗礼を受けたライン地方の場合、自由を守ることの意味をよく知っているはずである。それならば、ライン地方の人々は、自由と敵対する専制国家プロイセンから離れ、フランスと併合し、自由を守り、自ら世界市民となるべきであるという主張がなされるにいたる。こうした主張については、ブランの見解を見ると明快である。

一八三〇年七月革命後のフランスの状況が自由の精神からいかにかけ離れたものであったのかは、ルーゲやマルクスも、『フォアヴェルツ』の廃刊とフランス政府からの追放という命令によって、やがて知ることになるが、この七月王政の中庸（Juste-Milieu）という概念は、色あせた自由であった。もっともすでに一八三二年のハンバッハの祭典の際に、ヴィルトは「もしフランスがライン地方を得るためにわが国にやってくるとしたら、私はプロイセン軍に入るだろう」［24,II,p.102］と言って、七月革命より民族の独立を主張していた。

もちろん、ドイツの人々の多くは、たとえフランスに対して悪い感情は抱いてなかったにしろ、外交的、戦略的な意図には嫌悪感をもよおしたであろう。ただし、政治的な駆引きは別として、理論的に見る限り、フランスの主張はけっして不合理というわけではない。自由の祖国のフランスは数多くの亡命者、特にイタリア人、ポーランド人、スペイン人（［39］参照）を受け入れてくれているのだし、そのフランスの防衛が自由の防衛につながることも否定できないことである。ところが、それは実際には、ルーゲのような一部の急進派は別として、民族主義への刺激となってしまい、またフランスの自由主義者のすぐれた理論も、フランス政府や保守派の民族主義的偏見の道具にされてしまったわけである。

小　括

ルーゲとマルクスの『独仏年誌』の最初の意図であった独仏の知的同盟の失敗の原因が、こうした独仏の複雑な利害のからみにあったことは明らかである。もちろんルーゲといえども、ドイツ的な利害を持っていたことも事実である。自由をそれほどまでに欲するならば、ライン領土をフランスにしたほうが有利ではないかというブランの論調に対して、彼のいうラインの精神的フランスへの従属は、いかにもドイツ的で、観念的であるという批判を免れえないであろう。しかし、ブランのいう、統一ののちに自由をという考えも、統一が専制国家を中心に進められることを知っているドイツ人急進派にとっては我慢ならないものだろうし、国家と自由が共存するというブラン流の考えに、個人主義者ルーゲが賛成できるとも思えない。しかも、ブランのライン領土要求は、普遍的自由という点での自由の完成にはなるかもしれないが、ライン人の自由は否定されているわけで、ルーゲにとって承服しがたいものであったと思われる。

『独仏年誌』の失敗は、彼らだけの問題ではない。フェネダイ、シュルツなど多くの人々が失敗した問題であって、それは両国の間に現在まで続く不信が根底にあるからである。

引用文献

（1）Blanc, L., D'un Projet d'alliance intellectuelle entre l'Allemagne et la France, *Revue Indépendante*, 10, Nov., Paris, 1845.

（2）Bottigelli, E., Les“Annales Franco-Allemandes”et l'opinion Française, *La Pensée*, No.110, 1963.

（3）Carné, Louis, De l'Allemagne depuis 1830, *Revue des Deux Mondes*, 15. avril, 1838.

（4）Cazalès, Études historiques et politiques sur l'Allemagne, *Revue des Deux Mondes*, 1. Janvier, 1842.

（5）Cousin, V., Kant et sa philosophie, *Revue des Deux Mondes*, 1. Fév. 1840.

（6）Duprat, P., L'École de Hegel à Paris, *Revue Indépendante*, 25, Fév. 1844.

（7）Grab, W., Eroberung oder Befreiung? *Studien zu Jakobinismus und Sozialismus*, Berlin, 1974.

（8）Hammen, O. J., The Failure of an attempted France German liberal rapprochement 1830-1840, *American historical review*, vol.

LII, 1946/47.

（9）Katzenbeisser, A., *Deutscher Geist und deutsche Literatur im Spiegel der "Revue des Deux Mondes" 1829-1871*, Diss. Phil., Wien, 1925.

（10）Kolb., G., Natürliche Gränze, *Staats-Lexikon*, Bd. IX, 1847.

（11）Lèbre, A., La Crise actuelle de la philosophie allemande, *Revue des Deux Mondes*, 1, Janvier,1843.

（12）Lerminier, Aspect général de l 'Allemangne, *Revue des Deux Mondes*, 1, Juillet, 1835.

（13）Linkenheil, R.-D., *Die Revue des Deux Mondes und Deutschland*, Diss., Phil., München, 1962.

（14）Mesmer-Strupp, Beatrix, *Arnold Ruges Plan einer Alliance intellectuelle zwischen Deutschen und Französen*, Diss., Phil. Bern, 1963.

（15）Poidevin, R. und Bariéty, *Frankreich und Deutschland, Die Geschichte ihrer Beziehungen 1815-1957*, München, 1982.

（16）Poidevin, R. d et Sieburg, O., éd., *Aspects des relations franco-allemandes 1830-1848*, Metz, 1978.

（17）Quinet, E., De I'Allemagne et la Revolution, *Revue des Deux Mondes*, I. Janvier, 1832.

（18）——, De la Teutomanie, *Revue des Deux Mondes,* 15, Dec., 1842.

（19）Ruge, A., *Briefewechsel und Tägebuchblätter aus der Jahren 1825-1880,* Paul Nerrlich, hrsg. Erster Buch1825-1847, Berlin, 1886.

（20）——, Plan der Deutsch-Französischen Jahrbücher, *Deutsch Französische Jahrbücher*, Hrsg. Höppner J., Leipzig, 1973.

（21）——, *Zwei Jahre in Paris, Studien und Erinnerungen*, Erster Teile, Leipzig, 1846, Reprint 1975.

（22）——, Zur Verständigung der Deutschen und Französen. Vorrede zur deutschen Übersetzung von Louis Blanc's, 'Geschichte der Zehn Jahre', *Die Hegelsche Linke. Dokumente zu Philosophie und Politik im deutschen Vormärz*, Leipzig, 1985.

（23）Sagnac, P., *Le Rhin Français pendant la Révolution et l' Empire*, Paris, 1917.

（24）Sagnac, Ph., La Crise de l'occident et la question du Rhin, *Revue des études napoléoniennes*, Bd. 16, 1919, Bd. 17, 1920.

(25) Sieburg, H. O., *Deutschland und Frankreich in der Geschichtschreibung des Neunzehnten Jahrhunderts*, Wiesbaden, 1954.
(26) Taillandier, S. R., L'Atheisme allemande et le socialisme français. M. Ch. Grün et M. Proudhon, *Revue des Deux Mondes*, XVIIe année, 1848.
(27) ――, De la Literature politique en Allemagne, *Revue des Deux Mondes*, 15. 1844.
(28) ――, De la Poésie philosophique en Allemagne, *Revue des Deux Mondes*, 15. Août, 1844.
(29) ――, Situation intellectuelle de l'Allemagne, *Revue des Deux Mondes*, l, Oct., 1843.
(30) ――, Situation politique de l'Allemagne, *Revue des Deux Mondes*, l, Oct.,15. Nov., 1845.
(31) Veit-Brause, Inge, *Die deutsch-französische Krise von 1840*, Diss., phil., Köln, 1967.
(32) Venedey, H., *Jakob Venedey*, Stockach, 1930.
(33) Venedey, J., Lettres sur l'Allemagne (1), (2), *La Phalange*, 15, Avril, 29, Avril, 1842.
(34) *Vorwärts*, Paris, 1844. Reprint, 1975.
(35) Weill, A., Mouvement des idées et des partis politiques en Allemagne depuis 1830, *Revue Indépendante*, Bd. II, 1845.
(36) Wenger, K., R., *Preussen in der offentlichen Meinung Frankreichs 1815-1870*, Frankfurt, Zürich, 1979.
(37) Wiltberger, O., *Die Deutschen politischen Flüchtlinge in Strassburg von 1830-1849*, Berlin und Leipzig, 1910.
(38) 田中治男「A・ルーゲとその時代、一八四〇年代における政治的急進主義の形成（三）」『思想』六〇五号、一九七四年
(39) 的場昭弘「一八四〇年代フランスにおけるドイツ人人口の動態――（一）特に東フランスに関して」『東京造形大学雑誌』六号A、一九九〇年
(40) ――『トリーアの社会史』未來社、一九八六年
(41) ――「『モーゼル危機』とマルクス」『一橋論叢』一〇〇巻二号、一九八八年

第四章　ルーゲとフランス――ヘーゲル左派と独仏関係――

はじめに

　アーノルト・ルーゲは、マルクス研究においてわが国では非常に評価が低い。それは、他のヘーゲル左派に対しても当てはまることなのだが、ルーゲがマルクスの思想の媒介者、さらにはその反面教師としてしか研究対象とならないというわが国のこれまでの学界の事情に左右されているからである。さらには、実体のない観念的な彼の世界市民的世界が、つい最近までの歴史亡き民族への思いやりから発する民族主義的歴史観にまったく無視されてきたからでもある。マルクスからは、実体としてのプロレタリアートを無視した観念的人間主義者として批判され［34 Kritisches Randglossen, Nr.63.64］、民族主義的歴史観からはドイツ民族の誇りを捨て、いたずらに市民社会とフランス的現実を混同した人物として批判され［45］［46］、ルーゲの持つ意味は、ジャーナリストとしての側面を除けばほとんど顧みられることはなかった。しかし、最近の世界の状況はそうしたルーゲへの評価を再考させることになりつつある。ＥＵという形をとって進んだヨーロッパ連合、さらにその影響のもとに起こったソ連、東欧の崩壊、いわゆる市民革命は、ルーゲが考えていた独仏連合、世界市民革命に似た要素を含んでいるからである。確かに民族的独立欲求は、逆に噴出しつつあるが、その民族主義も一方で西欧市民社会への憧れと単一民族の独立の上にヨーロッパ連合のようなものを構想しており、民族の独立よりも広くヨーロッパ市民という枠のほうに比重が高まっている。またヘスやマルクスが批判する革命の主体の欠如という問題、すなわち市民運動による革の根的革命という概念も、昨今の状況を見ているとおかしなことともも思えなくなっている。むしろ革命主体の硬直化こそ問題であり、ルーゲのように主体は多様でなければならないということの方がはっきりしてきたのではなかろうか。こうした意味で、現在ほどルーゲの見直しが必要な時代はなく、彼の独仏連合、人間主義はわれわれの心を捉えて離さない魅力を持っていると言えよう。

しかし、それにもかかわらず結局、彼の独仏連合構想、人間主義は、当時においては市民社会の未成熟、独仏相互の露骨な民族的偏見の前に崩壊せざるをえなかったのは事実であるし、当時の歴史の文脈で見るかぎり、やはり彼の思想はいささか勇み足であったという批判は免れえないであろう。もっとも当時は、独仏連合（Vereinigung Frankreichs und Deutschlands）、英仏独ヨーロッパ三頭制（Europaische Triarchie）などの連合構想があり、ルーゲだけが勇み足であったわけではない。人間主義、そこから出てくるフランス的市民社会への過度の期待も、フランス革命に対するドイツ側の解釈という脈絡で見る限り、けっしておかしなことではなく、むしろ、現在ではなぜ革命の主体が市民という漠然としたものではなく、プロレタリアートでなければならなくなったのかという問いかけをしたほうが自然であるような気もしてくるのである。

わが国におけるルーゲ研究が（けっして数多くあるというわけではないが）、田中［41］や石塚［38］を除けば、その多くはヘーゲルとマルクスの媒介項のひとつを研究すること以上に出るものでなかったことは大きな損失である（たとえば［40］［47］［49]）。ルーゲに内在して彼のヒューマニズムの意味、市民社会の意味を問いかけることよりも、それがマルクスとどう関係するか、あるいはマルクスによって乗り越えられるべき欠点はどこにあるのかをしつこく探究することがそのテーマになっていたという事実は、わが国のルーゲ研究の貧弱さを露呈している。すでにドイツにおいては、ルーゲ研究は連綿と続く自由主義、国際連合論のなかで長い間培われ、ルーゲはその意味でも高く評価されてきたといえよう。そうした流れには、古くはネーリヒ（[21]の序）、ブラシュケ[2]、ネヒヤー[14]の研究があるが、明確に彼の連合主義、ヒューマニズム、独仏問題に焦点を当てた研究は戦後である。たとえばメスマー＝シュトルプ[13]の研究は、ルーゲと独仏同盟構想に集点をあててその意義を評価し、シュミット[28]は、国際連合構想へのルーゲの貢献を評価し、ヴィコフスキー[37]は非ナショナリズムの系譜のなかでルーゲのヒューマニズムを評価している。これらのルーゲ研究は、マルクスとの関係においてはおそらく不満が残るものであろうが、ルーゲの意義については大きな貢献をしているといってよいであろう。

本章では、ルーゲのフランス観について言及する。ルーゲのみならずヘーゲル左派を問題にする際に忘れてはならない国、それは大革命の国フランスである。ヘーゲル左派の中心人物ルーゲ、ヘス、マルクスなどがドイツの現状を批判する時、常に基準としていたのがフランスであった。その理由はフランスが人間の政治的解放の最初の形態として、人間の普遍史を体現していると見られたからである。真に哲学化された歴史認識としてフランスは、その理論だけでなく現実的にも人類の未来を予測するものであった。もちろんそれぞれの最初の対面は、旅行記かライン左岸に残るフランスの遺産を通じてであり、あくまで想像上のものではあった。しかし、やがてフランスへの亡命等をつうじて理想化されたイメージは現実化していく。ルーゲとマルクスが企画した『独仏年誌』は、まさにその名前からしてフランスとの現実的な対面であったし、ましてそれがパリで出版され、彼らがパリに居を構えるということは、フランスの現実といやおうなしに向かわねばならないことを意味していた。しかしフランスの現実との対面は、フランスの理想と現実を彼らに認識させると共に、彼らの基本思想である人類の普遍史、ドイツの進むべき道としてのフランス型市民社会という理想像を基本的にぐらつかせることになる。『独仏年誌』の崩壊が財政的なものであっただけでなく[46,p.101]、フランスに対する信頼を基本的には変えなかったルーゲと、市民社会の虚構性に気づいたマルクス、ヘスとの亀裂にもその原因があったことに事の深刻さは表れている。市民社会を具現化したフランスとの連合が実現できないことは、彼らヘーゲル左派の思想に問題があるのか（ドイツの思想は一世紀遅れているのか）、それともフランス自体の市民社会に問題があるのか（フランスは人類の普遍史ではないのか）を彼らに考えさせる重要なモメントである。本章ではこの点を中心に、ルーゲのフランス観、すなわち独仏連合構想、また同時に独仏連合構想を考えたフェネダイとシュルツ、そしてその批判者たちとの論争を見ていくことにする。

1　ルーゲのフランス観と独仏連合構想

i　ルーゲのフランス観の背景

ドイツ人がフランスのイメージをつくるに際してまず第一に影響を与えたのはフランス革命とそれに続くフランスの進駐、そしてナポレオンであった。しかし、このイメージの中には、初期の熱狂的な興奮は別として、ドイツの熱狂的な民族主義へと変貌していく要素があった。こうして、ドイツはナポレオンを敗走させ、フランス革命の息の根をとめる。これで、フランス革命の意味が消えたのかというと、そうではなく、パリに進駐した多くのドイツ人の見たフランスは、逆にドイツ人の劣等感をより一層刺激することになる。当時パリにいたファルンハーゲン・フォン・エンゼは、「われわれの民族は、フランスにくらべて、未発達で、いかがわしいほどに遅れているということ」(Paris,1814)［15,S.59］を感じ、逆に敗北者から学ばねばならないことを学んだと書いている。こうしたフランス像はナポレオン以後もどんどん美化されていく。それは確かにかつてギリシア、ローマの古典がヨーロッパを支配したように、外交、技術、料理、作法などでフランスが支配していることを意味しているのだが、ドイツ人の多くは、パリでドイツ人と思われることを屈辱と考えるほど（Christian Wernische の言葉）にまで劣等感にさいなまれることになる［15,S.60］。しかし、そうした中で、ドイツの素朴さに注目するロマン派の出現は、ドイツ人の中に、熱狂的フランス派と熱狂的ドイツ精神とをつくり出す。

熱狂的なフランス派の先駆者の一人はフォルスターで、彼はライン・ジャコバン派の中心でもあり、フランス革命の精神を熱狂的に歓迎した人物である。彼はライン左岸がフランスと併合されることをむしろ積極的に主張し、「革命的なフランスの自由こそ、『専制』によって失われた『ゲルマン的自由』を復興させるものであろう」［5,S.120］と考えた。ライン人にとって首都は、革命によって人類の首都となったパリであり、パリを中心とした国の一員になることは、すなわち人類の普遍史の一員となることであると彼は考えた。こうした発想は、ルーゲの思想にも見られる過剰なほどのパリ礼賛である。それに対して、フランスとは違った意味でドイツの神秘性を植え付ける思想、ロマン派的思想がスタール夫人の『ドイツについて』によって生じる。これを受けてキネ、ユゴー、ミシュレといったフランス人たちが、中世的神話の世界ドイツを求めてやってくる［17,SS.44-47］。このことは、劣等感に悩むドイツ人にとって思わぬ朗報となり、真にドイツ的なもの、すなわちゲルマン精神の優越性をつくりだしてしまう。もちろん、これは実際には誤解に基づくものであって、スタール夫人の本には、ドイツの主要な哲学者や歴史家は出ておらず、フランスへの優越性も、フランス人のエスニックへの興味にすぎない部分が多かった。しかし、これが、フランス人がドイツ人を知ろうという最初のきっかけになったし、ドイツ精神の優越性という観点から、フランスの現実を学ぼうという穏健なフランス派を生み出し、さらには反フランス派も生み出すことになった。同じライン・ジャコバン派のレブマンはすでに、こうした反フランスの先取りをしている。フランス革命と、それによる大国家の出現は、近代市民国家という側面よりも、中央集権的な単一性をつくりあげることになり、結果的にドイツの分散的な、自治を重んじるゲルマン精神を損なってしまうであろう［5,S.122ff.］と彼は警告し、むしろフランスとの併合には反対し、イギリスへ接近する。この考えは、その後のドイツ的なるものが問題になるときにはかならず出てくるパターンの原型ともなる。

ルーゲが育った時代は、まさにこうした流れが交錯していた時代である。幼少期の生まれ故郷では、フランスの自由を歓迎しつつも、フランス兵の野蛮を恐れ、心は揺れ動く［13,S.10］。さらに、青年期にあっては当初フランス革命をドイツで実現する力としてプロイセンを期待し、やがてそれは裏切られ、フランスへの憧れへと変わっていく。マルクスのようにライン地域に育った人間は、その後も残る法や文化を通してフランスの現実を理解していくのであるが（ライン地域のフランス化については［43］［44］を参照）、そうした経験をもたないルーゲは、フランスのもつ現実的意味についてフランスの出版物から影響を受けていく。しかし、それは出版物から受けた影響であるからこそ、理想化されやすい面を持っていた。

ちょうどルーゲが、『ハレ年誌』『ドイツ年誌』を編集していたころ、フランスのドイツに対する第二の関心の波が押し寄せたころである。それは、もちろん一八四〇年代の一触即発の危機をはらんでいたオリエント問題とライン領土問題によってフランスの読者が今まであまり関心を持たなかったドイツに関心を持ったということが関係していた。ほとんどドイツを無視していた『ラ・プレス』『ル・シエクル』『ル・ナショナル』『ル・ジュルナル・ド・フランス』は別として、『ル・ジュルナル・デ・デバ』『ラ・パトリ』『ル・グローブ』『ラ・レフォルム』『ラ・デモクラシー・パシフィック』『ラ・ルヴュー・アンデパンダント』『両世界評論』などはしきりにドイツについての記事を書いた（［35］参照）。もちろん、この中のいくつか、とくにもっともドイツに関する記事の多い『ル・ルヴュー・アンデパンダント』『両世界評論』こそ、彼がよく読んだ雑誌であったと思われる。メスマー＝シュトルプは、「フランスの関係者に対する認識を得たのは新聞や雑誌からであった」［13,S.101］と述べているが、それは彼のフランスでの交遊関係についてだけでなく、フランスそのもののイメージをつくり出す源泉にもなっていた。
『両世界評論』は、ドイツの知識人にとりわけ大きな影響を与えた雑誌である。一八二九年に発刊されたわけであるが、一八三九年には二〇〇〇部を発行する規模となった［8,s.10］。一八三一年から一八七一年までの四〇年間にドイツに関する記事は、全体の一〇パーセントを占めるほどであった。二週間に一冊、平均二〇〇―三〇〇頁として、単純に計算してもドイツに関する記事は毎号二〇―三〇頁であったわけで、ドイツの知識人が紹介されることも多く、ドイツ人が興味をもって読んだのも頷ける話である。しかも、そこに投稿する人物、たとえばサン＝マルク・ジラルダンなどはベルリンでガンスと会い、ヘーゲルを知るようになっていた［8,s.14］。どちらかといえばドイツ派が多く、ライン領土の問題の時には、多くの論客がこの雑誌に登場し、ドイツの知識人に良かれ悪しかれ刺激を与える（『両世界評論』のドイツに関する論文の要約については［12］を参照）。むしろ、ライン領土問題を機にフランスとドイツとの関係が、フランス人に関心をもたれるようになるのは、『両世界評論』を通じてである。こうしたことからみても、ルーゲがフランスの世論をどう見たかを知る有益な材料を提供している。もちろんルーゲは、独仏の連合については、関心をもつようになったものの、ライン領土の問題については、フランス人を失望させることになる。この点は、独仏連合構想にも影響してくる。

ルーゲがフランスで最初に関係を持とうとした雑誌は『ラ・ルヴュー・アンデパンダント』である。『ラ・ルヴュー・アンデパンダント』はルルー、ジョルジュ・サンドなどの雑誌で、ルーゲは、彼がフランス人に共通していると思っている弱点、哲学的弱さを教授することもかねてこの雑誌にドイツ哲学についての論文を書こうとする（「ルーゲの妻宛の手紙」一八四三年八月一七日、パリ［21,s.323］）。しかも、この雑誌には、彼がドイツにいた頃すでに読んでいたブランも関係していたこともあって（「ルーゲのフライシャー宛の手紙」一八四三年六月一八日、ドレスデン［21,s.313］）、この雑誌にはなみなみならぬ関心を抱く。しかし、この雑誌に載ったブランの論文こそ、ルーゲのフランス観の甘さを打ち砕くものであった。

ii　ルーゲのフランス観

ルーゲのフランス観を知るには、ルイ・ブランの『一〇年史』のドイツ訳の序［24］、『独仏年誌』の序［22］が重要である。彼のフランス観の変容については、すでに述べたが、一八四〇年代になって彼のフランスへの期待は大きく高まる。それを表しているのがこれらの作品である。

『一〇年史』の中で、もちろんルーゲはブランを共和主義者として評価しながらも、フランス的偏見があることを理解している［24,s.712f］。この偏見こそ、現実のフランスを表すものであり、自由の祖国フランスを裏切るものである。まさにこの点にルーゲが本を通じて学んだ理念がある。それはあくまで理念的フランスにしかすぎない。ブランは現実のフランスを理想化しておらず、それを労働組織論と競争排除による人民の解放によって改革しようとするが［24,s.715］、ルーゲはむしろブランのような小手先の改革ではなく、市民社会の根本的な理念、すなわち自由な社会の実現こそ重要であると考える。こうした理念の実現によってこそ、ナポレオンによる自由の精神の民族的侵略への置き換えを阻止することが可能である。一方ブランは、フランスの現実の悲惨さを指摘し、それを改善しようと主張するが、その一方民族的偏見でラインの領土を要求する。フランスの解放が、ドイツの解放であると言えるのは、あくまでもフランスが民族的偏見を捨てるような自由な社会を実現してからであり、それ以前にそう主張することは誤りであるとルーゲは考える。そこで、自由な精神を理念的に実現したドイツが、民族を超えた社会の実現のために理念を貸し与え、フランスが政治的力をドイツに貸すことができるようになる。「一言でいえば、連合とは内外の野蛮に対する自由で文化のある国民の精神的統一である」［24,s.722］。

ここで気づくことは、ルーゲとブランのスレ違いである。ルーゲにとってフランス精神とは普遍的な精神で、それは民族的境界を越え出るものであるのに対し、ブランにとってはフランスの自由とはあくまでもフランス国民の民族的レベルで問題になることであった。そして民族レベルでの自由の獲得は、やがてそれが力となって近隣の諸国に波及するわけで、そのためにもフランスの自由は守らねばならないことになる。だからこそ、ブランはライン左岸をフランスにすることによって、ドイツの干渉を避けることを提唱した。しかし、ルーゲにとってはそれは民族主義であり、人間的な社会の実現は、あくまでも民族的理解を調節した上で行われねばならないものであった。「確かに、古い国境の柱は倒れるべきであり、それを倒す力がわれわれにはある。ラインやヴォージュも新しい国境であるべきではないし、われわれ自身の精神の国境にしかすぎない。その廃棄こそわれわれの共通の課題であり、歴史の仕事となろう」［24,S.725］。ルーゲのこの叙述は、人間が国境を越えられること、それが今後の歴史であること、そのためには自由という精神理念が共通にあり、そうした文化によって実現は可能であるという連合構想を示している。

次に、ブランがフランスを人間的な社会にするために、労働組織という平等の概念を入れてきているのに対し、ルーゲはあくまでも平等はありえないとして、平等よりも人間の自由の権利を第一に置いていることである。このことは、マルクスによってさらに批判されることになる考えであるが、ルーゲのこの抽象的な人間主義は、虐げられた人間だけではなく人間一般を解放しようという点で非常に大規模な革命を意図することになっている。逆にいえば、そのことが二元論的階級史観を否定し、多面的な社会発展と社会構成を考えさせることにもなっている。しかも、この解放こそ、階級や民族のエゴイズムを超えるものであり、連合構想の大きな前提になるものである。彼が「人間の目的、人間性の目的は自由である。もし、数千ターレルのお金と土地がそのための条件であれば、それを得るべきであろうが、そうでなければそれを得ることは外的なことである」［24,S.726］と述べるとき、そこには経済的な問題はほとんど問題になっておらず、政治的な問題のみが中心となっていることがわかる。「みずからの自由を獲得する民族のみが世界を獲得する」[24,S.726]。

ルーゲのこうしたフランス観は、すでに失われた革命期のものであるとしても、また現実のフランス革命やフランスが彼の考えとまったく違ったものであったとしても、すでにそうした現実を超え、理想として新しい次元へと入っていっている。ドイツの当面の問題であった統一の実現は、独仏統一を抜きにしてはありえないこと、ドイツ人以外に対する民族的偏見を捨てるだけでなく、ドイツ人の中にある民族相互の不信感を捨てねば達成されないことを物語っており、この点においてすでにプロイセンへの期待は喪失しているといってよいであろう。

こうした思想は、『独仏年誌』によって結実していく。ルーゲとマルクスが『独仏年誌』をパリで刊行することを決意するのは、一八四三年のことであるが、パリが選ばれた理由は、『独仏年誌』の名のとおりフランスとの交流を促進するための絶好の場所であるということであるが、すでにストラスブールも、スイスもドイツ人の政治的活動にとって十分な場所でなくなっており（[36]［42］参照）、ドイツ人の政治亡命者のみならず、職人などのドイツ人コロニーがヨーロッパでもっとも発展していた地がパリであり（[42］参照）、出版の影響、採算の問題からいってもパリでなければならない理由がはっきりすることになる。しかし、そうした財政的な面はともかくとして、思想的に独仏連合構想は、ある意味では時宜を得たものであった。一八四〇年代のライン領土問題をつうじてフランス側にもドイツに対する関心が高まっており、ドイツとの連携は、保守層のみならず社会主義者にとっても関心事であったからである。

『独仏年誌』の基本骨格たる独仏の精神的連合構想は、当時とりわけ新しいものではなかったとしても、ヘーゲル左派にとってはフォイエルバッハの理論、「血の通う、人間的な真の哲学は、ガリア・ゲルマン的血でなければならない」（*Anecdota*, Bd. II, Zürich und Winterthur, 1843, S.76）を実践する意味を持っていた。

それは、フランスの心とドイツの精神の融合、フランスの唯物論とドイツの観念論との融合であった。すでにこの論理装置の中に、ドイツ的普遍精神によってフランス的自由を一般化しようという前提がある。

ルーゲは、すでにフランス側の参加が得られなかった『独仏年誌』の序（第三編参照）で、『独仏年誌』の課題について述べる。彼はフランスについて、「フランスは政治的原理であり、ヨーロッパにおける人間的自由の純粋な原理であり、こうした国はフランスしかない」［22,s.90］と述べ、政治的な意味でのフランスを絶対化する。その意味でフランスは、自由のすべてであり、フランスの現実的状況とその理念的な部分がやや不明確に重なりあって、フランスへの共感を要求することになる。自由は国境を越えており、フランスを憎悪することは政治的自由を憎悪することにもなることを警告する。しかし、フランス的精神が自由であり、それへの愛というのであれば、ドイツも精神は自由であるわけで同じことである。ここで、ルーゲは非常に曖昧な形であるが、フランスの現実と精神とを不分明なまま等置してしまう。これがブランの批判を招く原因になってしまう。しかし、ルーゲは一面でフランスの現実を理念と同一視している部分もあった。彼が『パリ滞在二年』の中で、「フランスへの道、それは自由への敷居である。われわれの夢の実現である。われわれの旅の最後には、パリの大きな谷、新しいヨーロッパの発祥地がある。そこには、世界史が沸騰し、そこから世界史がたえず新たに湧き出ている」［23,S.4］と胸の内を語り、フランスへの思いが一種の恋の盲目さのように現れている。その恋が嵩じた結果ではないが、彼はフランス人になろうとまでしているのである。彼の帰化申請が実際にどう処理されたかは不明であるが、彼のフランスへの熱の入れ方は尋常ではなかったと思われる。

ルーゲは、「ドイツとフランスの精神を現実的につなぐことが、ヒューマニズムの原理における出会いである」［22,S.9］と述べ、精神的統一を主張する。しかし、フランス革命は、哲学的自由の実現であって、それはあくまで現実のものである。だからこそルーゲは、ナポレオンに対して戦ったドイツについて深く反省し、それは自由に対する罪であるとまでいっているのである。精神的自由を摑んだドイツの哲学は、いまこそフランスの自由の魅力に屈服することによって、このことを懺悔することができるのであると考える［22,S.94］。この序文は、もはやフランス人に向けられたものではなく、ドイツ人に対して向けられたものであるために、過度のフランスへの偏愛が語られている。しかし、現実にはフランス人からは『独仏年誌』は完全に拒否されてしまったのである。その理由はいったい何であったのか。それについて、ブランの回答を中心に見ていくことにする。

iii　ブランの論文とルーゲの失望

ルーゲの独仏連合構想、具体的には『独仏年誌』への執筆に対する要請に対して、ほとんどのフランス人は拒否を表明した。特に、ブランの場合、明確にその拒否宣言を『独立評論』誌上に載せ、その拒否の理由についてこと細かに回答してきた。

ブランは、まず知的同盟を申し出た人々が、ドイツについて語っていることを批判する。ドイツ人は、まず自由が必要で、その次に統一だといっているが、なぜまず統一で、次に自由でないのかと批判する［1,p.40］。ドイツという国家として統一されたことのないところに、自由がありうるのか。プロイセンやオーストリアの抑圧に屈する前に、まず統一しておかねばならない［1,p.41］。さて統一するとなると、ドイツ人を統一へと引き付けるものは何か、過去のドイツ帝国ではあるまい。オーストリアが変化を好まず、統一の力となりえないとすれば［1,p.52］、プロイセンであろう。そうした物的力でなく、たんに精神的自由であるとすれば、それは一世紀前の啓蒙主義者のフランスということになる。しかし、フランスでは、こうした自由はたんにエゴイスティックなものにすぎなかった。その結果個人の権利は民主主義の基礎となりえないことが証明されている［1,p.61］。もし、フランスから学ぶことがあるとすれば、それはフランスの自由ではなく、むしろその失敗であり、その点において知的同盟の成立の可能性はある。「諸君たちはわれわれの中庸という虚偽を避けられるだけでなく、おそらく一七九三年を節約できる」[1,p.62] とブランは述べ、ルーゲの期待する自由は、すでにフランスでは意味がなくなっていることを主張する。「フランス革命は、もしそれを内的行為の中で考察することに限定すれば、モンテスキューと結び付いた百科全書派から出る自由派と、社会契約から出る民主派との絶望的闘争そのものであった。民主派は革命を公安委員会によって支配し、テルミドールの九月で勝利した、自由学派は――帝国の遺跡の上で勝利を摑む」[1,p.61]。しかし、次第にこの学派も力を失い、国はアナーキーな状態に至る。ルーゲがフランス人が宗教的問題にこだわったといっている点は、まさにブランがこうしたアナーキーな自由には我慢できないといっていることであり、ブランにとって、ヘーゲル学派は、無制限の自由を信ずるアテイスト（無神論者）ということになる。「アテイズムは、たとえそれが何であろうと、政治的アナキズムに一致する」[1,p.60]。「一八世紀的友愛と統一に基づく民主主義の代表者はルソーであったことをドイツ人はいま思い出してほしい」。しかし「ルソーはけっして無神論者ではなかった」[1,p.62]。

以上の批判を要約すると、第一にブランは、ドイツの統一、民族の統一をまず前提にして、そこから自由を考えるべきであると考えていること、第二に、その自由は、けっして無限の自由ではなく一定の社会的正義（それが宗教と関係している部分である）を背景にした自由であり、そういう自由は実は現在のフランスには存在しないということである。

こうしたブランの考えから独仏の知的同盟を考えるとどうなるか。まず彼は、両国の問題を複雑にしている問題、ライン領土の問題を取り上げる。フランスがライン領土を主張していることは、侵略精神の表れではなく、フランスの防衛上の問題である [1,p.64]。

自由の祖国フランスの防衛は、自由そのものの防衛である。もし、ライン領土が得られないとすれば、

「民主主義、文明の敵が、パリを城塞で取り囲み、パリの中に世界の自由を閉じ込める都合の良い口実をつくったのは、国境がないからではないだろうか」［1,p.64f］という表現に表れているように、自由そのものが滅びることになる。「民主的フランスはドイツの自由でもないのか」［1,p.66］。

以上の論理は、自由の国フランスはあくまでも現実には民族国家としての枠の中で保障されていること、したがってフランスの自由を守ることは、フランスという国を守ることであり、ドイツがそれに答えるとするならば、先にドイツ統一を行い、自由を脅かすプロイセン体制を覆し、そこに自由の国をつくることを意味する。その段階になると、おそらくライン領土は問題ではなくなるであろう。これは、ルーゲにとって非常に痛い問題である。精神に限った自由ならば、ライン領土問題は問題とはならず、それならばフランスに頼る必要はないわけで、独仏連合の意味はない。しかし、現実の自由が問題であれば、当面フランスを後方支援するか、ドイツで統一運動に専念するべきであって、独仏連合の積極的な意味はその限りでしかない。ルーゲは、自由の普遍性を強調するあまり、民族的問題を等閑視することになってしまう。しかし、ブランも民族単位での自由の形成の後、どうやって連合が実現されるのかについて具体的に説明しておらず、その問題に関しては勇み足といえども、ルーゲの方が進んでいる。さらに、社会的正義の実現としてブランは常に国家を前提としているが、ルーゲの場合、個人の教養の形成による自由の自己制御という点で、最初から国家を念頭に置いていない。その点からも、ルーゲは自由と国家を並列しないわけである。

こうした『独仏年誌』に対する批判は、デュプラの書評［4］でも繰り返されている。特に、ルーゲのフランスの過度の理想化、一八世紀的ヒューマニズム、フランスに欠落するというヘーゲル哲学について、非常に皮肉っぽく書いている。このように、フランス側から見たルーゲのフランス観はまったく非現実的なものであったのだが、それはほんとうにルーゲのみに見られる時代錯誤であったのであろうか。ここで、ルーゲの前にこうした問題に直面したフェネダイとシュルツ、さらに彼らとフランス人との論争を見ることにする。

2　独仏連合構想にみるフランス観

i　ヤコブ・フェネダイ

ルーゲの独仏連合構想は、一八四〇年のフェネダイの小冊子『フランス、ドイツそしてライン地方』[33] にも見ることができる。彼は、一八三〇年代にフランスの左派の知識人との交流を図るが、ライン領土問題でフランス人に厳しく拒否される。とりわけ、彼の小冊子がフランス語でパリの出版社によって出版されると、キネ、ミシュレなどの反対にあう。彼が小冊子を捧げたアラゴからも、またドイツ人に人気のあったラムネー [31,s.115] からも厳しく批判される。そのために翌年『フランス、ドイツそして人民の神聖同盟』という小冊子を書き応戦するが、フランス人との対立は収まることはなかった。

フェネダイは、あくまでドイツとフランスは同盟しなければならないと主張する。ドイツとフランスとの同盟ができて初めて、ヨーロッパの未来は完成し、人類は危険から免れることになると考えるからである [33,p.9]。ヨーロッパの緊張緩和のために二つの国が同盟を結ぶことは、非常に重要であるというのが、彼の考えである。フランスにとってなぜドイツが重要なのかというと、たとえばロシアの場合、ヨーロッパと文明が違うということ、イギリスの場合はただ経済的な問題しかないということによって、ドイツが重要な意味を持ってくるからである [33,p.10]。それは、ドイツ、フランス両国が真に共感をもち、利害が一致しているからである。「フランスと真に同盟を結べる相手、自然同盟を結べる相手、それはドイツである」［33,p.14］。

まずフランスとドイツには、共通項がある。「フランスの思想は本来ゲルマン的な起源をもっている。人民代表制、陪審員制度、あらゆる自由制度、言い換えれば民主原理の要は、ローマ化されたヨーロッパに、北の蛮族、ゲルマン人によって導入されたものであった」［33,p.29］。「ライン河の一方では大胆さ、もう一方では冷静さ、一方では活気、他方では忍耐。ライン河のこちら岸では実践的な精神、実行力、向こう岸では思弁的精神、才気あふれる夢想家、徹底した感傷主義。ライン河のこちら岸では社会的人間、向こう岸では家族的人間。ライン河のこちら岸では、その権利に対する勇敢な防衛者、向こう岸ではその義務に対する自発的奴隷。このようなものがフランスとドイツの道徳精神の状況である。二つの国を連合してみよう。そうすると、相互に補完しあうにこれほどふさわしい国はないし、この二つの国家の固有の質の混ぜ合わせから生じるであろうものより、より美しく、より大きく、より完璧なものなどないであろう」［33,p.29f］。フェネダイは、ドイツとフランスとの間の共通性、さらに相互に補う補完性について、二つの国ほど同盟するに恵まれた国はないと考えている。フェネダイは、ルーゲほどフランスの普遍性を高く評価していない。むしろ、フランスとドイツ二国の問題に限定して、両国が民族的、文化的に類似しているることを強調しており、その点ではむしろルーゲのヨーロッパ連合構想ほどの広がりをもたない。そのため、フランスで実現された自由の原理ももとをただせばそれはゲルマン的なものであり、別にフランスがつくりだしたものでもないとまでいいきっている。この意味では、フランスとドイツの同盟は、ヨーロッパの緊張緩和と両国の過去の共通性と補完的文化の異質性のために必要であり、両国の間にあるブランがいったような非常に大きな落差、ドイツには自由と統一が欠けているという問題が欠落してしまっている。これは、フランスのイニシアチヴを暗に前提としたルーゲと違っているだけでなく、むしろフランスにとって、自由のないドイツならば統一しないほうがいいであろうし、統一がなければいったい何と同盟するのか不明確になってしまう原因にもなってしまっている。それは、ルーゲとブランと同様に、話がライン領土問題に言及されると途端に亀裂を生む結果となってしまう。

まずライン左岸の住民のフランス色を否定する。もはやライン人はフランスに熱狂していない[33,p.36]。「ライン地方の問題、あるいはライン国境の問題は、とりわけドイツにおいてこうした軽蔑心を引き起こした。ライン地方は言語、風俗、習慣、思想、感情から見てドイツである」[33,p.37]。フェネダイの説では、左岸地域がドイツのものであることは否定しようがない事実であることを、過去の歴史にまで遡って説明する。フランス人は、ローマ時代にはゴール人の国境がライン河であったこと、シャルルマーニュ（カール大帝）がアーヘンを首都としたフランス王であることからライン左岸はフランス固有の領土だというが、ローマ時代にはゲルマン人がいたこと、シャルルマーニュはドイツ語を喋っていたドイツの王であること[33,p.39]。ここまで主張すると、フェネダイの議論は国境問題をめぐる民族対立をそのまま再現することになる。たとえライン人がフランスへ共感を持ち、プロイセンへの反感を持っていようとも、「ドイツの民族性への感情（le sentiment de nationalité）」[33,p.43]も強く持っているという彼の発言は、居住者の判断によって国境問題を解決するという見解よりは、民族によって強引に国境問題を解決するという民族主義的国境説に近い。ハンバッハ祭でフランスの不評を買ったヴィルトの言葉「もしフランス人がわが国に侵略するためにやってくるとすれば、私はプロイセン軍に入るだろう」[33,p.43]を引用する時、彼の民族主義は頂点に達する。

フランスの議論の多くは、ライン河は自然がフランスに与えてくれた国境であるという説、すなわち山、河などの自然的な風土によって決定される自然国境説に基づいて展開されており、さらにそこにフランス的自由への人民の賛同という共感説が絡まって展開されていた。その限りでは、民族、言語という言葉はなく、国境と民族、言語との関係は重要視されてはいなかった。フランス人のこの考えは、ある面では市民社会が普遍的であり、人々は民族を超えてそこに集まるであろうという優越感、他面で領土拡張を市民社会の名の下に行おうという野望を含んでいた。フェネダイは、フランスの普遍性よりも、フランスの民族的偏狭性、領土拡張主義を懸念していた。

彼は自然国境説に対して、次の質問を投げかける。ライン河を国境にしないとフランスの防衛は難しいというが、パリがライン河のそばにあったとしたら、ライン河を国境にしても意味がないということにならないのかと［33,p.44］。この質問は、だからこそパリはライン河の近くにないのだという反論が出てくるとしても、自然による国境は本来口実で、領土拡張主義が現実の姿であることを暴露することにもなっている。さらにフェネダイは別のところでも、フランスの主張は人権という美名の下に拡張主義を隠していると主張している［32,p.726］。

以上のフェネダイの論理を追っていくと、ルーゲとは違った形で、フランス人の反撃を受けることは確実である。すなわち、民族、言語が何ゆえにフランス的自由に優越するのか、国境は居住者の選択ではなく民族によって決まるのか、フランス的自由は民族の優位する社会では実現するのか、それではなぜフランスとの同盟が必要なのか。結局、彼はアルザスを放棄して、ライン左岸を獲得するという一八一五年のウィーン体制をそのまま堅持するだけであり、その点では既成の秩序を乱すものではなかった。ただ、独仏連合という点において神聖同盟と違っていただけである。フェネダイを批判したフランス人は、この点を厳しく突いてくることになる。たとえばアラゴは、自然国境説をとり、ライン河を国境にすることによってのみ両国の軍事的緊張はなくなり、緊張緩和につながると批判していた［31,p.112］。フェネダイのフランス観にあるフランスとドイツをゲルマンの共通の兄弟とするという考えでは、けっしてルーゲのようなフランスの自由を普遍史として高く評価する思想を認めることはできない。結局フェネダイの連合構想は、民族統一のためというわけでもなく、自由の実現というわけでもなく、非常に曖昧な形でしか現れてこないといえよう。民族というレベルで、フランスの市民社会を捉えた点で、フランスの役割を曖昧にしてしまったわけである。次に民族と統一という形ではなく、言語と統一という形で独仏連合を考えたシュルツを見てみよう。

ii　ヴィルヘルム・シュルツ

フェネダイの小冊子が出版された翌年の一八四一年にストラスブールで、シュルツの『ヨーロッパにおける国民的均衡の創設のためのドイツ人とフランス人の同盟』［27］という小冊子がドイツ語で出版された（シュルツのその他の著作については［39］参照）。この冊子も、読者をフランス人としていたが、フランス語ではなくドイツ語で出版されたのは、読者がアルザス人でドイツ語を解せたことにある［42,s.105-7］。しかし、シュルツはこのアルザスをけっしてフランスとは思っておらず、アルザス人にドイツ領であることを説得する形になっている。もちろん、彼は自分のようなドイツを追われた亡命者を受け入れたフランスを高く評価し「私が再び獲得した自由の最初の保護者を見出したのはフランスの大地であった」［27,s.5］と述べている。

彼にとって国家とは言語が一致することである［27,s.7］。その証明は次のようになされる。ピレネー人やブルターニュ人の言葉は違っているが、パリの人々よりフランス化されており、そのうち独自の言語を失うであろう。同様のことはロレーヌのドイツ語についてもいえる。したがって、すでにこれらの地域は言語によりフランス化されているといえる。しかしアルザスは違う。アルザスはライン河の商業的側面からいって、ドイツ語を話さざるをえず、ドイツ語が消滅することはありえない［27,s.7］。東ドイツ地域の場合スラヴ人が多いが、そのスラヴ人たちは経済的にドイツ語を必要とするので、自然にドイツ語化していかねばならない［27,s.7］。こうして、アルザスはドイツ語圏に組み入れられるために、アルザスはフランスではなくドイツであるべきである。以上の論理は、かなりぶっきらぼうで、現在の言語問題から見ると問題は多いであろうが、しかし、彼が言語による国家形成を考えたことは、彼のフランス観、国境観というものを説明している。彼がフランスに見たものは統一言語による近代市民国家であった。それは、ドイツ統一のひとつのモデルともなっている。シュルツにとって、ヨーロッパはラテン語圏、ゲルマン語圏、スラヴ語圏に分かれ、この三つを基準に国家が形成されれば、それがヨーロッパ安定につながるという前提がある［27,S.8］。こうして出来上がった国家の連合こそヨーロッパの緊張緩和を約束することになる。この点ではフェネダイとよく似ているといえる。しかし、フェネダイ同様、独仏同盟の積極的意義が曖昧となってしまっている点は、やはりフランス人の攻撃を受けやすいものとなっている。

さて、ここで単純にドイツ語圏をシュルツのいうように考えたらどうであろう。ドイツの商業に左右されている地域、場合によるとロシアまでドイツ語に引き寄せられざるをえないであろう。これは一種の大ドイツ主義である。しかし、そこまで考えているわけではない。シュルツにとってフランスの自由のイメージはどうなのであろう。ルーゲのようにフランスを理想化するところはまったくない。むしろ貧富の差の増大をフランスとイギリスに見る点で理想は崩されているといっていいであろう。

ライン領土問題に対しては、当然言語による国境説であるため、ライン左岸はドイツのものであるばかりか、アルザスまでドイツのものであるという主張になっている。ルーゲ、フェネダイよりも一歩踏み込んだ領土主張である。もちろんシュルツは「アルザスの人民が政治的にはドイツに帰属したくないことも」［27,S.19］知っている。しかし、ラインはドイツ人にとって「諸君（フランス人）にとっての首都とおなじ」意味がある。ドイツ人にとっての「核であり根」である［27,S.20］と主張する。こうしたシュルツの主張は、フランス人にとってドイツの愛国主義者の言葉と変わらないかもしれない。しかし、彼の言語説はポーランドなどの他の地域の独立への支援にもなっていて、ドイツ民族の拡張主義ではない。しかも彼は、フランス人はライン領土へ侵攻するよりもポーランド解放へ軍を出すべきであるといっているのである。しかし、フランス人にとっては、アルザスは取られ、おまけにポーランドまで助けねばならないというのでは、どうみてもこの主張を認めることはできないであろう。シュルツはさらに、ドイツの安定(それはライン問題の解決と独仏同盟による)によって、ドイツは中央の力としてポーランド支援を積極的に行うことができる［27,S.25］と述べ、独仏同盟の意義がヨーロッパの安定、さらにはポーランドの独立へつながると主張する。しかし、これもフランス人にとっては、意味不明である。ドイツの統一は、ポーランドにとって幸いしても、フランスにとって逆に脅威になるし、独仏同盟の必然的な理由としてもあまり説得力がない。フランスが市民革命をドイツへ輸出するというのならまだしも、ドイツの統一国家の正体はまったく不明であり、シュルツが、プロイセンやオーストリアが統一のへゲモニーをとることを黙認している点では、それは脅威以外の何ものでもないであろう。

シュルツの立論をまとめると、第一に言語統一によるドイツ統一をもっとも重要なことと考え、第二にそうした国家を中心に中欧の安定をはかり(そこでの統一国家の政治形態については不明確である)、第三にそのほかの言語圏を独立させていくという点に集約される。この理論によると、ルーゲのような市民社会的独仏同盟は存在せず、もっぱら民族闘争が前面に出ることになる。ポーランド問題、イタリア問題もドイツの問題と同様民族独立運動であり、しかもその前提として連合構想が必要であるということになっている。そこでは連合構想は、民族闘争のつなぎ役でしかない。ルーゲの連合構想と、シュルツのそれはこの点で明確に異なっている。

ⅲ　フランス側の応答

今まで、ドイツ人のフランスに対する一方的なフランス像、そこから生まれる独仏連合構想を見てきたが、逆にフランス側の見方を見ることによって、現実の状況が明確になるであろう。フランスのドイツへの関心は、ライン領土問題で高まりを見せるが、その時にも、それより前にもフランス人に流れる基本的モチーフがある。それは、大革命と自由の祖国という自負である。もちろん、その現実の状況にいたってははなはだ問題は大きいのであるが、フランスが他の国よりこの点で進んでいるという確信がある。

一八一五年以後の独仏の外交関係は、実は非常にデリケートな関係であった（独仏の外交関係については[16][20]参照）。それはフランスの外交政策が、第一に一八一五年のウィーン体制の変更であり[16,p.10]、第二にそのためにも、またフランスの安定のためにもドイツの統一をなるべく阻止することが必要であり、そのために、ドイツ統一をはかるドイツの自由派、急進派をなるべく監視し、阻止することが課題であった[16,p.13]。しかし、実はこの二つのことはまったく矛盾する問題である。ウィーン体制によって作られた領土を変更することは、ウィーン体制を崩壊させることでもある。しかし、ウィーン体制が崩壊すれば、ウィーン体制によってできあがった弱小国家の集まりであるドイツ連邦の崩壊、すなわちドイツの統一が出現するわけである。フランスにとって、この政策を矛盾なく解釈すると、領土に関してはウィーン体制破棄、ドイツ連邦に関しては遵守ということになる。しかし、この外交政策は、ドイツ人の議論と真っ向から対立するものであった。ドイツの自由派、急進派もともにドイツ統一を掲げており、その問題に関して領土問題が出てきていた。ドイツ統一よりも自由を先にするとしても、また統一を先にするとしても統一があることは変わらない。フランス的市民社会がドイツで歓迎されるとしても、それはフランスとの併合を意味しているのではなく、せいぜい自由の獲得か連合を意味するにすぎない。こうした状況は、独仏関係を非常に複雑にしていた。統一を企図する自由派をフランスに入れることは、マイナスではあるが、しかし、彼らがフランス的自由の喧伝者として領土の拡張につながるなら大いに歓迎すべきである。この矛盾こそ一八四〇年代に多くのドイツ人が亡命の地としてフランスを選ぶことのできた条件であった。フランスにとって彼らは招かざる客であり、また招いた客でもあった。

フランス人は、国境問題を語るに際して、地理的国境説を自然国境説の中心に置いた。ライン・ジャコバン派の一人コルプは、『国家学事典』の中で、「自然国境説」（Natürliche Gränze）について書いている。自然国境説というものは、まず第一に地理的な条件、民族や習慣の相違を作り出す河や山である。この定義に従うとライン左岸はすべてフランス領土でなければならない。しかし、実際にはこうした地理的条件も運河、鉄道、道路等の発展によって真の条件ではなくなっている［9,s.405f］。次に、民族による国境というものもあるが、これによると、アルザス、ロレーヌはドイツでなければならないが、自由な政府に親しんでいるアルザス人、ロレーヌ人はドイツ領となることを歓迎しないであろう［9,s.407］。とすれば、何が自然な国境の基準となるか、それはそこに居住する人々がどの国を欲するかであり、共感（Sympathie）と反感（Antipathie）である［9,s.408］。コルプは、自然という意味を住民の意志の尊重の上に置くことによって、市民による選択権としての市民社会の規範を先取りしているわけである。コルプは同じ『国家学事典』の中で、「ラインラント」（Rheinland）の項目も書いているが、そこでライン地域の人口、面積、宗教、文化を分析している［10,s.566］。そこでとられたデータを総合すると、民族、言語に関してはドイツであるということは証明される。しかし、フランスがラインを併合して得られたものの大きさを考えると、ライン地域をドイツと呼ぶのは気がひける。「人格と所有の自由と保障、法の前での平等」「裁判の公開と口述、あらゆる犯罪についての陪審制度、宗教権力と世俗権力との分離、完全な学問の自由、出版の自由……、さらに課税の平等、すでに死んでいる者の大土地の分割の自由、営業の自由、狩猟頭数制限の廃止、十分の一税、賦役労働やその他の封建制度の廃止」［10,s.570］などは、ラインの住民が享受した権利であり、ドイツよりも良い制度である。ここでは、ドイツへの統一を望まないであろう。「ギリシアの名声が高く、幸福であるのは、統一のためではなく自由のためである」［10,s.573］。ここで、コルプは民族ではなく、どの国に帰属したいかという共感によるべきであると考えている。この共感こそ市民社会の原理である。

さて、こうした状況を踏まえ、フランス人の側からの批判を要約すると次のようになる（詳しくは［11］［25］［26］［30］参照）。まず、フランス的自由はドイツの人々にも大きな影響を与えていて、フランス革命以後フランスに併合された地域は必ずフランスを歓迎するであろうから、ドイツ人が主張する民族、言語によるドイツ化は意味がないということ。次に、ライン河は、自然が与えてくれた地理的なフランスの限界であり、アルザス、ロレーヌ、ライン左岸はフランス固有の領土であるから、ドイツ人がこれらの地域を民族や言語ということによって要求する権利はまったくないということ。もちろんこうした主張には、論者によってややばらつきがある。キネ［19,p.33］のようにフランスの自由は、ドイツにとっても自由を意味するのだから、ライン地域がフランスであるのはむしろドイツにとって有利であると考える批判で、この中にブランも位置している。そこには、フランスに対する絶対的な自信があり、それはヘーゲル左派の人々にとって人類の普遍史とみられたフランスの歴史でもあった。こうした意見をもつ者には、キネばかりではなく、カザレ［3,p.665］や当時著名だったラマルチーヌ［30,S.98］、ユゴー［35,S.35］もいた。そのため、ドイツの世論は大きなショックを受けている。しかしミシュレのように、この地域は、本来はドイツ地域であることを認めるものもいたし［18,S.4］［29,S.169］、レルミニエ［11,p.613］のように、ライン人の意志を尊重すべきであると考えるものもいた。後者の説に従うと、ライン左岸は結局フランスの衛星地域として中立化することになっていた。

いずれにしても、フランス人の発想の根底には、当時のフランス政府の政策が反映している。それは、第一にフランスの防衛のためにライン左岸をフランス領にすること、あるいは、ドイツの脅威を何らかの形で和らげることであった。そのためには、防衛の手段としてライン河という地理的手段を使うことが重要になってくるわけで、それと国境説が結び付けられていた。もちろん、他面では、フランスの自由の拡大がライン地域にも利益をもたらすであろうという側面も謳ってはあった。第二には、ドイツ統一をフランスの脅威にならないようにすることであった。しかし、フランスの知識人がフランス政府のようにドイツ統一を阻止するとは考えられず、そのためにドイツ統一に奔走するドイツの自由派、急進派がドイツの統一をプロイセンやオーストリアの覇権主義に関係なく行えることを許すという点である。しかし、基本的にドイツ統一のためにだけフランスが後押ししてやること、すなわち連合によってドイツを守ってやることは、将来ドイツが自由な国になることを保障するものではない。むしろ、積極的にフランス的自由をドイツに広めるための同盟、手段を求める方がフランス人には理解できる。その点でフェネダイや、シュルツのドイツ民族の自負が、フランスの理解を得られるものでなかったことは当然である。ルーゲの場合はフランスの普遍性に対する点でなるほど、おそらく自由派のフランス人の賛同は得られるはずであろうが、すでにフランスの現実に不満を持っている社会主義者に対しては、市民革命たるドイツ統一を果たしてから同盟について考えるべきだと諭されるのが落ちであったことも事実である。ルーゲは一八四八年革命以後ユゴーなどの自由派との関係［28,S.1f］を持っていくことになるが、それを考えると、一八四三年に彼が独仏連合の話をもっていったフランスの社会主義者は、相手としてはふさわしくなかったのではないかとも思えてくる。

小括

ルーゲのフランス観は、以上見てきたような独仏関係の問題によって、現実的には非常に難しい立場に立たされることになった。フランスと市民社会が同一であれば、ドイツの領土はなるべくフランス化されるべきであるが、それならばフランスの主張は正しいということになる。しかし、一方でルーゲは民族的フランスと普遍的フランスとの二重性に悩むことになる。さらに、自由というものはドイツの民族統一なくして可能であるのか、統一なくしてフランスとの連合がありえるのかという問題に対しても同様に微妙な立場に立たされる。ルーゲにとって、自由は本来民族を超えるものであるのだが、現実には統一によって自由が実現できたのがフランスである。さらにフランスの社会主義は、そうした無政府的な自由は存在せず、民族的レベルでしか自由も社会主義もないと考える。ルーゲの思想から出てくるのは、現実の自由な民族国家フランスに対して、観念的な自由連合国家、社会主義的で平等な民族国家に対して、無政府的で平等なき形骸的な自由国家であり、当時の状況ではとても現実化しえるものではなかったと言える。その点で、ブランの批判もマルクスやヘスの批判も間違ってはいない。

引用文献

（1）Blanc, L., D'un Projet d'alliance intellectuelle entre l'Allemagne et la France, *Revue Indépendante*, 10. Nov., Paris, 1843.
（2）Blaschke, F., *Das Verhältniss Arnold Ruge zu Hegel mit besonderer Rücksicht auf ihre Lehre vom Staate*, phil. Diss., Leipzig, 1919.
（3）Cazalés, E., Études historiques et politiques sur l'Allemagne, *Revue des Deux Mondes*, 1, Janvier, 1842.
（4）Duprat, R., L'Ecole de Hegel à Paris, *Revue Indépendante*, 25, Fev., 1844.
（5）Garber, J., Peripherle oder Zentrum? Die Europäische Triarchie, *Les Relataitions interculturelles dans l'éspace Franco-Allemand*（XVIIIe-XIXe siècle）, Paris, 1988.
（6）Hammen, O. J., The Failure of an attempted France-German Liberal rapprochement 1830-1840, *American historical Review*, vol.

LII, 1946 - 47.

（7）Hess, M., Dottore Graziano's Werke. Zwei Jahre in Paris, *Philosophische und sozialistische Schriften 1837-50*, Berlin, 1961.（山本啓訳「ドットーレ・グラチアーノの著作、A・ルーゲ著『パリの二年間、研究と思い出』」、『ヘーゲル左派論叢』第一巻、御茶の水書房、一九八六年）

（8）Katzenbisser, A., *Deutscher Geist und deutsche Literatur im Spiegel der "Revue des Deux Mondes", 1829-1871*. Diss. Phil. Wien, 1925.

（9）Kolb, G., Natürliche Gränz, *Staats-Lexikon*, Bd. IX, 1847.

（10）——, Rheinland, *Staats-Lexikon*, Bd. XI, 1848.

（11）Lerminier, Au dela du Rhin, *Revue des Deux Mondes*, 1, Juillet, 1835.

（12）P. Linkenheil, R., *Die Revue des Deux Mondes und Deutschland*, Diss., Phil., München, 1962.

（13）Mesmer-Strupp, Beatrix, *Arnold Ruges Plan einer Alliance intellectulle zwischen Deutschen und Französen*, Diss. Phil., Bern, 1963.

（14）Neher, W., *Arnold Ruge als Politiker und Politischer Schriftsteller*, Heidelberg, 1993.

（15）Oesterle. G., Urbanität und Mentalität. Paris und das Französische aus der Sicht deutscher Parisreisender, *Les Relations interculturelles dans l'espace Franco-Allemand*（*XVIIIe-XIXe siècle*）, Paris, 1988.

（16）Owsinska, A., *La Politique de la France envers l'Allemagne à l'epoque de la monarchie de Juillet 1830-1848*, Wroclaw, 1974.

（17）Poidevin R. et Bariéty, *Frankreich und Deutschland, Die Geschichte ihrer Beziehungen 1815-1975*, München, 1972.

（18）Poidevin R. et Sieburg, O., *Aspects des relations franco-allemandes 1830-1848*, Metz, 1978.

（19）Quinet, E., De l'Allemagne et la révolution, *Revue des Deux Mondes*, 1, Juillet, 1832.

（20）Roghe, D., *Die Französische Deutschlandpolitik während der ersten zehn Jahre der Julimonarchie*（*1830-40*）, Diss.phil., Würzburg, 1971.

（21）Ruge, A., *Briefewechsel und Tägebuchblätter aus der Jahren 1825-1880*, hrsg. Von Paul Nerrlich, Erster Buch 1825-1847, Berlin,

1866.

（22）——, Plan der Deutsch-Französischen Jahrbücher, *Deutsch-Französische Jahrbücher*, hrsg. Von Höppner, J., Leipzig, 1973.

（23）——, *Zwei Jahre in Paris, Studien und Erinnerungen*, Erster Teil, Leipzig, 1846.

（24）——, Zur Verständingung der Deutschen und Französen, Vorrede zur deutschen Übersetzung von Louis Blanc's Geschichte der Zehn Jahre, *Die Hegelsche Linke, Dokumente zu Philosophie und Politik im Deutschen Vormärz*, Leipzig, 1985.

（25）Sagnac, P., *Le Rhin français pendant la révolution et l'Empire*, Paris, 1917.

（26）——, La Crise de l'occident et la question du Rhin, *Revue des études napoléoniennes*, Bd. 16, 1919, Bd. 17, 1920.

（27）Schulz, W., *Der Bund der Deutschen und Französen für Grundung eines nationalen Gleichgewicht in Europa*, Strassburg, 1841.

（28）Schimidt, H. L., *Arnold Ruge und Völkerbundsgedanke 1848*, Diss. Phil. München, 1952.

（29）Sieburg, H. O., *Deutschland und Frankreich in der Geschichtsschreibung des Neunzehnter Jahrhunderts*, Wiesbaden, 1954.

（30）Veit-Brause, I. *Die französiche Krise vom 1840*, Phil. Diss., Köln, 1967.

（31）Venedey, H., *Jakob Venedey*, Stockach, 1930.

（32）Venedey, J., Lettres sur l'Allemagne（1）,（2）, *La Phalange*, 15, Avril, 29, Avril, 1940.

（33）——, *La France, l'Allemagne et les provinces Rhenanes*, Paris, 1840.

（34）*Vorwärts*, Paris, 1844. Reprint, 1975.

（35）Wenger, L., *Preussen in der öffentliche Meinung Frankreichs 1845-1870*, Frankfurt am Main, Zürich, 1979.

（36）Wiltberger, O., *Die Deutschen politischen Flüchtlinge in Strassburg von 1830-1849*, Berlin und Leipzig, 1910.

（37）Wykowski, I., *Der Kritik der deutschen Radikalen ab der Begriffen Nation Nationalität und Patriotismus*, Phil. Diss., Göttingen, 1950.

（38）石塚正英「アーノルト・ルーゲのロマン主義批判——Vormärz における自由主義運動の一つの型」『立正史学』四

四号、一九七八年
(39) 植村邦彦『シュルツとマルクス』新評論、一九九〇年
(40) 寿福真美「ヘーゲルと実践哲学――ルーゲの『法哲学批判』」『一橋研究』二八号、一九七四年
(41) 田中治男「A・ルーゲとその時代――一八四〇年における政治的急進主義の生成」『思想』五、七、一一月号、一九七四年
(42) 的場昭弘『フランスの中のドイツ人』御茶の水書房、一九九五年
(43) 的場昭弘『トリーアの社会史』未來社、一九八六年
(44) 的場昭弘「モーゼル危機とマルクス」『一橋論叢』一〇〇巻第二号、一九八八年
(45) 良知力『向こう岸からの世界史』未來社、一九七八年
(46) 良知力『ヘーゲル左派と初期マルクス』岩波書店、一九八七年
(47) 山中隆次『初期マルクスの思想形成』新評論、一九七二年
(48) 山本啓「三月前期とルーゲ」『現代思想』一二月臨時増刊号、一九七八年

あとがき

ここに訳出したのは、マルクスの初期論文二編（一八四三年執筆、一八四四年公表）である。それは「ユダヤ人問題に寄せて」「ヘーゲル法哲学批判-序説」という二本の論文であり、ともにマルクスとアーノルト・ルーゲが共同編集した『独仏年誌』に掲載された。この雑誌は、パリで発刊された。『ライン新聞』廃刊後、マルクスは雑誌の編集者としての道を模索し、結局ルーゲの提案を受け、新婚（一八四三年六月）早々、雑誌の発刊場所であるパリへと移る（一八四四年一〇月）。

フランスとドイツは当時、ライン地域の帰属をめぐって緊張関係にあった（詳しくは第四編研究編参照）。ルーゲはフランス側とドイツ側の思想を交流させることで、この問題は何とか解決できると考えていた。それが『独仏年誌』という雑誌の狙いであった。そのため、フランス人とドイツ人それぞれが執筆することを当初考えていた。しかし、実際にはフランス人側からはすべて拒否され、結局ドイツ人だけ、しかもドイツ語の雑誌として出版されることになる。

一八四四年の二月末に一、二号合併号で出版されたこの雑誌は、国境で雑誌が大量に没収されたこともあり、すぐに廃刊へと追い込まれた。

マルクスは、この雑誌に三本原稿を掲載している。それはこの「ヘーゲル法哲学批判-序説」と「ユダヤ人問題に寄せて」、そして「往復書簡」（第三編資料編参照）である。それぞれ形式が違うので、あえて正確に分類分けすれば、論文は「ヘーゲル法哲学批判‐序説」だけであり、「ユダヤ人問題に寄せて」は書評という枠であった。とはいえ、書評の方が論文よりもはるかに長くなっている。二つの論文はそれぞれ補完しあう形になっていて、当時のマルクスの知的水準を知るためには、二つをひとつの論文として読むべきであろう。

「ユダヤ人問題に寄せて」は、バウアーの書物『ユダヤ人問題』と「今日のユダヤ人とキリスト教徒が自由になる可能性」（第三編資料編参照）が、ドイツで生み出した反響に対するマルクスなりの回答であった。内容の関心は、ユダヤ人問題よりも、市民社会（私的世界）と国家（公的世界）との対立の問題の方にあり、「ヘーゲル法哲学批判‐序説」の内容、すなわち宗教批判は終わったという内容と連動しており、ユダヤ教の問題についてはあまり論議されていない。

さて訳出に当たっては、『独仏年誌』一八四四年初版を参照した。冒頭にその原文をそのまま転載してある。雑誌がかなり早急に刊行されたこともあり、引用頁ミスやミスプリントなどがかなりある。そのため訳出にあたっては、MEGA版、Dietz版、Pleiade版、岩波文庫訳、全集訳など多くのものを参照している。二つの論文の出版事情や内容については第二編解説編を参照していただきたい。それぞれ訳出した文章にそれぞれ細かい注釈を入れている。その中に、マルクスが引用している書物や論文の内容などの説明も入れてある。そしてマルクスのコンテキスト的解釈もここで行っている。文献学や解釈学としての解読に興味をもたれる方はこの編をお読みいただきたい。

この翻訳では、マルクスの二つの論文のみならず、資料編として『独仏年誌』掲載の往復書簡、ルーゲ論文、モーゼス・ヘス論文、そして『スイスの二一ボーゲン』誌のバウアー論文、『独仏年誌』に対するデュプラの書評論文（『ラ・ルヴュー・アンデパンダント』）を訳出した。さらには、マルクスの父の「ユダヤ人問題」に関する論文も翻訳した。これらの資料を比較することで、マルクスの論文の内容がよりよく理解されると考えたからである。

さて最後の第四編ではこれらに関する私の論文も掲載している。それはユダヤ人問題に関するものと、『独仏年誌』に関するものである。前者は、マルクスとユダヤ人問題に関するものと、マルクス家とユダヤ人問題に関するもので、書き下ろしである。後者は『独仏年誌』発刊にいたる細かい問題に関するものであり、すでに書いたものの再録である（『パリの中のマルクス』御茶の水書房、一九九五年所収）。

さて最後になるが、私とこのマルクスの二つの論文との最初の関わりについて述べておきたい。一九七二年四月、慶応義塾大学日吉キャンパスの自由研究として故渋谷勝久氏のゼミをとった私が最初にレポートを行った文献が、「ヘーゲル法哲学批判―序説」であった。テキストは『マルクス・エンゲルス全集』第一巻、大月書店で、早速これを古本屋で手に入れるべく五月の連休に神田をまわった記憶がある。大学入学当時の懐かしい思い出のひとつである。

今回も作品社の福田さんにお世話になった。『共産党宣言』のときと同様、ずいぶんわがままを通してもらったことにお礼を言いたい。このマルクスの翻訳の仕事はいまや私にとって日々の生活の一部であり、ライフワークそのものとなっている。どこまで続くかは年齢との勝負であるが、目処がつくまでは続けたい。

二〇一二年一〇月二五日

的場昭弘

ラビ

ユダヤ教の宗教的指導者で、祭礼、裁判などを司る。ラビの家系は代々ラビ同士で結婚し、伝統を受け継ぐ。マルクスの家系はこの旧いラビの家系である。父方も母方もラビであり、母はオランダのナイメーヘンのラビの娘であった。結婚はラビ同志の家系を結びつける見合いによって決まったといわれる。もちろん父親は長男ではない。長男はザムエルであり、父は長男がなくなった後、ラビの仕事を手助けしていた。

自由派と民主派

モーゼス・ヘスが手際よくまとめている。フランスで自由派と民主派といわれているのは、革命の原理、自由と平等をめぐる議論をめぐって分かれているグループのことである。自由派は政治的自由を獲得しようというグループである。民主派はそれに対し平等を目指すグループである。こうした意味で共産主義者、社会主義者は後者の民主派に属しているといえる。マルクスも広い意味で言えばこの民主派に属しているといってよい。

シオニズム

モーゼス・ヘスが書いた『ローマとエルサレム』（一八六二年）の書物によって火をつけられ、やがて東欧での反ユダヤ主義の動きによって現実化していった運動。運動を現実化したのはテオドル・ヘルツェルである。一八九六年『ユダヤ人国家』という彼の書物をきっかけに、一八九七年ユダヤ人大会がバーゼルで開催され新しい郷土をパレスティナにつくることが決議された。

独仏危機とライン領土問題

一八四〇年二月にシリア・ダマスカスで起こったカプチン会の修道士暗殺人権の犯人を、ユダヤ人だと思った当局は、あるユダヤ人を逮捕する。その事件をきっかけにフランスとほかのヨーロッパ諸国の間に緊張が走った。それはやがて中東での戦争の危機を越え、フランスとプロイセンの戦争の問題へと発展する。これをきっかけに、フランスとドイツの人々が、二つの国家の国境問題を議論し始めた。そこでライン左岸はフランスのものだという議論がでてきた。

出版の自由

一八四〇年、新しいプロイセン国王フリードリヒ・ヴィルヘルム四世が就任したが、最初は自由の機運が高まり、検閲が弱まった。二〇ボーゲン（三二〇ページ）以上の出版物の検閲の廃止などが起こった。しかし、緩めすぎた手綱を厳しくし始める。一八四二年から検閲制度は強化され、『ライン新聞』などが発禁処分となる。こうしてプロイセン内のみならずドイツでの自由な出版が難しくなり始めたのは、一八四四年頃であった。

プロレタリア階級

市民としての権利をもたない人々の意味であるが、ここではすべての権利をもたない階級という意味で使われている。すべてを喪失することで、利益の外にいる人々。彼らが革命を遂行する任務をになうのは、自らの利益のためではない。利益を得るという行動そのものを否定する人々として革命を遂行するのだという論理になっている。

独仏同盟（独仏連合）

一八四〇年に起こったドイツとフランスの戦争の危機に際してドイツとフランスの同盟を考える意見が出てきた。独仏か独仏英かによって議論はいくつかに分かれるが、こうした見解はヨーロッパでの戦争を回避するという動きのもととなる。EU や EC の先がけの議論といってもより。『独仏年誌』はまさにこの両国の友好を目指してパリで刊行された雑誌であった。

ヘ - ゲル左派

ヘーゲル死後、ヘーゲルの理論を使って現実のプロイセン政府を擁護する理論と、批判する議論がでてくる。前者を右派、後者を左派という。マルクス、ルーゲ、バウアーなどが後者である左派に属している。しかし、左派の中にもヘーゲル哲学それ自体を批判し、乗り越えようとする動きがでてくる。こうした人々はやがてフランスで展開される社会主義、共産主義という議論に関心をもつ。

旧体制

アンシャン・レジームとは、フランス革命以前の国家体制をのことを指している。絶対王政を意味するが、内容はフランスの絶対王政を意味する。絶対王政は、中央集権的な封建制のシステムでもあるが、実際の中身はすでに近代国家の祖形をつくっている。強力な王権によって安定した国家には対立がなくなり、平和が続く。そのため行政は貴族階級から次第に官僚階級へと移譲されていく。もちろん官僚階級とギルド体制が独占を形成するのでそれが打破されねばならない。フランス革命はその打破でもあった。

ドイツの現状

ヨーロッパの近代化に乗り遅れたドイツのことを卑下して述べられる言葉。マルクスとエンゲルスはよくこうした表現を使う。憲法がなく、統一もなく、ブルジョワ階級の勃興もなく、出版の自由もない状態を評して語られる。ドイツの特徴を、コルポラチオン（職業団体）による小さな権益の奪い合いであるとマルクスは評している。小さな利益のため大きな利益を実現しようとしない世界、それがドイツということである。

批判の武器と武器の批判

批判の武器は、ドイツが得意とする知的道具ヘーゲル哲学である。ヘーゲル哲学は近代世界を理論的に先取りしたものであり、それを読むことで近代世界のさまざまな矛盾が理解できる。しかし、それでは新しい世界を構築することはできない。そこでヘーゲル哲学自体を批判しなければならない。その根本はヘーゲル哲学が欠いている大衆の心をつかむことであるという。

ルターの宗教改革

マルクスは、ドイツの革命を宗教改革時代のドイツに比較している。ただしそれは失敗の革命として描かれている。ローマ法王の権威にかわって人々の心の信仰に訴えたが、それによってすべての人々は心の信仰で僧侶になってしまった。権威の鎖が心の鎖になったのである。そこでこの鎖を解くことが問題となる。すなわちローマ法王から自由になっただけではなく、プロイセンから自由になることが新しい革命だとマルクスは考える。

キリスト教国家

プロイセン国家に代表される国家。絶対王政国家は、教会権力を封じ込めることで相対的に法王権力から独立して成り立っている国家である。ここでは宗教はむしろ政治の下にある。しかし、プロテスタント地域たとえばプロイセンでは、むしろ宗教のトップに立つのが政治権力のトップたる国王である。こうして政治と宗教との結合体としてのキリスト教国家が完成する。

カトリックとプロテスタント

ここで問題になっているカトリックとプロテスタントは、次の意味である。ローマ法王のもとに国家を超えて信徒をもつ集団がカトリックであり、プロイセン国王に仕える集団がプロテスタントである。ラインラントのカトリック地域では、ローマ法王の意を重視したことで、プロイセン国王との衝突を起こす。そしてカトリックの司教は逮捕された。ケルン教会闘争はこうした問題から生じた。

公民と市民

公民とは国民としての権利、市民とは私人としての権利である。経済的利益を追求したり、好みの宗教を信仰することは市民としての権利であるといわれる。しかし、国家という公的利益を擁護したり、国防などに従事することは公民としての権利といわれる。このふたつはある意味矛盾する。個人の幸福のためにだけにいそしむことで、公的利益を失う場合、逆に公的義務を優先させることで、個人の生活が破壊される場合がその矛盾を引き起こす。

ヘーゲル『法哲学』

ヘーゲルが近代国家について説明した著作。マルクスの論文はこの書物を批判することで、近代国家の陥る陥穽を抉り出すことに主旨がある。ヘーゲルは法体系を家族、市民社会、国家という順序で説明し、文明の発展が国家を作り出す過程を描く。欲望の体系である市民社会の利益の対立が、公的利益を代表する国家によって克服されねばならないという問題が描かれているが、これはそのまま市民社会と国家との、公民と市民との問題でもある。

ブルーノ・バウアーの『ユダヤ人問題』

ブルーノ・バウアーが『ユダヤ人問題』について論及した比較的薄い書物。全体は七章にわたる。五章に結論があるが、さらに二章がそこから書き加えられている。論調は、本書掲載の論文同様、ユダヤ教自体の宗教的閉鎖性への批判である。宗教哲学者バウアーはかなり詳細にユダヤ人問題を取り扱っているといえる。マルクスはユダヤ教の閉鎖性の問題に言及することよりも、資本主義社会との類似性、そしてそれがキリスト教が生み出したものであることを強調している。

ユダヤ人問題

ユダヤ人は長い間差別の対象であった。最初にユダヤ人に公民権を与えたのがフランス革命であった。一七九一年の九月の法令は、ユダヤ人にキリスト教徒と同様の権利を与えた。しかしナポレオンは一八〇八年三月のユダヤ人の権利を規制する法律を制定する。フランス以外では、ナポレオン崩壊後、昔の差別に戻っていった。一八四〇年代こうした状況に変化に兆しが現れてくる。それがユダヤ人問題という議論を呼び起こした。

政治的解放と人間的解放

政治的解放とは、政治的権利として公民権を与えることを意味する。フランス革命によって身分や宗教の差別のない人権としての公民権が施行された。宗教はこうして私的な権利となり、どんな宗教を信仰しようと個人的な問題となり、規制を受けなくなる。しかし、フランス革命では人権の中に私的所有権が入れられていた。もちろん、政治的参加の権利は私的所有によって規制されることはなかったが、私的所有権、経済への関心は政治への関心を減少させた。経済のみならず政治への関心をもつことを意味するのが人間的解放である。

フランス革命

一七八九年に起きたフランスの絶対王政を崩壊させた革命運動のこと。八月人権宣言が公布され、自由、平等、博愛、人権が高らかに謳われるが、国王の逃亡事件をきっかけとして危機が生まれる。国民の執行機関でもあった国民公会を、この危機において牛耳るようになったのがロベスピエールであった。やがて一七九四年、彼は失脚するが、国家は不安定となり、ナポレオンという皇帝を生み出す。公民権と市民権の分離が、引き起こすさまざまな問題がフランス革命の経過の中に表現されている。

重要用語解説

ラ行

ラウシェンプラート Rauscheplatt, Johann Ernst［1807-1868］431
ラサール，フェルディナンド Lassalle Ferdinand［1825-1864］405
ラス・カサス Las Casa, Bartomé［1484-1566］384
ラムネー Lamenais, Félicité Robert［1792-1854］289, 297
ラフィット Lafitte.Jacques［1767-1844］320, 331
ラマルチーヌ Lamartine, Alphonse［1790-1869］327-329, 433, 465
ランケ，レオポルト Rank, Leopold von［1795-1886］224
リーサー，ガブリエル Riesser, Gabriel［1806-1863］157
リスト，フルードリヒ List, Friedrcih［1789-1846］255
リュドヴィック（小説の主人公）Ludovic 153
ルイ・フィリップ Louis- Philippe［1773-1850］267, 329, 331
リカード Ricardop, David［1772-1823］8, 276
ルイ・ナポレオン Louis Napoléon［1808-1873］198, 251
ルソー，ジャン＝ジャック Rouseau, Jean-Jacques［1712-1778］91, 206, 207, 327, 360, 361, 364, 427, 454
ルヴァスール・ド・ラ・サルト Levasseur de la Sarthe René［1747-1834］170
ルキアノス Lucianos［120 頃 -180 頃］108, 251, 252
ルクセンブルク，ローザ Luxemburg, Rosa［1871-1919］405
ルター，マルティン Luhter, Martin［1483-1546］112, 169, 262-264, 306, 366, 476
ルドリュ＝ロラン Ledru-Rollin, Alexandre Auguste［1807-1874］322, 328
ルーゲ，アーノルト Ruge, Arnold［1802-1880］2, 3, 9, 10, 124-126, 128, 234, 268, 271, 273, 281-285, 332-340, 343, 344, 346, 352, 360, 365, 370, 372, 374, 402, 421-431, 434, 436, 438, 439, 442-459, 461, 462, 466, 467, 471, 472, 475
ルルー，ピエール Leroux, Peirre［1797-1871］278, 284, 332, 429, 448
レッシング Lessing, Gotthold Ephraim［1729-1881］127, 289, 302, 338
レーフエス Rehfues, Philipp Joseph.［1779-1843］431
レブル Lebre, A 432
レルミニエ Kerminier Jean Louis Eugene［1803-1857］432, 433, 465
ロテック Rotteck, Karl［1775-1840］431
ロベスピエール，オーギュスタン Robespierre, Augustin［1763-1894］188, 198, 478
ロベスピエール，マクシミリアン Robespierre Maximillien［1758-1894］170, 171, 198, 250, 261, 322, 325

ヘロドトス Herodotos［BC 485 頃 -420 頃］252
ホッブズ，トマス Hobbes, Thomas［1588-1679］168, 277
ボーモン，グスターヴ Beaumont, Gustave de［1802-1866］71, 82, 84, 95, 148-154, 168, 182, 183, 189, 218, 219
ホメロス Homeros［BC 8 世紀頃］252

マ行

マール，ヴィルヘルム Marr, Wilhelm［1819-1904］406
マリア（聖母）Maria 241, 242
マリー（小説の人物）Marie 152, 153
マルクス，カール Marx Carl［1818-1883］5-10, 64, 124-130, 135-137, 139, 140, 142, 143, 146, 147, 149, 150-152, 154, 156, 157-164, 167, 168, 170, 172-180, 184, 188, 189, 191, 192, 194-203, 205-225, 230, 231, 234-238, 240, 243, 244-246, 248, 250-252, 254-258, 260, 261, 263, 267, 268, 271-274, 276, 281-284, 298, 318, 333, 335, 343-346, 352, 360, 372, 374, 378, 379, 395-402, 404-406, 408-414, 416, 418, 419, 421, 425, 429, 434, 436, 438, 442-445, 447, 450, 451, 467, 471-477
マルクス，ザムエル Marx, Samuel［？ -1827］177, 409, 414
マルクス，ゾフィー Marx, Sophie［1816-1886］411
マルクス，ハインリヒ Marx, Heinrich［1777-1838］9, 127, 128, 179, 180, 379, 380, 381, 382, 398, 406, 408, 411-419, 436
マルクス，ヘンリエッテ Marx, Henriette［1788-1863］410
ミシュレ MIchlet, Jules［1790-1874］433, 446, 456, 465
ミューズ（ギリシアの神）Muse 295, 297
ミュンツアー，トマス Münzer, Thomas［1489-1525］96, 224
ミル，ジェームズ Mill , James［1773-1836］222, 229
メッテルニヒ Metternich［1773-1759］283
モーセ（聖書の人物）Moses 99, 105, 230, 239, 244
モハメド・アリ Mehemet-Ali［1769-1849］402, 437
モルデシャイ（マルクス・レヴィ）Mordeshai［？ -1823］410
モンテスキュー Montesqieu, Charles［1789-1755］207, 354, 454

ヤ行

ヤコービ，ヨハン Jacoby, Johann［1805-1877］125, 283
ユリウス，グスタフ Julius, Gustav 135, 136, 143

フィヒテ FichteGottlib［1862-1814］334, 341
フィリップス，ゾフィー Philip, Sophie［1797-1866］411
フィリップス，リオン Philips, Kion［1797-1854］406, 411
フェネダイ，ミハエル Venedey, Michael 436
フェネダイ，ヤコブ Benedey, Jakob［1805-1871］429, 430, 431, 436, 439, 445, 456
フォイルバッハ，ルードヴィヒ Feuerbach, Ludwig［1804-1872］457, 458-461, 466
フライシャー，モーリッツ Fleischer, Morits［1809-1876］126, 448
プラトン Olaton［BC 427-347］252
ブラン，ルイ Blanc, Louis［1811-1882］284, 327, 332, 333, 423, 425-429, 432, 434, 438, 439, 448-450, 452, 453, 454
フーリエ Fourier, Charles［1772-1837］289, 375
フリードリヒ 3 世 Friedrich Wilhelm III［1870-1840］358, 410
フリードリヒ 4 世 Friedrich Wilhelm IV［1795-1861］333, 334, 345
プレスブルク，イザク Pressburg, Isaak［1747-183］410, 411
プロメテウス（ギリシア神話の神）Prometheus 108, 251, 252, 271
ブルンチュリ Bluntschl, Johann Casper［1808-1881i］126
プルードン，ピエール＝ジョセフ Proudhon, Pierre-Joseph［1809-1865］8, 193, 263, 289, 375
フルド Fould Achille［1800-1867］141-143
フレーベル Froebel［1805-1893］124-126, 281, 298
ベイル，ピエール Bayle, Pierre［1647-1706］341, 342
ペクール Pecqueur Constantin［1801-1887］325, 331
ヘーゲル，ゲオルク Hegel, Georg［1770-1831］5, 6, 7, 9, 61, 74, 76, 86, 101-111, 151, 160, 162, 164, 167, 174-176, 194-196, 200, 202, 205, 206, 208, 213, 230, 231, 233, 234, 236, 238, 239, 242, 244, 252, 256, 258-260, 267, 268, 283, 289, 290, 298, 332-334, 339-342, 372, 399, 402, 403, 421, 429, 442, 443-445, 448, 451, 454-465, 471-473, 475-477
ヘス，モーゼス Hess, Moses［1812-1875］9, 125, 216, 223, 258, 276, 281, 283, 319, 320, 406, 443, 444, 445, 474
ベッカー Becker, N.［1809-1849］335, 431
ベッカー夫人 Becker 411
ヘラクレス（神話の人物）Herakles 166
ベランジェ Beranger, Pierre-Jean［1780-1857］320, 331
ヘルダーリン Hörderlin, Johann［1770-1843］346, 351
ヘルヴェーク，ゲオルク Herwegh Georg［1817-1875］64, 124, 125, 281, 283, 335, 342
ベルナイス，フェルディナント Bernays, Karl［1815-1876］283
ベルネ，ルードヴィヒ Börne, Ludwig［1786-1837］230, 240
ヘルメス（ギリシア神話の神）Hermes 252
ヘルメス，カール Hermes, Karl［1800-1856］128, 412, 413

ディズレーリー Disraeli, Benjamin［1804-1881］403
ディドロ，ドニ Diderot, Denis［1713-1784］426
デザミ Dézamy Théodore［1808-1850］375
デモクリトス Demokritos［BC 460 頃 -BC 1877］236, 251, 252
デュプラ，パスカル Duprat, Pascal［1816-1885］9, 10, 332, 333, 429, 455, 472
トクヴィル，アレクシス Tocqueville, Alexis［1805-1859］71, 152-154
ドルバック D'Holbach, Paul Henri［1723-1789］426
ドロステ Droste Clemens［1773-1845］125, 179, 417
ドーム Dohm Christian Konrad［1766-1820］127
トロツキー Leo Trotsky［1879-1840］396, 398, 405
ドン・キホーテ（小説の主人公）Don Quijote 254

ナ行

ナポレオン Napoleon Bonaparte［1769-1821］10, 127, 128, 171, 177, 198, 214, 251, 278, 301, 322, 347, 354, 372, 379, 380, 382, 384, 391, 403, 404, 408, 409, 412, 415, 416, 419, 423, 432, 445, 449, 452, 478
ニュートン Newton Isaac［1642-1727］382
ネグリン，シュロモ Negrin Salomo（Shlomo）402
ノール，マルタン Nord, Martin Nicola［1790-1847］69, 141, 142

ハ行

ハイネ，ハインリヒ［1797-1856］239, 281, 283, 335, 396, 404, 411
エドガー，バウアー Bauer, Edgaer［1820-1886］298
バウア，ブルーノ Bauer, Bruno［1809-1882］6, 7, 9, 64-72, 75, 78, 79, 82, 83, 85, 91-95, 97, 124, 125, 127-132, 134-148, 151, 156-158, 166, 167, 172, 174-178, 180, 184-186, 192, 206, 208, 209-217, 219-221, 223, 225-227, 231, 234, 235, 240, 258, 259, 261, 283, 298, 299, 334, 343, 399, 403, 472, 475, 478
バクーニン Bakunin, Mikhail［1814-1876］9, 343, 344, 360, 365
ハミルトン，トーマス Hamlton Thomas［1789-1842］71, 73, 95, 152, 154, 160, 161, 189, 217
ハムレット（シェークスピアの『ハムレット』の主人公）256
ビュシェ Buchez, Philippe-Joseph［1796-1865］88, 198, 199
ビュレ Buret, Eugene［1810（119-1842］276
ヒルシュ，ザムエル Hirsch Samuel 157, 172
ファルンハーゲン・フォン・エンゼ Varnhagen von Ense［1785-1858］445

クラウス Klaus, Karl［1781-1832］342
グリュン，カール Grün, Carl［1817-1887］156
クレミュー Crémieux Adolphe［1796-1880］142, 143
ゲーテ Goethe, Wolfgang［1749-1832］351, 353, 358, 370, 371
コーヘン家 Kohen 410
コルプ Kolb, G.F.［1805-1884］431, 464

サ行

サルスティウス，ガイウス［BC 86-BC 35］359
サンド，ジョルジュ Sand, George［1804-1870］284, 332, 448
シエイエス SieyésEmmanuel-Joseph［1746-1836］271
シャイロック（小説の主人公）Shylock 105, 245
シャトーブリアン Cahteaubirand, François-René［1768-1848］291, 297
シャルルマーニュ（カール大帝）Charlemagne［742-814］458
シュー，ウジェーヌ Sue Eugene［1804-1857］403
シュトラウス，Straus David［1808-1874］125, 212, 213, 234
シュナーベル Schnabel Schnabel, Johann Gottfried［1692- ？］127
シュマルハウゼン，ヴィルヘルム Schmalhausen Wilem［1817-1862］411
シュルツ，ヴィルヘルム Schulz, Wilhelm［1797-1860］430, 431, 439, 445, 456, 460-462, 466, 470
シラー，フリードリヒ・フォン Schiller, Friedrich［1759-1805］369
サン＝マルク・ジラルダン Saint-Marc Girardin［1801-73］434, 448
スタール夫人 Stael Germaine［1766-1817］446
スピノザ Spinoza, Baruch［1832-1877］239, 396
スミス Smith, Adam,［1723-1890］8, 276
セー Say, Jena-Baptiste［1767-1832］276
セルフベア Cerfbeer, Max-Théodore［1792-1872］143
ソフォクレス Sophpklés［496-407］252

タ行

タッソー Tasso, Torquato［1544-1595］348, 349, 351
チェシコフスキー Cieszkowski August［1814-1894］257
ツェッフェル Zöpfl, Heinrich［1807-1877］353, 354
ツキジデス Thukydides［BC 460 頃 -395 頃］252

人名索引（五十音順）

ア行

アイスキュロス Aischylos［Bc.525-456］108, 251
アナカルシス Anacharsis 255, 372
アラゴ Arago François［1786-1853］430, 456, 459
アリストテレス Aritotles［BC 384-BC 322］353
アレクサンドル２世 AlexandreII［1814-1881］398
イズラエル，ヨーゼフ Israel, Joseph［1511-1591］410
ヴァイトリング Weitling, Wilehem［1808-1871］375
ヴァックスムート Wachsmuth Wilhelm［1784-1866］199
ヴィルト Wirth Johann［1798-1848］434, 438, 458
ヴォーヴァン Vauban Sebastien［1633-1707］437
ヴォルテール Voltaire（François Marie Arouet）［1694-11778］327, 360, 361
エヴェルベック，ヘルマン Ewerbeck, August Hermann.［1816-1867］126
エピクロス Epikuros［BC 341-270］236, 251, 252
エンゲルス，フリードリヒ Engels, Friedrich［1820-1895］8, 125, 224, 247, 248, 250, 269, 281, 283, 298, 473, 476
オイレンシュピーゲル（伝説の人物）Eulenspegel 366, 369

カ行

ガイガー，アブラハム Geiger, Abraham［1810-1874］157
カザレ Cazalés, Edmond［1804-76］432, 433
カベー Cabet, Etienne［1788-1856］327, 332, 375, 429
カーライル，トーマス Carlyle Thomas［1795-1881］283
カルネ Carné, Louis［1804-1876］432
ガンス Gans, Eduard［1798-1836］127, 128, 260, 448
カント Kant Immanuel［1724-1804］325, 341, 348, 382
キケロ Cicero［BC 106-43］235, 236
ギゾー Guizot François［1787-1874］329
キネ Quinet, Edgar［1803-1875］432, 433, 446, 456, 465
クーザン，ヴィクトル Cousin, Victor［1792-1867］432
クセノフォン Xenohon［BC 427-365］252

【訳・著者紹介】

的場昭弘（まとば・あきひろ）

1952年宮崎県生まれ。マルクス学研究者。1984年慶應義塾大学経済学研究科博士課程修了。経済学博士。一橋大学社会科学古典資料センター助手、東京造形大学助教授を経て現在神奈川大学経済学部定員外教授。マルクス学の提唱者。マルクスの時代を再現し、マルクス理論の真の意味を問い続ける。原資料を使って書いた『トリーアの社会史』（未來社、1986年）『パリの中のマルクス』（御茶の水書房、1995年）、『フランスの中のドイツ人』御茶の水書房、1995年）をはじめとして、研究書から啓蒙書までさまざまな書物がある。2010年NHKテレビで放送された『一週間de資本論』（全4回）のメインコメンテーター。2011年NHKラジオ「歴史再発見　21世紀から見る『資本論』—マルクスとその時代」（全13回）の解説者。

［その他著作など］

『新マルクス学事典』弘文堂、2000年（共編著）

ローズマリー・アシュトン『ロンドンのドイツ人』御茶の水書房、2001年（監訳）

『ポスト現代のマルクス』御茶の水書房、2001年

『未完のマルクス』平凡社選書、2002年

『マルクスを再読する』五月書房、2004年

メサローシュ『社会主義か野蛮か』こぶし書房、2004年（監訳）

『帝国を考える』双風舎、2004年（編著）

『マルクスだったらこう考える』光文社新書、2004年

『近代と反近代の相克—社会思想史入門』御茶の水書房、2006年

『マルクスに誘われて』亜紀書房、2006年

『ネオ共産主義論』光文社新書、2006年

『マルクスから見たロシア、ロシアから見たマルクス』五月書房、2008年（編著）

『超訳「資本論」』（全三巻）祥伝社新書、2008-2009年

『とっさのマルクス』幻冬舎、2009年

『もうひとつの世界がやってくる』世界書院、2009年

『一週間de資本論』NHK出版、2010年

マルクス『新訳共産党宣言』作品社、2010年（訳著）

『国家の危機』KKベストセラーズ、2011年（共著）

『21世紀から見る資本論』NHK出版、2011年

マルクス略伝

1818年5月5日	（誕生日をめぐっては諸説がある）プロイセンのラインラント地区、トリーアに生まれる
1835年 秋	ボン大学法学部入学
1836年 秋	ベルリン大学法学部に転学
1841年	ベルリン大学を修了し、イエナ大学から哲学博士の称号を得る
1842－43年	ケルンで『ライン新聞』を編集
1843年6月	イェニー・フォン・ヴェストファーレンと結婚
1844年2月	パリで『独仏年誌』に「ユダヤ人問題に寄せて」「ヘーゲル法哲学批判－序説」を掲載
4－7月	『経済学・哲学草稿』の執筆
1845年	パリを追放されブリュッセルへ エンゲルスとの共著『聖家族』出版 『ドイツ・イデオロギー』の執筆
1847年	『哲学の貧困』をフランス語で刊行
1848年2月－3月	『共産党宣言』の出版
3月	パリへ
4月	ケルンへ行き、やがて『新ライン新聞』を編集する
1849年5月	『新ライン新聞』の発禁処分、やがてパリへ
8月	ロンドンへ
1850年	「フランスにおける階級闘争」を『新ライン新聞―政治経済評論』に掲載
1851年	経済学研究を大英博物館で開始。『ニューヨーク・デイリー・トリビューン』に寄稿開始
1852年	「ルイ・ボナパルトのブリュメールの一八日」を『レヴォルツィオン』に掲載
1853年	『ケルン共産主義者裁判』の出版
1857－58年	『経済学批判要綱』の執筆
1859年	『経済学批判』の出版
1860年	『フォークト氏』の出版
1864年9月	第一インターナショナルのための「創立宣言」と「暫定規約」を執筆
1867年9月	『資本論』第一巻の出版
1870－71年	第一インターナショナルの宣言を起草、それが後に『フランスの内乱』となる
1872年	『資本論』第二版、『資本論』仏訳 ハーグ大会で事実上インターナショナルを解散
1875年	『ゴータ綱領批判』を執筆
1881年12月	妻イェニー死亡
1883年3月14日	マルクス死亡　ハイゲート墓地に埋葬さる

【著者紹介】

カール・ハインリヒ・マルクス

Karl Heinrich Marx

1818年5月5日－1883年3月14日

現在のドイツ、トリーアの地において、ユダヤ教ラビの家系に生まれる。経済学者、哲学者、ジャーナリストにして、革命家。19世紀から20世紀において、最も影響力があった思想家の一人。21世紀の今日でもその思想の有効性が語られている。

青年時代から哲学を専攻、ヘーゲルに傾倒した。しかし、ジャーナリズムの仕事をしながら次第にヘーゲルへの批判を先鋭化させ、そこから経済学批判へと向かう。1871年のパリ・コミューンが鎮圧されて以降、主著『資本論』（未完）の執筆に情熱を注ぎ、資本主義への最も根源的な批判理論を提起した。本書「ユダヤ人問題に寄せて」と「ヘーゲル法哲学批判－序説」を書き上げた後、マルクスは経済学の研究へと向かった。「宗教は人民の阿片である」という文章は、この「ヘーゲル法哲学批判－序説」にある。

主要な著作は、国際マルクス＝エンゲルス財団により、現在ドイツ語で、新MEGA（『新マルクス・エンゲルス全集』Zweite Marx-Engels-Gesamtausgabeの略称）として編集・刊行作業が進められている。

新訳　初期マルクス
――「ユダヤ人問題に寄せて」「ヘーゲル法哲学批判－序説」――

2013年2月28日初版第1刷印刷
2013年3月 5 日初版第1刷発行

著　　者　カール・マルクス
訳・著者　的場昭弘

発行者　髙木有
発行所　株式会社作品社
〒102-0072　東京都千代田区飯田橋2-7-4
Tel 03-3262-9753 Fax 03-3262-9757
http://www.sakuhinsha.com/
振替口座 00160-3-27183

装　幀　小川惟久
本文組版　有限会社閏月社
印刷・製本　シナノ印刷(株)

Printed in Japan
落丁・乱丁本はお取替えいたします
定価はカバーに表示してあります
ISBN978-4-86182-407-4 C0030

© Matoba Akihiro, 2013

◆作品社の本◆

否定弁証法

T・W・アドルノ

木田元・徳永恂・渡辺祐邦・三島憲一・須田朗・宮武昭 訳

仮借なき理性批判を通して最もラディカルに現代社会と切り結び、哲学の限界を超える「批判理論」の金字塔。アドルノの待望の主著。

否定弁証法講義

T・W・アドルノ　細見和之ほか訳

批判理論の頂点『否定弁証法』刊行に先立って行われたフランクフルト大学連続講義。著者自身が批判理論の要諦を解き明かす必読の入門書!

道徳哲学講義

T・W・アドルノ　船戸満之訳

「狂った社会に正しい生活は可能か？」カントの道徳哲学を媒介に、相対主義やニヒリズム克服の方途を提起する『否定弁証法』の前哨。

M.D.フェーダー・ドイツ文化センター翻訳賞受賞!

社会学講義

T・W・アドルノ　細見和之ほか訳

1968年、学生反乱の騒乱のなかで行われた最終講義。ポパーとの実証主義論争を背景にフランクフルト学派批判理論を自ら明確に解説。

アドルノ伝

S・ミュラー＝ドーム　徳永恂[監訳]

伝記的事実を丹念に辿り批判理論の頂点＝「否定弁証法」に至る精神の軌跡を描く決定版伝記[付]フォト・アルバム、年譜、文献目録ほか。

マルクスを超えるマルクス

『経済学批判要綱』研究

アントニオ・ネグリ　小倉利丸・清水和巳訳

『資本論』ではなく『経済学批判要綱』のマルクスへ。その政治学的読解によってコミュニズムの再定義を行ない、マルクスを新たなる「武器」に再生させた、〈帝国〉転覆のための政治経済学。

◆作品社の本◆

哲学の集大成・要綱

G・W・F・ヘーゲル　長谷川宏訳

【第一部】

論理学

スピノザ的実体論とカントの反省的立場を否定的に統一し、万物創造の摂理を明らかにする哲学のエンチクロペディー。待望の新訳。

【第二部】

自然哲学

無機的な自然から生命の登場、自然の死と精神の成立にいたる過程を描く、『論理学』から『精神哲学』へ架橋する「哲学体系」の紐帯。

【第三部】

精神哲学

『精神現象学』と『法哲学要綱』の要約と『歴史哲学』『美学』『宗教哲学』『哲学史』講義の要点が収録された壮大なヘーゲル哲学体系の精髄。

法哲学講義

G・W・F・ヘーゲル　長谷川宏訳

自由な精神を前提とする近代市民社会において何が正義で、何が善であるか。マルクス登場を促すヘーゲル国家論の核心。本邦初訳。

第1回レッシング・ドイツ連邦政府翻訳賞受賞!

精神現象学

G・W・F・ヘーゲル　長谷川宏訳

日常的な意識としての感覚的確信から出発し絶対知に至る意識の経験の旅。理性への信頼と明晰な論理で綴られる壮大な精神のドラマ。

美学講義

【全三巻】

G・W・F・ヘーゲル　長谷川宏訳

人間にとって美とは何か。古今の美的遺産を具体的に検証し構築する美と歴史と精神の壮大な体系。新訳で知るヘーゲル哲学の新しさ。

ヘーゲル
論理の学
【全3巻】

山口祐弘［訳］

G.W.F.Hegl　Wissenschaft der Logik

第1巻
存在論

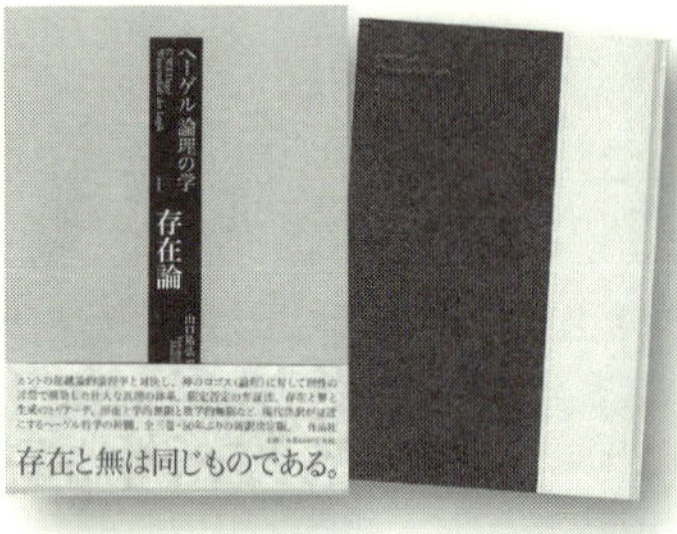

ヘーゲル『大論理学』。
50年ぶり待望の新訳決定版!

カントの超越論的論理学と対決し、神のロゴス（論理）に対して理性の言葉で構築した壮大な真理の体系。限定否定の弁証法、存在と無と生成のトリアーデ、形而上学的無限と数学的無限など、現代語訳が身近にするヘーゲル哲学の真髄！

【続刊】
第二巻 **本質論**（2013年３月刊行予定）
第三巻 **概念論**（2013年10月刊行予定）

反乱する都市

【資本のアーバナイゼーションと都市の再創造】

デヴィッド・ハーヴェイ

森田成也・大屋定晴・中村好孝・新井大輔 訳

世界を震撼させている都市反乱は、
21世紀資本主義をいかに変えるか?

パリ・ロンドン暴動、ウォールストリート占拠、
ギリシア・スペイン「怒れる者たち」……混迷する
資本主義と都市の行方を問う。欧米で話題騒然!

資本の〈謎〉

世界金融恐慌と21世紀資本主義

森田成也・大屋定晴・中村好孝・新井田智幸 訳

世界の経済書ベスト5(2011年度Guardian紙)

〈資本論〉入門

森田成也・中村好孝 訳

ハーヴェイ教授の最も世界で読まれている入門書!

新自由主義

その歴史的展開と現在

渡辺治監訳　森田成也・木下ちがや・大屋定晴・中村好孝 訳

渡辺治《日本における新自由主義の展開》収載。

新訳
共産党宣言
初版ブルクハルト版(1848年)

カール・マルクス
的場昭弘
訳・著

【付】解説・資料・研究編

Karl Marx
Manifest der Kommunistischen Partei

マルクスの真意を読み解く

膨大かつ難解な『資本論』に対して、明瞭かつ具体的な『共産党宣言』を、世界最新の研究動向を反映させた翻訳、さらには丁寧な注解をつけ、この一冊で、マルクスの未来の社会構想がわかる訳者渾身の画期的な試み。「マルクス」入門としても最適!